# 부동산경매 실전테마 15선

특수물건! 걸림돌을 넘어, 발판으로!

행정학 박사 박 종 근 편저

인간은 욕망하기 때문에 욕망할 이유를 찾는다.
하고 싶고 할 수 있는 일에 집중하라.
- 쇼펜하우어 -

# 프 롤 로 그

2024년 봄 서울의 한 대학교 평생교육원 부동산경매강좌에서 3개월 과정의 수업을 맡게 되었다.

수강생들은 20대 직장인부터 70대 퇴직자까지 남녀노소 다양한 사람들로 구성되어 있었는데 반갑기도 하였지만, 수학능력의 편차가 있을 것이 예상되어 약간의 어려움이 있을 것이라 걱정도 있었다.

"단순한 것이 진리이다."라는 믿음으로 개인 편차를 크게 고려하지 않고 강의교재 내용대로 일단 밀고 나갔다. 대략 만족이었다.

의외였지만 수업 기간이 중반으로 넘어가면서부터 많은 수강생들로부터 특수한 권리나 특수한 물건에 대한 질문을 많이 받았다. 이른바 경매의 특수물건이다.

경매정보지에서 물건검색을 하다 보면 빨간색 글씨의 주의사항으로 주로 등장하는 단어 및 키워드가 있다. 유치권, 법정지상권, 건물만 매각, 토지만 매각, 제시 외, 매각 외, 입찰 외, 지분매각, 재매각, 농지취득자격증명원, 맹지, 위반건축물, 선순위 임차권, 선순위 전세권, 토지별도등기, 대지권미등기, 대지권 없음 등으로 이른바 특수권리, 특수물건 내지는 특별매각조건이란 명칭 등으로 사용되는 것이다.

사실 말이 특수권리지 이것을 다 빼버리고 경매를 한다면 가격을 높게 써서 낙찰 받는 것 외에 방법이 없지 않은가? 특수권리라 불리우고 있지만 이것들을 습득하여 경매하는 사람들에게는 보통의 권리로 만들어야 경매사업에 성공하지 않을까 싶다.

물론 정보지에 등장하는 모든 특수권리를 완벽하게 습득하라는 말은 아니다. 그것은 효율적이지도 바람직하지도 않다. 대략 그것들에 대하여 전반적으로 이해를 하고, 본인이 직접 경매사업에서 활용할 몇 개의 전략 종목을 선택해서 그 분야에서 전문가가 되면 충분할 것이다.

이러한 이유로 이번 출판에서는 경매정보지를 검색해서 빨간색으로 표시하여 특수권리 내지는 주의를 요하는 사항이 있는 단어나 키워드 전체를 발췌하여 목차로 선정하였고 그 외에 경매사업에 꼭 필요한 분야인 '제14장 부동산경매와 세금' 등을 포함하여 저술하였다. 경험하고 아는 영역을 위주로 저술하였지만, 미처 경험하지 못하고 부분에 대해서는 충분히 연구하여 독자 여러분에게 실질적인 도움이 될 수 있도록 주제별로 정리하였다.

제1편은 필자와 필자의 지인들이 경매하는 모습을 그려 부동산경매와 친숙하게 되는 계기를 마련하고자 하였고, 제2편에 부동산학의 기초개념부터 부동산경매의 기본개념들을 기술하여 기본을 다지고, 제3편에서는 이른바 특수권리들을 이론과 실무에 적응할 수 있도록 자세하게 기술하고, 제4편 Q&A편은 이론적인 내용을 읽는데 지루함을 느끼는 분들을 위하여 부동산경매절차의 실질적인 알맹이에 해당하는 부분을 절차의 흐름에 맞춰 기술하였다.

중학생 시절 가을, 어느 주말에 아버지를 따라 벼베기를 하였던 추억이 떠오른다. 끝이 보이지 않는 500평이나 되는 광활한 논에 황금색으로 무르익은 벼들이 빼곡이 서있있다. 아버지와 단둘이서 낫 한자루씩을 들고 그 많은 양의 벼를 베기 시작할 때에는 언제 끝날까 막막하였으나 힘들지만 시간이 지날수록 남은 분량은 마법처럼 줄어들었다. 벼를 추수하듯이 꾸준한 노력의 시간들이 큰 만족을 추수(秋收)하게 했다.

어떤 일이든지 원하는 성과를 내기 위하여 가장 중요한 것은 구체적인 목표설정과 재미를 잃지 않는 방법을 선택하는 것이라고 생각한다.
구체적인 목표설정을 하게 되면 슬럼프에 빠졌을 때 다시금 일어서게 만들고, 재미를 느끼게 되면 지속할 수 있고, 지속하다 보면 발전할 수 있기 때문이다.

중국의 사상가 한비는 저서 한비자에서 "타인에게 의지하지 말고 자신에게 있는 가능성과 능력을 더욱 신뢰해야 한다"라고 하였다.
독일의 철학자 니체는 "혼자일 수 없다면 나아갈 수 없다"라는 말을 하였다.

"자신의 힘을 온전히 믿고 자신이 하고 싶고 좋아하는 일에 고독하게 몰입하면 일상이 재미있어지고 풍요로운 삶이 열릴 것이다."라고 스스로에게 다짐하며, 독자 여러분과도 이러한 생각을 나누고 싶다.

### 〈제목 차례〉

## 제1편 경매하는 사람들 ······················································ 11
### 제1장 필 자 ········································································ 12
### 제2장 독서실 총무 홍사장 ···················································· 18
### 제3장 1호선 전회장 ····························································· 20
### 제4장 화려한 싱글 정대표 ····················································· 21
### 제5장 20대 여성 2인조 ························································· 23
### 제6장 30세 비젼의 청년 ······················································· 24

## 제2편 부동산경매 기본이론 ················································ 27
### 제1장 부동산 기초 ································································ 28
1. 부동산경매의 대상이 되는 물건 ············································· 29
2. 토지의 분류 (용도지역별) ······················································ 31
3. 토지의 분류 (지목별) ···························································· 32
4. 주택의 분류 ·········································································· 33
5. 건축물의 용도변경 ································································ 34
6. 물권과 채권의 구분 ······························································· 36

### 제2장 부동산경매 기초 ·························································· 37
1. 부동산경매의 개념 ································································ 38
2. 부동산경매의 종류 ································································ 38
3. 부동산경매의 대상 ································································ 40
4. 매각절차의 이해관계인 ·························································· 43
5. 등기사항전부증명서 ······························································· 45
6. 매각물건명세서 ····································································· 59
7. 집행관현황조사서 ·································································· 61

## 제3장 부동산 임대차보호법 ·········· 63
1. 임대차보호법 개관 ·········· 64
2. 「주택임대차보호법」 ·········· 65
3. 「상가건물임대차보호법」 ·········· 71
4. 임차권등기명령제도 ·········· 74
5. 부동산경매 관련사항 ·········· 76

## 제4장 권리분석 ·········· 82
1. 권리분석 ·········· 83
2. 말소기준권리 ·········· 86
3. 말소기준권리보다 선순위 ·········· 88
4. 말소기준권리보다 후순위 ·········· 89
5. 항상 인수하는 권리 ·········· 89
6. 임대차 권리분석 ·········· 90

## 제5장 부동산경매 법원 진행절차 ·········· 92
1. 경매신청 및 경매개시결정 ·········· 94
2. 배당요구의 종기 결정 및 공고 ·········· 96
3. 매각의 준비 ·········· 98
4. 매각방법 등의 지정·공고·통지 ·········· 100
5. 매각의 실시 ·········· 103
6. 매각결정절차 ·········· 108
7. 매각대금의 납부 ·········· 110
8. 소유권이전등기 등의 촉탁 ·········· 112
9. 부동산인도명령 ·········· 113
10. 배당절차 ·········· 114

# 제3편 부동산경매 실전테마 15선 ·········································· 135

## 제1장 유치권 ························································································· 136
1. 유치권 개관 ···················································································· 137
2. 유치권에 관한 「민법」 규정 ···························································· 138
3. 유치권자의 경매신청 ······································································ 140
4. 유치권의 채권 ················································································ 140
5. 유치권의 성립요건 ·········································································· 141
6. 유치권의 효과 ················································································ 141
7. 유치권 깨뜨리기 ············································································· 141
8. 유치권 권리신고서 파악 ································································· 143
9. 유치권 성립과 불성립 사례(대법원판례) ········································ 144
10. 경매 매각사례 ·············································································· 145

## 제2장 법정지상권, 토지만 경매, 건물만 경매 ····································· 148
1. 법정지상권 ······················································································ 149
2. 토지만 경매 ···················································································· 157
3. 건물만 경매 ···················································································· 162

## 제3장 제시 외, 매각 외 ······································································· 163
1. 제시 외 ··························································································· 164
2. 매각대상에 포함 여부의 판단 ······················································· 164
3. 부합물 ····························································································· 165
4. 종물 ································································································ 167
5. 경매 매각사례 ················································································ 171

## 제4장 선순위 임차권, 선순위 전세권 ················································· 174
1. 선순위 임차권 ················································································ 175
2. 선순위 전세권 ················································································ 177
3. 선순위 임차권과 선순위 전세권의 비교 ······································· 179

4. 경매매각 사례 ································································· 180

## 제5장 토지별도등기, 대지권미등기, 대지권 없음 ············· 183
1. 토지별도등기 ·································································· 184
2. 대지권 미등기 ································································· 189
3. 대지권 없음 ···································································· 196
4. 세가지 비교 ···································································· 199

## 제6장 선순위 가등기 ························································ 200
1. 가등기 ············································································ 201
2. 경매에서의 가등기 ························································· 203
3. 경매 매각사례 ································································· 205

## 제7장 선순위 가처분, 후순위 가처분 ································ 208
1. 보전처분의 개관 ····························································· 209
2. 부동산에 대한 가처분의 종류 ········································ 211
3. 선순위 가처분 부동산경매 ············································· 214
4. 후순위 가처분 부동산경매 ············································· 217
5 경매 매각사례 ································································· 221

## 제8장 지분경매 ································································· 224
1. 지분경매의 개관 ····························································· 225
2. 공유자우선매수신고제도 ················································ 228
3. 지분경매에서 임차인 ······················································ 229
4. 지분권자 간의 인도청구 ················································ 231
5. 지분경매 종목별 고려사항 ············································· 231
6. 경매 매각사례 ································································· 233

## 제9장 재매각 ········ 235

1. 재매각의 개관 ········ 236
2. 재매각 사유 ········ 236
3. 재매각 물건 분석 ········ 237
4. 재매각절차에서 전의 매수인의 지위 ········ 239
5. 재매각 절차 ········ 240
6. 경매물건 분석 ········ 241

## 제10장 농지취득자격증명원 ········ 245

1. 농지의 개념 ········ 246
3. 농지취득자격증명원 양식 ········ 249
4. 농지연금 ········ 260
5. 경매 매각사례 ········ 262

## 제11장 위반건축물 ········ 265

1. 위반건축물의 개념 ········ 266
2. 위반건축물의 종류 ········ 266
3. 위반건축물에 대한 조치 ········ 266
4. 경매 입찰시 처리방법 ········ 267
5. 경매 매각사례 ········ 268

## 제12장 각종 인허가권승계 ········ 271

1. 인허가권승계 개관 ········ 272
2. 건축허가권 승계 -「건축법」 ········ 273
3. 개발행위허가승계 -「국토의 계획 및 이용에 관한 법률」 ········ 277
4. 숙박시설업 영업권승계 -「공중위생관리법」 ········ 281
5. 체육시설업 영업권승계 -「체육시설의 설치 및 이용에 관한 법률」 ········ 283
6. 경매 매각사례 ········ 287

## 제13장 NPL(부실채권) ·········· 290

1. NPL의 의의 ·········· 291
2. NPL 관련 용어의 정의 ·········· 292
3. NPL의 종류와 장단점 ·········· 293
4. NPL의 투자유형 ·········· 294
5. 대부업법 시행령 개정 ·········· 297
6. 경매 매각물건 사례 ·········· 298

## 제14장 부동산경매와 세금 ·········· 301

1. 부동산경매와 세금 개관 ·········· 302
2. 취득세 ·········· 307
3. 보유세 ·········· 309
4. 양도세 ·········· 312
5. 법인세 ·········· 315
6. 개인사업자와 법인사업자의 비교 ·········· 317

## 제15장 공매 ·········· 318

1. 공매의 의의 ·········· 319
2. 공매의 종류 ·········· 320
3. 부동산경매와 공매의 비교 ·········· 321
4. 부동산공매 매각사례 ·········· 322

# 제4편 부동산경매 Q&A 70선 ·········· 331

# 제5편 부 록 ·········· 399

「민사집행법」 ·········· 400
「부동산등에 대한 경매절차 처리지침」(재민 2004-3) ·········· 467
부동산경매 관련 서식 ·········· 487

# 제1편

# 경매하는 사람들

제1장  필자
제2장  독서실 총무 홍사장
제3장  1호선 전회장
제4장  화려한 싱글 정대표
제5장  20대 여성 2인조
제6장  30세 비젼의 청년

# 제1장
# 필 자

## 경매를 처음 접하게 된 사건

1996년도 부모님이 고향인 지방의 한 도시에서 고양시 일산으로 이사를 하게 되었다. 그때 부모님들의 연세는 70대였는데 시골에 사시는 두 분이 마음에 걸렸기 때문에 자식들 대부분이 사는 서울의 주변인 일산으로 모시게 된 것이다.
그 당시 부모님께서는 농사일을 정리한 뒤 살고 계시던 시골집을 팔고 읍내 장터 근처에 있는 방 2개짜리 낡은 아파트에 전세로 살고 계셨다.

필자는 그 당시 공무원이어서 휴가를 내고 부모님의 이사를 하기 위해 친한 후배 한 명과 같이 내려갔다. 화물차도 알아보고 이삿짐도 싸고 분주하게 짐을 정리하고 있었는데 정작 임대보증금에 대하여 아버지께 여쭈어보니 며칠 전 임대인이 임대보증금을 돌려준다고 다녀간 뒤 연락이 끊겼다는 것이었다. 다행히도 임대인이 살고 있는 집이 근처여서 후배와 같이 찾아가 보니 임대인의 어머니라는 분이 하시는 말씀이 아들은 집에 없고 가끔 새벽에 집에 들어온다며 자기는 임대 관계에 대해서는 잘 모르겠다는 것이었다. 휴대전화가 없던 시절이라 달리 임대인을 만날 방법이 없었고 연락이 안 되니 답답할 노릇이었다.

할 수 없이 돌아와 부모님 집에서 기다리고 있는데 50대 정도 된 아저씨 두 분이 부모님 집에 찾아와서 자기들이 이 집을 공매로 받았으니 며칠 내로 집을 비워달라고 하는 것이었다. 그 두 사람은 공손하게 예의를 갖추어 말하였지만, 필자는 그 상황을 정확히 이해하지 못하였고 해결책이라고는 딱히 떠오르지 않았다. 사실 부끄러운 이야기지만 그때 당시 부동산등기부를 발급해서 채무나 경·공매 상황을 확인하는 것도 모를 정도로 부동산 분야의 무식쟁이였다.

후배와 둘이서 백 분 토론을 하여도 쉽사리 답을 얻지 못하고 임대인을 만나서 임대보증금을 돌려받는 것이 유일한 방법이라 결론을 내고 잠복근무에 들어갔다. 직업정신일까? 필자는 그 당시 직업이 수사관이었다. 임대인의 어머니로부터 새벽에나 가끔 집에 들어온다고 들은 정보를 토대로 임대인의 집 근처에 승용차를 세워놓고 후배와 둘이서 차 속에서 간식거리를 먹어가면서 임대인 검거 작업에 들어갔다.

운이 좋았는지 잠복하던 다음 날 새벽녘에 임대인의 집 대문으로 삼십 대 초반 가량 되는 사람이 걸어 들어가는 것을 발견하고 따라가서 말을 걸어보니 그 임대인이 맞았다. 필자의 포스에 눌렸는지 아니면 공갈 협박에 굴복했는지는 몰라도 이야기 나눈 지 10여 분 정도도 채 되지 않아 자기 집 뒷방에서 신문지로 싸여 있던 현금다발을 가지고 나오더니 현금을 세어서 임대보증금을 돌려주는 게 아닌가? 그리 많은 보증금은 아닌 것으로 기억되지만 현금을 들고 대문 밖으로 나오는데 순간 안도의 한숨과 부모님의 얼굴이 떠올랐다. 지금 생각해보니 아마도 그 임대인은 노름꾼이었나 보다. 아무튼 큰 탈 없이 이사할 수 있었다.

경매를 직업으로 삼고 난 후 가끔 그 일이 떠올라 생각해보면 웃음이 나온다. 등기부를 발부하여 채무와 경·공매 사항을 확인할 줄도 몰랐고, 그때 아저씨 두 분이 말했던 공매가 진짜로 공매였던 건지 아니면 법원경매였던 건지도 몰랐다. 하지만 약간의 공갈과 협박으로 부모님의 임대보증금을 운 좋게 돌려받았던 기억이 있다.

하지만 이렇게 매사가 운이 좋을 수만은 없을 것이다. 요즈음 전세사기 문제가 사회적 이슈가 되고 있다. 젊은 세대들이 어렵게 모은 돈을 통째로 날리는 일들을 뉴스에서 자주 접하게 된다. 우선 전세사기를 치는 사람이 너무도 나쁘지만, 전세사기를 당하는 사람도 잘한 일만은 아니다. 즉, 무지가 무죄는 아니라는 말이다.

부동산과 관련해서 조금만 관심을 가지고 노력하면 얼토당토않은 피해는 최소한 막을 수 있다. 등기부 보는 방법과 부동산의 시세 평가하는 방법만 제대로 알아도 된다. 열심히 일하고 쓰지도 못하고 모아서 마련한 전세보증금을 무지와 무관심으로 날려 버린다면 참으로 안타까운 일이다. 부동산에 관한 기본지식은 이제 전문가들만의 영역이 아니라 일반인인 자신의 일임을 인식해야 한다. 왜냐하면, 어렵게 모은 내 전 재산을 지키고 나아가 늘려나가는 일은 국민 모두의 생활이며 문제이기 때문이다.

## 경매를 직업으로 삼다

적성에 맞지 않는 공무원 생활을 정리하고 잠시 쉬면서 하는 일이라고는 밥 먹고, 산에 가는 일 외에 귀 빠지고 처음으로 경제신문이라는 것을 읽게 되었다. 아마도 코리아헤럴드 영자신문 보는 것보다 어렵지 않았나 하는 생각이 들었다. 도대체 무슨 말인지 용어조차 알 수가 없었는데 한 두어 달 읽다 보니 조금씩 용어가 친숙하기 시작하였는데 주식, 채권 그리고 법원경매공고문 그 세 가지가 눈에 띄었다. 그 당시에도 공무원 동기들이 주식 투자하는 친구들이 많았었는데 필자는 주식 한 주도 없었으니 아마도 경제 바보 중에도 바보였던 것 같다.

새천년을 얼마 남겨 두지 않고 시끌벅적한 연말 분위기가 익어갈 무렵 재취업의 압박감 속에 친구와 우연히 저녁 식사 겸 반주하는 자리에서 친구의 후배와 합석하게 되었다. 명함을 받아보니 주식회사 ○○경매 대표이사 ○○○이었다. 이게 무슨 일인가 내가 경매회사 대표님을 만나게 되다니 이것은 우연이 아닌 필연이라고 스스로 생각을 세뇌하기 시작하였다. 왜냐하면, 향후 직업을 경제신문을 통해 주워들은 주식, 채권, 부동산경매 이 셋 중에서 하나를 하고 싶다는 생각을 하였기 때문이다. 그 세 가지가 돈을 많이 버는 분야라고 생각했다. 나의 두뇌는 참 단순하고 간편하다.

그로부터 얼마 지나지 않아 그 경매회사의 직원이 되었다.
참 쉽죠….
그 회사에는 경리직원 포함 여직원이 2명이나 있었는데도 그들보다 일찍 출근하여 쓰레기도 치우고 청소도 하였다. 왜냐하면 할 줄 아는 일이 딱히 없었기 때문에 뭐라도 해야 했다. 대표님 지방 출장 가면 운전도 하면서 수습 보조사원 노릇을 한 달 정도 했다.

굼벵이도 기는 재주가 있다고 했던가 필자라고 해서 무지렁이는 아니었나 보다. 대학 시절 고시 공부한답시고 공부했었던 알량한 법률 지식과 공직생활 동안 경험했던 대인관계에서의 자신감은 경매를 빨리 습득하게 된 원동력이 되었다.

그 당시 시중 서점에 나와 있는 경매 서적 10여 권 정도를 한 번에 사서 한 달 내에

다 읽었다. 처음 한 두권이 어렵지 그 다음부터는 대부분의 내용이 반복되기 때문에 그리 어렵지 않았고 재미있었다. 거기에 모르는 것은 회사 대표님이 코치해 준 것들이 많이 도움이 되었다.

입사 2개월 차에 고양시에 소재한 교회 입찰 대행하는 업무를 처음으로 맡게 되었다. 회사 내부에서 입찰서 작성하는 방법에 대하여 교육을 받았지만 막상 첫 경매법정에서 그 떨리는 심정은 뭐라 말할 수 없는 긴장감이 돌았다.

그 당시만 해도 고양지원이 없었고 의정부지방법원에서 진행하였기에 아침 일찍 차를 몰고 의정부에 있는 법원으로 갔다. 낙찰받고자 하는 매수인 쪽 장로님 세분이 나오셔서 그분들과 같이 입찰하였는데 첫 입찰에서 낙찰의 기쁨을 맛보고서 경매는 나의 인생이라 속으로 크게 외쳤다. 그 세 분 장로님한테는 죄송한 일이었지만 완전 생초보였던 필자는 운 좋게 첫 입찰에서 낙찰의 영광을 마음속으로 누렸.

지나고 보니 첫 입찰 건을 생초보인 필자 혼자 입찰법원에 보냈던 회사의 대표님 간덩이도 작지는 않았던 모양이다. 경매 입찰은 이십여 년이 지난 지금도 경매법정에서 입찰서를 제출할 때면 긴장된다. 입찰서를 또 보고 몇 번씩 보고 혹시나 잘못 쓴 것이 있나 하고 확인하는 버릇이 생겼다.

## 경매회사 사장이 되다

경매업계에 진입한 지 4개월 만에 경매회사 사장이 되었다. 말도 안 될 법한 일이 현실로 일어났다. 그 당시 경매회사와 법무사 사무실은 갑과 을의 관계에 있었다. 경매회사가 낙찰을 받으면 법무사 사무실에서 잔금대출을 알선하고 등기업무를 따가기 위해 경매회사의 회식비를 지원해주고 법무사가 경매회사 회식 자리에 참석하곤 했다. 공무원 출신이었던 그 법무사와 퇴직 공무원이였던 필자는 친하게 지내게 되었는데 마침 그 법무사는 사장을 고용하여 법무사 사무실 외에 경매회사도 하나 운영하고 있었는데 경영이 시원치 않았던 터라 그 회사를 필자가 어찌어찌하다 보니 인수하게 되었다.

사장은 아무나 하는 것이 아니었다. "내돈 내산" 내 돈 들여 회사를 인수했음에도 직원들은 나의 직원이 아닌 듯했다. 지까지것이 경매를 시작한 지 얼마나 되었다고 사장이야 돈 몇 푼 있으면 다야 뭐 이런 뜻이었으리라. 회사를 인수한 약 2개월 정도는 경매를 처음 시작하여 배울 때 보다 더 힘들었다. 직원들의 야릇한 무시와 왕따가 있었지만 그럴수록 더 열심히 경매업무에 매진했다.

그러던 중 서울 영등포구에 감정가 100억이 넘는 빌딩과 서초구에 빌딩을 아는 지인들에게 낙찰받아주고 명도까지 하는 컨설팅을 하여 거금을 용역수수료로 받고 나니 직원들의 태도가 금세 달라지기 시작하였다. 직원들의 마음 씀씀이 때문에 씁쓸했지만, 그 일로 인하여 진정 세상을 배우는 계기가 되었다.

회사를 운영하다 보니 직원 수도 많았고, 한 달 처리해야 할 업무의 건수도 많았다. 초보 사장한테는 바짝 긴장해야 하는 일이었다. 디엠으로 보낸 경매 채무자나 임차인에게 걸려 오는 전화상담, 현장답사, 입찰, 상계처리, 잔금대출, 명도 등 정말 바빴던 시절이었다.

가장 많이 신경이 쓰였던 것은 직원들의 입찰행위 전에 결제를 해야 하는 점이다. 컨설턴트로서 자신의 업무만 하기도 벅찬 시점에서 사장으로서 회사 직원들의 입찰건에 대한 사전 결제까지 해야 하는 상황이었다. 사장이 결제하게 되면 최종 책임은 사장이 지게 되는 것이기 때문에 정신줄을 놓아서는 안 되는 상황이었다.

한번은 경매사고가 일어날 뻔한 일이 있었다. 결혼을 앞둔 직원이 담당했던 아파트 경매 대행 사건인데 대항력 있는 선순위 임차인이 있는 것을 모르고 그냥 입찰해서 낙찰을 받고 신혼여행을 떠났다. 일이 잘못되려면 꼭 꼬이는 일이 있기 마련이다. 그 건은 너무도 쉬운 아파트 입찰 건이었고 사장인 필자가 지방 출장을 가서 결제하지 못한 상태에서 일어난 일이었다. 다행히도 법원에서 매각불허가결정이 나와서 큰 손실 없이 입찰보증금을 돌려받은 적이 있었다. 하마터면 입찰보증금을 고스란히 날릴 수밖에 없었던 경매사건이다.

짧은 시간에 그렇게 많은 경매사건을 접하다 보니 힘이 좀 들기도 하였지만, 사건마다 설렜고 그 사건을 해결하기 위하여 노력하는 과정에서 실력이 늘었던 것 같다.
물론 지금도 경매사건의 모든 것을 안다고는 할 수 없다. 단, 앞에서 언급하였듯이 대부분 경매사건의 분석할 내용의 70~80%는 중복된다. 그렇기에 몇 가지 사건을 제대로 분석하여 터득한 경매지식과 경험을 몸에 장착한다면 새로운 사건이 두렵기보다는 설레고 기다려질 것이다. 왜냐하면, 이 사건은 뭐가 다른 것이 있을까 하는 호기심이 발동하기 때문이다. 그 새로운 부분을 노력하여 터득하고 해결하고 나면 성취감과 자신감이 배가되고 또한 그런 것들이 쌓여 경매의 실력이 되지 않을까 생각한다.


## 지금 하고 있는 일

2024년 부동산개발 현장에 파열음 소리가 들린다. 개발 현장의 부동산개발 대출에 보증을 선 건설회사나 부동산개발 대출인 브릿지론(bridge loan; 연결융자)나 PF(개발사업금융)를 한 금융사들의 워크아웃 그리고 법정관리 뉴스 소리가 점점 커지고 있다.

필자는 이러한 시점에 개발 현장의 부실로 나오는 개발 부지와 공사중단 건물에 대하여 경·공매 업무를 통한 매입업무와 오프라인과 온라인 경·공매 강의 그리고 부동산 경·공매 컨설팅업무를 하고 있다.

제2장

# 독서실 총무 홍사장

1980년대 군대를 제대하고 아르바이트로 독서실에서 총무 일을 할 때이다. 그때만 해도 대형 독서실이 유행하던 시절이다. 필자가 근무했던 곳은 지하 1층, 지상 4층 건물 전체를 독서실 영업을 위해 지어진 신축건물이었다.

오후 5시쯤 출근하여 퇴교하는 관내 중고등학교 학생들을 봉고차로 실어서 독서실에 데려오고 학생들의 입·퇴실 수속을 밟아 주는 등 독서실 전체를 관리하는 일이었다. 한 달에 서너 번 정도 청소하는 아주머니가 오지 않는 날에는 5층이나 되는 건물을 혼자서 청소까지 하고, 다음 근무자가 나오는 아침에 근무 교대하는 일이어서 시간적으로나 육체적으로 꽤나 힘이 필요한 일이었다.
대학교 공부하랴 독서실 총무 일하랴 고등학생 수학 과외를 하랴 너무 바빠서 2년 정도 근무하던 중 독서실 총무 일을 그만두고 알고 지내던 지인에게 후임자로 인수인계하였다.

그는 너무도 근면하고 일을 잘하여 독서실 원장님으로부터 사랑받는 인재가 되었다. 그로부터 세월이 얼마 지난 후에 직업을 알선하여 주어 고맙다면서 그에게 식사 대접을 받으면서 들었던 이야기 중 그는 충주에 있는 주택을 경매로 낙찰받았다는 것이다. 그때는 경매가 뭔지도 몰랐고 관심도 없었던 터라 그냥 흘려들었던 것 같았다. 그 당시 독서실 총무 월급이 그리 많지 않았던 터라 그가 정말 대단하다고 생각했다. 청년 시절에 적은 월급을 모아서 경매로 주택을 샀다고 생각하니 그가 정말 크게 될 재목임이 틀림이 없다고 생각했다.

그 후로 소식을 들어보니 한동안은 독서실 총무 일을 하면서 경매를 부업으로 하다가 경매소득이 커지면서 독서실 총무 일을 그만두고 부동산경매 일을 전업으로 하여 나이

사십이 되기도 전에 꽤 많은 부동산과 돈을 모았다고 들었다. 홍사장은 작은 키에 다부진 체격으로 사투리 짙은 찐 부산 사나이였다.

그를 통해서 본 바와 같이 부동산경매는 많은 인력과 자본 그리고 학력이 필요하지 않은 것 같다. 그는 고졸 학력에 가족도 없는 혈혈단신이었다. 물론 지금은 아니겠지만….
경매업계 입문 연도로 따져 보면 필자보다 대선배이다.

자기만의 뚜렷한 목표의식과 끈기가 있다면 경매는 성공할 수 있다고 생각한다. 세상일 대부분 그렇지 않을까 하는 생각이 들기도 한다.

제3장

# 1호선 전회장

2000년 경매업계에 진입하여 경매회사 사장까지 되고 나니 자연스럽게 경매법원에 갈 일이 많아졌다. 그 당시는 수요와 공급 차원에서 본다면 경매물건은 많은 반면에 경매를 직업으로 삼는 사람은 지금보다는 훨씬 적었던 것 같다.

그러다 보니 경매법정에서 직업경매인들을 자연스럽게 알게 되었는데 그분들 중 나이가 60대 후반쯤 되는 남자분과 친하게 되어 대화를 나누던 중 그분은 지하철 1호선 부천역에서 청량리역까지 반지하나 다세대 빌라만 낙찰받는다고 하였다. 그래서 필자 등은 그분을 "1호선"이라 불렀다.

반값 정도의 가격으로 남들이 선호하지 않는 반지하나 원룸 투룸 등을 싹쓸이하는 방법이었다. 몇 명이 한 조를 이루어 한 명은 법원 입찰업무를 하고, 한 명은 입찰물건 정리 등 내근업무를 하며, 한 명은 명도, 건물 수리 등 현장 업무를 한다고 설명을 들었다. 낙찰받은 물건을 현장 명도에서부터 인테리어 설비공사까지 인부를 사서 직접 한다고 들었다. 많은 건수를 취득하다 보니 여러모로 "규모의 경제" 효과도 있었으리라 생각이 든다. 물론 그때는 지금과는 대출이나 세제 경제환경 등이 달랐다.

그렇지만 경매하는 동안 교류하면서 들었던 내용은 엄청나게 많은 부동산의 소유와 효율적인 부동산관리를 했던 것으로 본다. 경매환경이 변해서 이러한 것을 그대로 적용한다는 것은 무리가 있지만, 목표의 명료성, 방법의 효율성 등은 벤치마킹할 만하다.

### 제4장

# 화려한 싱글 정대표

부동산대학원생 연령층이 30대부터 60대까지 다양하다. 공무원들은 일정 학점 이상 나오면 학비가 면제되어 노후를 대비하여 입학하기도 하고, 일반 회사에 다니는 회사원 중에서는 회사에서 등록금을 지원해주면서 승진에 도움이 되기 때문에 대학원에 입학한 경우도 있고, 석사학위가 필요해서 입학하는 경우도 있고, 경매가 직업이어서 좀 더 깊은 지식과 경험을 쌓기 위해 수강한 학생들도 있다.

부동산대학원 석사과정 경매과목 강의를 하면서 겪었던 일화가 있다.
수업 중 한 학생이 도로경매시 발생한 법리적 문제점 등을 질의 해왔는데 강의를 하는 필자로서는 도저히 대답을 할 수가 없었다. 오히려 그 수강생한테 일방적인 강의를 받아야 하는 입장이었다. 특수한 분야기도 했지만, 도로경매의 경험을 해보지 못한 필자의 입장으로서는 일반 지식과 경험으로는 알 수가 없는 분야였다. 대학원 강의의 좋은 점은 강사가 모르는 것은 수강생들한테 발표를 시키면 된다는 것이다.

학기 기말고사를 마치고 종강 파티를 하던 날 수강생들과 식사를 하면서 담소를 나누던 중 수업 시간에 난해한 질의로 곤란을 겪게 했던 수강생인 정대표가 자기는 이혼한 지 몇 년 되었고, 힘들었던 시절에 치열하게 부동산경매에 매달렸다고 본인을 소개하며 나름의 성공담으로 도로경매 이야기를 꺼냈다. 필자 역시 다른 수강생과 마찬가지로 수강생 모드로 진지하게 청취했는데 그녀의 설명에는 깊이 있는 노하우가 묻어 있었다.
그녀는 개업공인중개사였는데 우연한 기회로 도로를 경매로 낙찰받게 되었는데 고수익을 얻게 되었고 그 이후 그 분야를 집중적으로 연구하여 낙찰받고 현금화하여 자칭 도로경매 전문가라고 소개했다. 자주 낙찰받기보다는 특수한 분야이다 보니 현금화할 수 있는 대책이 어느 정도 계산이 설 때 낙찰을 받는다는 것이었다.

지금은 중개법인의 대표로 직원을 몇 명 두고 중개업무와 경매업무를 하면서 나름 고수익을 올리고 있다고 소개하였다. 듣는 사람으로서는 자랑거리로 들릴 수도 있었지만, 충분히 자랑할 만한 자격이 있다고 인정하고 싶었다.

요즈음 흔히 말하는 화려한 돌싱의 표본으로서 자기 일에 성과를 내고 경제적으로 자유가 충만해 보이며 삶의 여유와 풍요로움이 느껴졌다.

지역에서 개업공인중개사 업무를 하다 보니 재개발 재건축이 예상되는 곳을 알고 있어서 그곳에서 경매로 나오는 물건을 대상으로 입찰하여 낙찰받은 후 되팔거나 분양권을 받는 것도 고수익분야라고 말하였다.

이렇듯 경매의 영역도 아주 다양하며 전문적인 분야가 존재한다. 정대표처럼 한두 가지 주 종목을 선정하고 집중적으로 투자하여 수익을 내는 것이 바람직하다고 생각한다. 경매의 모든 분야를 섭렵하기가 어렵기도 하거니와 효율성이란 입장에서도 한두 가지 주 종목을 설정하여 집중적으로 투자하는 정대표의 경매전략을 고려해볼 만하다.

## 제5장
# 20대 여성 2인조

2023년 10월 여주에 있는 토지경매를 위하여 여주법원에서 입찰할 때 경험한 일이다. 입찰서 접수 마감을 하고 집행관이 개찰을 진행하던 중이라 경매법정에서 입찰한 물건의 개찰을 기다리고 있었다.

그런데 20대 중반쯤 되는 여성 둘이서 집행관이 진행하던 말 중 이해가 되지 않았는지 필자에게 작은 소리로 "차순위 신고"가 뭐냐고 물어보는데 조금은 난감하였다. 사람들이 빼곡히 모여있는 경매법정에서 수치를 동원해서 개념을 자세하게 설명할 수가 없으니 대충 설명할 수밖에 없었다.

그날 여주 토지경매 입찰은 패찰하였다. 친구와 둘이서 법정을 나오는데 법정에서 필자에게 "차순위 신고"를 물어보았던 그녀들을 법정 밖에서 다시 만나게 되었다. 그녀들이 먼저 다가와 설명해주어서 고맙다고 인사를 하기에 필자도 그녀들에게 물어보았다. 경매하신 지 얼마나 되었냐고 했더니 둘은 대학 동창 사이인데 졸업하고 취업을 하지 않았고 올봄부터 둘이서 경매 공부도 같이하고 한 팀이 되어 법인을 설립하고 경매를 전업으로 일하고 있다고 했다.

참으로 세상이 많이 변한 것 같다. 이십여 년 전 경매를 시작했을 때는 이런 모습을 본 적이 없었다. 이러한 여성 2인조 경매팀은 꼭 성공할 것이다. 왜냐하면, 강한 목표의식과 높은 지식수준과 빠른 실행능력 그리고 힘들 때 의지할 수 있는 동지가 있으니 잘되지 않을 이유가 없다고 생각한다. 그녀들의 경매사업이 번창하기를 기원한다.

제6장

# 30세 비젼의 청년

2024년 3월에 시작하여 3개월 과정의 서울에 있는 한 대학의 평생교육원 부동산경매 강좌에서 강의를 맡게 되었는데 강좌가 마무리될 즈음에 수강생 한 분이 담당 강사였던 필자에게 카톡으로 보내온 편지가 있었는데 보내온 분에게 양해를 구하고 이번에 출간할 개정판에 원문 그대로 계제한다.

「안녕하세요?
저는 서울 소재 대학 평생교육원 부동산경매강좌 수강생 김○○ 입니다.
먼저 이번에 좋은 기회로 『경매하는 사람들』책을 접하고, 직접 강의를 듣게 되어서 너무 감사하고, 이번 기회가 그냥 지나가는 인연이 아닌 인생의 새로운 변환점이 되는 계기가 되길 개인적으로 희망합니다.

부자가 되고 싶지 않은 사람이 있을까요?
대부분은 아닐거라 생각하고 저 또한 그렇습니다.
저는 어릴적부터 세상에 있는 부자들이 무슨 일을 하는지가 궁금했고 젊어서 고생은 사서 해도 괜찮다는 패기로 20대 시절을 세계 여러 곳을 다니며 이런저런 일들을 경험하게 되었습니다.

어느 유명 기업인의 말처럼 세상은 넓고 할 일은 많습니다. 하지만 동시에 제가 느낀 또 다른 점은 세상에서 빈부의 척도는 자기 집이 있느냐 없느냐로 결정되고 부익부의 출발은 부동산이다라고 생각되었습니다.

저는 현재 작은 벤처캐피탈(VC) 회사에서 근무하고 있습니다. 직업 특성상 여러 자산가들을 볼 기회가 종종 있습니다. 대한민국 자산가들이 가장 선호하고 거의 대부분이 소유한 재산도 부동산이라는 점이 저에게는 부동산이 매력적으로 다가오는 계기가 되었습니다.

슬프지만 지금까지 제가 본 세상에서는 집이 없어 불행한 사람이 너무나 많습니다. 또한 반대로 부와 힘이 가장 집중된 결정체는 부동산이며 '인류가 존재하는 한 가장 강한 부는 부동산이다'라고 생각됩니다.

아직은 많이 부족하고 배울 게 배운 것보다 태산이지만 저는 이번 강의가 누구보다도 값지고 누구보다도 진심으로 임하고 있다 자신하고 싶습니다.
단순한 학식의 채움이 아닌 실제 20년 뒤의 '가장 강한 부'를 쟁취한 저의 모습을 그리면서 하루빨리 실제 성공사례로 교수님들과 동기분들께 소개하기를 희망합니다.
감사합니다.」

이 편지를 받아보고 밤늦은 시간까지 먹먹하게 몇 번을 읽어 보았다.
이 나이쯤에 난 무슨 생각을 하고 살았을까?
이 나이쯤에 난 무엇을 하고 살았을까?

참으로 자기 삶에 진지하고 행동하는 젊은이라는 생각이 들었다.
가정과 자신의 위치를 파악하고 나머지 인생을 어떻게 살아야 할까 고민하고, 먼 길을 떠나 여행을 하면서 자신의 정체성을 찾으려 노력했던 모습이 그려졌다.

석달 간의 경매강좌 일정이 마무리되었다.
항상 맨 앞줄에 앉아 진지하게 학습하였고, 중간중간 질문하는 내용들이 남들이 물어보지 않은 특이한 내용들이어서 당황스럽기도 하고 큰 웃음을 자아내기도 하였는데 그러한 궁금증과 창의적인 생각들이 긴 여행과 사색의 시간이 만들어 낸 것이라는 생각이 들었고, 그러한 긴 여행과 사색의 시간은 자신만의 삶에 발전 요소가 될 것이다.

업계에 먼저 입문한 선배로서, 잠시나마 강좌에서 경험한 것을 전수하고 방향을 제시한 선생으로서, 장래 같은 업종을 하는 동료의 입장으로서 이 청년의 삶에 풍요롭고 행복한 나날들이 펼쳐지기를 따뜻한 마음으로 기원한다.
그리고 꼭 이루어 낼 것이라고 믿는다.

더 많이 아는 것이 아니라 더 잘 알아야 한다.
- 몽테뉴 수상록에서 -

# 제2편

# 부동산경매 기본이론

제1장  부동산 기초
제2장  부동산경매 기초
제3장  부동산임대차보호법
제4장  부동산권리분석
제5장  법원 부동산경매 진행절차

# 제1장 부동산 기초

1. 부동산경매의 대상이 물건
2. 토지의 분류(용도지역별)
3. 토지의 분류(지목별)
4. 주택의 분류
5. 건축물의 용도변경
6. 물권과 채권의 분류

# 1. 부동산경매의 대상이 되는 물건

「민법」제98조(물건의 정의)
  본법에서 물건이라 함은 유체물 및 전기 기타 관리할 수 있는 자연력을 말한다.
「민법」제99조(부동산, 동산)
  ① 토지 및 그 정착물은 부동산이다.
  ② 부동산 이외의 물건은 동산이다.

부동산(不動産)은 토지나 건물처럼 움직여서 옮길 수 없는 재산이다. 동산(動産)의 반대말이다.

| 물건<br>「민법」제98조 | 유체물 | 부동산 – 토지 및 그 정착물 | 「민법」제99조 제1항 |
|---|---|---|---|
| | | 동산 | 「민법」제99조 제2항 |
| | 무체물 | 전기 | 관리 가능한 자연력 |

경매물건, 물건검색 등에서 '물건'이라 함은 '부동산경매의 대상이 되는 물건'으로서, 「민법」상의 부동산 그리고 특정동산, 공장재단, 광업재단을 지칭한다.

「민법」상의 부동산이란 제99조 제1항에서 부동산이란 토지 및 그 정착물을 말한다. 그리고 '특정동산'이란 등록의 대상이 되는 건설기계, 소형선박, 자동차, 항공기, 경량항공기를 말한다(「자동차 등 특정동산 저당법」제2조 제1호)1).

'그 정착물'은 토지정착물로서 토지와는 다른 부동산으로 간주되는 정착물이다. 즉 토지와는 독립된 권리관계를 정착물로서, 건물, 소유권보존등기된 입목, 명인방법을 구비한 수목, 권원에 의하여 타인에 토지에서 재배되고 있는 농작물 등이 있다.

재산 중에는 내구성이 장기적이고 경제적 가치가 크며 권리관계를 국가가 관리할 필요

---

1) 「자동차 등 특정동산 저당법」제3조(저당권의 목적물) 다음 각 호의 **특정동산**은 저당권의 목적물로 할 수 있다.
  1. 「건설기계관리법」에 따라 등록된 건설기계
  2. 「선박등기법」이 적용되지 아니하는 다음 각 목의 선박(이하 "소형선박"이라 한다)
     가. 「선박법」제1조의2제2항의 소형선박 중 같은 법 제26조 각 호의 선박을 제외한 선박
     나. 「어선법」제2조제1호 각 목의 어선 중 총톤수 20톤 미만의 어선
     다. 「수상레저기구의 등록 및 검사에 관한 법률」제6조에 따라 등록된 동력수상레저기구
  3. 「자동차관리법」에 따라 등록된 자동차
  4. 「항공안전법」에 따라 등록된 항공기 및 경량항공기

성에 있어 법적으로 마치 부동산인 것처럼 취급하는 재산, 즉 등기나 등록으로서 권리를 공시하는 재산이 있다. 이를 '준부동산'이라 한다. 이러한 준부동산에는 건설기계·소형선박·자동차·항공기·경량항공기 등의 특정동산과 광업권, 어업권 등이 있다. 이러한 준부동산 중에서 '특정동산'은 부동산경매의 대상이 될 수 있다.

그리고 공업용 부동산에서 공장에 속하는 토지, 건물, 그 밖의 공작물뿐만 아니라 기계, 기구, 전봇대, 전선(電線), 배관(配管), 레일, 그 밖의 부속물 등을 하나로 묶어 재단(財團)을 세우고 이를 담보로 활용하여 좀 더 많은 저당대출을 받으려는 경우가 많다. 만약 대출된 금액의 상환이 부실하게 될 때 토지, 건물, 기계에 대하여 개별매각을 하지 않고 전체를 대상으로 일괄매각을 실시한다. 이는 「공장 및 광업재단 저당법」 및 「공장 및 광업재단 저당등기 규칙」에 따라 소유권보존등기 및 공장저당의 등기와 공장재단 및 광업재단의 등기를 하게 된다.

## 2. 토지의 분류 (용도지역별)

| 용도지역 | 세분된 용도지역 | | 건폐율 | 용적률 |
|---|---|---|---|---|
| 도시지역 | 주거지역 | 제1종 전용주거지역 | 50% | 50~100% |
| | | 제2종 전용주거지역 | 50% | 100~150% |
| | | 제1종 일반주거지역 | 60% | 100~200% |
| | | 제2종 일반주거지역 | 60% | 150~250% |
| | | 제3종 일반주거지역 | 50% | 200~300% |
| | | 준주거지역 | 70% | 200~500% |
| | 상업지역 | 중심상업지역 | 90% | 400~1,500% |
| | | 일반상업지역 | 80% | 300~1,300% |
| | | 유통상업지역 | 80% | 200~1,100% |
| | | 근린상업지역 | 70% | 200~900% |
| | 공업지역 | 전용공업지역 | 70% | 150~300% |
| | | 일반공업지역 | 70% | 200~350% |
| | | 준공업지역 | 70% | 200~400% |
| | 녹지지역 | 보전녹지지역 | 20% | 50~80% |
| | | 생산녹지지역 | 20% | 50~100% |
| | | 자연녹지지역 | 20% | 50~100% |
| 관리지역 | 보전관리지역 | | 20% | 50~80% |
| | 생산관리지역 | | 20% | 50~80% |
| | 계획관리지역 | | 50% | 50~100% |
| 농림지역 | | | 20% | 50~80% |
| 자연환경보전지역 | | | 20% | 50~80% |

## 3. 토지의 분류 (지목별)[2]

| 번호 | 지목 | 내용 |
|---|---|---|
| 01 | 전 | 물을 상시적으로 이용하지 않고 식물을 재배 |
| 02 | 답 | 물을 상시적으로 이용하여 벼, 연, 미나리 등을 재배 |
| 03 | 과수원 | 사과, 배 등 과수류를 집단적으로 재배 |
| 04 | 목장용지 | 축산업, 낙농업, 가축사육 |
| 05 | 임야 | 산림, 수림지, 죽림지, 황무지 |
| 06 | 광천지 | 지하에서 온수, 약수, 석유류의 용출구 |
| 07 | 염전 | 바닷물을 끌어들여 소금 채취 |
| 08 | 대 | 영구적인 건축물 중 주거, 사무실 점포 등의 부지 |
| 09 | 공장용지 | 제조업을 하고 있는 공장시설용 부지 |
| 10 | 학교용지 | 학교의 교사, 체육장 등 시설부지 |
| 11 | 주차장 | 자동차 주차시설, 주차전용 건축물 부지 |
| 12 | 주유소용지 | 석유 및 석유제품, 액화가스 등의 판매시설 부지 |
| 13 | 창고용지 | 물건 등을 보관, 저장, 냉동, 물류, 양곡 창고 |
| 14 | 도로 | 보행이나 차량 운행에 이용되는 토지 |
| 15 | 철도용지 | 교통 운수를 위해 일정한 궤도 등의 설비를 위한 부지 |
| 16 | 제방 | 조수, 자연유수, 모래, 바람 등을 막기 위한 방파제 등의 부지 |
| 17 | 하천 | 자연의 유수가 있거나 있을 토지 |
| 18 | 구거 | 용수 또는 배수를 위해 일정한 인공적인 부지 |
| 19 | 유지 | 물이 고이거나 상시적으로 물을 저장하고 있는 토지 |
| 20 | 양어장 | 육상에 인공적으로 조성된 양식시설 토지 |
| 21 | 수도용지 | 물을 정수하여 공급하기 위한 토지 |
| 22 | 공원 | 일반공중의 보건 휴양을 위한 시설을 갖춘 토지 |
| 23 | 체육용지 | 국민의 건강증진을 위한 체육활동에 시설을 갖춘 토지 |
| 24 | 유원지 | 일반공중의 위락, 휴양시설, 수영장 등 |
| 25 | 종교용지 | 일반공중의 종교의식을 위한 예배, 제사 등을 위한 시설용지 |
| 26 | 사적지 | 문화재로 지정된 유적, 고적, 기념물을 보존하기 위한 토지 |
| 27 | 묘지 | 사람의 시체나 유골이 매장된 토지 |
| 28 | 잡종지 | 다른 지목에 속하지 않은 토지 |

[2] 「공간정보의 구축 및 관리 등에 관한 법률」 제67조 및 시행령 제58조(지목의 구분)

## 4. 주택의 분류

| 구 분 | | 명 칭 | 구분 기준 |
|---|---|---|---|
| 주 택 | 단독주택 | 단독주택 | 한 세대가 독립적으로 거주할 수 있는 구조의 주택 면적 제한 없고, 층수 제한 없음 |
| | | 다중주택 | 1) 학생 등 여러 사람이 장기간 거주 구조<br>2) 독립된 주거의 형태를 갖추지 않은 것(각 실별로 욕실은 설치 가능, 취사시설은 설치하지 않은 것) : 구분소유권 등기(×)<br>3) 1개 동의 바닥면적의 합계가 660㎡ 이하이고 주택으로 쓰는 층수(지하층 제외)가 3개 층 이하일 것. |
| | | 다가구주택 | 1) 주택 층수가 3개층 이하.(필로티는 주택층수 제외)<br>2) 1개 동의 바닥면적의 합계가 660㎡ 이하<br>3) 동별 19세대 이하가 거주 : 소유권은 1개 |
| | | 공 관 | 정부의 관리가 관사로 사용하는 주택 |
| | 공동주택 | 아파트 | 주택용 5개층 이상 |
| | | 연립주택 | 1개 동 바닥면적의 합계가 660㎡ 초과, 4개층 이하 |
| | | 다세대주택 | 1개 동 바닥면적의 합계가 660㎡ 이하, 4개층 이하 |
| | | 기숙사 | 1) 일반기숙사: 학교 또는 공장 등의 학생 또는 종업원, 공동취사시설 이용 세대 수가 50% 이상<br>2) 임대형기숙사: 공공주택사업자 또는 임대사업자가 임대 목적으로 제공하는 실이 20실 이상이고 공동취사시설 이용 세대 수가 50% 이상 |
| 준주택 | | 고시원 | 2종 근생(1,000㎡이하), 숙박시설(1,000㎡이상) |
| | | 노인복지주택 | 노유자시설 |
| | | 오피스텔 | 일반업무시설 |
| 국민주택 | | | 공공이 건설하거나 주택도시기금으로 건설, 85㎡이하 |
| 도시형생활주택<br>300세대 미만<br>전용면적 85㎡이하 | | 단지형 연립 | 바닥면적 660㎡초과, 4개층 이하 |
| | | 단지형 다세대 | 바닥면적 660㎡이하, 4개층 이하 |
| | | 원룸형 | 세대별 전용면적 50㎡이하, 욕실·부엌 독립 |

## 5. 건축물의 용도변경

건축물의 용도변경은 이미 사용승인을 받은 건축물의 용도를 필요에 의하여 다른 용도로 변경하는 행위를 말한다.

건축물의 용도변경은 변경하려는 용도의 건축기준에 적합하여야 하며, 건축물의 용도를 변경하고자 하는 때에는 건축물 용도의 변경범위에 따라 특별자치도지사 또는 시장·군수·구청장의 허가를 받거나 신고 또는 건축물대장 기재 내용의 변경을 신청하여야 한다.

① 허가대상 : 시설군의 순서에서 상위군의 건축물의 용도로 변경하는 경우
② 신고대상 : 시설군의 순서에서 하위군의 건축물의 용도로 변경하는 경우
③ 건축물대장 기재 내용 변경신청 대상 : 같은 시설군 안에서 용도를 변경하는 경우

예를 들어, 제7군 근린생활시설군에 속한 제1종 근린생활시설을 제5군 영업시설군에 속한 숙박시설로 용도변경을 하고자 할 때는 상위군으로 용도를 변경하는 경우에 해당하므로 건축물 용도변경을 허가받아야 하며, 반대의 경우는 하위군으로 용도를 변경하는 경우에 해당하므로 건축물 용도변경을 신고하여야 한다.

**건축물의 시설군**

| 순위 | 시설군 | 세부용도 |
|---|---|---|
| 1 | 자동차 관련시설군 | 자동차 관련시설 |
| 2 | 산업등의 시설군 | 운수시설, 창고시설, 공장, 위험물저장 및 처리시설, 자원순환 관련 시설, 묘지 관련 시설, 장례시설 |
| 3 | 전기·통신 시설군 | 방송통신시설, 발전시설 |
| 4 | 문화 및 집회 시설군 | 문화 및 집회시설, 종교시설, 위락시설, 관광휴게시설 |
| 5 | 영업시설군 | 판매시설, 운동시설, 숙박시설, 제2종 근린생활시설 중 다중생활시설 |
| 6 | 교육 및 복지 시설군 | 의료시설, 교육연구시설, 노유자시설, 수련시설, 야영장시설 |
| 7 | 근린생활 시설군 | 제1종근린시설, 제2종근린시설(다중생활시설은 제외) |
| 8 | 주거업무 시설군 | 단독주택, 공동주택, 업무시설, 교정시설, 국방·군사시설 |
| 9 | 그 밖의 시설군 | 동물 및 식물 관련 시설 |

국토교통부의 '건축행정시스템(세움터)' www.eais.go.kr는 건축 주택 인허가(허가 → 착공 → 사용승인) 관련 총 147종 업무의 온라인 신청 및 처리, 건축물대장 및 건축물 현황도 열람·발급, 건축물 및 인허가 통계, 건축행정정보 민간개방 제공하고, 170여 개 기관, 380여 개 대상시스템으로 정보를 연계하여 제공하고 있다.

경매에서 건축물의 용도변경에 대한 중요성은 아무리 강조해도 지나치지 않는다.
권리분석이 경매물건에 대한 법적인 인수사항을 파악하는 제 중점을 둔다면, 물건분석은 물건검색을 통하여 찾은 경매물건에 대하여 현장답사를 통하여 부동산 입지를 분석하고 그 물건이 가지고 있는 구조적인 문제점이나 입지에 적합한 임차인 구성(tenant mix)이 적합하게 이루어졌는지를 검토하는데 집중한다.

예를 들어 사거리 코너에 입지가 좋은 자리에 오래된 교회가 경매로 나와 있다고 가정하면 현장답사 시에 있는 현상 그대로 교회로만 보지 말고 이를 판매시설이나 근린생활시설 등 다른 용도로 적합한지를 보는 눈이 필요하다.
교회는 4군인 문화 및 집회시설이나 5군 영업시설군이나 7군인 근린생활시설로 건축물의 용도변경을 통해서 고수익을 창출할 수 있음을 고려할 수 있어야 한다.

또한 교통입지와 사업목적이 맞다면 5군인 영업시설군인 숙박시설을 6군인 교육 및 복지시설군인 요양원으로 신고를 통한 용도변경을 하는 것도 적극 검토해 볼 수 있다.

특히 상업용 건물은 경매분석 중 권리분석을 기본적으로 마치고 나면 현장답사를 통한 물건분석에 많은 시간을 들여 발품을 팔아서 용도에 관한 아이템을 개발하여야 한다.

상업용 건물 경매에서 입지는 좋으나 임차인 구성이 좋지 않은 물건은 현장답사를 통하여 입지여건에 맞는 아이디어를 발굴할 수 있다면 고수익을 창출하는 방법이라고 생각한다.

## 6. 물권과 채권의 구분

| 구분 | 물권 | 채권 |
|---|---|---|
| 의의 | 특정 물건을 직접 지배하는 권리 | 특정인에게 행하는 권리 |
| 공시 | 공시 ○ | 공시 × |
| 형태 | 물권법정주의 | 계약자유주의 원칙 |
| 객체 | 물건 | 특정인의 행위 |
| 효력 | 대세적, 절대적 | 대인적, 상대적 |
| 배타성 | 일물일권주의 ○ | 일물일권주의 × |
| 사례 | (근)저당 | (가)압류 |
| 경매 | 임의경매 | 강제경매 |
| 배당 | 우선변제 | 안분배당 |
| 채권의 물권화 | 임대차계약(채권) + 전입신고 + 이사 + 선순위 ⇒ 대항력<br>임대차계약(채권) + 전입신고 + 이사 + 확정일자 ⇒ 우선변제권 | |

제2장

# 부동산경매 기초

1. 부동산경매의 개념
2. 부동산경매의 종류
3. 부동산경매의 대상
4. 매각대상의 이해관계인
5. 등기사항전부증명서
6. 매각물건명세서
7. 집행관현황조사서

## 1. 부동산경매의 개념

부동산경매란 매각부동산에 대하여 채권·채무의 관계에서 채권자의 신청에 따라 채무자 또는 물상보증인의 부동산에 대하여 경매법원이 「민사집행법」의 규정에 따라 매각한 후 매수자가 납부한 매각대금으로 채권자의 금전채권을 배당절차를 통하여 나누어 주는 제도이다.

## 2. 부동산경매의 종류

### 1) 집행권원에 따른 분류

(1) 강제경매
채권자가 채무명의를 받아 채무자 소유의 부동산을 압류 및 환가한 후 그 매각대금으로 경매신청 채권자 및 그 부동산 채권자의 금전채권을 만족을 목적으로 한 강제집행절차이다. 여기에서 채무명의란 국가 강제력에 의하여 청구권의 존재와 범위를 표시하고 집행력이 부여된 공정증서를 말한다.

(2) 임의경매
일반적으로 담보권실행을 위한 경매라고 불린다. 채무자가 채무이행을 하지 아니하는 경우 담보권을 가진 채권자가 담보권을 우선변제를 받을 수 있도록 실행하는 경매를 말한다. 담보권을 설정할 때 채무에 대해 이행을 하지 않을 경우 담보부동산을 처분하여 채무변제에 충당하여도 좋다는 채권자와 채무자 쌍방이 물권적 합의가 되었다고 본다.
여기에서 담보권이란 근저당권, 전세권 등으로 이미 설정된 권리를 토대로 경매가 이루어지므로 채무의 변제기일이 지나면 별도의 재판을 필요로 하지 않고 진행되므로 채권자의 입장에서는 신속하고 간편하게 경매를 진행할 수 있다.

경매진행절차에서는 큰 차이가 없으나 경매신청사유, 경매개시결정에 대한 이의 사유, 경매취하방법 등이 다르다.

## 2) 매각범위에 따른 분류

### (1) 개별매각
채권자가 채권담보의 목적물을 채무자 또는 담보제공자의 여러 개의 부동산을 담보로 제공받아 저당권을 설정하는 경우를 공동담보라 하는데 이러한 경우 채권자가 경매신청을 하면 여러 개의 담보목적물이 모두 경매에 나오게 된다. 하지만 이러한 부동산에 대하여 하나의 사건번호일 수 있으나 물건번호를 달리하여 개별적으로 경매를 진행하는 것을 말한다. 예를 들면 오피스텔이나 다세대 건물이 통째로 경매에 나왔는데 호수별로 각개의 물건번호가 부여된 경우 각각 호수별로 부여된 물건번호를 기재하여 따로 입찰하는 경우를 말한다.

### (2) 일괄매각
위의 사례에서와 같이 공동담보를 설정한 부동산이라 하더라도 그 부동산의 제반 상황을 파악하여 하나의 사건으로 처리하는 것이 고가로 매각될 수 있거나 개별매각하는 것이 현저히 가격하락을 가져올 것으로 예상하는 경우 경매신청채권자의 신청이나 법원의 직권으로 일괄매각으로 진행할 수 있다.

위 두 가지 매각방법은 입찰자의 입장에서는 나름대로 장단점을 가지고 있다. 자금력이 풍부하여 여러 개를 한 번에 취득하고자 하는 사람은 일괄매각이 손쉬울 것이고, 소규모의 자금력으로 입찰하고자 하는 사람은 개별매각이 좋을 것이다.

## 3) 매각 횟수에 따른 분류

### (1) 새매각
새매각은 경매물건이 처음으로 입찰을 진행한다는 뜻이 아니라 입찰자가 없어 매각허가 할 매수 가격의 신고가 없어 집행법원은 최저 매각가격을 낮추고 새매각 기일을 정하여 매각 절차를 다시 진행하는 것을 말한다. 새매각기일은 보통 1개월 후 다음 회차에 법원마다 차이가 있지만 20%~30% 저감해 최저매각가로 정하여 새로이 진행한다.

### (2) 재매각
재매각은 매수인이 경매물건을 낙찰을 받고 대금 지급기한까지 납부하지 않으면 집행법원의 권한으로 경매부동산에 대하여 재매각절차를 명하는 것을 말한다.

재매각 절차에서는 이전의 매수인은 경매에 다시 참여할 수 없으며 종전의 매수신청 보증금을 돌려받을 수 없고 입찰보증금은 입찰 최저매각의 10%가 아닌 20~30%가 되므로 법원의 입찰공고문을 꼼꼼히 살펴보아야 한다. 여기에서 종전의 매수신청보증금은 배당재단에 편입하여 채권자들의 배당금으로 사용된다.

## 3. 부동산경매의 대상

부동산경매 대상이 되는 물건은 토지 및 그 정착물(건물, 토지와는 독립된 권리관계를 정착물으로서, 건물, 소유권보존등기된 입목, 명인방법을 구비한 수목, 권원에 의하여 타인에 토지에서 재배되고 있는 농작물 등), 공장재단, 광업재단, 특정동산(등록의 대상이 되는 건설기계, 소형선박, 자동차, 항공기, 경량항공기)이다.

### 1) 토지, 건물

토지는 경매의 대상이 될 수 있다. 토지와 건물이 복합된 부동산일 경우에도 토지와 건물은 별개의 부동산이므로 토지만 또는 건물만 그리고 '토지와 건물의 일체'가 경매의 대상이 될 수 있다.

### 2) 토지의 정착물

토지의 정착물은 법률적 독립성 여부에 따라 토지와 서로 다른 부동산으로 다루는 것(=독립정착물)과 토지의 일부로 간주되는 것(=종속정착물)으로 나눈다.

① 토지와는 다른 부동산으로 간주되는 정착물은 건물, 소유권보존등기된 입목, 명인방법을 구비한 수목, 권원에 의하여 타인에 토지에서 재배되고 있는 농작물 등이다. 이는 토지와 독립된 권리관계를 갖는다. 토지와 별도로 등기할 수 있다.

② 토지의 일부로 간주되는 것으로는 담장, 구거, 매년 경작노력을 요하지 않는 나무와 자연식생·다년생 식물(예 정원수) 등이 있다. 이는 토지의 구성 부분으로서 토지의 본질적인 부분에 속한다. 토지와 독립된 권리관계를 갖지 못하므로 토지와 별도로 등기하지 못한다. 토지와는 별개로 경매의 대상이 될 수 없으며 토지가 매각대상일 경우 해당 토지와 함께 매각대상이 된다.

### 3) 건축이 중단된 건물

사회 통념상 건물로서의 요건을 갖추지 못한 경우 경매의 대상이 될 수 없다. 그러나 준공검사를 받지 않았거나 미등기 건물일지라도 건물의 완성도에 따라 법원이 직권등기를 함으로써 경매를 진행하기도 한다.

### 4) 수목

토지 위에 자라고 있는 수목이 미등기된 경우라면 토지와 분리해서 경매될 수 없다. 실무에서 수목에 대하여 입목등기를 하는 경우가 극히 드물다. 그러므로 토지와 함께 감정평가를 하여 경매의 대상이 되는 것이 일반적이다.

그런데 수목에 대하여 감정평가를 하지 않고 경매가 진행된 경우가 문제가 된다. 크게 두 가지로 토지의 소유자가 식재한 경우와 토지의 소유자가 아닌 자가 식재한 경우로 나누어 볼 수 있다.

먼저 토지의 소유자가 식재한 경우에는 수목에 대하여 입목등기가 되어 있다면 법정지상권 유무를 따져 보아 법정지상권이 성립하는 경우 수목은 지상권을 가지므로 지상권이 성립하는 동안 낙찰자로서는 지료만 청구할 수 있을 뿐이다. 입목등기가 되어 있지 않은 경우는 제시 외 물건으로 취급되어 낙찰자의 소유에 속하게 된다.

타인이 식재한 경우는 토지 위에 수목을 식재하는 적법한 권원의 유무에 따라 결과가 달라진다. 임차권 등의 적법한 권원에 의하여 식재하였다면 수목은 토지의 소유권에 종속되지 않아 토지와 분리하여 따져 보아야 한다. 타인이 적법한 권원 없이 식재되었다면 감정평가가 되어 있지 않았더라도 낙찰자의 소유가 된다.
타인의 토지 위에 권원 없이 식재한 수목의 소유권은 토지소유자에게 귀속되고 권원에 의하여 식재한 경우에는 그 소유권이 식재한 자에게 있다.

### 5) 비닐하우스

비닐하우스는 견고한 건물이 아니고 언제든지 철거가 가능한 물건이기 때문에 원칙적으로 법정지상권이 성립되지 않는다. 그러나 비닐하우스가 고정성과 견고성 및 고가의 투자가 이루어졌다면 법정지상권이 성립된다는 판례도 있다.

실무상으로 견고성이 없고 제시 외 물건으로 감정평가가 되었다면 문제없이 낙찰자는 낙찰로 비닐하우스를 소유권으로 취득한다. 문제는 감정평가의 대상이 되지 않았다면 법정지상권 성립 여부에 따라 결과가 달라질 수 있다.
즉 고정성, 견고성을 갖추어 법정지상권이 성립된다면 지료만 청구할 수 있을 뿐이고 철거의 대상이 되지 않는다. 그러나 법정지상권이 성립되지 않는다면 철거소송을 통하여 철거하든지 승소하여 협의를 거쳐 저렴한 가격으로 매수할 수 있을 것이다.

### 6) 공유지분

토지나 건물의 공유지분도 독립하여 경매의 대상이 된다. 그러나 집합건물의 대지권 취지의 등기가 이루어지지 않은 채 대지사용권으로서의 토지 공유지분은 건물과 독립하여 경매의 대상이 되지 않는다. 여기에 예외가 존재하는데 규약에서 분리하여 처분할 수 있다고 정해져 있다면 독립해서 경매의 대상이 될 수 있다. 또한, 건물의 구분소유권도 독립하여 경매의 대상이 된다.

### 7) 컨테이너

이동 가능성으로 법정지상권 유무를 판단하면 된다. 움직일 수 있는 이동식 컨테이너는 유체동산이므로 전소유자에게 철거하라고 하면 된다. 움직일 수 없는 고정식 컨테이너는 설치허가를 받았는지 검토해보고 설치허가를 받았다면 법정지상권 유무를 판단하여 대처하면 될 것이다.

## 4. 매각절차의 이해관계인

### 1) 의의

부동산경매절차에서 그 부동산에 이해관계를 가진 자는 경매절차가 적법하게 실시되는 것에 영향을 받으며 그에 대한 권리를 가지므로 「민사집행법」은 이해관계인에게 보호를 하며 권리를 부여한다.

### 2) 이해관계인의 범위(「민사집행법」 제90조)

(1) 압류채권자와 집행력 있는 정본에 의하여 배당요구채권자

(2) 채무자 및 소유자

(3) 등기부에 기입된 부동산 위의 권리자
   - 경매개시결정 시점이 아닌 경매개시결정 등기시점을 기준으로 그 당시에 이미 등기가 되어 등기부에 기재 되어있는 자
   - 용익권자(전세권자, 지상권자, 임차권등기를 한 임차권자), 담보권자(저당권자, 저당채권에 대한 질권자) 등이 해당된다.(대법99마5901)

(4) 부동산 위의 권리자로서 그 권리를 증명한 자
   - 경매개시결정등기 이전에 매각부동산에 대하여 등기 없이도 제3자에게 대항할 수 있는 물권 또는 채권을 가진 자 등
   - 유치권자, 점유권자, 특수지역권자, 법정지상권자, 「주택임대차보호법」상 인도 및 주민등록 전입신고를 마친 주택임차인, 부가가치세법 또는 소득세법, 법인세법상 사업자등록신청을 마친 상가건물임차인 등

※ 이해관계인이 아닌 경우 (대법원 판례)
   ① 가압류권자
   ② 처분금지가처분권자
   ③ 부동산명의신탁자
   ④ 소유권이전 청구권 가등기권자
   ⑤ 예고등기권자

⑥ 집행력 있는 정본 채권자인데 배당요구를 하지 않은 자

### 3) 이해관계인의 권리

이해관계인은 자기의 권리를 보호하기 위하여 집행법원의 절차에 참여하여 권리를 행사할 수 있다.

채무자에게는 경매개시결정 정본을 송달하여야 한다.

① 집행에 관한 이의신청권
② 부동산에 대한 침해방지신청권
③ 경매개시결정에 대한 이의신청권
④ 배당요구 신청 또는 이중경매 신청이 있으면 법원으로부터 그 통지를 받을 권리
⑤ 매각기일과 매각결정기일을 통지 받을 수 있는 권리
⑥ 매각기일에 출석하여 매각기일조서에 서명날인 할 수 있는 권리
⑦ 최저매각가격 외의 매각조건의 변경에 관하여 합의할 수 있는 권리
⑧ 매각결정기일에 매각허가에 관한 의견을 진술할 수 있는 권리
⑨ 매각허가여부의 결정에 대하여 즉시항고를 할 수 있는 권리
⑩ 배당기일의 통지를 받을 권리
⑪ 배당기일에 출석하여 배당표에 관한 의견을 진술할 수 있는 권리
⑫ 배당기일에 출석하여 배당에 관한 합의를 할 수 있는 권리

### 4) 매각절차의 이해관계인 이외의 자

매각절차의 이해관계인 이외의 자로서 매각기일 이외의 기간 중에 경매기록에 대한 열람·복사를 신청할 수 있는 이해관계인의 범위

① 최고가매수인, 차순위매수신고인, 매수인
② 파산관재인이 집행당사자가 된 경우의 파산자인 채무자와 소유자
③ 우선변제청구권이 있는 배당요구 채권자
④ 대항요건을 갖추지 못한 임차인으로서 현황조사보고서에 표시되어 있는 사람
⑤ 건물만을 매각할 경우 그 대지의 소유자, 대지만을 매각하는 경우 그 지상건물 소유자
⑥ 가압류채권자, 가처분채권자

## 5. 등기사항전부증명서

등기부등본이라 불리다가 등기사항증명서로 명칭을 변경하였다.[3]
부동산은 각종의 권리관계가 복잡하게 얽혀있는 경우가 대부분이다.
경매로 부동산을 취득하고자 할 때는 권리분석이 중요한데 이 권리분석의 기초가 되는 가장 중요한 서류가 등기사항전부증명서이다. 이에는 세 가지 종류가 있는데 건물 등기사항전부증명서, 토지 등기사항전부증명서, 집합건물 등기사항전부증명서가 있다.

등기부는 표제부, 갑구, 을구로 구성되어 있고, 뒤에 있는 주요 등기사항 요약(참고용)은 현재 남아 있는 유효사항만 빨리 확인할 때 이용하면 편리하다.

### 1) 표제부
해당 부동산의 소재지, 건물명칭, 건물내역, 지목, 면적, 대지권의 표시 등 부동산의 개략적인 사항이 표시되어 있다. 집합건물의 경우에는 1동의 건물의 표제부와 전유부분의 건물의 표제부 2개로 구성되어 있다.

### 2) 갑구
소유권에 관한 사항이 표시된다. 등기목적, 접수번호, 등기원인, 권리자 및 거래가액이 표시된다. 소유권에 관련한 사항이라면 압류, 가압류, 가등기, 가처분, 경매개시결정등기 등을 표시한다.

### 3) 을구
소유권 이외의 권리에 관한 사항이 표시된다. 용익물권인 저당권, 전세권, 지역권, 지상권 등을 표시하며 임차권등기 사항도 표시할 수 있다.

---

[3] 「부동산등기규칙」 제29조(등기사항증명서의 종류) 등기사항증명서의 종류는 다음 각 호로 한다. 다만, 폐쇄한 등기기록 및 대법원예규로 정하는 등기기록에 대하여는 제1호로 한정한다.
  1. 등기사항전부증명서(말소사항 포함)
  2. 등기사항전부증명서(현재 유효사항)
  3. 등기사항일부증명서(특정인 지분)
  4. 등기사항일부증명서(현재 소유현황)
  5. 등기사항일부증명서(지분취득 이력)
  6. 그 밖에 대법원예규로 정하는 증명서

### 4) 주요 등기사항 요약(참고용)

등기부를 열람할 때 요약 체크를 하면 현재 유효한 사항만 내용만 볼 수 있다. 경매분석시 등기부 내역을 살펴보면 권리가 어떻게 이전되었고, 현재 권리자는 누구이고, 인수해야 할 등기권리는 무엇인지 대부분 파악할 수 있다. 그렇지만 등기부를 해석하는 것은 많은 학습과 숙달이 필요하다. 그러한 이유로 몇 가지 형태의 등기부를 제시하여 경매학습에 참고가 되고자 한다.

○ **집합건물**

집합건물 1동의 건물 표제부

| 【 표 제 부 】 | ( 1동의 건물의 표시 ) | | | |
|---|---|---|---|---|
| 표시번호 | 접 수 | 소재지번,건물명칭 및 번호 | 건물내역 | 등기원인 및 기타사항 |
| 1 (전1) | 1991년7월9일 | 서울특별시 강북구 번동 242 번동1단지주공아파트 제111동 | 철근콘크리트 벽식조 철근콘크리트 스라브지붕 15층 아파트 1층 725.28㎡ 2층 708.89㎡ 3층 708.89㎡ 4층 708.89㎡ 5층 708.89㎡ 6층 708.89㎡ 7층 708.89㎡ 8층 708.89㎡ 9층 708.89㎡ 10층 708.89㎡ 11층 708.89㎡ 12층 708.89㎡ 13층 708.89㎡ 14층 708.89㎡ 15층 708.89㎡ 지층 712.76㎡ | 도면편철장 제112장 부동산등기법 제177조의 6 제1항의 규정에 의하여 2001년 04월 25일 전산이기 |
| 2 | | 서울특별시 강북구 번동 242 번동1단지주공아파트 제111동 [도로명주소] 서울특별시 강북구 한천로105길 23 | 철근콘크리트 벽식조 철근콘크리트 스라브지붕 15층 아파트 1층 725.28㎡ 2층 708.89㎡ 3층 708.89㎡ 4층 708.89㎡ 5층 708.89㎡ 6층 708.89㎡ 7층 708.89㎡ | 도로명주소 2011년12월14일 등기 |

[집합건물] 서울특별시 강북구 번동 242 번동1단지주공아파트 제111동 제6층 제612호

| 표시번호 | 접 수 | 소재지번,건물명칭 및 번호 | 건 물 내 역 | 등기원인 및 기타사항 |
|---|---|---|---|---|
| | | | 8층 708.89㎡<br>9층 708.89㎡<br>10층 708.89㎡<br>11층 708.89㎡<br>12층 708.89㎡<br>13층 708.89㎡<br>14층 708.89㎡<br>15층 708.89㎡<br>지층 712.76㎡ | |

( 대지권의 목적인 토지의 표시 )

| 표시번호 | 소 재 지 번 | 지 목 | 면 적 | 등기원인 및 기타사항 |
|---|---|---|---|---|
| 1<br>(전 1) | 1. 서울특별시 강북구 번동 242 | 대 | 64199.4㎡ | 1994년5월6일 |
| | | | | 부동산등기법 제177조의 6 제1항의 규정에 의하여 2001년 04월 25일 전산이기 |

① 예시한 공부(公簿)는 경매사건(서울북부법원 2023타경2268, 아파트)을 대상으로 항목별로 제시하고 설명하기로 한다.

② 집합건물이란 「집합건물의 소유 및 관리에 관한 법률」의 적용 대상인 건물인데 1동의 건물 중 구조상 구분된 수 개의 부분이 독립한 건물로서 사용될 수 있는 건물로 아파트, 연립주택, 다세대, 오피스텔, 빌딩 등이 있다.

③ 집합건물의 경우에는 1동의 건물의 표제부와 전유부분의 건물의 표제부가 따로 있어 표제부가 2개로 구성되어 있다..

④ 1동의 건물 전체에 대하여 개략적으로 파악할 수 있도록 소재지, 층수, 각 층별 연면적, 대지권의 목적인 토지의 지목 및 면적 등이 표기된다.

⑤ 64,119.4㎡(19,396평)은 서울특별시 강북구 번동 242번지의 면적이며, 즉 아파트 단지 전체 토지의 면적이다.

집합건물 전유부분의 건물의 표제부

| 【 표 제 부 】 (전유부분의 건물의 표시) | | | | |
|---|---|---|---|---|
| 표시번호 | 접 수 | 건물번호 | 건물내역 | 등기원인 및 기타사항 |
| 1 (전 2) | 1991년12월27일 | 제6층 제612호 | 철근콘크리트 벽식조 49.94㎡ | |
| | | | | 부동산등기법 제177조의 6 제1항의 규정에 의하여 2001년 04월 25일 전산이기 |

| ( 대지권의 표시 ) | | | |
|---|---|---|---|
| 표시번호 | 대지권종류 | 대지권비율 | 등기원인 및 기타사항 |
| 1 (전 1) | 소유권대지권 | 64199.4분의 41.41 | 1994년5월6일 대지권 1994년5월6일 |
| | | | 부동산등기법 제177조의 6 제1항의 규정에 의하여 2001년 04월 25일 전산이기 |

① 전유부분의 건물의 표제부에는 해당 부동산의 소재지, 건물명칭, 건물번호, 건물내역, 등기원인 및 기타사항, 대지권의 표시 등 부동산의 개략적인 사항이 표시되어 있다.

② 건물내역에 49.94㎡(15.1평)은 해당 612호의 전유면적이다.

③ 대지권의 표시는 해당 전유부분의 건물(해당 612호)의 대지권에 관한 사항이다. 대지권의 비율 64199.4분의 41.41로 표시되어 있는데 이는 집합건물 전체 대지 중에서 해당 호수에 대한 대지 지분을 나타내는 것으로 토지의 면적을 중요시 하는 재건축이나 재개발 시행 후 입주자 권리의 기준이 되는 중요한 자료이다.

## 갑구 (소유권에 관한 사항)

[집합건물] 서울특별시 강북구 번동 242 번동1단지주공아파트 제111동 제6층 제612호

| 순위번호 | 등기목적 | 접수 | 등기원인 | 권리자 및 기타사항 |
|---|---|---|---|---|
| 1 (전 3) | 소유권이전 | 1999년1월11일 제2281호 | 1998년9월26일 상속 | 소유자 신성범 730107-******* 파주시 금능동 264-1 |
| | | | | 부동산등기법 제177조의 6 제1항의 규정에 의하여 2001년 04월 25일 전산이기 |
| 2 | 소유권이전 | 2002년3월8일 제24383호 | 2002년2월14일 매매 | 소유자 김종우 770111-******* 서울 강북구 번동 242 주공아파트 111-612 |
| 2-1 | 2번등기명의인표시변경 | 2008년1월16일 제4075호 | 2007년7월24일 전거 | 김종우의 주소 경상북도 경산시 계양동 677-20 |
| 2-2 | 2번등기명의인표시변경 | 2010년3월22일 제15365호 | 2010년3월18일 전거 | 김종우의 주소 서울특별시 강북구 번동 242 번동주공아파트 111 - 612 |
| 2-3 | 2번등기명의인표시변경 | | 2010년3월31일 전거 | 김종우의 주소 경상북도 경산시 중방로 6-3(중방동) 2015년3월25일 부기 |
| 3 | 압류 | 2005년3월14일 제22465호 | 2005년3월11일 압류(세무과-4463) | 관리자 서울특별시강북구 |
| 4 | 3번압류등기말소 | 2006년3월7일 제14987호 | 2006년3월7일 해제 | |
| 5 | 압류 | 2010년2월2일 제5675호 | 2009년12월30일 압류(세무과-31879) | 관리자 서울특별시 강북구 |
| 6 | 5번압류등기말소 | 2010년3월18일 제14501호 | 2010년3월18일 해제 | |

① 갑구에는 소유권에 관한 사항이 표시된다. 등기목적, 접수번호, 등기원인, 권리자 및 거래가액이 표시된다. 소유권에 관련한 사항이라면 압류, 가압류, 가등기, 가처분, 경매개시결정등기 등을 표시한다.

② 등기목적은 소유권보존, 소유권이전, 임의경매개시결정, 강제경매개시결정, 위의 사항 말소 등이 표시되며, 소유권에 관한 사항이나 소유권의 제약에 관한 사항이 표기된다.

③ 등기원인 중 소유권이전등기의 원인으로는 상속, 증여, 매매, 경매 등이 있다.

④ 붉은색으로 지워진 것은 주말(붉은색으로 말소)이라 하고 말소 등기된 것이다.

을구 (소유권 이외의 권리에 관한 사항)

| 순위번호 | 등기목적 | 접수 | 등기원인 | 권리자 및 기타사항 |
|---|---|---|---|---|
| 1 (전 5) | 근저당권설정 | 2000년1월13일 제1670호 | 2000년1월11일 설정계약 | 채권최고액 금일천이백만원정 채무자 신성범 파주시 금능동 264-1 근저당권자 중소기업은행 110135-0000903 서울 중구 을지로2가 50 (금촌지점) |
| 2 | 1번근저당권설정등기말소 | 2002년3월8일 제24384호 | 2002년3월8일 해지 | |
| 3 | 근저당권설정 | 2002년3월8일 제24385호 | 2002년3월8일 설정계약 | 채권최고액 90,000,000 채무자 김종우 서울 강북구 번동 242 주공아파트 111-612 근저당권자 주식회사하나은행 110111-0117063 서울 중구 을지로1가 101-1 (동공어역지점) |
| 4 | 근저당권설정 | 2008년1월16일 제4076호 | 2008년1월16일 설정계약 | 채권최고액 금144,000,000원 채무자 김종우 경상북도 경산시 계양동 677-20 근저당권자 주식회사국민은행 110111-2365321 서울특별시 중구 남대문로2가 9-1 (수유동지점) |
| 5 | 3번근저당권설정등기말소 | 2008년1월18일 제4945호 | 2008년1월16일 해지 | |
| 6 | 근저당권설정 | 2010년3월22일 제15366호 | 2010년3월19일 설정계약 | 채권최고액 금67,600,000원 채무자 김종우 서울 강북구 번동 242 번동주공아파트 111-612 근저당권자 남.북가좌새마을금고 114544-0000291 서울특별시 서대문구 북가좌동 326-2 |
| 6-1 | 6번등기명의인표시변경 | | 2011년10월31일 도로명주소 | 남.북가좌새마을금고의 주소 서울특별시 서대문구 응암로 97(북가좌동) 2013년11월13일 부기 |
| 7 | 4번근저당권설정등기말소 | 2015년4월10일 제29055호 | 2015년4월10일 해지 | |
| 8 | 근저당권설정 | 2015년4월10일 제29170호 | 2015년4월10일 설정계약 | 채권최고액 금159,775,000원 채무자 김종호 서울특별시 강북구 한천로105길 23, 111동 612호(번동,번동주공아파트) 근저당권자 주식회사우리은행 110111-0023393 |

① 을구에는 소유권 이외의 권리에 관한 사항이 표시된다. 용익물권인 저당권, 전세권, 지역권, 지상권 등을 표시하며 임차권등기 사항도 표시한다.

② 근저당권 설정등기를 하기 위해서는 등기원인이 있어야 하는데 당사자 간의 의사의 합치인 계약이 선행되어야 한다. 즉, 설정계약이 있어야 한다.

□ 근저당권설정계약서 포함사항
- 채권최고액
- 부동산의 표시
- 근저당권설정자 겸 채무자
- 근저당권자
- 원인을 증명하는 서류 첨부(대부분의 경우 '차용증')

□ 근저당권 해지의 원인
- 채무변제로 인한 계약의 해지
- 당사자의 합의 해지
- 부동산경매로 인한 목적 부동산이 매각되어 말소등기된 경우
- 혼동

공동담보목록

| 【 공동담보목록 】 | | | | | |
|---|---|---|---|---|---|
| 목록번호 | 2017-308 | | | | |
| 일련번호 | 부동산에 관한 권리의 표시 | 관할등기소명 | 순위번호 | 기 타 사 항 | |
| | | | | 생성원인 | 변경/소멸 |
| 1 | [토지] 경기도 가평군 가평읍 대곡리 426-6 | 의정부지방법원 남양주지원 가평등기소 | 14 | 2017년6월12일 제14604호 설정계약으로 인하여 | 2019년3월12일 제8171호 임의경매로 인한 매각 |
| 2 | [건물] 경기도 가평군 가평읍 대곡리 426-6 제1층 제101호 | 의정부지방법원 남양주지원 가평등기소 | 1 | 2017년6월12일 제14604호 설정계약으로 인하여 | 2019년3월12일 제8171호 임의경매로 인한 매각 |
| 3 | [건물] 경기도 가평군 가평읍 대곡리 426-6 제1층 제102호 | 의정부지방법원 남양주지원 가평등기소 | 1 | 2017년6월12일 제14604호 설정계약으로 인하여 | 2019년3월12일 제8171호 임의경매로 인한 매각 |
| 4 | [건물] 경기도 가평군 가평읍 대곡리 426-6 제2층 제201호 | 의정부지방법원 남양주지원 가평등기소 | 1 | 2017년6월12일 제14604호 설정계약으로 인하여 | 2019년3월12일 제8171호 임의경매로 인한 매각 |
| 5 | [건물] 경기도 가평군 가평읍 대곡리 | 의정부지방법원 | 1 | 2017년6월12일 | 2019년3월12일 |

① 남양주지원 2022타경76863 경매사건의 공동담보의 등기신청서에 첨부되는 담보목적물을 표시한 목록이다.
② 공동담보의 목적 부동산이 5개 이상인 경우에 저당권설정 신청서에 공동담보목록을 첨부해야 한다.
③ 공동담보목록은 각 부동산의 등기에 관하여 공동담보로 되어 있는 다른 부동산을 표시하는 불편을 피하기 위하여 설정한다.

물론 공동담보목록이 있는 경우에만 표시된다.

주요 등기사항 요약 (참고용)

### 주요 등기사항 요약 (참고용)

[주 의 사 항]

본 주요 등기사항 요약은 증명서상에 말소되지 않은 사항을 간략히 요약한 것으로 증명서로서의 기능을 제공하지 않습니다.
실제 권리사항 파악을 위해서는 발급된 증명서를 꼭 확인하시기 바랍니다.

[집합건물] 서울특별시 강북구 번동 242 번동1단지주공아파트 제111동 제6층 제612호        고유번호 1160-1996-729958

**1. 소유지분현황 ( 갑구 )**

| 등기명의인 | (주민)등록번호 | 최종지분 | 주　　　소 | 순위번호 |
|---|---|---|---|---|
| 김종호 (소유자) | 620826-******* | 단독소유 | 서울특별시 강북구 한천로105길 23, 111동 612호(번동,번동주공아파트) | 11 |

**2. 소유지분을 제외한 소유권에 관한 사항 ( 갑구 )**

| 순위번호 | 등기목적 | 접수정보 | 주요등기사항 | 대상소유자 |
|---|---|---|---|---|
| 12 | 임의경매개시결정 | 2023년6월8일 제81708호 | 채권자 주식회사 더블저축은행 | 김종호 |
| 13 | 임의경매개시결정 | 2023년6월9일 제82493호 | 채권자 옥천군산림조합 | 김종호 |
| 14 | 가압류 | 2023년6월20일 제87637호 | 청구금액 금21,170,234 원 채권자 주식회사 케이비국민카드 | 김종호 |

**3. (근)저당권 및 전세권 등 ( 을구 )**

| 순위번호 | 등기목적 | 접수정보 | 주요등기사항 | 대상소유자 |
|---|---|---|---|---|
| 8 | 근저당권설정 | 2015년4월10일 제29170호 | 채권최고액 금159,775,000원 근저당권자 주식회사우리은행 | 김종호 |
| 8-2 | 근저당권변경 | 2022년4월15일 제54365호 | 채권최고액 금140,000,000원 | 김종호 |
| 10 | 근저당권설정 | 2020년9월3일 제197104호 | 채권최고액 금120,000,000원 근저당권자 옥천군산림조합 | 김종호 |
| 11 | 근저당권설정 | 2021년4월5일 제72000호 | 채권최고액 금228,000,000원 근저당권자 주식회사더블저축은행 | 김종호 |
| 14 | 근저당권설정 | 2022년4월28일 제62318호 | 채권최고액 금158,400,000원 근저당권자 주식회사더블저축은행 | 김종호 |

① 부동산등기사항 중 말소된 사항은 표시되지 않고, 현재 유효한 사항만 기재한다.

② 소유권에 관한 사항(갑구), 소유권 이외의 사항인 근저당권, 전세권, 임차권(을구)을 표시하여 빠르게 현재의 결과만 확인하고자 할 때 유용하다.

③ 단, 발급시 추가 비용 없이 선택하여 사용할 수 있다.

## 대지권 미등기

[집합건물] 서울특별시 구로구 천왕동 281 천왕연지타운2단지 제214동 제1층 제102호

**【 표 제 부 】** ( 1동의 건물의 표시 )

| 표시번호 | 접 수 | 소재지번,건물명칭 및 번호 | 건 물 내 역 | 등기원인 및 기타사항 |
|---|---|---|---|---|
| 1 | 2014년2월18일 | 서울특별시 구로구 천왕동 281<br>천왕연지타운2단지 제214동<br>[도로명주소]<br>서울특별시 구로구 오리로 1102-10 | 철근콘크리트구조<br>(철근)콘크리트평지붕<br>지상 16층<br>공동주택(아파트)<br>1층 389.83㎡<br>2층 372.49㎡<br>3층 479.90㎡<br>4층 479.90㎡<br>5층 479.90㎡<br>6층 479.90㎡<br>7층 479.90㎡<br>8층 479.90㎡<br>9층 479.90㎡<br>10층 447.79㎡<br>11층 268.79㎡<br>12층 219.31㎡<br>13층 219.31㎡<br>14층 219.31㎡<br>15층 219.31㎡<br>16층 219.31㎡ | |

( 대지권의 목적인 토지의 표시 )

| 표시번호 | 소 재 지 번 | 지 목 | 면 적 | 등기원인 및 기타사항 |
|---|---|---|---|---|
| 1 | 1. 서울특별시 구로구 천왕동 281 | 대 | 51172.2㎡ | 2023년6월29일 등기 |

[집합건물] 서울특별시 구로구 천왕동 281 천왕연지타운2단지 제214동 제1층 제102호

**【 표 제 부 】** ( 전유부분의 건물의 표시 )

| 표시번호 | 접 수 | 건 물 번 호 | 건 물 내 역 | 등기원인 및 기타사항 |
|---|---|---|---|---|
| 1 | 2014년2월18일 | 제1층 제102호 | 철근콘크리트구조<br>101.97㎡ | |

① 집합건물 등기부등본을 구체적으로 살펴보면 표제부에는 1동 건물의 표시와 대지권의 목적인 토지의 표시(지번, 지목, 면적 등) 그리고 전유부분의 건물과 대지권의 표시로 나눠진다. 하지만 전유부분의 건물의 표시란에 대지권의 표시 부분에 대지권 비율

등이 나타나지 않는 경우 이를 '대지권 미등기' 건물이라고 한다.

② 위 등기부상 전유부분의 건물의 표시란에는 "대지권의 표시"가 없다. 대지권의 표시에는 대지권의 종류, 대지권의 비율이 있다.

③ 대지권이란 한 동 건물의 구분소유자가 그 건물이 소재하는 대지에 대해 갖는 권리다. 집합건물의 대지권(대지사용권)은 원칙적으로 집합건물의 보존등기시 등기되어야 한다. 그러나 대지의 분필이나 합필의 정리 또는 환지절차 정리의 지연, 집합건물의 각 세대간의 지분비율에 대한 분쟁, 시행사의 내부 사정 등으로 대지권 미등기가 발생된다.

④ 대지권 등기가 없는 집합건물의 경매 : 해당 전유부분의 낙찰자는 대지사용권을 취득하는 것이 원칙이다. 따라서 대지권 미등기건물을 낙찰받은 사람을 건물 분양자를 상대로 대지권이전등기절차의 이행 청구를 할 수 있다.

  - 기존 소유자가 건물 소유권을 취득했으나 분양대금 중 일부를 납부하지 않았을 경우에는 분양대금 미지급을 이유로 낙찰자에게 동시이행항변권을 행사할 수 있다. 즉 분양자는 기존 소유자가 납부하지 않은 분양대금을 전부 변제받을 때까지 낙찰자에게 대지권이전등기를 거절할 수 있다.

  - 기존 소유자가 분양대금을 완납한 것으로 확인됐다면 낙찰자는 분양자 등에게 대지권변경등기절차의 이행을 요구하고 추후 정상적으로 대지권을 등기할 수 있다.

  - 대지권 등기가 없는 집합건물을 낙찰받고자 할 때는 미리 분양사무실과 관리사무소 등을 방문해 대지권 미등기 사유 및 기존 소유자의 분양대금 완납여부를 반드시 확인하고 입찰하면 낙찰 후 소유권이전등기를 하는데 원활하게 할 수 있다.

⑤ 구분건물의 전유부분과 대지사용권간에 대한 판례(대법97마814) : 구분건물의 대지사용권은 전유부분 및 공용부분과 분리처분이 불가능하다. 다만 규약이나 공정증서에 의하여 분리처분이 가능하도록 규정하고 있다면 가능하다. 그러므로 전유부분과 종속적 일체불가분성이 인정되어 전유부분에 대한 경매개시결정과 압류의 효력이 당연히 종물 내지 종된 권리인 대지사용권에도 미친다.

토지별도등기

## 【 표 제 부 】 ( 전유부분의 건물의 표시 )

| 표시번호 | 접 수 | 건 물 번 호 | 건 물 내 역 | 등기원인 및 기타사항 |
|---|---|---|---|---|
| 1 | 2012년2월16일 | 제17층 제1712호 | 프리캐스트콘크리트구조 71.380㎡ | |

( 대지권의 표시 )

| 표시번호 | 대지권종류 | 대지권비율 | 등기원인 및 기타사항 |
|---|---|---|---|
| 1 | 1 소유권대지권 | 7898분의 19.459 | 2012년2월15일 대지권<br>2012년2월16일 |
| 2 | | | 별도등기 있음<br>1토지(을구 1번 지상권설정등기)<br>2012년2월16일 |

## 【 갑 구 】 ( 소유권에 관한 사항 )

| 순위번호 | 등기목적 | 접 수 | 등 기 원 인 | 권리자 및 기타사항 |
|---|---|---|---|---|
| 1 | 소유권보존 | 2012년2월16일<br>제9183호 | | 소유자 케이비부동산신탁주식회사<br>110111-1348237<br>서울특별시 강남구 역삼동 823 |
| | ~~신탁~~ | | | ~~신탁원부 제2012-289호~~ |
| 2 | 소유권이전 | 2012년3월30일<br>제21346호 | 2010년3월3일<br>매매 | 소유자 최석용 611020-*******<br>서울특별시 종로구 사직로9가길 5-6<br>(필운동) |
| | 1번 신탁등기말소 | | 신탁재산의<br>처분 | |

[토지] 서울특별시 구로구 구로동 222-3

## 【 을 구 】 ( 소유권 이외의 권리에 관한 사항 )

| 순위번호 | 등기목적 | 접 수 | 등 기 원 인 | 권리자 및 기타사항 |
|---|---|---|---|---|
| 1 | 지상권설정 | 2012년2월9일<br>제7436호 | 2012년2월9일<br>설정계약 | 목 적 건물 그밖에 공작물의 축조 및 식목의<br>소유<br>범 위 동남측 차도 보도 950㎡<br>존속기간 2012년 2월 9일부터 도로 존치시까지<br>지 료 없음<br>지상권자 서울특별시구로구<br>도면 제2012-42호 |

① 토지에 건물과 다른 등기가 있다. 집합건물은 건축물이 준공이 나고, 집합건물로서 보존등기를 할 때 토지와 건물이 일체가 되도록 하고 있다. 토지에는 대지권이라는 표시만 있고 모든 권리관계는 전유부분의 등기기록에만 기재하게 되어 있는데, 건물을

짓기 전에 토지에 제한물권이 있는 경우 토지와 건물의 권리관계가 일치하지 않으므로 건물등기 기록에 "토지에 별도의 등기가 있음"이라는 표시를 한 것을 말한다.

② 등기부를 살펴보면 전유부분의 건물의 표시란 대지권의 표시에 **"별도등기 있음"** "1토지 (을구 1번 지상권설정등기, 2012년 2월 16일)"라고 기재되어 있다.

③ 토지등기부 을구, 지상권 설정, "건물 그밖에 공작물의 축조 및 식목의 소유"라고 기재되어 있다. 즉, 토지별도등기의 내용은 지상권 설정으로 건물 그 밖에 공작물의 축조 및 식목의 소유인 것이다.

④ **경매와의 관계** : 매각물건명세서를 살펴보면 소멸되지 않는 권리인 토지별도등기가 있다. 별도등기의 내용을 파악해서 소유권의 사용·수익·처분하는데 문제가 없으면 경매로 취득하는데 문제가 없다. 이 사건의 경우도 별도등기의 목적이 공공시설물의 축조 및 식목의 소유라는 점에서 큰 문제가 없을 듯 하다.

선순위 가등기

| 【 갑 구 】 | | (소유권에 관한 사항) | | |
|---|---|---|---|---|
| 순위번호 | 등 기 목 적 | 접 수 | 등 기 원 인 | 권리자 및 기타사항 |
| 1 | 소유권보존 | 2016년10월14일 제57642호 | | 공유자 지분 2분의 1 정찬진 650811-******* 경기도 남양주시 조안면 다산로 631-11 지분 2분의 1 배추근 650425-******* 서울특별시 강동구 천호대로 1156-20, 402호 (둔촌동, 상상프리) |
| 2 | 공유자전원지분전부 이전 | 2020년4월23일 제71858호 | 2020년4월15일 매매 | 소유자 한순혜 720713-******* 서울특별시 서초구 반포대로10길 7, 417호(서초동) 거래가액 금210,000,000원 |
| 3 | 소유권이전청구권가 등기 | 2020년4월23일 제71872호 | 2020년4월21일 매매예약 | 가등기권자 정인채 740415-******* 서울특별시 강남구 연주로130길 30, 104동 904호(논현동, 논현동양파라곤) |
| 4 | 강제경매개시결정 | 2021년12월8일 제195920호 | 2021년12월8일 서울동부지방법원의 강제경매개시결정(2021타경567 | 채권자 이명두 821119-******* 서울 강동구 구천면로41길 19-5, 403호(천호동, 다솜마을) |

① 을구의 제한권리가 없는 상태에서 갑구의 제한권리로 선순위인 소유권이전청구권가등 기가 되어 있어서 외형상으로는 이 선순위 가등기는 경매낙찰자의 인수사항이 된다.

② 매매예약의 완결권(본등기)은 당사자 사이에 행사 기간을 약정한 때에는 그 기간

내에, 약정이 없으면 예약이 성립한 때부터 10년 이내에 행사하여야 하고, 그 기간을 지난 때에는 예약 완결권은 제척기간의 경과로 원칙적으로 소멸한다.(대법2016다42077)

③ 매각물건명세서 : **소멸되지 않는** 권리 : 갑구 순위번호 3번 가등기(2020. 4. 23. 제71872호)는 말소되지 않고 '매수인에게 인수된다'라는 특별매각조건이 있다.

④ 경매와의 관계 : 관련사건으로 서울동부지방법원 2021가단115567 : 가등기권자 정인채의 소유권이전청구권가등기(2020.04.23. 제71872호)는 담보목적가등기임을 확인한다는 서울중앙지법 2023 가합57119 화해권고결정이 2023.10.19. 확정되었음.

## 5) 가처분 등기

### 2. 소유지분을 제외한 소유권에 관한 사항 ( 갑구 )

| 순위번호 | 등기목적 | 접수정보 | 주요등기사항 | 대상소유자 |
|---|---|---|---|---|
| 17 | 가처분 | 2018년6월11일 제93223호 | 피보전권리 건물철거 및 토지인도 청구권 채권자 문영철 | 김성호 |
| 18 | 압류 | 2019년1월21일 제8486호 | 권리자 국민건강보험공단 | 김성호 |
| 19 | 압류 | 2020년5월29일 제89568호 | 권리자 국민건강보험공단 | 김성호 |
| 20 | 압류 | 2020년11월17일 제196227호 | 권리자 가평군 | 김성호 |
| 21 | 강제경매개시결정 | 2021년6월24일 제109734호 | 채권자 김용하 | 김성호 |
| 22 | 압류 | 2021년8월10일 제134294호 | 권리자 가평군 | 김성호 |
| 23 | 압류 | 2023년4월21일 제54116호 | 권리자 국민건강보험공단 | 김성호 |

### 3. (근)저당권 및 전세권 등 ( 을구 )

| 순위번호 | 등기목적 | 접수정보 | 주요등기사항 | 대상소유자 |
|---|---|---|---|---|
| 5 | 임차권설정 | 2019년9월6일 제132230호 | 임차보증금 금80,000,000원 임차권자 김용하 | 김성호 |
| 6 | 임차권설정 | 2020년2월25일 제34197호 | 임차보증금 금25,000,000원 임차권자 김순례외 2명 | 김성호 |

① **가처분**이라 함은 본안판결 이전의 단계에서 금전채권 이외의 권리인 소유권, 저당권 등에 관한 권리의 집행보전 조치이다. 추후 본안소송의 결과에 따라 가처분권자가 채무자를 상대로 승소판결을 받는 경우 채무자 소유의 가처분 대상물에 대하여 소유권 이전 등의 집행을 할 수 있으나, 패소하는 경우에는 해당 가처분 채무자의 말소신청에 의하여 말소된다.

② 17번 선순위가처분등기는 말소기준권리보다 외형상 선순위이므로 경매매각으로 낙찰자가 인수하는 권리로 보임.

③ **피보전권리가 건물철거 및 토지인도 청구권** : 토지상의 건물에 가처분등기를 한 후 토지소유자가 건물소유자를 상대로 건물의 철거소송을 제기하여 승소판결을 받은 경우에는 매수인은 낙찰받은 건물이 철거를 당할 수 있다.

④ **선순위 가처분등기** : 부동산경매에 있어서 매각되는 부동산 위에 선순위 가처분등기가 있을 때 매각으로 소멸되지 않고, 매각으로 소유권이전등기를 하더라도 가처분이 인수된 상태로 소유권이전등기를 한다. 가처분권자가 본안소송에서 승소할 경우 매수인은 소유권을 상실할 수 있다.

⑤ **후순위 가처분** : 피보전권리가 "건물철거 및 토지인도청구권 보전을 위한 가처분"은 건물에 대한 토지 지상 위에 있는 건물만이 경매매각목적물이 되었을 경우 토지소유자가 그 지상 건물소유자에 대한 건물철거 및 토지인도청권을 보전하기 위하여 건물에 대한 처분금지 가처분을 하는 경우에는 처분금지가처분등기가 건물에 관한 말소기준권리 이후에 등기되었더라도 매각으로 인하여 소멸되지 않는다.

토지상의 건물에 가처분등기를 한 후 토지소유자가 건물소유자를 상대로 건물의 철거소송을 제기하여 승소판결을 받는 경우에는 매수인은 낙찰받은 건물이 철거를 당할 수 있다.

그러나, 실무상 재개발이나 재건축이 진행되는 경우에는 현장조사를 통하여 사업진행상황을 판단하여 입찰하여도 좋을 것이다.

# 6. 매각물건명세서

## 1) 의의

사건번호, 부동산의 표시, 감정평가액 최저매각가격, 매수신청의 보증금액과 보증제공 방법, 부동산의 점유자와 점유의 권원, 점유할 수 있는 기간, 차임 또는 보증금에 관한 관계인의 진술 및 임차인이 있는 경우 배당요구 여부와 그 일자, 전입신고일자 또는 사업자등록신청일자와 확정일자의 유무와 그 일자 등을 기재한다.

등기된 부동산에 관한 권리 또는 가처분으로서 매각으로 그 효력이 소멸되지 아니하는 것, 매각에 따라 설정된 것으로 보는 지상권의 개요, 매각에서 제외되는 미등기건물 등이 있을 때에는 그 취지를 명확히 기재한다. 매각으로 소멸되는 가등기담보권, 가압류, 전세권의 등기일자가 최선순위저당권등기일자보다 빠른 경우에는 그 등기일자를 기재한다.

## 2) 중대한 하자

매각물건명세서의 작성에 중대한 하자가 있을 때에는 매각허가에 대한 이의(「민사집행법」 제121조) 및 매각허가 결정에 대한 즉시항고의 사유가 된다.(「민사집행법」제130조)

## 3) 기재사항

(1) 부동산의 표시(제1호)
매각대상 부동산을 표시한다. 등기부상의 부동산표시를 기재하고 그 표시와 부동산현황이 다른 경우에는 현황도 표시한다.
등기부상 표시 외에 미등기건물이 있음을 표시한 경우 그것이 경매목적물에 포함됨을 전제로 한 것이므로 미등기건물을 목적물에서 제외할 경우에는 그 취지를 명확히 하여 매수희망자들로 하여금 그 취지를 알 수 있도록 하여야 한다.(대법91마608)
감정평가액과 최저매각가격을 함께 표시하여야 한다.(재민2004-3, 제8조)

(2) 점유관계와 관계인의 진술(제2호)
① 집행관현황조사보고서 또는 감정평가서에 의하여 매각부동산의 점유자와 점유권원, 점유기간, 차임, 보증금에 관한 점유자의 진술, 배당요구 여부, 전입신고일자 및 확정일

자 유무 등을 기재한다.
② 현황조사보고서와 다른 내용의 권리신고나 배당요구가 있는 경우는 신고내용대로 기재한다.
③ 임차인의 전입신고일과 변동사항을 기재한다.
④ 매수인이 인수할 임차권 등이 불분명한 경우 임차인이 주장하는 대항력 유무는 불분명하다고 기재한다.

(3) 매각으로 효력을 잃지 아니하는 부동산 위의 권리 또는 가처분(제3호)
① 등기된 부동산 위의 권리 또는 가처분으로서 매각으로 그 효력이 소멸되지 않고 매수인에게 인수되는 것
② 매수인에게 대항할 수 있는 등기된 임차권등기명령권자의 임차권 등
③ 배당요구하지 않은 최선순위 전세권
④ 최선순위 저당권설정일자

토지에 대하여 1순위 저당권이 설정되고, 그 후 임차인이 대항력을 갖춘 다음 건물에 1순위 저당권이 설정된 경우 건물의 매수인에게 대항할 수 있는지의 여부는 건물을 기준으로 하므로 이 경우 임차인은 건물의 매수인에게 대항할 수 있다.

(4) 지상권의 개요(제4호)
① 토지 및 건물의 임의경매에 관해서는 「민법」제 366조에서 규정하고 있다. 그러나 토지 및 건물의 강제경매에 기한 매각허가로 발생하는 법정지상권에 관하여는 현행법상 규정이 없다. 판례는 저당권이 없는 동일인 소유의 토지 또는 건물의 강제경매로 각 소유자가 달라졌을 때에는 관습법상의 법정지상권이 성립한다고 한다.(대법95다9075)
② 지상권이 설정된 것으로 보게 될 가능성은 있으나 확실히 밝혀지지 않은 경우에는 "별지도면 표시 미등기건물을 위하여 이 사건 토지의 대지 부분에 지상권이 설정된 것으로 보게 될 여지 있음"으로 기재한다.
③ 토지에 토지소유자에 의하여 건물이 건축 중인 경우 건물의 규모 및 종류를 외형상 예상할 수 있는 정도까지 건축이 진전되었다면 법정지상권이 성립된다.(대법92다7221)라고 판시하였으므로 법정지상권의 성립 가능성을 기재한다.

### 4) 매각물건명세서에 대한 불복

매각물건명세서 작성 자체의 위법사유를 근거로 집행에 관한 이의신청은 허용되지 않는다. 단, 그러한 매각물건명세서를 토대로 매각허가가 이루어진 경우에는 매각허가에 대한 이의신청이나 매각허가결정에 대한 즉시항고를 할 수 있다.


## 7. 집행관현황조사서

### 1) 현황조사명령
① 집행법원은 경매개시결정을 한 후에 3일 안에 집행관에게 부동산의 현상, 점유관계, 차임, 보증금의 액수, 그 밖의 현황에 대하여 조사하도록 명하여야 한다.(민집제85조) 집행관은 조사명령을 받은 후 2주 이내에 보고서를 제출하여야 한다.
② **추가조사명령, 재조사명령** : 이중개시결정을 한 경우 선행사건이 취하되거나 취소되어 후행사건의 개시결정에 의하여 절차를 속행하는 경우 압류에 대항할 수 있는 권리의 범위는 후행사건의 압류가 기준이므로 다시 현황조사를 할 필요가 있다.

### 2) 조사해야 할 사항
① 부동산의 현황, 점유관계, 차임 또는 보증금의 액수, 그 밖의 현황이다.(민집 제85조)
② 그 밖의 현황으로 법원이 구체적으로 특정하여 조사를 명하는 것인데, 목적물이 공장재단인 경우 공장에 설치된 기계, 기구 등의 부속물의 설치 상황은 구체적으로 조사하여야 한다.
③ 평일 주간에 폐문부재로 현황조사를 할 수가 없을 때에는 야간 또는 휴일에 현황조사를 실시하고, 그 사유를 기재하여 집행법원에 제출하여야 한다.

### 3) 임차인에 대한 통지
집행법원은 집행관의 현황조사보고 등의 기재에 의하여 임차인으로 판명된 자, 임차인인지 여부가 명백하지 아니한 자, 임차인으로서 권리신고를 하고 배당요구를 하지 아니한 자에 대하여 배당요구종기일까지 배당 요구를 하여야만 배당을 받을 수 있음을 고지하여야 한다.(재민98-6)

### 4) 농지에 대한 집행법원의 사실조회

① 농지는 원칙적으로 농지취득자격증명을 발급받아야 취득할 수 있다. 따라서 법원은 경매목적물인 토지가 농지법 제2조1호에서 정한 농지인지 조사할 필요가 있다.

② 농지취득자격증명은 등기요건이고, 효력발생요건은 아니다(대법2007도11029).
경매절차에서 농지에 대한 매수인의 농지취득자격증명의 취득여부는 매각허가요건이다(대법97다42991). 따라서 농지취득자격증명 없이 매각허가결정 및 대금납부가 이루어지고 소유권이전등기가 완료되었다고 하더라도 그 후에 추완되면 소유권취득의 효력에는 영향이 없다(대법2006다27451).

③ 농지는 공부상의 지목 여하에 불구하고 당해 토지의 사실상의 현상에 따라 가려져야 할 것이다(대법98마2604).

④ 경매목적인 토지의 지목이 전이지만 사실상 대지화되어 농경지로 사용되지 아니하고 있어 객관적인 현상으로 보아 농지법의 적용대상인 농지가 아니라면 토지의 최고가매수인이 농지법 소정의 농지취득자격증명을 제출하지 아니하였다는 이유만으로 매각불허가를 할 수가 없다(대법86마1095).

⑤ 집행법원은 농지소재지 관한 행정부처에 사실조회서에 의하여 경매목적물인 토지의 현황, 농지여부, 농지가 아닌 경우 농지전용허가 이루어졌는지 등에 의하여 조회를 하여야 한다.

⑥ 집행법원은 사실조회회보서가 도착한 경우에는 그 사본을 매각물건명세서의 사본에 첨부하여 함께 비치한다.

## 제3장 부동산 임대차보호법

1. 임대차보호법 개관
2. 「주택임대차보호법」
3. 「상가건물임대차보호법」
4. 임차권등기명령제도
5. 부동산경매 관련사항

# 1. 임대차보호법 개관

「주택임대차보호법」은 국민의 주거생활의 안정을 보장할 목적으로 1981년 처음 제정되었다. 「민법」에서 규율하고 있는 전세권이나 임대차계약의 규정들이 현실과 유리된 면이 있으므로 경제적 약자인 임차권자의 권리에 대하여 현행 「민법」으로써 보호하기 어려운 면을 보완하기 위한 취지에서 제정된 특별법이다.

매매의 경우 임대주택의 양수인은 임대인의 지위를 승계한 것으로 보기 때문에 임차인이 불의의 피해를 보는 경우가 상대적으로 적으나, 경매의 경우 임차인의 전입일자 순위, 확정일자, 권리신고 및 배당요구 여부, 배당순위 등에 따라 임차보증금을 일부 또는 전액 반환받지 못하는 경우가 발생할 수 있다.

주택의 인도와 주민등록을 마치고 임대차계약서상의 확정일자를 갖춘 임차인은 「민사집행법」에 의한 경매시 임차주택(대지를 포함)의 환가대금에서 후순위권리자, 기타 채권자보다 우선하여 보증금을 변제받을 권리가 있다. 이 경우 우선변제의 순위와 보증금에 대하여 이의가 있는 이해관계인은 경매법원에 이의를 신청할 수 있다.

「상가건물임대차보호법」은 영세상인들의 상가건물 임차보증금 등을 보호할 목적으로 2001년 12월 29일 제정되었다. 영세상인들의 안정적인 생업 종사를 돕고 과도한 임대료 인상을 방지하여 세입자의 권리를 보장하기 위한 것이다. 사업자등록의 대상이 되는 영업용 건물에만 해당되며, 상가건물 임차인 중에서도 환산보증금이 일정 금액을 초과하는 경우에는 이 법의 일부를 적용받지 못한다.

「상가건물임대차보호법」은 「주택임대차보호법」 시행 이후 「주택임대차보호법」의 내용을 상가에 맞게 적용하여 제정·사용함으로써 나름의 성과를 거두고 있으나 현실적으로 상가 임차인 보호에 한계를 보이고 있으며 잦은 개정 절차를 거치고 있다.

부동산경매로 부동산을 취득하고자 하는 사람의 입장에서 이 두 가지 임대차보호법에 대하여 왜 공부를 하여야 하는 것일까?

그것은 부동산경매로 취득하고자 하는 매각부동산이 주택이거나 상가일 때 「주택임대차보호법」이나 「상가건물임대차보호법」에서 규정한 임차인의 보호규정으로 말미암아 낙찰자가 인수하여야 할 금액이 발생할 수 있기 때문이다.

즉, 낙찰 후 임대차보호법 규정에 의한 선순위 대항력 있는 임차인의 경우 보증금을 낙찰자가 인수할 경우 추가 보증금 인수비용이 발생하기 때문에 미리 파악하여 응찰가격 산정시 고려하여야 한다.

또한 대항력 있는 선순위 임차인이 배당요구를 하지 않을 때에는 인도명령을 신청할 수도 없고 임대차계약의 잔여기간까지 거주할 권리가 있으므로 입찰자의 입장에서는 입찰물건의 운영계획수립시 이러한 점들을 미리 고려하여야 한다.


## 2. 「주택임대차보호법」

### 1) 적용대상 건물

「주택임대차보호법」의 적용대상이 되는 건물은 사실상 주거용으로 사용된 모든 건물을 말한다. 즉 등기된 건물뿐만 아니라 미등기건물도 적용되며, 허가된 건물이나 무허가건물도 적용되고, 합법적 건물은 물론 불법 건물도 적용되며, 가건물, 비닐하우스, 상가건물도 사실상 주거용으로 사용하면 적용 대상이 된다.

### 2) 공시방법

「주택임대차보호법」상 임차인으로서의 지위를 인정받으려면 주택인도(이사)와 「주민등록법」상 전입신고를 마쳐야 한다. 이 두 가지 요건은 성립요건일 뿐만 아니라 존속요건이므로 계속 유지되어야 한다.

### 3) 보호대상

「주택임대차보호법」상 임차인은 자연인이다. 법인의 경우 법인이 사원용 주택의 마련을 위하여 주택을 임차하고 그 소속 직원을 입주시킨 후 직원 명의로 주민등록을 마쳤다 하여도 이를 법인의 주민등록으로 볼 수는 없으며, 법인이 주택을 인도 받고 확정일자를 구비하였다 하더라도 우선변제권을 주장할 수 없다(대법96다7236)고 판시하여 원칙적으로 법인의 임차인자격을 부여하고 있지 않다.

예외적으로 법인이 「주택임대차보호법」상 임차인으로서 인정되는 경우는 ① 주택도시기금을 재원으로 하여 저소득층 무주택자에게 주거생활 안정을 목적으로 전세임대주택을 지원하는 법인이 주택을 임차한 후 지방자치단체의 장 또는 그 법인이 선정한 입주자가 그 주택을 인도받고 주민등록을 마쳤을 때에는 제1항을 준용한다. 이 경우 대항력이 인정되는 법인은 대통령령으로 정한다. ② 「중소기업기본법」 제2조에 따른 중소기업에 해당하는 법인이 소속 직원의 주거용으로 주택을 임차한 후 그 법인이 선정한 직원이 해당 주택을 인도받고 주민등록을 마쳤을 때에는 제1항을 준용한다. 임대차가 끝나기 전에 그 직원이 변경된 경우에는 그 법인이 선정한 새로운 직원이 주택을 인도받고 주민등록을 마친 다음 날부터 제삼자에 대하여 효력이 생긴다. 위 ①과 ②의 경우에 해당 되는 법인은 그 직원이 전입신고로 주민등록을 하고 이사를 왔을 때 대항력을 가지고, 임대차계약서에 확정일자를 받아야 우선변제권을 가진다.

### 4) 확정일자

주택임대차계약을 체결하고 이사하여 동사무소에 전입신고를 하고 나면 「주택임대차보호법」상 정당한 임차인으로서 대항력요건을 갖추게 된다. 대항력요건을 갖추었다하더라도 임차인의 지위는 불완전할 수 밖에 없기 때문에 확정일자를 받으면 「민법」상 물권의 효력처럼 우선변제의 효력을 인정하고 있다. 이러한 확정일자의 효력은 확정일자를 받은 익일 0시에 발생한다.

### 5) 대항력

대항력 요건인 이사와 전입신고를 한 상태로 거주하다가 당해 주택이 매매로 소유권이 이전된 경우 새로운 매수인은 임대인의 지위를 승계하는 것이므로 종전 소유자와 임차인이 체결한 임대차 내용대로 임차인에 대한 임차보증금 반환의무와 임대차 기간 동안 거주할 권리를 보장하고 있다.

그런데 임차한 주택이 경매를 당했다고 가정해보자. 임차주택을 낙찰 받아 새로운 소유자가 된 사람은 매매의 경우처럼 모든 임차인에게 기존의 임대차계약 잔여기간 동안 거주할 권리를 보장해주고 계약기간이 만료되면 임차보증금을 반환해줄까?

정답은 그럴 수도 있고 아닐 수도 있다.

그렇다면 임차인은 스스로를 보호하기 위해서 임대차계약을 하기 전에 임차한 주택이 경매될 상황까지 고려하여야 한다. 임차인이 임차 주택이 경매가 되어도 손해를 보지 않기 위해서는 경매가 진행되어 새로운 소유자인 낙찰자에게도 위의 권리를 주장하기 위해서는 대항력이라는 것이 필요하다.

이는 대항력요건인 이사와 주민등록 외에 선순위자여야 한다. 선순위라 함은 임차주택의 등기권리 중 말소기준권리 보다 먼저 이사와 주민등록이 마쳐져야 한다는 말이다. 바꿔 말하면 임차한 주택에 말소기준권리 보다 늦게 이사와 주민등록이 마쳐지면 대항력이 발생하지 않아 경매로 낙찰이 되면 낙찰자인 새로운 소유자에게 임대차계약 잔여기간 동안 거주할 권리와 임차보증금반환을 요구할 권리가 없게 된다.

그러므로 대항력이란 주택임차인이 말소기준권리 보다 먼저 이사와 전입신고가 마쳐져서 임차한 주택이 경매로 낙찰이 되어도 낙찰자인 새로운 소유자에게 종전 소유자와 임대차 계약한 내용대로 임대차계약 잔여기간 동안 거주할 권리와 임대차보증금반환을 요구할 권리를 갖는 것을 말한다.

### 6) 우선변제권

(1) 「주택임대차보호법」 제3조의 2의 규정
대항요건과 임대차계약서상의 확정일자를 갖춘 임차인은 「민사집행법」에 따른 경매 또는 국세징수법에 따른 공매를 할 때에 임차주택(대지를 포함)의 환가대금에서 후순위권리자나 그 밖의 채권자보다 우선하여 보증금을 변제받을 권리가 있다.

(2) 법률적 효과
대항력요건을 갖추고 확정일자를 받은 상태에서 배당요구를 하면 「민법」상 담보물권처럼 경매에서 배당을 받을 수 있다. 이는 채권적 지위에 있는 임차인의 약한 권리를 강화시켜주는 기능을 한다. 즉, 대항요건을 갖추고 확정일자를 받은 시점을 기준으로 저당권과 동등한 권리로 순위에 따라 배당을 받을 수 있다.

### 7) 최우선변제권

이사와 전입신고를 마친 대항력요건을 갖춘 임차인이 임차보증금이 「주택임대차보호법」에서 정한 일정 금액 이하(소액임차보증금)일 경우 확정일자 유무와 관계없이 배당요구를 하면 보증금 중 일정액을 다른 담보물권자보다 우선하여 변제받을 권리를 말한다. 소액임차인이 많아 최우선변제금이 매각가의 1/2을 초과하는 경우에도 매각가의 1/2범위 내에서만 배당이 된다.

### 8) 임대차보호법 적용 보증금

「주택임대차보호법」상 적용되는 임차보증금의 한계는 없다. 즉 보증금이 얼마가 되든지 이 법의 적용대상이 된다. 이 점에 있어서 「상가건물임대차보호법」은 환산보증금이 일정금액 이하인 경우에만 법의 적용이 되는 점에서 서로 다른 점이다.

### 9) 지역별 최우선변제금액

(1) 기준시점

전입신고일이 아니라 최초 근저당권설정 일자를 기준으로 최우선변제금액을 정한다. 최초 근저당권설정 일자를 기준으로 하여 최우선변제금액이 정해지는 이유는 채권자보호 측면을 고려한 입법정책에서 기인한 것이다.

담보권설정이 없을 때는 배당시점일을 기준일로 한다.

(2) 「주택임대차보호법」상의 지역별 최우선변제금액

| 최선순위 담보권설정일자 | 지역 구분 | 최우선변제 대상 임차인의 보증금액 | 최우선변제금액 |
|---|---|---|---|
| 1984.01.01.~ 1987.11.30 | 특별시, 광역시 | 300만원 이하 | 300만원 이하 |
| | 기타지역 | 200만원 이하 | 200만원 이하 |
| 1987.12.01.~ 1990.02.18 | 특별시, 광역시 | 500만원 이하 | 500만원 이하 |
| | 기타지역 | 400만원 이하 | 400만원 이하 |
| 1990.02.19~ 1995.10.18 | 특별시, 광역시 | 2,000만원 이하 | 700만원 이하 |
| | 기타지역 | 1,500만원 이하 | 500만원 이하 |
| 1995.10.19~ 2001.09.14 | 특별시, 광역시 | 3,000만원 이하 | 1,200만원 이하 |
| | 기타지역 | 2,000만원 이하 | 800만원 이하 |
| 2001.09.15~ 2008.08.20 | 수도권 중 과밀억제권 | 4,000만원 이하 | 1,600만원 이하 |
| | 광역시(군 제외) | 3,500만원 이하 | 1,400만원 이하 |
| | 그 외 지역 | 3,000만원 이하 | 1,200만원 이하 |
| 2008.08.21.~ 2010.07.20. | 수도권 과밀억제권역 | 6,000만원 이하 | 2,000만원 이하 |
| | 광역시 | 5,000만원 이하 | 1,700만원 이하 |
| | 그 밖의 지역 | 4,000만원 이하 | 1,400만원 이하 |
| 2010.07.21.~ 2013.12.29. | 서울특별시 | 7,500만원 이하 | 2,500만원 이하 |
| | 수도권 과밀억제권역 | 6,500만원 이하 | 2,200만원 이하 |
| | 광역시 및 안산·용인·김포·광주 | 5,500만원 이하 | 1,900만원 이하 |
| | 그 밖의 지역 | 4,000만원 이하 | 1,400만원 이하 |
| 2013.12.30.~ 2016.03.30. | 서울특별시 | 9,500만원 이하 | 3,200만원 이하 |
| | 수도권 과밀억제권역 | 8,000만원 이하 | 2,700만원 이하 |
| | 광역시 및 안산·용인·김포·광주 | 6,000만원 이하 | 2,000만원 이하 |
| | 그 밖의 지역 | 4,500만원 이하 | 1,500만원 이하 |
| 2016.03.31.~ 2018.09.07. | 서울특별시 | 1억 원 이하 | 3,400만원 이하 |
| | 수도권 과밀억제권역 | 8,000만원 이하 | 2,700만원 이하 |
| | 광역시 및 안산·용인·김포·광주·세종 | 6,000만원 이하 | 2,000만원 이하 |
| | 그 밖의 지역 | 5,000만원 이하 | 1,700만원 이하 |
| 2018.09.18.~ 2021.05.10. | 서울특별시 | 1억 1,000만원 이하 | 3,700만원 이하 |
| | 과밀억제권역,용인·화성·세종 | 1억 원 이하 | 3,400만원 이하 |
| | 광역시,안산·김포·광주·파주 | 6,000만원 이하 | 2,000만원 이하 |
| | 그 밖의 지역 | 5,000만원 이하 | 1,700만원 이하 |

| 최선순위 담보권설정일자 | 지역 구분 | 최우선변제 대상 임차인의 보증금액 | 최우선변제금액 |
|---|---|---|---|
| 2021.05.11.~ 2023.02.20. | 서울특별시 | 1억 5,000만원 이하 | 5,000만원 이하 |
| | 과밀억제권역, 용인·화성·세종·김포 | 1억 3,000만원 이하 | 4,300만원 이하 |
| | 광역시, 안산·광주·파주·이천·평택 | 7,000만원 이하 | 2,300만원 이하 |
| | 그 밖의 지역 | 6,000만원 이하 | 2,000만원 이하 |
| 2023.02.21.~ 현재[4] | 서울특별시 | 1억 6,500만원 이하 | 5,500만원 이하 |
| | 과밀억제권역, 용인·화성·세종·김포 | 1억 4,500만원 이하 | 4,800만원 이하 |
| | 광역시, 안산·광주·파주·이천·평택 | 8,500만원 이하 | 2,800만원 이하 |
| | 그 밖의 지역 | 7,500만원 이하 | 2,500만원 이하 |

---

[4] 각 권역별로 최우선변제 대상 임차인의 보증금액을 일괄 1,500만 원 상향하고, 최우선변제금액을 일괄 500만 원 상향 : 「주택임대차보호법 시행령」 개정·시행 2023. 2. 21.

## 3. 「상가건물임대차보호법」

### 1) 적용대상 건물
「상가건물임대차보호법」의 적용대상이 되는 건물은 건물 전체 또는 주된 부분이 영업용인 건물이면 된다. 그러므로 비상업용 내지 비영업용 건물은 적용되지 않는다. 예를 들면 동창회 사무실, 종교단체 등 비영리단체가 임차한 건물임대차는 이 법의 적용대상이 아니다.

### 2) 공시방법
「상가건물임대차보호법」상 임차인으로서의 지위를 인정받으려면 상가 인도(입주)와 부가가치세법, 소득세법, 법인세법상 사업지 관할 세무서에 사업자등록을 마쳐야 한다. 이 두 가지 요건은 성립요건일 뿐만 아니라 존속요건이므로 일정시점까지는 계속 유지되어야 한다.

### 3) 보호대상
「상가건물임대차보호법」상 임차인은 사업지 관할 세무서에 부가가치세법, 소득세법, 법인세법상 사업자등록을 마친 개인과 법인이다.

### 4) 확정일자
대항력요건을 갖춘 상태에서 사업장소재지 관할 세무서장에게 임대차계약서에 확정일자를 받는다.

### 5) 대항력
대항력이란 상가건물의 인도와 사업자등록이 마쳐졌고 선순위이어야 한다. 상가건물이 경매로 낙찰이 되어도 낙찰자인 새로운 소유자에게 종전 소유자와 임대차계약한 내용대로 임대차계약 잔여기간 동안 거주할 권리와 임대차보증금반환을 요구할 권리를 갖는 것을 말한다.

### 6) 우선변제권
대항력요건인 상가건물의 인도와 사업자등록을 마치고 확정일자를 받은 상태에서 배당요구를 하면 「민법」상 담보물권처럼 경매시 배당을 받을 수 있다.

법률적 효과는 경매 배당시 후순위권리자와 다른 채권자보다 우선하여 임차보증금을 배당받을 수 있다.

### 7) 최우선변제권

대항력요건인 상가건물의 인도와 사업자등록을 마친 임차인이 임차보증금이 「상가건물임대차보호법」에서 정한 일정금액이하(소액임차보증금)일 경우 확정일자 유무와 관계없이 배당요구를 하면 보증금 중 일정액을 다른 담보물권자보다 우선하여 변제받을 권리를 말한다.

소액임차인이 많아 최우선변제금이 매각가의 1/2을 초과하는 경우에도 매각가의 1/2 범위 내에서만 배당이 된다.

### 8) 「상가건물임대차보호법」 적용 보증금

(1) 환산보증금

「상가건물임대차보호법」상 적용되는 임차보증금은 「주택임대차보호법」과 적용이 다르다. 즉 「상가건물임대차보호법」에서 보증금은 환산보증금이 적용된다.

환산보증금이란 '보증금 + (월세×100)'으로 「상가건물임대차보호법」은 환산보증금이 일정금액 이하인 경우에만 법의 적용이 된다는 점에서 「주택임대차보호법」과 다른 점이다.

(2) 환산보증금 적용여부

① 대항력은 환산보증금범위를 초과하더라도 매수인에게 주장 가능
② 우선변제권은 환산보증금범위를 초과시 배당 안됨
③ 최우선변제권은 환산보증금범위를 초과시 배당 안됨

### 9) 지역별 최우선변제금액

(1) 기준시점

최초 근저당권설정 일자를 기준으로 최우선변제금액을 정한다.

(2) 「상가건물임대차보호법」상의 지역별 최우선변제금액

| 최선순위 담보권설정일자 | 지역 구분 | 환산보증금 범위내적용 | 최우선변제 적용보증금 | 최우선변제금액 |
|---|---|---|---|---|
| 2002.11.01~ 2008.08.20 | 서울특별시 | 2억4천만원 | 4,500만원 | 1,350만원 |
| | 수도권 과밀억제권역 | 1억9천만원 | 3,900만원 | 1,170만원 |
| | 광역시(군지역, 인천광역시제외) | 1억5천만원 | 3,000만원 | 900만원 |
| | 기타지역 | 1억4천만원 | 2,500만원 | 700만원 |
| 2008.08.21~ 2010.07.25 | 서울특별시 | 2억6천만원 | 4,500만원 | 1,350만원 |
| | 수도권 과밀억제권역 | 2억1천만원 | 3,900만원 | 1,170만원 |
| | 광역시(군지역, 인천광역시제외) | 1억6천만원 | 3,000만원 | 900만원 |
| | 기타지역 | 1억5천만원 | 2,500만원 | 700만원 |
| 2010.07.26~ 2013.12.31 | 서울특별시 | 3억 원 | 5,000만원 | 1,500만원 |
| | 수도권 과밀억제권역 | 2억5천만원 | 4,500만원 | 1,350만원 |
| | 광역시(군지역, 인천광역시제외) | 1억8천만원 | 3,000만원 | 900만원 |
| | 기타지역 | 1억5천만원 | 2,500만원 | 750만원 |
| 2014.01.01~ 2018.01.25 | 서울특별시 | 4억 원 | 6,500만원 | 2,200만원 |
| | 수도권 과밀억제권역 | 3억 원 | 5,500만원 | 1,900만원 |
| | 광역시(군지역, 인천광역시제외) | 2억4천만원 | 3,800만원 | 1,300만원 |
| | 기타지역 | 1억8천만원 | 3,000만원 | 1,000만원 |
| 2018.01.26.~ 2019.04.01. | 서울특별시 | 6억1천만원 | 6,500만원 | 2,200만원 |
| | 수도권 과밀억제권역(서울시 제외) | 5억 원 | 5,500만원 | 1,900만원 |
| | 부산광역시(기장군 외) | | 3,800만원 | 1,300만원 |
| | 부산광역시(기장군) | | 3,000만원 | 1,000만원 |
| | 광역시(군지역 제외) 및 안산·용인·김포·광주 | 3억9천만원 | 3,800만원 | 1,300만원 |
| | 세종·파주·화성 | | 3,000만원 | 1,000만원 |
| | 그 밖의 지역 | 2억7천만원 | 3,000만원 | 1,000만원 |
| 2019.04.02.~ 현재 | 서울특별시 | 9억 원 | 6,500만원 | 2,200만원 |
| | 수도권 과밀억제권역(서울시 제외) | 6억9천만원 | 5,500만원 | 1,900만원 |
| | 부산광역시(기장군 외) | | 3,800만원 | 1,300만원 |
| | 부산광역시(기장군) | | 3,000만원 | 1,000만원 |
| | 광역시(군지역 제외) 및 안산·용인·김포·광주 | 5억4천만원 | 3,800만원 | 1,300만원 |
| | 세종·파주·화성 | | 3,000만원 | 1,000만원 |
| | 그 밖의 지역 | 3억7천만원 | 3,000만원 | 1,000만원 |

## 4. 임차권등기명령제도

### 1) 개념
임대차계약기간이 만료되었음에도 불구하고 임차보증금을 돌려받지 못하는 경우 임대인의 동의 없이 임차인 혼자서 임차 주택 소재지 법원에 임차권등기명령을 받음으로써 종전에 취득한 대항력과 우선변제권을 유지하면서 이사할 수 있는 제도이다.

### 2) 요건
① 임대차 계약기간이 만료된 후 임대차보증금을 돌려받지 못한 경우
② 미등기건물이 아닌 등기된 건물일 것
③ 임대기간의 약정이 없는 임대차의 해지 통고는 임차인이 해지 통고한 날로부터 1개월이 지난 경우
④ 임차주택의 일부가 임차인의 과실 없이 멸실 그 밖의 사유로 사용 수익할 수 없게 되거나 그 잔존 부분으로는 임대차의 목적을 달성할 수 없어 임차인이 해지 통고를 하고 그 통고가 임대인에게 도달한 경우

### 3) 효과
① 임차인이 임차권등기명령에 의한 등기 이전에 이미 대항력 또는 우선변제권을 취득한 경우에는 임차권등기 이후에 대항요건을 상실하더라도 이미 취득한 대항력 또는 우선변제권을 상실하지 아니한다.
② 임대차가 종료된 후 보증금을 반환받지 못한 임차인이 임차권등기명령의 집행에 의한 등기를 경료한 때에는 대항력과 보증금의 우선변제권을 취득한다.
③ 임차권등기명령에 의한 임차권등기가 경료된 주택을 그 이후에 임차한 임차인은 소액보증금의 최우선변제를 받을 수 없다.
④ 임차인은 임차권등기명령의 신청 및 그에 따른 임차권등기와 관련하여 소요된 비용을 임대인에게 청구할 수 있다.
⑤ 임차권등기명령에 의하여 임차권등기를 한 임차인은 배당요구 없이 배당받을 수 있다.

### 4) 필요서류

임차권등기명령신청서, 주민등록등본, 임대차계약서 사본, 부동산등기등본, 부동산목록(부동산의 표시), 기타 임대차보증금반환청구에 대한 내용증명서

### 5) 신청서 기재사항

「주택임대차보호법」 제3조의3 ② 임차권등기명령의 신청서에는 다음 각 호의 사항을 적어야 하며, 신청의 이유와 임차권등기의 원인이 된 사실을 소명(疎明)하여야 한다.

1. 신청의 취지 및 이유
2. 임대차의 목적인 주택(임대차의 목적이 주택의 일부분인 경우에는 해당 부분의 도면을 첨부한다)
3. 임차권등기의 원인이 된 사실(임차인이 제3조제1항·제2항 또는 제3항에 따른 대항력을 취득하였거나 제3조의2제2항에 따른 우선변제권을 취득한 경우에는 그 사실)
4. 그 밖에 대법원규칙으로 정하는 사항[5]

---

[5] 「임차권등기명령 절차에 관한 규칙」 제2조(임차권등기명령신청서의 기재사항등) ① 임차권등기명령신청서에는 다음 각호의 사항을 기재하고 임차인 또는 대리인이 기명날인 또는 서명하여야 한다.
  1. 사건의 표시
  2. 임차인과 임대인의 성명, 주소, 임차인의 주민등록번호(임차인이나 임대인이 법인 또는 법인 아닌 단체인 경우에는 법인명 또는 단체명, 대표자, 법인등록번호, 본점·사업장소재지)
  3. 대리인에 의하여 신청할 때에는 그 성명과 주소
  4. 임대차의 목적인 주택 또는 건물의 표시(임대차의 목적이 주택 또는 건물의 일부인 경우에는 그 목적인 부분을 표시한 도면을 첨부한다)
  5. 반환받지 못한 임차보증금액 및 차임(주택임대차보호법 제12조 또는 상가건물임대차보호법 제17조의 등기하지 아니한 전세계약의 경우에는 전세금)
  6. 신청의 취지와 이유
  7. 첨부서류의 표시
  8. 연월일
  9. 법원의 표시

## 5. 부동산경매 관련사항

### 1) 토지와 건물에 대한 등기부의 최초담보물권의 설정일이 다른 경우
건물 등기부만을 기준으로 임차인의 대항력을 판단한다.

### 2) 저당권설정등기가 변경된 경우
저당권설정등기가 있었고 임차인의 전입신고가 있었으나 그 후 저당권이 대위변제로 말소된 경우 저당권이 소멸하면 임차인은 매수인에게 대항할 수 있게 된다.
근저당권설정 후 임차금의 증액이 있는 경우에는 그 증액 부분은 저당권자 또는 매수인에게 주장할 수 없다.

### 3) 외국인의 임차권
출입국관리법에 의한 외국인등록표로서 갈음한다(주민등록법 시행령 제6조의2).
외국인등록을 하여 외국인등록표에 기재 작성된 외국인은 주민등록을 한 것과 같이 보호를 받는다.

### 4) 가등기 전의 임차인의 보증금 증액
「주택임대차보호법」의 적용을 받은 임대목적 부동산에 대하여 제3자가 가등기를 하고 그 가등기에 기하여 본등기가 마쳐진 경우에 임대인과 임차인이 그 사이에 가등기 후 보증금을 인상하기로 약정하였다 하더라도 그 인상분에 대하여는 그 등기권리자에게 대항하지 못한다(대법86다카757).

### 5) 다가구 주택의 전입신고
다가구 주택은 공동주택이 아닌 만큼 단독주택이다.
주민등록법시행령 제5조 제5항에 따라 임차인이 위 건물의 일부나 전부를 임차하여 전입신고를 하는 경우 지번만 기재하는 것으로 충분하고 나아가 위 건물거주자의 편의상 구분하여 놓은 호수까지 기재할 필요가 없다(대법97다47828).

### 6) 가족의 일부만 퇴거한 경우
임차인이 그 가족과 함께 그 주택에 대한 점유를 계속하면서 그 가족의 주민등록은 그대로 둔 채 임차인만 주민등록을 일시 다른 곳으로 옮긴 경우라면 전체적으로나 종국적으로 주민등록의 일탈이라 볼 수 없어 대항력을 상실하지 않는다(대법89다카143).

### 7) 다세대주택에 지번만 전입신고 한 임차권

다세대주택에 전입신고를 하면서 지번까지만 신고하고, 호수를 신고하지 않는 이상 위와 같은 주민등록으로는 일반사회 통념상 임차권자인 피고가 세대별로 구분등기가 되어있는 위 다세대주택의 해당 호수에 주소를 가진 자로 등록되었다고 제3자가 인식할 수는 없을 것이므로 위 주민등록을 위 임대차의 공시방법으로서 유효한 것이라고 볼 수 없다(대법95다46104).

### 8) 법인이 임차한 건물에 직원이 전입신고한 경우

중소기업기본법 제2조에 따른 중소기업에 해당하는 법인이 소속 직원의 주거용으로 주택을 임차한 후 그 법인이 선정한 직원이 해당 주택을 인도받고 주민등록을 마쳤을 때에는 그 익일부터 제3자에 대하여 효력이 발생한다(「주택임대차보호법」 제3조 제3항 신설, 2014.1.1.시행).

### 9) 전 소유자가 임차인이 된 경우

소유권이전등기가 경료되고 주민등록 전입신고까지 마친 다음 그 후에 그 주택을 매도하고 임차하여 계속 거주하였다면 매수인이 소유권이전등기일 익일부터 임차인으로서 대항력을 갖는다(대법99다59306).

### 10) 경매로 낙찰된 주택 임차인이 재계약 후 대항력 발생시기

부동산매각절차에서 매수인이 주민등록은 되었으나 대항력은 없는 종전임차인과 새로운 임대차계약을 체결하고 낙찰대금을 납부한 경우 종전임차인의 주민등록은 낙찰인의 소유권취득 이전부터 낙찰인과 종전임차인 사이의 임대차관계를 공시하는 기능을 수행하고 있으므로 종전 임차인은 당해 부동산에 관하여 낙찰대금을 납부하여 소유권을 취득하는 즉시 임차권의 대항력을 취득한다(대법2002다38361).

### 11) 무상거주 확인 후 대항력을 주장한 경우

채무자가 타인의 집에 근저당권을 설정하고 대출을 받으면서 채권자에게 자신은 임차인이 아니라며 일체의 임차인으로서 권리를 주장하지 않겠다는 내용의 확인서를 작성한 후 그 후 경매로 낙찰된 매수인에 대하여 대항력을 갖춘 임차인으로서 인도명령을 거절하는 것은 금반언의 원칙 및 신의칙에 위배되어 허용되지 않는다(대법99마4307).

### 12) 나대지에 근저당권이 설정된 후 건물 신축시 우선변제

대지에 관한 저당권의 실행으로 경매가 진행된 경우 그 지상 건물의 소액임차인은 대지의 환가대금 중에서 소액보증금을 우선변제 받을 수 있다.

그러나 대지에 관한 저당권설정 당시 이미 그 지상 건물이 존재하는 경우에만 적용된다(대법99다25532).

### 13) 우선변제권자와 전세권자의 배당범위

등기된 전세권은 주택의 매각대금 중 건물만의 매각대금에서 순위에 따른 배당을 받을 수 있다. 그러나 확정일자부 임차권은 해당 주택의 매각대금 전체(건물과 토지)에서 순위에 따른 배당을 받을 수 있다.

다만 집합건물에 등기된 전세권은 해당 건물의 대지권소유권이 그 건물소유권에 종된 권리로 취급되어 대지지분에 대하여도 배당받을 수 있다.

### 14) 경매가 종료된 주택에 대항력 있는 임차인이 보증금을 변제받지 못한 상태에서 다시 경매가 된 경우 그 경매절차에서 우선변제권 유무

대항력과 우선변제권이 있는 임차인이 경매절차에서 배당요구를 함으로써 임대차계약이 해지되어 종료되고 그 주택이 경락된 이상 계속 거주하고 있다고 하더라도 새로이 경료된 근저당권설정등기에 기한 경매절차에서는 우선변제 받을 권리는 없고, 경락인에 대하여 임차보증금을 반환 받을 때까지 임대차관계의 존속을 주장할 수 있다(대법98다2754).

### 15) 적법하게 임차권을 양도하거나 전대한 경우

대항력을 갖춘 주택임차인이 임대인의 동의를 받아 적법하게 임차권을 양도하거나 전대한 경우에는 양수인이나 전차인은 원래의 임차인이 갖는 임차권의 대항력은 소멸되지 아니하고 동일성을 유지한 채로 존속한다.

그러므로 위 주택을 전차한 제3자 또한 임차인의 동시이행항변권을 원용하여 위 임차인이 보증금을 반환받을 때까지 위 주택을 적법하게 점유 및 사용할 권리를 가지게 된다(대법87다카2509).

### 16) 점포건물을 임차하여 후에 주거용으로 개조한 경우「주택임대차보호법」적용 여부

임대차계약 당시 주택임대차로 계약하였는지 계약체결 당시를 기준으로 판단하나, 임대인의 동의를 얻어 주거용으로 개조하였다면 그 시점을 기준으로「주택임대차보호법」이 적용된다(대법85다카1367).

### 17)「민법」상의 임대차등기와「주택임대차보호법」상의 임차권등기의 비교

「민법」제621조(임대차의 등기)
① 부동산임차인은 당사자 간에 반대 약정이 없으면 임대인에 대하여 그 임대차등기절차에 협력할 것을 청구할 수 있다.
② 부동산임대차를 등기한 때에는 그때부터 제삼자에 대하여 효력이 생긴다.

「주택임대차보호법」제3조 (대항력 등) ① 임대차는 그 등기(登記)가 없는 경우에도 임차인(賃借人)이 주택의 인도(引渡)와 주민등록을 마친 때에는 그 다음 날부터 제삼자에 대하여 효력이 생긴다. 이 경우 전입신고를 한 때에 주민등록이 된 것으로 본다.

임차권등기명령에 의한 임대차등기는 임대기간이 만료된 경우 임대인의 동의가 없어도 법원의 결정을 받아 단독으로 등기할 수 있다.
임차권등기의 효력은 임대차 등기 당시 이미 우선변제권이나 대항력을 취득한 사람은 그 지위를 그대로 유지하는 점에서 같다.

### 18) 임차인이 우선변제를 받기 위하여 대항요건(입주 및 주민등록)을 언제까지 유지하여야 하나?

(1)「주택임대차보호법」
임차인의 우선변제를 받기 위하여 대항요건을 언제가지 유지하여야 하는지에 대하여 명시적인 규정이 없다.

(2) 대법원 판례
공시방법이 없는 주택임대차에 있어서 임차인의「주택임대차보호법」에 의한 대항력과 우선변제권을 인정받기 위한 주택의 인도와 주민등록이라는 요건은 그 대항력 및 우선변제권의 취득시에만 구비하면 족한 것이 아니고 경매절차의 배당요구의 종기일까지 계속 존속하고 있어야 한다(대법2007다17475).

(3) 경매실무

임차인이 대항력 및 우선변제권을 행사하거나 소액임차인으로서 최우선변제권을 행사하려면 배당요구의 종기일까지는 대항요건을 존속시켜야 한다.

그러나 경매취소, 취하 등의 사유로 경매절차가 무효화될 수 있으므로 경매절차의 마지막 단계인 배당기일까지 유지하여 임차보증금을 수령하는 것이 최선의 방법이다.

○ 임대차보호법 요약 ○

| 내 용 | 「주택임대차보호법」 | 「상가건물임대차보호법」 |
|---|---|---|
| 적용대상 | 사실상 주거용으로 사용중인 건물 | 주된 부분이 영업용인 건물 |
| 적용범위 | 등기·미등기, 허가·무허가, 합법·불법, 가건물, 비닐하우스, 상가건물도 주거용으로 사용하면 적용 | 사업용 건물, 영업용 건물<br>사업자등록 대상이 되는 건물 |
| 공시방법 | 주택인도(이사) + 주민등록 | 상가인도(입주) + 사업자등록 |
| 보호대상 | 자연인, 일부법인(주택임대사업) | 사업자등록을 마친 개인, 법인 |
| 확정일자 | 읍면동사무소, 법원, 등기소 | 관할세무서 |
| 대항력요건 | 주택인도(이사) + 주민등록(전입신고) | 상가인도(입주) + 사업자등록 |
| 대항력 | 요건: 주택인도+주민등록+선순위<br>효과: 계약기간만료시까지 거주할 권리, 임차보증금반환청구할 권리 | 요건: 상가인도(입주)+사업자등록+선순위<br>효과: 계약기간만료시까지 입주할 권리, 임차보증금반환청구할 권리 |
| 우선변제권 | 요건: 대항력요건+확정일자+배당요구<br>효과: 우선변제 배당받을 권리 | 요건: 대항력요건+확정일자+배당요구<br>효과: 우선변제 배당받을 권리 |
| 최우선변제권 | 요건: 대항력요건+소액보증금+배당요구<br>효과 : 보증금중 일정액을 다른 담보물권자보다 우선하여 변제받을 권리<br>제한 : 매각가의 1/2범위 내 | 요건: 대항력요건+소액보증금+배당요구<br>효과: 보증금 중 일정액을 다른 담보물권자보다 우선하여 변제받을 권리<br>제한 : 매각가의 1/2범위 내 |
| 임대차보호법 적용 보증금 | 보증금액수 제한 없음 | 환산보증금 적용<br>•서울: 9억원<br>•수도권과밀억제권역: 6.9억원<br>•광역시,안산,용인,김포,광주: 5.4억원<br>•기타지역: 3.7억원 |
| 지역별 최우선변제 금액 | 2023.02.21~현재<br>•서울 : 16,500만원 / 5,500만원<br>•수도권 중 과밀억제권역, 세종시: 145,00만원 / 4,800만원<br>•광역시, 안산, 용인, 김포, 광주: 8,500만원 / 2,800만원<br>•기타지역 : 7,500만원 / 2,500만원 | 2019.04.02~현재<br>•서울 : 90,000만원/2,200만원<br>•수도권과밀억제권역 : 69,000만원/1,900만원<br>•광역시, 안산, 용인, 김포, 광주 : 54,000만원/1,300만원<br>•기타지역 : 37,000만원/1,000만원 |
| 임차권등기 명령제도 | 임대차기간이 만료되었음에도 보증금을 돌려받지 못한 경우. 임차인 단독으로 임차권등기 후 이사 가능. 종전에 취득한 대항력 및 우선변제권 유지 ||

## 제4장
# 권리분석

1. 권리분석
2. 말소기준권리
3. 말소기준권리보다 선순위
4. 말소기준권리보다 후순위
5. 항상 인수하는 권리
6. 임대차 권리분석

# 1. 권리분석

## 1) 개관

권리분석이란 입찰 전에 매각 대상 부동산에 존재하는 부동산 등기사항전부증명서상의 권리와 등기되지 않은 권리들을 분석하여 낙찰받은 후에 인수할 권리를 미리 찾아내어 추가 비용 발생을 차단하거나 감소시키기 위한 일련의 사전활동이라 할 수 있다.

경매의 경우 낙찰을 받은 후 잔금을 치루고 소유권이전등기를 하면 매각물건 위에 존재했던 부동산 등기사항전부증명서상의 권리는 소멸되는 것이 원칙이다. 그러나 특정한 경우의 권리들은 별도의 절차와 비용을 들여야 말소되는 경우가 있다. 이것이 인수권리가 된다.

등기되지 않은 권리도 분석하여야 하는데 유치권, 법정지상권, 임차권리 등은 등기부에 나타나지 않으므로 별도의 자료와 조사를 통하여 권리분석을 하여야 한다. 유치권의 경우 물권임에도 불구하고 등기되는 권리가 아니므로 실제 현장과 점유상태 그리고 법원에 신고된 유치권신고서를 통하여 검토하여야 하고, 주택임차인과 상가임차인의 경우 임대차계약서와 동사무소나 세무서에 신고된 임대차계약서상의 확정일자 그리고 법원에 제출된 권리신고서 및 배당요구서 등을 통하여 인수할 권리를 검토하여야 한다.

임차권도 말소기준권리보다 선순위인 경우에는 임차인이 배당요구를 하지 않으면 낙찰자가 인수하여야 하므로 법원에 제출된 서류를 통하여 검토하여야 한다.

여기에서 말소기준권리를 기준으로 선순위인 경우는 대부분 인수대상이다. 그렇다면 말소기준권리는 무엇인가?
말소기준권리란 부동산경매에서 매각부동산이 낙찰될 경우, 그 부동산에 존재하던 권리가 소멸하는가, 그렇지 않으면 그대로 남아 낙찰자에게 인수되는가를 가늠하는 기준이 되는 권리를 말하며 저당권, 근저당권, 담보가등기, 압류, 가압류, 강제경매개시결정등기, 특정한 경우의 전세권이며 이들 중 가장 앞선 권리이다.
권리분석의 핵심은 말소기준권리 스스로는 낙찰로 모두 말소되며, 말소기준권리보다 앞선 권리는 인수되며, 말소기준권리보다 뒤의 권리는 소멸되는 것이 원칙이다.

여기에는 예외적인 사항들이 있다. 말소기준권리보다 앞선 권리임에도 소멸되는 경우가 있고, 말소기준권리보다 뒤의 권리임에도 말소되지 않는 경우가 있으므로 학습을 통하여 배워야 하며, 실전에서는 이들의 권리분석에 특히 유의하여야 한다.

결국 권리분석은 낙찰 후 인수할 권리들을 미리 파악하여 응찰가 산정에 고려하여 그 금액만큼 차감한 금액으로 응찰하여야 하며, 대항력 있는 점유자를 미리 파악하여 낙찰 후 인도 시에 대응 전략을 수립하고자 함이다.

## 2) 권리분석의 개념

권리분석이란 입찰 전에 등기사항전부증명서상의 권리, 등기사항전부증명서 외의 권리(유치권, 법정지상권, 임차권리) 등을 분석하여 낙찰 후에 낙찰자가 낙찰대금 외에 추가로 부담해야 할 권리나 금액이 있는지 미리 분석하는 일련의 행위를 말한다.

경매공부를 한다는 것은 권리분석을 배운다고 할 정도로 경매공부에서 핵심이 되는 부분이다. 왜냐하면 권리분석을 함으로써 결국 입찰자가 인수하여야 할 권리를 미리 찾아내어 그 금액만큼 응찰가에서 차감하여 입찰하여야 한다. 이렇게 하지 않는다면 싸게 낙찰받고 후에 물어주는 금액이 커지면 결과적으로 싸게 낙찰받은 것이 아니고 심지어는 손해를 보는 결과를 초래하기 때문이다.

경매의 핵심은 매각부동산을 시가보다 싸게 취득하는 것인데 권리분석을 제대로 해서 낙찰 후 추가로 물어주는 일이 없도록 하여야 할 것이고, 물어줄 권리나 금액이 있다면 그 금액만큼 응찰가격에서 뺀 금액으로 입찰하여야 함을 다시 한번 강조하는 바이다.

## 3) 권리분석의 대상

권리분석은 매각부동산의 등기사항전부증명서를 발급하여 검토해보면 대략적으로 윤곽을 잡을 수 있다. 등기사항전부증명서는 표제부와 갑구와 을구로 나누어져 있는데 후술할 말소기준권리를 갑구나 을구에서 찾을 수 있고, 원칙적으로 그 권리를 기준으로 선순위는 인수하고 후순위는 말소되므로 어느 정도 학습하면 분석할 수 있다.

하지만 등기사항전부증명서 외에 권리들은 분석에 어려운 점이 있다. 임차인의 권리나 유치권, 법정지상권은 등기되지 않는 권리이므로 상당한 훈련이 필요하다. 또한 유치권, 법정지상권 등 이른바 특수권리들은 그 논리가 법률의 규정 뿐만 아니라 대법원판례까지 익혀야 어느 정도 분석할 수 있으므로 따로 학습해야 한다.

### 4) 권리분석의 도구

부동산경매를 주관하는 법은 「민사집행법」이다. 「민사집행법」에는 경매에 대한 실체법적인 규정도 있으나 대부분 경매절차를 규정하는 절차법적 성격이 강하다. 특히 권리분석에 관하여는 권리를 규정한 「민법」이 중심을 이루고, 체육시설에 존재하는 회원권에 관하여는 「체육시설의 설치 및 이용에 관한 법률」이 있듯이 특별한 경우에는 단행법을 숙지하고 있어야 한다. 단행법은 필요에 따라 그때 그때 찾아서 적용하면 될 것이다.

법률은 추상적인 대강만을 정해놓았기에 구체적인 사안을 다 해결할 수 없을 때가 많다. 이러한 경우 분쟁이 생기게 되고 그 분쟁을 해결하는 것이 법원의 재판이므로 법원의 최상급심인 대법원에서 재판한 판례가 구체적인 사건의 해결 지침이 되는 경우가 많다. 물론 구체적인 사안이 기존의 대법원판례와 항상 같지는 않기에 대법원판례를 탄력적으로 해석하는 자세가 필요하다.
시간과 장소에 따라 법원의 판단이 달라지므로 대법원판례를 도식화하는 우를 범해서는 안되겠지만 대법원판례가 가지는 의미를 새기며 이해한다면 구체 사안의 해결에 상당한 도움이 될 것이리라 본다.

전소유자가 납부하지 않은 집합건물의 체납관리비를 낙찰자가 납부하는 범위에 관한 문제에서도 「집합건물의 소유 및 관리에 관한 법률」이 있지만 실제 실무상 해결에 있어서는 '대법원판례'를 주로 활용하고 있다.

## 2. 말소기준권리

### 1) 의의
말소기준권리란 매각 부동산 위의 권리들이 낙찰자가 소유권을 취득하고 매각되는 부동산 위의 권리들이 매수인과의 관계에서 말소되는지, 인수되는지 기준이 되는 권리의 기준이 되는 권리이다.

### 2) 권리의 종류
저당권, 근저당권, 압류, 가압류, 담보가등기, 강제경매개시결정등기, 특정한 경우의 전세권으로 총 7개이다. 이들 말소기준권리는 타 권리의 말소여부의 기준되는 권리이면서 그 권리 자체는 경매낙찰로 모두 소멸된다.

### 3) 기능

(1) 소멸, 인수의 기준
낙찰자가 등기사항전부증명서상의 권리들에 대한 소멸 또는 인수하느냐의 기준이 된다.

(2) 임차인의 보증금 인수 여부의 기준
낙찰자는 말소기준권리보다 먼저 전입신고하고 이사하여 살고 있으면서 배당요구를 하지 않으면 낙찰자가 임차인의 보증금을 모두 변제하여야 한다.
또한 선순위 대항력 있는 임차인의 경우 배당요구를 하였다하더라도 일부 배당받지 못한 임차보증금이 있다면 이 역시 낙찰자가 인수하여야 한다. 여기에서 임차인이 임차보증금을 전액 배당받을지 일부 배당받을지는 입찰 전에 배당표를 미리 작성해 보아야 한다.

(3) 인도명령대상자 파악
낙찰자가 소유권을 취득한 후 점유자를 상대로 인도청구를 할 때 인도명령대상인지의 기준이 된다. 즉, 말소기준권리보다 선순위인 경우 인도명령대상이 되지 않아 명도소송의 대상이 된다.

(4) 도표 정리

| 순번 | 순위 | 권리의 종류 | 소멸, 인수 여부 |
|---|---|---|---|
| 1 | 선순위 | 임차권의 대항력 | 원칙 : 인수 |
|   |   | 가등기, 가처분 등 | 예외 : 소멸 |
| 2 | 말소기준권리 | ① 압류 | 소멸 |
|   |   | ② 가압류 |   |
|   |   | ③ 저당권 |   |
|   |   | ④ 근저당권 |   |
|   |   | ⑤ 담보가등기 |   |
|   |   | ⑥ 경매개시결정등기 |   |
|   |   | ⑦ 특정한 전세권 |   |
| 3 | 후순위 | 임차권의 대항력 | 원칙 : 소멸 |
|   |   | 가등기, 가처분 등 | 예외 : 인수 |
| 4 | 항상 인수하는 권리 | ① 진정한 유치권 | 인수 |
|   |   | ② 법정지상권 |   |
|   |   | ③ 배당요구하지 않은 선순위 임차권·전세권 |   |
|   |   | ④ 배당요구하였으나 배당받지 못한 선순위 임차보증금 |   |

① 말소기준권리가 되는 특정한 전세권의 요건
  ㉠ 건물전체에 대한 전세권 : 빌딩 전체○, 다세대 한세대○, 다가구 한세대×
  ㉡ 선순위 전세권
  ㉢ 전세권자의 배당요구 또는 경매신청
② 임차권의 대항력
  ㉠ 임대차계약 + ㉡전입신고 + ㉢이사
③ 선순위 권리의 예외적 소멸
  ㉠ 저당권에 부수한 지상권
  ㉡ 소멸시효가 완성된 선순위 소유권이전청구 가등기
  ㉢ 선순위 담보가등기
  ㉣ 목적 달성한 선순위 가처분
  ㉤ 가처분권자가 현 소유자인 경우(혼동)

④ 후순위 권리의 예외적 인수
  ㉠ 진정한 소유권을 다투는 것을 목적으로 하는 가처분
  ㉡ 토지소유자가 지상 건물소유자에게 한 건물철거 및 토지인도청구권 보전을 위한 가처분

## 3. 말소기준권리보다 선순위

### 1) 원칙

등기부상 선순위권리는 인수한다. 등기부 외의 권리로 임차권리가 선순위인 경우 배당요구를 하지 않은 경우에는 임차보증금 전액을 인수해야 하고, 배당요구를 한 경우라도 배당을 받지 못한 금액에 대하여는 인수한다.

### 2) 예외

① 저당권에 부수한 지상권 등기는 선순위 등기일지라도 낙찰로 소멸한다. 은행에서 저당권등기를 할 때 저당권등기의 부수 권리로 지상권을 설정할 때가 있는데 일반적으로 저당권 다음 순위로 지상권설정 등기를 하는 것이 일반적이다. 어떠한 경우에는 지상권 등기를 선순위로 하고 저당권등기를 후순위로 등기하는 경우가 있다. 이러한 경우에도 지상권등기는 선순위이나 저당권등기에 부수한 권리이므로 낙찰로 소멸한다.

② 특정한 경우의 선순위 가처분은 선순위임에도 낙찰로 소멸한다. 예를 들면 가처분의 목적을 달성했음에도 불구하고 말소등기를 하지 않은 선순위 가처분의 경우에도 낙찰로 소멸한다. 그리고 가처분권자가 현 소유자인 경우에 가처분의 목적을 달성했으나 가처분등기를 말소하지 않고 방치한 경우가 있는데 이는 낙찰자가 소유권이전등기를 하면서 말소하면 된다. 특정한 경우의 선순위 가등기도 낙찰로 말소되는 경우가 있다.

③ 등기부에 소유권이전청구권가등기는 선순위일 경우 낙찰자가 인수하는 권리로 주의를 요해야 하지만 때로는 채권자가 채권계산서를 제출하는 경우가 있는데 이는 담보가등기이기 때문에 배당받고 말소된다.

선순위 가등기권자가 경매개시신청을 했거나 채권계산서를 제출하는 경우는 낙찰자가 인수할 권리가 아니다. 또한 소유권이전청구 가등기라 할지라도 채권의 소멸시효가 10년이므로 10년 이상이 지난 소유권이전청구가등기는 낙찰 받고 시효소멸을 이유로 말소청구하면 된다.

경매물건에 대한 권리분석을 하던 중 선순위 가등기가 있을 때 실무적인 처리방법은 법원문건처리내역을 참조하여 선순위 가등기권자가 배당요구를 하였는지 여부를 살펴보아 배당요구를 하였다면 담보가등기로 낙찰로 인하여 말소되는 것으로 보면 되고, 배당요구를 하지 않았다면 소유권이전청구권 가등기로 보아 낙찰로 말소되지 않는 권리로 보아 인수권리로 파악하면 된다.

## 4. 말소기준권리보다 후순위

### 1) 원칙

말소기준권리보다 후순위인 등기부상 권리는 원칙적으로 말소된다. 또한 후순위 임차권리도 인수권리가 아니다.

### 2) 예외

① 가처분이란 현재 채권자의 권리가 실행불능한 상태로 다툼이 있는 부동산에 제3자에게 처분하지 못하게 임시조치를 하여 후에 채권자가 자신의 권리를 보존하기 위한 권리이다. 이러한 가처분도 원칙적으로 후순위이면 말소되고 선순위이면 인수되는 권리이나 예외적으로 후순위라도 말소되지 않는 경우가 있다.

② 후순위 가처분이라 할지라도 소유자의 진정한 소유권을 다투는 것을 목적으로 한 가처분이나 토지 소유자가 지상 건물 소유자에 대한 건물철거 및 토지인도청구권을 보전하기 위한 가처분은 후순위 가처분 일지라도 말소되지 않는 경우가 있으므로 가처분의 소송내용을 파악한 뒤 입찰에 응해야 하겠다.

## 5. 항상 인수하는 권리

### 1) 진정한 유치권

유치권이란 타인의 물건 또는 유가증권을 적법하게 점유한 자가 그 물건이나 유가증권에 관하여 생긴 채권을 변제받을 때까지 점유하는 권리를 말한다. 이러한 유치권도 허위의 경우가 대부분이나 진정한 유치권은 말소기준권리를 기준으로 성립의 전·후를 막론하고 항상 성립한다.

### 2) 법정지상권

법정지상권이란 한 사람의 토지와 그 위의 건물이 담보권실행을 위한 경매로 각각 그 소유권이 달라졌을 때 법률의 규정으로 그 건물의 소유자에게 당연히 인정되는 지상권이다. 예를 들면 한 사람에게 속하던 토지와 건물 중 건물만이 임의경매로 새로이 건물을 취득한 사람에게 등기 여부와 상관없이 지상권이 인정되는 경우이다.

### 3) 배당요구하지 않은 선순위 임차권·전세권

배당요구를 하지 않은 선순위 대항력을 갖춘 임차인의 권리나 선순위 전세권은 낙찰자가 임차보증금이나 전세보증금을 인수하여야 한다.

### 4) 배당요구하였으나 배당받지 못한 일부 선순위 임차보증금

배당요구를 하였으나 배당받지 못한 선순위 임차보증금은 낙찰자가 인수하여야 한다. 이와는 달리 선순위 전세보증금은 일단 배당요구를 하고 나면 배당받지 못한 전세보증금은 낙찰자가 인수하지 않아도 된다. 그러므로 전세권이 임차인의 권리보다 항상 안전하다고 말할 수는 없다.

## 6. 임대차 권리분석

### 1) 선순위 임차인으로서 배당요구를 하였으나 확정일자가 없는 경우

임차인이 우선변제권을 행사하여 배당을 받으려면 대항력요건인 전입신고와 이사(점유)를 하고 임대차계약서에 확정일자를 받아야 한다.

그런데 확정일자가 없는 상태에서 배당요구를 하면 배당받지 못하는데 임차인이 선순위인 경우 대항력이 발생하기 때문에 낙찰자가 임차인의 임차보증금을 인수하여야 한다.

그러므로 선순위임차인이 배당요구를 하였다하여 인수권리가 없는 것으로 권리분석하면 낭패를 볼 수 있으므로 권리분석에 유의하여야 한다.

## 2) 선순위임차인으로서 배당요구하였으나 일부 배당받지 못한 금액은 인수

선순위 임차인이 적법한 요건을 갖추어 배당요구를 하여 배당받았으나 일부 배당받지 못한 금액은 낙찰자가 인수하여야 하므로 경매입찰 전에 배당표를 짜보아서 인수금액이 있는지 면밀히 검토하여야 한다.

## 3) 최우선변제권도 배당요구를 하여야 배당

최우선변제권을 행사하려면 「주택임대차보호법」 또는 「상가건물임대차보호법」에서 정한 보증금액 이하에 해당되어야 하고 그러한 경우 일정 최우선변제금을 배당받는다. 하지만 임차인이 최우선변제권을 행사하려면 경매개시결정등기 이전에 전입신고되어야 하고, 배당요구종기일 이전에 배당요구를 하여야만 배당받는 점을 유의하여야 한다.

## 4) 1/2 범위내에서만 배당

최우선변제금액은 배당할 금액의 1/2범위 내에서 배당된다.

최우선변제금액은 경매낙찰 후 배당절차에서 최우선변제금 합계액이 배당할 금액의 1/2범위 내에서만 배당받는다. 다가구나 원룸 등에 임차인이 많은 경우에 종종 이러한 일이 발생하곤 한다.

# 제5장
# 부동산경매 법원 진행절차

1. 경매신청 및 경매개시결정
2. 배당요구의 종기 결정 및 공고
3. 매각의 준비
4. 매각방법 등의 지정·공고·통지
5. 매각의 실시
6. 매각결정 절차
7. 매각대금의 납부
8. 소유권이전등기 등의 촉탁
9. 부동산인도명령
10. 배당절차

## □ 부동산경매 진행의 3단계

법원 부동산경매의 진행절차는 크게 3단계로 진행된다.
부동산 압류, 부동산의 현금화, 대금 변제 및 배당의 과정을 거친다.

(1) 부동산의 압류
법원은 부동산 소유자의 등기부상에 경매개시결정등기가 되면 부동산 소유자(채무자)의 부동산에 압류하는 효과가 있다. 경매신청, 경매개시결정, 압류, 경매개시결정등기(등기사항전부증명서 갑구에 기재), 채무자 송달의 과정을 거친다.

(2) 부동산 현금화
집행법원은 다음과 같이 압류된 부동산을 경매절차를 통하여 현금화 작업을 진행한다. 배당요구 종기의 공고, 현황조사, 매각기일 지정, 매각, 매각 여부 결정을 한다.

(3) 변제 및 배당
경매의 마지막 단계로 낙찰자가 낙찰된 가격을 법원에 납부하면 납부된 대금으로 낙찰대금 납부, 부동산등기 촉탁, 부동산인도명령, 배당 준비 및 배당금 집행절차를 거친다.

이 장에서 강조하고자 하는 것은 법원부동산경매에 참여하는 사람은 최고가매수인이 된 이후에는 상계신청, 이의신청, 잔금납부, 인도명령신청 등에 대하여 법원에서 정하여진 기한 내에 적합한 구비서류를 갖추어 제출하여야 한다는 것이다.

□ 법원의 경매진행절차를 숙지하여 시기별로 적합한 행위를 함으로써 불측의 손해를 예방하고, 경매를 통하여 부동산을 취득하는 과정이 순조롭게 진행되도록 하기 위함이다.

## 1. 경매신청 및 경매개시결정

채권자가 경매를 신청하면 법원은 경매개시결정을 하여 매각할 부동산을 압류하고 관할등기소에 경매개시결정의 기입등기를 촉탁하여 경매개시결정 사실을 등기부에 기입하도록 한다. 법원은 경매개시결정 정본을 채무자에게 송달한다.

### 1) 경매의 신청

경매 분류상 강제경매와 임의경매로 나누어지게 되므로, 경매신청도 강제경매신청과 임의경매신청으로 나눌 수 있다. 강제경매를 신청하려면 강제경매신청서를 작성한 다음 첨부서류와 함께 관할 법원에 제출하여야 한다.

여기서는 강제경매와 임의경매 두 절차 사이에 진행상의 큰 차이가 없기 때문에 강제경매를 중심으로 설명하도록 하고 임의경매에 관하여는 차이가 있는 경우에 따로 설명하도록 한다.

(1) 강제경매신청서 작성요령

강제경매신청은 서면으로 하여야 하며 신청서에는 다음의 사항을 기재하고 기명날인하여야 한다.

① **채권자와 채무자의 성명과 주소**

② **집행법원**

③ **부동산의 표시** : 강제경매의 대상이 될 부동산을 특정하여 표시하여야 한다. 일반적으로 등기사항전부증서의 표제부에 기재되어 있는 사항을 기재하면 된다.

④ **강제경매에 의하여 변제를 받고자 하는 일정한 채권과 그 청구액** : 강제경매에서 변제를 받으려고 하는 청구액 전액을 기재하여야 한다.

⑤ **집행할 수 있는 일정한 집행권원** : 집행권원은 일정한 사법상의 이행청구권의 존재 및 범위를 표시하고 그 청구권에 집행력을 인정한 공정의 증서를 말한다. 확정된 종국판결, 가집행의 선고가 있는 종국판결, 소송상 화해조서, 확정된 지급명령, 확정된 화해권고결정 등이 집행권원에 해당한다. 다만, 임의경매 신청시에는 집행권원을 필요로 하지 아니한다.

(2) 첨부서류

강제경매를 신청함에 있어서 갖추어야 할 첨부서류는 다음과 같다.

① **집행권원의 집행력 있는 정본**

② 강제집행 개시의 요건이 구비되었음을 증명하는 서류 : 집행권원의 송달증명서, 조건성취를 채권자가 증명하여야 하는 경우의 조건 성취집행문의 송달증명서, 담보제공의 공정증서 및 그 등본의 송달증명서, 반대의무의 이행 또는 이행제공을 증명하는 서면, 집행불능증명서 등이 이에 해당한다.
③ 부동산등기사항전부증명서나 이를 대신할 수 있는 서류
④ 부동산목록
⑤ 수입인지
⑥ 대법원 수입증지
⑦ 등록세와 지방교육세를 납부한 영수필통지서 1통 및 영수필확인서 1통
⑧ 비용의 예납 : 경매절차에 있어서 필요한 송달료, 감정료, 현황조사료, 신문공고료, 매각수수료 등의 비용을 미리 납부한다.

(3) 관할법원
강제경매신청서를 제출할 관할법원은 경매 대상 부동산의 소재지를 관할하는 법원이다.

## 2) 경매개시결정

법원은 신청서와 첨부서류를 검토하여 강제집행의 요건, 집행개시의 요건 및 강제경매에 특히 필요한 요건 등에 관하여 심사를 하여, 신청이 적법하다고 인정되면 강제경매 개시결정을 한다. 신청인이 비용을 미리 내지 아니한 때에는 신청이 각하될 수 있다. 임의경매신청이 접수된 경우에도 집행법원은 임의경매에 필요한 요건에 관하여 심사를 하여 신청이 적법하다고 인정되면 임의경매 개시결정을 한다.

## 3) 경매개시결정 기입등기의 촉탁

법원은 경매개시결정을 하면 즉시 그 사유를 등기부에 기입할 것을 등기관에게 촉탁한다. 등기관은 법원의 촉탁에 따라 경매개시결정의 기입등기를 한다.

## 4) 경매개시결정문의 송달

부동산의 압류는 채무자에게 경매개시결정이 송달된 때 또는 경매개시결정등기가 된 때에 그 효력이 생긴다. 그러므로 법원은 직권으로 채무자에게 경매개시결정 정본을 송달하여야 한다. 임의경매의 경우에는 경매개시결정을 소유자에게만 송달하면 족하지

만, 실무상으로는 소유자와 채무자 모두에게 송달하고 있다.

경매개시결정은 압류의 효력을 발생시킬 뿐만 아니라 매각절차의 기초가 되어 채무자에게 고지되지 않으면 효력이 없다. (경매매각 진행의 유효요건)

### 5) 공매절차와의 경합

경매 강제집행은 사법상의 청구권의 실현을 목적으로 하고, 공매 체납처분은 공법상 채권인 조세채권의 실현을 목적으로 하는 점에서 가장 큰 차이점을 가지고 있다.

양 절차는 다른 법령과 집행기관에 의하여 진행되므로 서로 경합하여 진행할 수 있다. 결론적으로 두 절차가 동시에 진행된다면 그 중 먼저 소유권을 취득한 자가 진정한 소유자로 확정된다.(대법2001두7329)

## 2. 배당요구의 종기 결정 및 공고

매각할 부동산이 압류되면 집행법원은 채권자들이 배당요구를 할 수 있는 기간을 첫 매각기일 이전으로 정한다. 법원은 경매개시결정에 따른 압류의 효력이 생긴 때부터 1주일 안에 경매개시결정을 한 취지와 배당요구의 종기를 법원경매정보 홈페이지의 법원경매공고란 또는 법원 게시판에 게시하는 방법으로 공고한다.

경매개시결정에 따른 압류의 효력이 생긴 때에는 법원은 채권자들이 배당요구를 할 수 있는 종기를 첫 매각기일 이전의 날짜로 결정한다.

### 1) 배당요구의 종기 결정

경매개시결정에 따른 압류의 효력은 채무자에게 그 결정이 송달되거나 개시결정 기입등기가 된 때에 발생한다. 집행법원은 그 효력이 생긴 때부터 1주 안에 채권자들이 배당요구를 할 수 있는 종기를 결정한다. 배당요구의 종기는 첫 매각기일 이전의 날짜로 결정된다.

### 2) 배당요구의 종기 공고

배당요구의 종기가 정하여지면 법원은 즉시 경매개시결정을 한 취지 및 배당요구의 종기를 공고한다.

### 3) 배당요구의 종기까지 반드시 배당요구를 하여야 할 채권자

① 집행력 있는 정본을 가진 채권자
② 「민법」, 「상법」 기타 법률에 의하여 우선변제청구권이 있는 채권자(「주택임대차보호법」에 의한 소액임차인, 확정일자부임차인, 근로기준법에 의한 임금채권자, 상법에 의한 고용관계로 인한 채권이 있는 자 등)
③ 첫 경매개시결정등기 후에 가압류한 채권자
④ 국세 등의 교부청구권자 : 국세 등 조세채권 이외에 국민건강보험법, 산업재해보상보험법, 국민연금법에 의한 보험료 기타 징수금의 청구권을 갖는자

### 4) 배당요구를 하지 않아도 배당을 받을 수 있는 채권자

첫 경매개시결정등기 이전에 이미 등기를 마친 담보권자, 임차권등기권자, 체납처분에 의한 압류등기권자, 가압류권자, 배당요구의 종기까지 한 경매신청에 의하여 이중경매개시결정이 된 경우 이중 경매신청인

### 5) 배당요구를 하지 아니한 경우의 불이익

배당요구를 하지 않아도 배당받을 수 있는 채권자가 아니라면 배당요구의 종기까지 배당요구를 하여야만 배당받을 수 있다. 배당요구를 하지 않은 경우에는 선순위 채권자라도 경매절차에서 배당받을 수 없게 될 뿐만 아니라 자기보다 후순위 채권자로서 배당받은 자를 상대로 부당이득반환청구를 하여 배당액에 해당하는 금액을 돌려받을 수도 없다.

첫 경매개시결정등기 이전에 가압류등기를 마친 채권자의 경우에는 배당요구를 하지 않아도 등기부에 등재된 가압류금액에 따라 배당을 받을 수 있다.

그러나 이미 본안소송에서 가압류금액 이상의 승소판결을 받았다면 위 기간 내에 집행력 있는 정본에 의하여 배당요구를 할 필요가 있으며 그렇지 않으면 가압류금액을 넘는 부분에 대하여는 전혀 배당에 참가할 수 없게 되는 등 일정한 경우에는 배당요구를 하지 않아도 배당을 받을 수 있는 채권자에 해당하더라도 배당요구를 할 필요가 있는 경우도 있다.

## 3. 매각의 준비

법원은 집행관에게 매각할 부동산의 현상, 점유관계, 차임 또는 보증금의 액수, 기타 현황에 관하여 조사를 명하고 감정인에게 매각할 부동산을 평가하게 한다. 법원은 감정인의 평가액을 참작하여 최저매각가격을 정한다.
경매개시결정이 내려지면 법원은 경매할 부동산을 입찰의 방법으로 매각하여 현금화하기 위한 준비를 한다.

### 1) 집행관현황조사
법원은 경매개시결정을 한 뒤에 바로 집행관에게 부동산의 현상, 점유관계, 차임 또는 임대차 보증금의 액수, 그 밖의 현황에 관하여 조사하도록 명한다. 매수희망자는 집행관이 작성한 현황조사보고서를 통해 부동산에 관한 정보를 얻을 수 있다.

### 2) 부동산의 평가 및 최저매각가격의 결정
법원은 감정인에게 부동산을 평가하게 하고 그 평가액을 참작하여 최저매각가격을 정한다. 최저매각가격은 매각을 허가할 수 있는 최저의 가격으로서 그보다 낮은 가격으로 하는 매수신고에 대하여는 매각이 허가될 수 없다.

### 3) 매각물건명세서의 작성, 비치
법원은 ① 부동산의 표시 ② 부동산의 점유자와 점유의 권원 ③ 점유할 수 있는 기간 ④ 차임 또는 보증금에 관한 관계인의 진술 ⑤ 등기된 부동산에 관한 권리 또는 가처분으로서 매각으로 효력을 잃지 아니하는 것 ⑥ 매각에 의하여 설정된 것으로 보게 되는 지상권의 개요 등을 기재한 매각물건명세서를 작성한다.

매각물건명세서는 누구든지 볼 수 있도록 매각기일의 1주일 전까지 법원에 비치한다.
현황조사보고서 및 감정평가서의 사본도 매각물건명세서와 함께 비치된다.
3~4회의 매각기일과 매각결정기일을 일괄하여 지정한 경우에는 매회의 매각기일의 1주일 전까지 매각물건명세서를 작성, 비치한다.

### 4) 공과를 주관하는 공무소에 대한 최고

법원은 조세 기타 공과를 주관하는 공무소에 대하여 경매할 부동산에 관한 채권의 유무와 한도를 배당요구의 종기까지 통지하도록 최고한다.

이는 우선채권인 조세채권의 유무, 최저매각가격으로 압류채권자의 채권에 우선하는 부동산의 모든 부담과 절차비용을 변제하고도 남을 가망이 있는지 여부를 확인함과 동시에 주관공무소로 하여금 조세 등에 대한 교부청구의 기회를 주기 위한 취지이다.

### 5) 이해관계인에 대한 채권신고의 최고

법원은 등기부에 기입된 부동산 위의 권리자 등에 대하여 자신의 채권의 원금, 이자, 비용 기타 부대채권에 관한 계산서를 배당요구 종기까지 제출하도록 최고한다. 이것 역시 우선채권의 유무, 잉여의 가망이 있는지 여부를 확인하고 배당요구의 기회를 주는 의미가 있다.

## 4. 매각방법 등의 지정·공고·통지

매각방법으로는 매수신청인이 매각기일에 매각장소에서 입찰표를 제출하는 기일입찰방법과 매수신청인이 지정된 입찰기간 안에 직접 또는 우편으로 입찰표를 제출하는 기간입찰방법이 있다. 법원은 이 두 방법 중 하나를 선택하고 매각기일 등을 지정하여 통지, 공고를 한다.

### 1) 매각기일 및 매각결정기일의 지정

법원은 잉여의 가망이 없다는 등의 경매절차를 취소할 사유가 없는 경우에는 직권으로 매각기일과 매각결정기일을 지정한다. 최초의 매각기일은 공고일부터 14일 이상의 간격을 두고 지정된다. 매각결정기일은 대개 매각기일부터 7일 뒤로 지정된다.

매각기일 및 매각결정기일의 지정은 원칙적으로 입찰을 실시할 때마다 하여야 하나 3~4회 정도의 기일을 일괄하여 지정할 수도 있다.

### 2) 매각기일의 공고

매각기일과 매각결정기일을 지정한 때에는 법원은 이를 공고한다.

매각기일의 공고에는 ① 부동산의 표시 ② 강제집행으로 매각한다는 취지와 그 매각방법 ③ 부동산의 점유자, 점유의 권원, 점유 사용할 수 있는 기간, 차임 또는 보증금의 유무와 그 액수 ④ 매각의 일시, 장소와 매각을 실시할 집행관의 성명 및 기간입찰의 방법으로 매각할 경우에는 입찰기간, 장소 ⑤ 최저매각가격 ⑥ 매각결정의 일시 및 장소 ⑦ 매각물건명세서, 현황조사보고서 및 평가서의 사본을 매각기일 전에 법원에 비치하여 누구든지 볼 수 있도록 제공한다는 취지 ⑧ 등기부에 기입할 필요가 없는 부동산에 대한 권리를 가진 사람은 채권을 신고하여야 한다는 취지 ⑨ 이해관계인이 매각기일에 출석할 수 있다는 취지 ⑩ 일괄매각의 결정을 한 때에는 그 취지 ⑪ 매수인의 자격을 제한한 때에는 그 제한의 내용 ⑫ 매수신청의 보증금액과 보증제공 방법 등을 기재하게 된다.

매각기일의 공고는 공고사항을 기재한 서면을 법원의 게시판에 게시하는 방법으로 한다. 공고사항의 요지는 인터넷 법원경매 정보사이트에서도 확인할 수 있다. 매각기일에 관한 공고는 그 요지를 일간신문에도 게재한다.

### 3) 매각기일의 통지

법원은 매각기일과 매각결정기일을 지정하면 이를 이해관계인에게 통지한다. 그 통지는 집행기록에 표시된 이해관계인의 주소에 등기우편으로 발송하여 할 수 있다. 이 경우 통지를 발송한 때 송달된 것으로 간주한다.

### 4) 일괄매각결정

(1) 개별매각의 원칙
여러 개의 부동산을 매각하는 경우에 한 개의 부동산의 매각대금으로 모든 채권자의 채권액과 강제집행비용을 변제하기에 충분하면 다른 부동산의 매각을 허가하지 않는다.(「민사집행법」 제124조 1항)
그러나 개별매각할 것인지 일괄매각할 것인지는 집행법원의 재량에 의하여 결정할 성질의 것이다(대법64마444)

(2) 일괄매각이 허용되지 않는 경우
① 과잉매각이 되는 경우로 여러 개의 재산을 일괄매각하는 경우에 그 가운데 일부의 매각대금으로 모든 채권자의 채권액과 강제집행비용을 변제하기에 충분하면 다른 재산의 매각을 허가하지 않는다. 다만, 토지와 그 위의 건물을 일괄매각하는 경우, 재산을 분리하여 매각하면 그 경제적 효용이 현저히 떨어지는 경우, 채무자의 동의가 있는 경우에는 과잉매각금지의 원칙이 적용되지 않는다.
② 일괄매각을 하는 것보다 개별매각을 하는 것이 고가로 매각될 것이라고 예상되는 경우

### 5) 남을 가망이 없는 경우의 경매취소 (「민사집행법」 제102조)

(1) 의의
집행법원은 최저매각가격으로 압류채권자의 채권에 우선하는 부동산의 모든 부담(우선부담)과 절차비용을 변제하고 남는 것이 없다고 인정한 때에는 압류채권자에게 통지하여 압류채권자가 우선채권을 넘는 가격으로 매수자가 없을 경우에는 스스로 매수할 것을 신청하고 충분한 보증을 제공하지 않는 한 매각절차를 취소하여야 한다.

(2) 남을 가망이 없다는 취지의 통지 시기

매각기일을 공고하기 전에도 사유가 인정된다면 통지할 수 있고, 새매각, 재매각을 하는 경우에도 통지하여야 한다.

(3) 매수신청과 보증의 제공
압류채권자가 매수신청 통지를 받은 날부터 1주 이내에 압류채권자의 채권에 우선하는 부동산의 모든 부담과 절차비용을 변제하고 남을 만한 가격을 정하여 그 가격에 맞는 매수신고가 없을 때에는 자기가 그 가격을 매수하겠다고 신청하면 된다.
다만 충분한 보증금을 제공하지 아니하며 법원은 경매절차를 취소하여야 한다.

### 6) 특별매각조건
법정매각조건을 합의 또는 직권으로 변경한 매각조건을 특별매각조건이라 한다.

(1) 이해관계인의 합의에 의한 특별매각조건
   ① 이해관계인 전원의 합의에 의하여 배당요구 종기일까지 변경할 수 있다.
   ② 부동산 위의 담보물권, 용익물권의 인수 및 소멸에 관한 매각조건

(2) 직권에 의한 특별매각조건
   ① 거래의 실상을 반영하거나 매각절차를 효율적으로 진행하기 위한 경우
   ② 법원은 배당요구의 종기까지 매각조건을 바꿀 수 있다.
   ③ 저당권부 토지별도등기가 있는 집합건물에 대하여 경매신청이 있는 경우 대지권에 대한 저당권을 인수할 것을 조건으로 매각한다는 특별매각조건을 다는 경우가 많다.

## 5. 매각의 실시

기일입찰의 경우 집행관이 미리 지정된 매각기일에 매각장소에서 입찰을 실시하여 최고가매수신고인과 차순위매수신고인을 정한다. 기간입찰의 경우 집행관이 입찰기간 동안 입찰봉투를 접수하여 보관하다가 매각기일에 입찰봉투를 개봉하여 최고가매수신고인과 차순위매수신고인을 정한다. 기일입찰과 달리 매각기일에는 입찰을 실시하지 않고 있다.

### 1) 기일입찰의 매각실시

부동산의 매각은 ① 매각기일에 하는 호가경매 ② 매각기일에 입찰 및 개찰하게 하는 기일입찰 ③ 입찰기간 안에 입찰하게 하여 매각기일에 개찰하는 기간입찰 중 어느 하나의 방법으로 할 수 있다. 여기에서는 현재 대부분의 법원에서 실시하고 있는 통상의 방법인 기일입찰의 방법에 대하여 설명하도록 한다.

(1) 매각장소

매각기일은 법원 안에서 진행한다. 매각장소에는 다른 사람이 알지 못하도록 입찰표를 작성할 수 있는 설비(입찰표 기재대)가 마련되어 있다.

(2) 입찰표, 입찰봉투, 매각사건목록 및 매각물건명세서의 비치

매각장소는 매수희망자들이 자유롭게 사용할 수 있도록 입찰표와 입찰봉투가 비치되어 있다.

입찰봉투는 매수보증금을 넣는 흰색의 작은 봉투와 보증금 봉투 및 입찰표를 함께 넣는 누런색 큰 봉투가 있는데, 입찰을 하려면 두 가지 봉투가 모두 필요하다.

집행관은 매각사건목록을 작성하여 매각기일에 매각장소 중 누구나 쉽게 볼 수 있는 곳에 매각물건명세서와 함께 비치 또는 게시한다.

(3) 동시매각의 원칙

하나의 매각기일에 입찰에 부칠 사건이 2건 이상이거나 부동산이 2건 이상인 경우에는 법원이 따로 정하지 아니한 이상, 각 부동산에 대한 매각을 동시에 실시한다. 이는 담합을 방지하고 자유로운 응찰을 보장하기 위한 취지이다.

### 2) 매수신청인의 자격

(1) 능력
권리능력과 행위능력이 필요하다.
법인의 경우 법인등기부와 사업자등록증 그리고 대표자의 자격을 증명하는 서류를 제출하고 대표자의 신분증이 있어야 한다.
법인이 아닌 사단이나 재단이라도 대표자나 관리인이 있으면 입찰에 응할 수 있다.
종중, 사찰, 교회 등 법인 아닌 사단이나 재단 명의로 입찰할 때에는 ㉠ 정관과 규약 ㉡ 대표자 또는 관리임을 증명하는 서면 ㉢ 사원총회의 결의서 ㉣ 대표자 또는 관리인의 주민등록표등본 등의 서류를 제출한다.

(2) 대리인에 의한 매수신청
대리인의 자격은 제한이 없다. 입찰자는 동일 물건에 대하여 다른 입찰자의 대리인이 될 수 없다.

(3) 공동입찰신청
공동으로 입찰할 때는 입찰표에 각자의 지분을 분명하게 표시하여야 한다.
지분표시가 없는 때는 균등한 비율로 취득하는 것으로 실무상 취급한다.

(4) 매수신청의 제한
채무자, 집행관, 감정인, 집행법원의 법관과 사법보좌관, 참여사무관
재매각절차에서 전의 매수인은 매수신청이 제한된다.

### 3) 입찰의 개시

매각절차는 집행관이 진행한다. 집행관은 매각기일에 입찰을 개시하기에 앞서 매각물건명세서, 현황조사보고서 및 평가서의 사본을 입찰참가자에게 열람하게 하고 특별매각조건이 있으면 이를 고지한다. 그 후 집행관이 입찰표의 제출을 최고하고 입찰마감시각과 개찰시각을 고지하면 입찰이 시작된다.
매수신청을 하려면 권리능력과 행위능력이 있어야 한다. 따라서 미성년자 등 행위능력이 없는 사람은 법정대리인에 의하여야만 입찰에 참가할 수 있다.
부동산을 취득하려면 관청의 증명이나 허가가 필요한 경우(예컨대, 농지를 취득하려면

농지법이 정한 농지취득자격증명을 요함)에 그 증명이나 허가는 매각결정기일까지 보완하면 되므로 입찰 시에 이를 첨부할 필요는 없다.

### 4) 입찰표의 기재사항

입찰표에는 ① 사건번호 ② 입찰자의 성명과 주소 ③ 입찰가격 ④ 부동산의 표시 ⑤ 대리인에 의하여 입찰하는 경우에는 대리인의 성명과 주소 ⑥ 매수신청보증금액을 기재하여야 한다.

입찰가격은 일정한 금액으로 표시하여야 하며 정정하지 못한다. 입찰을 하려는 사람은 입찰표 기재대에 들어가서 입찰표를 기재하고, 매수신청보증금을 입찰보증금 봉투에 넣고 1차로 봉한 다음, 기재한 입찰표와 매수신청보증봉투를 다시 큰 입찰봉투에 넣어 봉하고 봉투의 지정된 위치에 날인하면 된다.

### 5) 입찰표와 매수신청보증의 제출

입찰표와 매수신청보증금이 들어 있는 봉투를 집행관에게 제출하여야 한다. 봉투를 입찰함에 넣으면 집행관에게 제출한 것이 된다.

한 번 제출한 입찰표는 변경 또는 교환할 수 없다. 이를 허용하면 담합의 우려가 있을 뿐만 아니라 입찰표의 제출 후에 다른 입찰자의 입찰 내용을 알고 다시 입찰을 함으로써 불공정한 결과가 초래될 수 있기 때문이다.

매수신청의 보증금액은 최저매각가격의 1/10이다. 다만 법원이 상당하다고 인정하는 때에는 보증금액을 달리 정할 수 있으므로 주의를 요한다. 매수신청보증을 제공하려면 현금, 자기앞수표 또는 일정액의 보증료를 지급하고 발급받은 지급위탁계약체결문서를 제출하면 된다. 매수신청보증금을 제출하지 아니하면 입찰이 무효로 처리된다.

### 6) 입찰의 종결

(1) 입찰의 마감 및 개찰

입찰표의 제출을 최고한 후 1시간이 지나기 전에는 입찰기일을 종결하지 못한다. 입찰을 마감하면 지체없이 입찰표의 개봉 즉, 개찰을 실시한다. 공정성을 확보하기 위하여 개찰할 때에는 매수신고인 즉, 입찰자가 출석하도록 하여야 한다. 입찰자가 출석하지 아니한 때에는 집행관은 법원사무관 등 상당하다고 인정하는 자를 대신 참여하게 한다.

(2) 최고가매수신청인의 결정
개찰결과 최고의 가격으로 매수신청을 하고 매수신청보증을 제출한 것으로 판명된 사람을 최고가매수신고인으로 결정한다. 그러나 최고의 가격으로 매수신고를 하고 매수신청보증도 제출한 사람이 2인 이상인 경우에는 그들만을 상대로 추가입찰을 실시한다 추가입찰의 경우 입찰자는 종전의 입찰가격에 미달하는 가격으로는 입찰할 수 없다. 종전의 입찰가격에 미달하는 가격으로 입찰한 경우에는 입찰하지 아니한 것으로 본다. 추가입찰을 실시하였는데 또 다시 최고의 가격으로 매수신고를 한 사람이 2인 이상인 경우에는 그들 중에서 추첨으로 최고가매수신고인을 정한다. 추가입찰의 자격이 있는 사람 전원이 입찰하지 아니한 경우에도 역시 추첨에 의하여 최고가매수신고인을 정한다.

(3) 차순위매수신고인의 결정
최고가매수신고인의 입찰가격에서 매수신청보증금액을 뺀 나머지 금액을 넘는 가격으로 입찰에 참가한 사람은 차순위매수신고를 할 수 있다. 차순위매수신고란 최고가매수신고인이 대금지급의무를 이행하지 아니하는 경우에는 자기의 입찰에 대하여 매각을 허가하여 달라는 신고를 말한다. 차순위매수신고는 그 신고액이 최저매각가격 이상이어야 하고 또 최고가매수신고액에서 매수신청보증금액을 뺀 나머지 금액을 초과하는 경우에만 할 수 있다.
차순위매수신고를 한 자가 2인 이상인 때에는 입찰가격이 높은 사람을 차순위매수신고인으로 정하고 입찰가격이 같을 때에는 추첨으로 차순위매수신고인을 정한다.

(4) 매각기일의 종결고지
최고가매수신고인과 차순위매수신고인이 결정되면 집행관은 그들의 성명과 가격을 부른 다음 매각기일을 종결한다고 고지하게 된다. 입찰자가 없는 사건은 입찰불능으로 처리하고 매각기일의 종결을 고지한다.

(5) 매수신청보증금의 반환
집행관은 매각기일의 종결을 고지한 후에 최고가매수신고인과 차순위매수신고인 이외의 입찰자들에게 그들이 제출한 매수신청보증금을 즉시 반환하게 된다. 매수신청보증금으로 경매보증보험증권을 제출한 경우에는 입찰에 참가함과 동시에 경매보증보험증권을 사용한 것으로 보기 때문에 경매보증보험증권을 반환하는 것은 아무런 의미가 없으나 입찰자들의 반환을 요청하는 경우에는 반환하여 주고 있다.

### 7) 공유자의 우선매수

**(1) 입법취지**
우리나라에 특유한 제도이다. 「민법」상 공유자는 공유물 전체를 이용 및 관리하는데 있어서 다른 공유자와의 협의를 하여야 하고 다른 공유자와의 인적 유대관계를 유지할 필요가 있기 때문이다.

**(2) 여러 사람의 공유자가 우선매수신고**
특별한 협의가 없으면 공유지분의 비율에 따라 채무자의 지분을 매수하게 한다.

**(3) 공유자우선매수 부적용**
공유물분할판결에 기하여 공유물 전부를 경매에 붙여 그 매각대금을 분배하기 위한 현금화의 경우에는 공유자우선매수가 적용되지 않는다.(대법91마239)

**(4) 우선매수 행사 시한**
매각기일까지 우선매수를 신고할 수 있다. 즉, 집행관이 매각기일을 종결한다는 고지를 하기 전까지 할 수 있다. 따라서 공유자는 집행관이 최고가매수신고인의 이름과 가격을 호창하고 매각의 종결을 고지하기 전까지 최고가매수신고가격과 동일가격으로 매수할 것을 신고하고 즉시 보증을 제공하면 적법한 우선매수권의 행사가 된다.(대법99마5871)

**(5) 매각기일 전의 우선매수권 행사**
공유자는 매각기일 전에 미리 보증을 제공하고 신고를 할 수 있다. 법원은 문건명부에 등재하여 접수한다.

**(6) 우선매수청구권의 행사와 그 제한**
공유자가 매각 기일 전에 우선매수를 신고하였으나 다른 매수신고인이 없는 경우 공유자는 그 매각기일이 종결되기 전까지 보증을 제공하고 우선매수권행사의 효력을 발생시킬 수 있다. 그러나 보증을 제공하지 않고 우선매수권 행사를 하지 않을 시 우선매수청구권의 행사를 더 이상 할 수 없다.

## 6. 매각결정절차

### 1) 매각결정기일의 개시

매각결정기일은 집행법원이 매각기일의 종결 후 매각허부의 결정에 대하여 이해관계인의 진술을 듣고 직권으로 이의사유가 있는지 여부를 조사한 후 매각의 허가 또는 불허가결정을 하는 날이다.

### 2) 매각결정기일의 변경

법원은 재량에 의하여 매각기일 전에 매각기일과 함께 매각결정기일을 변경하거나 매각실시 후에 매각결정기일만을 변경할 수도 있다.

기일변경 사유로는

① 매각기일이 종료되고 최고가매수신고인이 결정되었으나 매각불허가 사유의 유무를 조사하는데 심문이 필요함에 따라 시간을 필요로 하는 경우
② 농지취득자격증명을 발급하는데 시간이 소요되어 매각결정기일까지 제출할 수 없는 경우

### 3) 매각허가에 대한 이의

이해관계인이 이의사유가 있으면 이의신청을 서면으로 제출할 수 있다.
이의사유는 「민사집행법」 제121조에 열거된 경우에 한정된다.

(1) 강제집행을 허가할 수 없을 때
즉 강제집행의 요건, 강제집행개시의 요건, 강제경매신청의 요건이 흠결된 경우, 부동산이 법률상 양도할 수 없는 경우

(2) 강제집행을 계속 진행할 수 없을 때
집행의 정지 또는 취소사유가 있을 때, 회생절차의 개시결정이 있거나 법인파산이 선고된 경우, 매각기일을 이해관계인에게 통지하지 아니한 경우, 경매개시결정이 채무자에게 송달되지 아니한 경우

(3) 최고가매수신고인이 부동산을 매수할 능력이나 자격이 없는 때

(4) 부동산을 매수할 자격이 없는 사람이 최고가매수신고인을 내세워 매수신고한 때

(5) 최저매각가격의 결정, 일괄매각의 결정 또는 매각물건명세서의 작성에 중대한 흠이 있는 때

(6) 천재지변, 그 밖에 자기가 책임을 질 수 없는 사유로 부동산이 현저하게 훼손된 사실 도는 부동산에 관한 중대한 권리관계가 변동된 사실이 매각절차의 진행 중에 밝혀진 때

### 4) 매각불허가 결정

(1) 매각불허가결정을 하여야 하는 경우
   ① 이해관계인의 이의가 정당하다고 인정할 때
   ② 법원이 직권으로 매각불허가를 하여야 할 사유가 있을 때
   ③ 과잉매각이 되는 때

(2) 부동산의 현저한 훼손 또는 권리관계의 중대한 변동이 있는 경우

### 5) 매각허가결정에 대한 항고에서의 보증의 제공

매각허가결정에 대하여 항고를 하고자 하는 사람은 보증으로 매각대금의 10분의 1에 해당하는 금전 또는 유가증권을 공탁하여야 한다.
무익한 항고를 제기하여 절차를 지연시키기는 것을 방지하기 위한 매각허가결정에 불복하는 모든 항고인에 대하여 보증금을 공탁하도록 하였다.
그러나 매각불허가결정에 대하여는 보증의 제공을 요하지 않는다.

### 6) 매각허가결정에 대한 항고 기각(각하)된 경우

(1) 채무자 또는 소유자가 항고한 경우
배당할 금액에 편입하여 돌려주지 않는다.

(2) 채무자 또는 소유자 이외의 자가 항고한 경우
매각대금에 대한 연 2할의 이율을 공제하고 돌려받을 수 있다.

## 7. 매각대금의 납부

매각허가결정이 확정되면 법원은 매각대금의 지급기한을 정하여 매수인에게 매각대금의 납부를 명한다. 매수인은 지정된 지급기한 안에는 언제든지 매각대금을 납부할 수 있다.

매수인이 지정된 지급기한까지 매각대금을 모두 납부하지 아니하면, 법원은 차순위매수신고인이 있는 때에는 그에 대하여 매각을 허가할 것인지 여부를 결정하고 차순위매수신고인이 없는 때에는 재매각을 명한다.

### 1) 대금지급기한

법원은 매각허가결정이 확정되면 지체없이 직권으로 대금지급기한을 정하여 이를 매수인에게 통지한다. 매수인은 지정된 대금지급기한 안에 언제든지 매각대금을 낼 수 있다.

### 2) 매각대금의 지급절차

매수인은 대금지급기한 안에 매각대금을 은행에 납부하여야 한다. 납부할 금액은 매각대금에서 입찰보증금으로 제공한 금액을 뺀 나머지 금액이다.

매수신청의 보증으로 경매보증보험증권이 제출된 경우에는 매각허가결정서에 적힌 매각대금 전액을 납부하여야 한다. 다만, 매수인은 배당표의 실시에 관계되는 채권자들이 승낙하면 매각대금의 한도에서 매각대금의 지급에 대신하여 채무를 인수함으로써 인수한 채무에 상당한 매각대금의 지급의무를 면할 수 있다.

또한 배당받을 채권자가 동시에 매수인인 경우에는 매각결정기일이 끝날 때까지 법원에 신고하고 배당받아야 할 금액을 제외한 대금을 배당기일에 낼 수 있다.

### 3) 매각대금 지급의 효과

(1) 소유권취득의 시기 및 범위

매수인은 매각대금을 모두 낸 때에는 경매의 목적인 권리를 확정적으로 취득한다.

이에 따라 차순위매수신고인은 매수의 책임을 면하고 즉시 매수신청보증금을 반환받을 수 있다.

매수인이 취득하는 부동산 소유권의 범위는 매각허가결정서에 적힌 부동산과 동일성이 인정되는 범위 내에서 그 소유권의 효력이 미치는 범위와 같다.

즉, 매각대상 부동산의 구성부분, 종물, 종된권리는 매각허가결정서에 기재되지 않았더라도 매수인이 소유권을 취득하는 범위에 포함된다.

집합건물의 구분소유자의 대지사용권은 규약으로써 달리 정하는 사정이 없는 한 전유부분과 종속적 일체불가분성이 인정되어 전유부분에 대한 경매개시결정과 압류의 효력은 종물 또는 종된 권리인 대지사용권에도 미친다.

건축업자의 대지소유권에 대한 구분건물의 대지등기가 마쳐지지 않았더라도 전유부분에 관한 경매절차가 진행되어 그 경매절차에서 전유부분을 매수한 매수인은 전유부분과 함께 대지사용권을 취득한다(대법2011다79210).

(2) 경매절차를 무효로 하는 하자가 있는 경우

일정한 재산을 처분하기 위하여는 감독청의 허가를 받아야 하는 경우가 있다. 「사립학교법」, 「전통사찰의 보존 및 지원에 관한 법률」, 「공익법인의 설립 운영에 관한 법률」, 「사회복지사업법」, 「의료법」 등에서 제한하고 있다.

학교법인의 기본재산이 감독청의 허가 없이 경매절차에 의하여 매각되어 매수인 명의로 소유권이전등기가 경료되었다고 하더라도 그 등기는 원인무효의 등기로서 말소된다(대법93다42993).

「전통사찰의 보존 및 지원에 관한 법률」에서 전통사찰보존지 등은 문화체육부장관의 허가 없이 경매절차에 의하여 처분된 경우 그 소유권이전등기는 효력이 없다(대법97다49817).

농지를 취득하려는 자는 농지에 대하여 소유권이전등기를 마쳤다 하더라도 농지취득자격증명을 발급받지 못한 이상 그 소유권을 취득하지 못한다(대법2010다68060).

### 4) 매각대금 미지급에 따른 법원의 조치

(1) 차순위매수신고인에 대한 매각허가결정

매수인이 대금지급기한까지 대금납부의무를 이행하지 아니할 경우 차순위매수신고인이 정해져 있으면, 법원은 차순위매수신고인에 대한 매각 허가 여부를 결정하게 된다.

(2) 재매각

재매각은 매수인이 대금지급기한까지 매각대금을 모두 내지 않는 경우에 법원이 직권으로 다시 실시하는 매각을 말한다. 차순위매수신고인이 있는 경우에는 법원이 매각결정기일을 다시 지정하여 차순위매수신고인에 대하여 매각허가결정을 하고 대금지급기한을 지정하게 되며, 차순위매수신고인이 대금지급기한까지 대금을 내지 않으면 재매각을 하게 된다.

재매각기일에는 종전의 매수인이 최고가매수신고인으로 불렸던 매각기일에 적용되었던 최저매각가격, 그 밖의 매각조건이 그대로 적용된다. 따라서 최저매각가격이 낮아지지는 않는다.

종전의 매수인은 재매각 절차에 참가하여 매수신청을 할 수 없다. 다만, 종전 매수인이 재매각기일의 3일 이전까지 매각대금, 연 2할의 지연이자와 재매각절차의 비용을 낸 때에는 재매각절차를 취소하게 된다.

(3) 보증금의 배당재단 편입

매수인이 매각대금을 내지 아니하여 바로 재매각절차에 들어가거나 차순위매수신고인에 대하여 매각허가결정이 내려지면 종전 매수인은 매수신청의 보증금을 돌려 줄 것을 요구하지 못하고 그 보증금은 배당재단에 편입된다.

매수신청의 보증으로 경매보증보험증권이 제출된 경우라면 법원은 경매보증보험증권을 발급한 보증보험 회사에 보증금 납부를 최고한 다음 납부된 보증금을 배당재단에 편입시킨다.

## 8. 소유권이전등기 등의 촉탁

① 매수인은 대금을 모두 납부하면 부동산의 소유권을 취득한다. 법원은 매수인이 필요한 서류를 제출하면 관할등기소에 매수인 명의의 소유권이전등기, 매수인이 인수하지 아니하는 부동산에 관한 부담의 말소등기를 촉탁하게 된다.

② 매수인이 취득하는 부동산 소유권의 범위는 매각허가결정서에 적힌 부동산과 동일성이 인정되는 범위 내에서 그 소유권의 효력이 미치는 범위와 같다. 따라서 매각 대상 부동산의 구성부분, 종물 및 종된 권리는 매각허가결정서에 기재되어 있지 않더라도 매수인이 소유권을 취득하는 범위에 포함된다.

③ 매수인이 매각대금을 모두 내면 매각부동산의 소유권을 취득하므로, 법원은 매수인 명의의 소유권이전등기, 매수인이 인수하지 아니하는 부동산 위의 부담의 말소등기를 등기관에 촉탁하게 된다. 다만, 그 등기의 비용은 매수인이 부담하여야 하므로, 매수인

은 주민등록표등본, 등록세영수필통지서와 영수필확인서, 국민주택채권매입필증 등 첨부서류를 제출하여야 한다. 법원은 이러한 서류가 제출된 이후에 소유권이전등기 등을 등기소에 촉탁한다.

# 9. 부동산인도명령

### 1) 의의
법원은 매수인이 매각대금을 납부한 후 6월 이내에 신청하면 소유자, 채무자 또는 부동산 점유자에 대하여 부동산을 인도하도록 명하는 간이한 재판이다.
인도명령은 즉시항고로써만 불복할 수 있는 재판이다.(민집 제136조)

### 2) 신청인

① 매수인
매각부동산을 제3자에게 양도하였더라도 인도명령을 구할 수 있는 권리를 가진다.

② 일반승계인
상속, 합병 등으로 매수인의 지위를 승계

③ 관리명령이 있은 후
관리인이 부동산의 점유를 취득하였으면 매수인은 대금지급 후 직접 관리인에 대하여 자기에게 인도할 것을 구할 수 있으므로 별도의 인도명령을 신청할 필요가 없다.

④ 특별승계인
매수인으로부터 매각부동산을 양수한 특별승계인은 경매절차상의 권리까지 승계하는 것은 아니기 때문에 그 양수인은 인도명령을 신청할 권리를 가지지 아니한다(대법66마713).
그러나 인도명령이 발하여진 후에 매수한 특별승계인은 승계집행문을 부여받아 인도명령의 집행을 신청할 수 있다(민집 제31조).

⑤ 공동매수, 다수 상속

공동매수인 또는 상속인 전원이 공동하여 인도명령을 신청할 수도 있고, 공유물의 보존행위에 관한 규정에 의하여 각자가 단독으로도 신청할 수 있다.

### 3) 상대방
① 채무자
② 소유자
③ 대항력 없는 임차인
④ 대항력이 없는 부동산 점유자(민집 제136조)

### 4) 인도명령의 재판
① 집행법원은 서면심리만으로도 인도명령의 허부를 결정할 수도 있고, 필요하다고 인정되면 상대방을 심문하거나 변론을 열 수도 있다.
② 채무자, 소유자는 심문없이 서류만으로 결정한다.
③ 점유자에 대하여도 매수인에게 대항할 수 있는 권원에 의하여 점유하지 않고 있음이 명백한 때에는 심문을 하지 않는다.
④ 심문기일을 정하여 진술할 기회를 주었음에도 그 점유자가 심문에 응하지 아니한 때에는 그의 진술을 듣지 않고 인도명령을 발할 수 있다.
⑤ 신청인은 상대방의 점유 사실만 소명하면 되고, 그 점유가 신청인에게 대항할 수 있는 권원에 의한 것임을 주장하는 상대방이 소명하여야 한다(대법2012마388).

## 10. 배당절차

매수인이 매각대금을 모두 납부하면 법원은 배당기일을 정하고 이해관계인과 배당을 요구한 채권자에게 그 기일을 통지하여 배당을 실시하게 된다.
이때의 배당재원은 매수인의 매각대금 뿐만 아니라 재매각의 경우 종전 매각 시 최고가매수인의 입찰보증금, 항고에 따른 보증금, 잔금납부지연으로 발생한 이자, 배당기일 전에 입금된 총금액에 대하여 발생한 이자 등이 모두 포함되게 된다.

**채권자계산서의 제출**

채권자는 배당요구의 종기까지 법원에 그 채권의 원금, 이자, 비용 기타 부대채권의 계산서를 제출하여야 한다. 채권자가 계산서를 제출하지 아니한 경우 법원은 배당요구서 기타 기록에 첨부된 증빙서류에 의하여 채권액을 계산한다. 계산서를 제출하지 아니한 채권자는 배당요구의 종기 이후에는 채권액을 보충할 수 없다.

**배당표의 작성과 확정**

집행법원은 미리 작성한 배당표 원안을 배당기일에 출석한 이해관계인과 배당요구한 채권자에게 열람시켜 그들의 의견을 듣고, 즉시 조사할 수 있는 서증을 조사한 다음, 배당표 원안에 추가·정정하여 배당표를 완성, 확정한다.

**배당금의 수령**

등기부상의 채권자들은 배당표가 확정되는 대로 배당금을 수령할 수 있지만, 주택임차인은 낙찰자의 명도확인서와 인감증명서가 있어야만 배당금을 수령할 수 있다. 즉, 낙찰자의 협력이 있어야만 배당금의 수령이 가능하다.


### 1) '배당편'의 학습기능

경매입찰자는 다음과 같은 이유로 입찰 전에 당해 매각부동산의 배당표를 약식으로라도 미리 짜볼 필요성이 있다.

(1) 선순위 임차권자의 보증금 인수금액 파악
선순위 임차인이 배당신청을 하였으나 보증금 전액을 배당받지 못하거나 일부 배당을 받지 못할 때에는 낙찰자가 인수하여야 하기 때문이다.

(2) 선순위 전세권자의 보증금 인수금액 파악
  선순위 전세권자가 배당신청을 하지 않으면 보증금 전액을 인수하여야 한다.

(3) 응찰가격 조정
선순위 권리로 배당받지 못한 금액은 인수하여야 하므로 그 금액만큼 차감한 금액을 응찰가격 산정시 반영하여야 한다.

### (4) 명도의 난이도 파악

인도시에 전액 배당받는 점유자와 일부 배당받지 못하는 점유자 그리고 전액 배당받지 못하는 점유자는 저항의 강도가 다르며, 인도에 따른 투여 비용과 인도를 하는 기간이 달라지므로 점검해서 미리 계획을 세워야 한다.

### (5) NPL 매입금액 산정

NPL 채권을 이전받아 배당이익을 얻거나 낙찰받는 경우 그 근저당권을 얼마에 매입하여야 수익이 되는가를 검토할 때 미리 배당표를 짜보아야 한다.

배당받을 금액보다 최소한 적은 가격으로 근저당권 매입가격을 결정하려면 입찰 전에 배당표를 미리 짜보아야 매입가격에 대한 그 기준을 세울 수 있다.

각종의 채권자들 중에는 배당요구종기일까지 배당요구를 꼭 하여야 배당받을 수 있는 채권자가 있고, 배당요구를 하지 않아도 배당받을 수 있는 채권자도 있다.

배당편에서 가장 중요한 것은 법률의 규정에 의한 배당순위이다. 배당순위를 알아야 입찰 전에 미리 배당표를 짜 볼 수 있고, 배당표를 짜봄으로써 인수금액을 알아내고, 인수금액을 알아내야 인수금액만큼 저감하여 응찰가격에 반영하여야 하며, 배당받지 못할 점유자에 대한 낙찰 후 인도의 강약을 미리 예상해볼 수 있기 때문이다.

## 2) 당해세

### (1) 당해세의 개념

당해세란 경매나 공매의 목적이 되는 부동산 자체에 부과된 조세와 가산금을 의미하는데, 이는 당해 부동산을 소유하고 있다는 사실에 근거하여 부과하는 국세, 지방세 및 그 가산금이다.

### (2) 당해세의 인정취지

당해세가 일반 조세채권과 담보물권 등의 채권보다 우선적으로 배당되는 취지는 조세채권이 국가 재정수입의 확보수단이라는 점에 기인하는 우선원칙이다.

(3) 법정기일과의 관계

당해세는 조세채권이 발생한 날짜인 법정기일과는 무관하게 당해 재산에 발생한 조세이다. 즉, 당해 재산을 소유하고 있다는 사실 자체에 담세력을 인정하여 부과하는 조세인 것이다.

국세기본법 제35조 제1항 제3호는 공시를 수반하는 담보물권과 관련하여 거래의 안전을 보장하려는 사법적 요청과 조세채권의 실현을 확보하려는 공익적 요청을 적절하게 조화시키려는데 그 입법 취지가 있으므로 당해세가 담보물권에 의하여 담보되는 채권에 우선한다고 하더라도 이로써 담보물권의 본질적인 내용까지 침해되어서는 아니 되고, 따라서 같은 법 제35조 제1항 제3호 단서에서 말하는 그 재산에 대하여 부과된 국세라 함은 담보물권을 취득하는 사람이 장래 그 재산에 대하여 부과될 것을 상당한 정도로 예측할 수 있는 것으로서 오로지 당해 재산을 소유하고 있는 것 자체에 담세력을 인정하여 부과되는 국세만을 의미하는 것으로 보아야 한다.

(4) 국세의 당해세

국세기본법 제35조(국세의 우선)는 강제집행, 경매 또는 파산절차에 의한 재산의 매각에 있어서 그 재산에 부과된 국세 또는 가산금은 다른 국세나 가산금 및 법정기일 보다 빠른 전세권, 질권 또는 저당권의 목적이 되는 채권보다 매각대금에서 우선 징수하도록 규정하고 있다.

상속세, 증여세 및 종합부동산세가 있다.

(5) 지방세의 당해세

지방세법 제31조(지방세의 우선) 및 동법 시행령 제14조의 4항(지방세의 우선)은 강제집행, 경매 또는 파산절차에 의한 재산의 매각에 있어서 그 재산에 부과된 지방세 또는 가산금을 다른 지방세나 가산금 및 법정기일보다 빠른 전세권, 질권 또는 저당권의 목적이 되는 채권보다 매각대금에서 우선 징수하도록 규정하고 있다.

지방세 중에 당해세는 재산세, 지역자원시설세, 지방교육세가 있다.

### 3) 필요비 · 유익비

(1) 상환청구권

> 「민법」 제626조(임차인의 상환청구권)
> ① 임차인이 임차물의 보존에 관한 필요비를 지출한 때에는 임대인에 대하여 그 상환을 청구할 수 있다.
> ② 임차인이 유익비를 지출한 경우에는 임대인은 임대차종료시에 그 가액의 증가가 현존한 때에 한하여 임차인의 지출한 금액이나 그 증가액을 상환하여야 한다. 이 경우에 법원은 임대인의 청구에 의하여 상당한 상환기간을 허여할 수 있다.

(2) 필요비

① 의의 : 수선비 · 보존비 등과 같이 물건의 보존에 필요한 비용과 조세 · 공과금과 같이 관리에 필요한 비용 등 선량한 관리자의 주의로서 물건을 보관하는데 불가결한 비용을 말하는 것으로 임차인이 임차물의 보존을 위하여 지출한 비용을 말한다.

② 조건

> 「민법」 제367조(제삼취득자의 비용상환청구권) 저당물의 제삼취득자가 그 부동산의 보존, 개량을 위하여 필요비 또는 유익비를 지출한 때에는 제203조제1항, 제2항의 규정에 의하여 저당물의 경매대가에서 우선상환을 받을 수 있다.

㉠ 제367조(제삼취득자의 비용상환청구권)의 비용 청구시 경매목적부동산에 저당권이 설정되어 있어야 한다.
㉡ 목적 부동산을 점유함에 있어 정당한 권원이 있어야 한다.
㉢ 소유자가 아닌 자가 필요비를 지출한 때에는 소유자의 사전동의 또는 사후 동의를 필요로 한다.
㉣ 소유자와의 계약시 원상회복의 특약이 없어야 한다.
㉤ 소유자를 채무자로 하는 비용이어야 한다.
㉥ 변제기가 도래하여야 한다.
㉦ 지출한 비용이 수선, 유지, 관리를 위한 비용이 아니어야 한다.

③ 사례 : 건물 누수, 파손으로 인한 수리비, 보일러 수리비, 화장실, 씽크대 등이 사용으로 인하 자연 마모시 고장난 부분이 있어 사용하는데 지장이 있어서 수리한 경우 등이 해당된다.

(3) 유익비
    ① **개념** : 물건의 본질을 변화시키지 않고 이용 및 개량하기 위하여 지출된 비용을 말하는 것으로 임대차의 경우 임대차 목적물의 사용, 수익과 관련하여 목적물의 객관적 가치증가를 위하여 지출한 비용을 말한다. 이는 본래 임대인이 지출하여야 하는 것은 아니나, 목적물의 객관적 가치가 증가한 때에는 부당이득이 되어 임대차 종료시에 그 가액의 증가가 현존하는 때에 한하여 임차인이 지출한 금액이나 그 증가액을 상환하여야 한다.
    ② **조건**
        ㉠ 유익비의 지출로 목적부동산의 객관적 가치가 증가하여야 한다.
        ㉡ 객관적가치의 증가분이 비용상환청구시에도 현존해야 한다.
        ㉢ 가치증가부분에 대한 입증책임은 비용의 상환을 청구하는 청구자에게 있다.
        ㉣ 유익비청구의 한도는 유익비를 발생시킨 목적물의 당시 가치의 한도 이내이어야 한다.
    ③ **사례** : 건물의 사용 목적 기타 구체적인 사정을 고려하여 판단하게 된다. 대체로, 방이나 부엌을 증축한 경우 그 증축에 지출한 비용, 오물처리장, 담장 등을 축조한 비용, 수도시설 설치비용, 건물의 유리문 개설 또는 섀시 또는 이중창을 달기 위한 비용, 토지 개량에 소요된 비용, 도로의 아스팔트 포장 비용 등이다.
    주택 임차인이 고장난 기름보일러를 수리하는 대신 가스보일러로 교체 시설하여 지출한 비용 등이 해당된다.

(4) 경매와 관련한 필요비와 유익비
    ① 유치권자가 유치물에 관하여 필요비를 지출한 때에는 소유자에게 그 상환을 청구할 수 있다.(「민법」 제325조 제1항)
    ② 임차인은 비용상환청구권에 관하여 유치권을 갖는다. 그러나 유익비에 관하여 기간을 허여 받은 때에는 유치권은 생기지 않는다.
    ③ 비용지출자는 목적물상의 유치권을 갖는다. 「민법」 제688조 제1항에 의하여 부재자재산관리인이 상환을 청구할 수 있는 필요비도 부재자에게 실익이 발생하는지 여부 또는 부재자가 소기의 목적을 달성하였는지 여부를 불문하고 유치권의 대상이 된다.(대법원2004다69427)
    ④ 임차인의 영업시설을 위한 인테리어비용이나 특수목적을 위해 유익비를 지출했을지라

도 건물가액의 증가가 현존하지 않는 경우에는 유치권자가 임의로 지출한 것에 불과하므로 그 비용을 낙찰자에게 청구할 수 없다.

⑤ 비용에 대한 입증서류로는 세금계산서, 임대인의 공정증서, 확정판결 등이 있다.

### 4) 배당

(1) 의의

경매절차는 경매목적부동산을 입찰에 의하여 매각한 뒤 그 매각대금으로 채권자의 채권을 변제하는데 충당하는 절차이므로 경락인이 매각대금을 납부하면 집행법원은 그 매각대금을 채권자들에게 변제하여 주는데 변제받을 금액에 대하여 매각대금이 각 채권자의 채권을 변제 해주는데 충분한 경우에는 집행법원은 각 채권자들에게 그 채권액을 변제하여 주고 잔액이 있으면 채무자에게 돌려준다.

그러나 변제받을 채권자가 경합이 되어 있거나 그 매각대금조차 채권자들의 채권을 변제하여 주기에 불충분할 때는 집행법원이 각 채권자들에게 「민법」, 상법, 특별법의 규정에 의해 우선순위에 따라 매각대금을 배당한다.

(2) 배당요구

① **배당요구를 해야만 배당이 되는 채권**
   ㉠ 우선변제 채권자 : 소액임차인, 상가임차인, 임금채권자
   ㉡ 경매개시결정 기입등기 이후에 등기된 저당권자, 가압류채권자
   ㉢ 대항요건과 확정일자를 갖춘 임차인
   ㉣ 담보가등기권자
   ㉤ 선순위 전세권자
   ㉥ 판결문 등 집행력 있는 정본을 가진 채권자
   ㉦ 국세 등의 교부청구 채권자
   ㉧ 「민법」, 상법, 기타 법률에 의하여 우선변제청구권이 있는 채권자

② **배당요구 없이도 배당받는 채권자**
   ㉠ 배당요구 종기까지 경매신청을 한 이중경매 채권자
   ㉡ 첫 경매개시결정등기 전에 등기된 가압류 채권자
   ㉢ 첫 경매개시결정등기 당시 등기된 자 중 경매로 소멸하는 저당권, 담보가등기, 전세권, 등기된 임차권등기명령권자
   ㉣ 재개발, 재건축으로 공급된 부동산에 대한 경매 종전 등기부상의 저당권, 가압류권자

ⓜ 첫 경매개시결정등기 전에 체납처분에 의한 압류권자

ⓗ 대위변제자로서 배당기일까지 대위변제자임이 소명된 자

(3) 배당요구의 신청

① **배당요구신청 기한** : 경매법원은 첫 입찰기일 전까지 배당요구의 종기를 공고하고 이를 채권자에게 고지한다.

② **배당요구 신청서류**

㉠ 「주택임대차보호법」 **우선변제권자** : 임대차계약서, 주민등록등본

㉡ 「주택임대차보호법」 **최우선변제권자** : 임대차계약서, 주민등록등본

㉢ 근로기준법에 의한 **임금채권자** : 회사경리장부, 근로감독관청확인서, 관할세무서의 근로소득원천징수서류

㉣ **가압류권자** : 가압류결정정본, 등기부등본

㉤ **집행력 있는 정본의 채권자** : 집행력 있는 정본

㉥ **저당권자** : 등기부등본, 채권원인증서사본

㉦ **담보가등기권자** : 등기부등본

㉧ **일반채권자** : 채권원인증서 사본

(4) 배당절차

① 배당기일 약 3일 전에 배당 초안 게시

② 배당기일 배당실시

③ 배당기일 배당이의 : 배당기일에 출석한 채무자와 채권자는 배당표의 작성, 확정, 배당실시에 따른 다른 채권자의 채권과 순위에 관하여 이의신청이 가능하다. 배당이의를 신청한 자는 7일 이내에 배당이의의 소를 제기하여야 하고, 소제기증명서를 배당법원에 제출하여야 한다.

④ 배당금의 수령

(5) 배당원칙

| 권리종류 | 내용 |
| --- | --- |
| 물권 상호간 | • 등기설정일 순에 의하고,<br>• 등기설정일이 동일한 경우 접수번호 순 |
| 물권과 채권 상호간 | • 물권이 우선,<br>• 가압류가 선순위인 경우 가압류와 저당권은 동순위로 취급하여 안분배당 |
| 채권 상호간 | • 채권자평등의 원칙 적용<br>• 채권액의 비율에 따라 안분배당 |
| 세금 | • 국세는 법정기일<br>• 지방세는 과세기준일, 납세의무성립일<br>• 신고납부에서는 그 신고일<br>• 부과고지에서는 그 고지서 통지일 |
| 확정일자 있는 임차권<br>(우선변제권) | • 담보물권과 동순위 |

(6) 배당방법

① **안분배당** : 채권자 상호간에는 순위에 우열이 없고 순위가 같다.

> 채권의 배당액 = 배당할 금액 × 자신의 채권액 / 채권 합계액

② **순위배당** : 물권 상호간에는 등기설정일을 기준으로 한다.
  • 등기설정일은 접수번호 순으로 한다.
  • 확정일자가 있는 우선변제권의 주택임차권은 주민등록과 확정일자가 있는 날짜를 기준으로 한다.

③ **안분 후 흡수배당** : 배당순위에 충돌이 있는 경우에 먼저 안분배당을 한 후 상대적으로 우위에 있는 채권의 만족을 얻을 때까지 후위의 채권을 흡수한다.

(7) 배당순위

| 순위 | 권리종류 | 내용 |
|---|---|---|
| 1 | 집행비용 | 경매집행비용 |
| 2 | 필요비, 유익비 | 필요비(보존비용), 유익비(개량비용) ⇨ 주장하는 자가 증명 |
| 3 | 최우선변제금 | 임차인 최우선변제금, 최우선임금채권(3개월 임금, 3개월 퇴직금) |
| 4 | 당해세 | ① 당해세의 법정기일보다 빠른 '확정일자부 임차권'이 있을 때 당해세의 배당액 한도 내에서 먼저 배당<br>② 국세(상속세,증여세,종부세), 지방세(재산세,지역자원시설세 등) |
| 5 | 우선변제금 | 담보물권, 확정일자부임차권, 법정기일이 선순위 일반 조세채권 |
| 6 | 일반 임금채권 | 최우선임금채권 외 |
| 7 | 조세채권 | 법정기일이 후순위 일반 조세채권 |
| 8 | 공과금 보험료 | 건강보험료, 국민연금보험료 등, 과태료 |
| 9 | 일반채권 | 가압류, 일반채권 |

(8) 배당방법

| 01 | 순위 배당 | 물권 상호간 : 설정일 기준 |
|---|---|---|
| 02 | 안분배당 | 채권 상호간 : 채권자평등의 원칙적용 |
| 03 | 안분배당 후 흡수배당 | 안분배당 후, 부족분은 후순위 것 흡수 |

## (9) 배당절차

| 번호 | 내용 | 비고 |
|---|---|---|
| 01 | 배당요구 종기일 공고 | 경매개시일로부터 1주일 내 공고 |
| 02 | 매각 잔대금 납부 | 매각일로부터 약 1개월 내 |
| 03 | 배당기일 지정 및 통지 | 매각대금납부일부터 3일 이내 지정<br>이해관계인과 채권자에게 통지 |
| 04 | 채권계산서 제출 | 배당기일통지서 수령일로부터<br>1주일 내 채권계산서제출 |
| 05 | 배당표 작성 및 비치 | 배당기일 3일전부터 |
| 06 | 배당기일 | 배당법정에서 실시<br>즉시 은행에서 배당금 수령 |
| 07 | 배당이의 제기 | 배당법정에 참여시만<br>배당이의소송 종결시까지 배당금 배당유보 |
| 08 | 배당이의 소송 | 별도의 재판으로 |

(10) 배당요구 여부

| 순위 | 배당요구 없이도 배당받는 채권자 | 배당요구하여야 배당받는 채권자 |
|---|---|---|
| 01 | 배당요구 종기까지 경매신청을 한 이중 경매채권자 | 판결문 등 집행력 있는 정본을 가진 채권자 |
| 02 | 첫 경매개시결정등기 전에 등기된 가압류 채권자 | 우선변제 채권자 : 주택임차인, 상가임차인, 임금채권자 |
| 03 | 첫 경매개시결정등기 전에 체납처분에 의한 압류권자 | 경매개시결정 기입등기 이후에 등기된 저당권자, 가압류채권자 |
| 04 | 첫 경매개시결정등기 당시 등기된 자 중 경매로 소멸하는 저당권, 담보가등기, 전세권, 등기된 임차권등기명령권자 | 선순위 전세권자 |
| 05 | 임차권등기명령자 | 담보가등기권자 |
| 06 | 대위변제자로서 배당기일까지 대위변제자임이 소명된 자 | 경매개시결정등기 이후 조세채권, 공과금 채권 |
| 07 | 재개발, 재건축으로 공급된 부동산에 대한 경매 종전 등기부상의 저당권, 가압류권자 | |

## (11) 배당연습

### 배당연습 1 (물권, 물권, 물권)

"조건"

| 배당총액 1억원 | ① 근저당권, 권리자A, 2024.01.02, 3천만원 |
|---|---|
| | ② 근저당권, 권리자B, 2024.03.04, 2천만원 |
| | ③ 근저당권, 권리자C, 2024.05.06, 1천만원 |

"배당"

| 일자 | 권리 | 종류 | 배당순위 | 채권금액 | 배당금액 | 잔여금액 |
|---|---|---|---|---|---|---|
| 2024.01.02 | 근저당권(A) | 물권 | 1 | 3천만원 | 3천만원 | 7천만원 |
| 2024.03.04 | 근저당권(B) | 물권 | 2 | 2천만원 | 2천만원 | 5천만원 |
| 2024.05.06 | 근저당권(C) | 물권 | 3 | 1천만원 | 1천만원 | 4천만원 |
| | 채무자 | 잉여액 | | | 4천만원 | 0원 |

※ 채무자에게 배당 잉여금이 발생이 예상될 경우 낙찰자는 잉여배당금에 대하여 채권가압류를 시도해 볼 수 있다.

① 사건명 : 채권 가압류

② 청구금액 : 월임료 산정금액 + 강제집행비용 + 연체관리비

③ 피보전권리 : (잔금납부일)자 부당이득금 빛 동산 강제집행 비용

④ 관할법원 : 낙찰 부동산 소재 법원

빠른 명도에 도움이 될 수 있으니 시도해볼 만하다.

대한민국 법원 싸이트에서 쎌프소송으로 진행할 수 있다.

## 배당연습 2 (물권, 물권, 물권)

"조건"

| 배당총액 1억원 | ① 근저당권, 권리자A, 2024.01.02, 5천만원 |
|---|---|
| | ② 근저당권, 권리자B, 2024.03.04, 4천만원 |
| | ③ 근저당권, 권리자C, 2024.05.06, 3천만원 |

"배당"

| 일자 | 권리 | 종류 | 배당순위 | 채권금액 | 배당금액 | 잔여금액 |
|---|---|---|---|---|---|---|
| 2024.01.02 | 근저당권(A) | 물권 | 1 | 5천만원 | 5천만원 | 5천만원 |
| 2024.03.04 | 근저당권(B) | 물권 | 2 | 4천만원 | 4천만원 | 1천만원 |
| 2024.05.06 | 근저당권(C) | 물권 | 3 | 3천만원 | 1천만원 | -2천만원 |

※ 근저당권자(C)는 2천만원을 배당받지 못한다. 채무자가 다른 재산이 있을 때 근저당권자(C)는 일반채권자로서 그 재산에 대하여 추심할 수 있다.

## 배당연습 3 (채권, 채권, 채권)

"조건"

| 배당총액 1억원 | ① 가압류, 권리자A, 2024.01.02, 5천만원 |
|---|---|
| | ② 가압류, 권리자B, 2024.03.04, 4천만원 |
| | ③ 가압류, 권리자C, 2024.05.06, 3천만원 |

"배당"

| 일자 | 권리 | 종류 | 배당순위 | 채권금액 | 배당금액 | 잔여금액 |
|---|---|---|---|---|---|---|
| 2024.01.02 | 가압류권자(A) | 채권 | 1 | 5천만원 | 41,666,667원 | |
| 2024.03.04 | 가압류권자(B) | 채권 | 1 | 4천만원 | 33,333,333원 | |
| 2024.05.06 | 가압류권자(C) | 채권 | 1 | 3천만원 | 25,000,000원 | |
| | | | | | 1억원 | -2천만원 |

- '안분배당' : 채권자 평등의 원칙이란 어떤 채무에 복수의 채권자가 존재하는 경우, 채권은 그 발생의 원인·시기에 관계 없이 모두 평등의 효력을 가진다는 원칙

| | 채권자간의 배당액 = 배당할 총액 × 당해 채권액 / ( 총채권액=A+B+C ) |

"계산"

| A배당액 | = 1억원 × 5천만원 / (5천만원 + 4천만원 + 3천만원)<br>= 1억원 × 5/12  = 41,666,666원 |
|---|---|
| B배당액 | = 1억원 × 4천만원 / (5천만원 + 4천만원 + 3천만원)<br>= 1억원 × 4/12  = 33,333,333원 |
| C배당액 | = 1억원 × 3천만원 / (5천만원 + 4천만원 + 3천만원)<br>= 1억원 × 3/12  = 25,000,000원 |

배당연습 4 (일반채권, 물권화, 물권)

"조건"

| 배당총액 1억원 | ① 확정일자 없는 임차권, 권리자A, 2024.01.02, 7천만원<br>② 확정일자 있는 임차권, 권리자B, 2024.03.04, 6천만원<br>③ 근저당권, 권리자C, 2024.05.06, 5천만원 |
|---|---|

"배당"

| 일자 | 권리 | 종류 | 배당순위 | 채권금액 | 배당금액 | 잔여금액 |
|---|---|---|---|---|---|---|
| 2024.01.02 | 확정일자 없는 임차권 (A) | 채권 | 3 | 7천만원 | 0원 | 1억원 |
| 2024.03.04 | 확정일자 있는 임차권 (B) | 물권화 | 1 | 6천만원 | 6천만원 | 4천만원 |
| 2024.05.06 | 근저당권 (C) | 물권 | 2 | 5천만원 | 4천만원 | -1천만원 |

"방법"

1. 확정일자 없는 임차권 A는 일반채권

2. 확정일자 있는 임차권 B는 물권화와 근저당권 C는 물권으로 순위배분

3. 확정일자 없는 임차권자 A의 대항력 있는 선순위 임차보증금은 배당받지 못하므로 낙찰자가 보증금 전액 7천만원을 인수하여야 함.

∴ 그러므로 입찰자는 응찰가격을 산정함에 있어 선순위대항력 있는 임차인의 보증금을 인수할 것을 예상하여 응찰가격에서 7천만원을 차감하여 저가에 응찰하여야 함.

배당연습 5 (채권, 채권, 물권)

"조건"

| 배당총액 1억원 | ① 가압류, 권리자A, 2024.01.02, 6천만원<br>② 가압류, 권리자B, 2024.03.04, 5천만원<br>③ 근저당권, 권리자C, 2024.05.06, 4천만원 |
|---|---|

"배당"

| 일자 | 권리 | 종류 | 배당순위 | 채권금액 | 배당금액 | 잔여금액 |
|---|---|---|---|---|---|---|
| 2024.01.02 | 가압류(A) | 채권 | 1 | 6천만원 | 40,000,000원 | 60,000,000원 |
| 2024.03.04 | 가압류(B) | 채권 | 1 | 5천만원 | 33,333,333원 | 26,666,667원 |
| 2024.05.06 | 근저당권(C) | 물권 | 1 | 4천만원 | 26,666,667원 | -13,333,333원 |

"방법"
1. 채권 상호간에는 동등 ⇒ 안분계산
2. 채권 선순위와 물권 후순위는 동등 ⇒ 안분계산

"계산"

| A배당액 | = 1억원 × 6천만원 / (6천만원 + 5천만원 + 4천만원)<br>= 40,000,000원 |
|---|---|
| B배당액 | = 1억원 × 5천만원 / (6천만원 + 5천만원 + 4천만원)<br>= 33,333,333원 |
| C배당액 | = 1억원 × 4천만원 / (6천만원 + 5천만원 + 4천만원)<br>= 26,666,667원 |

## 배당연습 6 (채권, 물권, 물권)

"조건"

| 배당총액 1억원 | ① 가압류, 권리자A, 2024.01.02, 6천만원<br>② 근저당권, 권리자B, 2024.03.04, 5천만원<br>③ 근저당권, 권리자C, 2024.05.06, 4천만원 |
|---|---|

"배당"

| 일자 | 권리 | 종류 | 채권금액 | 1차 안분 | 배당금액 |
|---|---|---|---|---|---|
| 2024.01.02 | 가압류(A) | 채권 | 60,000,000원 | 40,000,000원 | 40,000,000원 |
| 2024.03.04 | 근저당권(B) | 물권 | 50,000,000원 | 33,333,333원 | 50,000,000원 |
| 2024.05.06 | 근저당권(C) | 물권 | 40,000,000원 | 26,666,667원 | 10,000,000원 |

"방법"

1. 1차 안분배당
2. 물권 B와 물권 C는 물권간의 순위배당이므로 선순위 B는 자기의 채권이 모두 충족될 때까지 후순위 C로부터 흡수배당

"계산"

| A배당액 | = 1억원 × 6천만원 / (6천만원 + 5천만원 + 4천만원)<br>= 40,000,000원 |
|---|---|
| B배당액 | = 1억원 × 5천만원 / (6천만원 + 5천만원 + 4천만원)<br>= 33,333,333원<br>⇨ 5천만원이 될 때까지 C에서 16,666,667원을 흡수 |
| C배당액 | = 1억원 × 4천만원 / (6천만원 + 5천만원 + 4천만원)<br>= 26,666,667원<br>⇨ 26,666,667원에서 16,666,667원을 흡수당함 |

배당연습 7 (채권, 물권, 채권, 물권)

"조건"

| 배당총액 1억원 | ① 가압류 권리자A | 2024.01.02. | 4천만원 |
|---|---|---|---|
| | ② 근저당권 권리자B | 2024.03.04. | 4천만원 |
| | ③ 가압류 권리자C | 2024.05.06. | 4천만원 |
| | ④ 근저당권 권리자D | 2024.07.08. | 4천만원 |

"배당"

| 일자 | 권리 | 종류 | 채권금액 | 1차 안분 | 배당금액 |
|---|---|---|---|---|---|
| 2024.01.02 | 가압류 (A) | 채권 | 4천만원 | 2,500만원 | 2,500만원 |
| 2024.03.04 | 근저당권 (B) | 물권 | 4천만원 | 2,500만원 | 4,000만원 |
| 2024.05.06 | 가압류 (C) | 채권 | 4천만원 | 2,500만원 | 1,750만원 |
| 2024.07.08 | 근저당권 (D) | 물권 | 4천만원 | 2,500만원 | 1,750만원 |

"방법"
1. 1차 안분배당
2. B번 근저당권은 자기의 채권이 모두 충족될 때까지 후순위 C와 D 흡수 배당

"계산"

| A,B,C,D의 배당액 | = 1억원 × 4천만원 / (4천만원 + 4천만원 + 4천만원 + 4천만원)<br>= 25,000,000원 |
|---|---|
| 근저당권 B의 배당액 | 근저당권 B는 자기의 채권을 만족(1500만원)할 때까지<br>C와 D의 각각 2,500만원에서 750만원씩 흡수하여 배당 |

### 배당연습 8 (채권, 물권, 일반 조세, 채권)

"조건"

| 배당총액 1억원 | ① 가압류 | 권리자A | 2024.01.02. | 6천만원 |
|---|---|---|---|---|
| | ② 근저당권 | 권리자B | 2024.03.04. | 4천만원 |
| | ③ 일반 조세 | 권리자C | 2024.05.06. | 6천만원 |
| | ④ 가압류 | 권리자D | 2024.07.08. | 4천만원 |

"배당"

| 일자 | 권리 | 종류 | 채권금액 | 1차 안분 | 배당금액 |
|---|---|---|---|---|---|
| 2024.01.02 | 가압류(A) | 채권 | 6,000만원 | 3,000만원 | |
| 2024.03.04 | 근저당권(B) | 물권 | 4,000만원 | 2,000만원 | 4,000만원 |
| 2024.05.06 | 일반 조세(C) | 일반 조세 | 6,000만원 | 3,000만원 | 6,000만원 |
| 2024.07.08 | 가압류(D) | 채권 | 4,000만원 | 2,000만원 | |

"방법"
1. 1차 안분배당 후 흡수배당
2. B번 근저당권은 자기의 채권이 모두 충족될 때까지 후순위 C와 D로부터 흡수 배당

"계산"

| A, C의 배당액 | = 1억원×6천만원/(6천만원+4천만원+6천만원+4천만원) = 3천만원 |
|---|---|
| B, D의 배당액 | = 1억원×4천만원/(6천만원+4천만원+6천만원+4천만원) = 2천만원 |
| 근저당권 B | 근저당권 B는 자기의 채권을 만족(+2,000만원)할 때까지 C와 D로부터 흡수할 수 있는데, C와 D 중 후순위인 D로부터 흡수한다. |
| 일반 조세 C | 일반 조세 C는 자기의 채권을 만족(+3,000만원)할 때까지 A와 D로부터 흡수할 수 있는데, D는 B로부터 흡수당하여 배당금이 없으므로, A로부터만 3,000만원을 흡수하여 배당한다. |

※ 1차 안분된 금액내에서만 흡수한다.
즉, 다른 채권자로부터 흡수하여 배당된 금액은 흡수당하지 않는다.

## 법원 부동산경매 진행절차 요약

| 순번 | 내 용 | 기 간 | 비 고 |
|---|---|---|---|
| 01 | 경매신청 및 경매개시결정 | 경매신청접수일로부터 2일 | |
| 02 | 배당요구의 종기결정 및 공고 | 경매개시결정일로부터 3일 | |
| 03 | 매각준비 | 경매개시결정일로부터 3~4개월 | 1. 집행관현황조사<br>2. 부동산감정평가<br>3. 최저매각가격 결정<br>4. 매각물건명세서 작성, 비치<br>5. 공무소에 대한 최고<br>6. 이해관계인에 대한 채권신고의 최고 |
| 04 | 매각방법 지정, 공고, 통지 | 배당요구종기결정일로부터 2~3개월 | |
| 05 | 매각의 실시 | 경매개시결정일로부터 4~5개월 | |
| 06 | 매각결정 | 매각일로부터 7일 이내 | 1. 매각허가결정<br>2. 매각불허가결정 |
| 07 | 매각대금의 납부 | 매각일로부터 1개월 내 | |
| 08 | 소유권이전등기촉탁 | 매각대금납부 후 접수 접수 후 3일 | |
| 09 | 부동산인도명령 | 매각대금납부 후 접수 접수 후 2~14일 | 1. 서류심사<br>2. 면접심사 |
| 10 | 배당절차 | 매각대금납부 후 1개월 | ※상계신청의 경우 : 대금납부기일과 배당기일이 같은 날짜로 지정 |

인간은 욕망하기 때문에 욕망할 이유를 찾는다.
하고 싶고 할 수 있는 일에 집중하라.
- 쇼펜하우어 -

## 제3편

# 부동산경매 실전테마 15선

제1장 유치권
제2장 법정지상권, 건물만경매, 토지만경매
제3장 제시외, 입찰외
제4장 선순위 임차권, 선순위 전세권
제5장 토지별도등기, 대지권미등기, 대지권없음
제6장 선순위 가등기
제7장 선순위 가처분, 후순위 가처분
제8장 지분매각                    제9장 재매각
제10장 농지취득자격증명원 제11장 위반건축물
제12장 각종 인허가권 승계 제13장 NPL(부실채권)
제14장 부동산경매와 세금 제15장 부동산공매

## 제1장 유치권

1. 유치권 개관
2. 유치권에 관한 「민법」의 규정
3. 유치권자의 경매신청
4. 유치권의 채권
5. 유치권의 성립요건
6. 유치권의 효과
7. 유치권 깨뜨리기
8. 유치권 권리신고서 파악
9. 유치권 성립과 불성립사례(대법원판례)
10. 유치권 경매매각사례

# 1. 유치권 개관

## 1) 의의

유치권이란 타인의 물건 또는 유가증권을 적법하게 점유한 자가 그 물건이나 유가증권에 관하여 생긴 채권을 변제받을 때까지 인도를 거절할 수 있는 권리를 말한다.
즉, 채권자는 물건의 소유자 및 그 승계인(경매의 경우 매수인)에게 채권의 전액을 변제 받을 때까지 목적 물건을 점유하면서 인도를 거절할 수 있는 권리를 말한다.

## 2) 「민법」의 규정

「민법」에서 규정하고 있는 유치권은 당사자의 의사에 관계없이 성립하는 법정담보물권이다. 또한 권리신고가 필수적인 의무사항이 아니므로 경매법원에 신고를 하지 않아도 성립된다. 그러나 권리신고를 하지 않으면 경매절차의 이해관계인이 되지 않을 뿐이다.

## 3) 공시의 방법

우리나라 법제에서는 「민법」 물권법에서 유치권에 대하여 규정하고 있으나, 물권임에도 불구하고 등기상의 권리가 아닌 실질적인 점유에 의하여 그 권리를 행사하고 있다. 이러한 연유로 경매물건의 매수희망자는 등기부에 공시되지 않으므로 경매현장에 답사하여 점유여부 등 유치권의 성립여부를 파악하여야 하는 어려움이 있다.

## 4) 현장답사

경매물건 현장답사를 하다보면 유치권행사 현수막이 걸려 있고, 출입문이나 접근을 통제하며 점유하고 있는 모습을 접하게 된다. 물론 대법원경매정보나 사설 경매정보지를 살펴보면 유치권신고 내용이 있을 수도 있다. 전술한 바와 같이 유치권신고가 없다해도 적법한 유치권행사가 아니라고 할 수는 없다.
유치권의 성립유무는 채권의 존재여부, 점유관계, 소멸시효 등 유치권의 성립요건을 종합적으로 검토해보아야 한다.

## 5) 유치권 행사 실태

경매물건에 대하여 유치권행사하는 상당 부분은 허위유치권이다.
이미 변제된 채권을 건축주와 건축업자가 통모하여 사실과 다른 유치권신고를 하게 하여 그 수익을 분배하는 경우가 많고, 실제 채권액보다 부풀려서 신고하는 과장유치권도 있고, 심지어는 공사와 전혀 관계 없는 사람이 유치권 신고를 하는 경우도 있다. 유치권신고만 제출하고 공사관련 서류는 차후에 제출한다고 하여도 집행법원에서는 조건없이 유치권신고를 받아 주기 때문에 이러한 점을 악용하여 일단 유치권신고를 하고 가격 하락을 유도한 뒤 유치권신고인이 응찰을 하는 경우도 종종 발생하며, 필자도 실제로 그러한 경우 낙찰받아 유치권을 해결한 경험을 한 적이 있다.

### 6) 「형법」에 의한 처벌규정

허위 유치권신고를 하거나 행사를 하면 형사처벌을 받게 된다.

① 「형법」 제231조(사문서위조 및 변조죄) : 행사할 목적으로 권리·의무 또는 사실증명에 관한 타인의 문서 또는 도화를 위조 또는 변조한 자는 5년 이하의 징역 또는 1천만원 이하의 벌금에 처한다.

② 「형법」 제315조(경매입찰방해죄) : 위계 또는 위력 기타 방법으로 경매 또는 입찰의 공정을 해한 자는 2년 이하의 징역 또는 700만원 이하의 벌금에 처한다.

③ 「형법」 제347조(사기죄) : 사람을 기망하여 재물의 교부를 받거나 재산상의 이익을 취득한 자는 10년 이하의 징역 또는 2천만원 이하의 벌금에 처한다.

## 2. 유치권에 관한 「민법」 규정

「민법」 제320조(유치권의 내용) ① 타인의 물건 또는 유가증권을 점유한 자는 그 물건이나 유가증권에 관하여 생긴 채권이 변제기에 있는 경우에는 변제를 받을 때까지 그 물건 또는 유가증권을 유치할 권리가 있다.

② 전항의 규정은 그 점유가 불법행위로 인한 경우에 적용하지 아니한다.

제321조(유치권의 불가분성) 유치권자는 채권 전부의 변제를 받을 때까지 유치물 전부에 대하여 그 권리를 행사할 수 있다.

제322조(경매, 간이변제충당) ① 유치권자는 채권의 변제를 받기 위하여 유치물을 경매할 수 있다.

② 정당한 이유가 있는 때에는 유치권자는 감정인의 평가에 의하여 유치물로 직접 변제에 충당할 것을 법원에 청구할 수 있다. 이 경우에는 유치권자는 미리 채무자에게

통지하여야 한다.

제323조(과실수취권) ① 유치권자는 유치물의 과실을 수취하여 다른 채권보다 먼저 그 채권의 변제에 충당할 수 있다. 그러나 과실이 금전이 아닌 때에는 경매하여야 한다.

② 과실은 먼저 채권의 이자에 충당하고 그 잉여가 있으면 원본에 충당한다.

제324조(유치권자의 선관의무) ① 유치권자는 선량한 관리자의 주의로 유치물을 점유하여야 한다.

② 유치권자는 채무자의 승낙 없이 유치물의 사용, 대여 또는 담보제공을 하지 못한다. 그러나 유치물의 보존에 필요한 사용은 그러하지 아니하다.

③ 유치권자가 전2항의 규정에 위반한 때에는 채무자는 유치권의 소멸을 청구할 수 있다.

제325조(유치권자의 상환청구권) ① 유치권자가 유치물에 관하여 필요비를 지출한 때에는 소유자에게 그 상환을 청구할 수 있다.

② 유치권자가 유치물에 관하여 유익비를 지출한 때에는 그 가액의 증가가 현존한 경우에 한하여 소유자의 선택에 좇아 그 지출한 금액이나 증가액의 상환을 청구할 수 있다. 그러나 법원은 소유자의 청구에 의하여 상당한 상환기간을 허여할 수 있다.

제326조(피담보채권의 소멸시효) 유치권의 행사는 채권의 소멸시효의 진행에 영향을 미치지 아니한다.

제327조(타담보제공과 유치권소멸) 채무자는 상당한 담보를 제공하고 유치권의 소멸을 청구할 수 있다.

제328조(점유상실과 유치권소멸) 유치권은 점유의 상실로 인하여 소멸한다.

## 3. 유치권자의 경매신청

① 「민법」 제322조(경매, 간이변제충당) 유치권자는 채권의 변제를 받기 위하여 유치물을 경매할 수 있다.
② 담보권실행을 위한 경매의 예에 따라 실시한다.
③ 원칙적으로 소멸주의 채택하여 유치권자가 경매를 신청하면 그 이후부터는 유치권을 주장할 수 없다(대법2010마1059). 예외적으로 집행법원이 인수주의를 택하여 유치권을 주장할 수 있도록 경매절차를 진행하는 경우가 있는데 이러한 경우에는 매각물건명세서에 매수인이 유치권을 인수할 수 있음을 기재한다.
④ 유치권자가 경매신청을 한 경우에는 일반채권자와 동일한 순위로 배당을 받으나 우선변제권은 없다(대법2010마1059).
⑤ 유치권에 의한 경매진행 중 다른 경매가 실행되면 유치권에 의한 경매는 정지되며, 유치권은 소멸되지 않는다(대법2011다35593).

## 4. 유치권의 채권

① 유치권 주장의 대부분은 공사대금채권이나 임차인의 유익비 또는 필요비다.
② 건축물의 일부 공사만 된 건물의 소유자와 건물을 매수하기로 계약한 후 전세권자가 잔여공사를 하여 완성한 후 공사대금 상당액을 변제받을 때까지 유치권행사를 할 수 있다.
③ 건물의 신축공사를 한 수급인(공사업자)이 그 건물을 점유하고 있고, 그 건물에 대하여 생긴 공사채권이 있다면 수급인(공사업자)은 그 채권의 변제를 다 받을 때까지 건물을 유치할 권리가 있고, 이러한 유치권은 수급인이 점유를 상실하거나 피담보채무자가 변제되는 등 특단의 사정이 없는 한 소멸되지 않는다.(대법95다16202)
④ 건물신축공사에서 터파기 공사나 지하 구축물 공사에 관하여는 도급계약의 범위, 건축물의 공사 완성도에 따라 대법원 판례는 유치권의 성립여부를 달리 판단하고 있다.

## 5. 유치권의 성립요건

① **타인 물건** : 타인의 물건을 대상으로 한다.
② **견련관계** : 채권이 유치권의 대상인 목적물에 관하여 발생하여야 한다.
③ **변제기 도래** : 채권이 변제기가 도래하여야 한다.
④ **점유** : 유치권자는 목적 부동산을 적법하게 점유를 유지하고 있어야 한다.
⑤ **특약** : 유치권 발생에 관하여 배제 특약이 없어야 한다.

## 6. 유치권의 효과

유치권자는 목적물 인도를 거절할 수 있는 권리를 갖는다.
즉, 유치권자는 어느 누구에게나 채권의 변제를 다 받을 때까지 인도를 거절할 수 있는 권리를 갖는다. 유치권은 등기사항전부증명서에 등기하는 권리도 아니고 경매 배당시 우선변제받을 수 있는 권리도 아니다. 다만 인도를 거절할 수 있는 권리이므로 채권의 변제를 다 받을 때까지 점유를 이전해주지 않음으로써 소유자나 소유권 이전을 받은 낙찰자에게 미변제채권을 변제받는 것이 그 권리의 목적이다.

## 7. 유치권 깨뜨리기

경매정보지를 접하다 보면 좀 쓸만하다 싶은 물건은 유치권신고가 되어 있는 경우가 허다하다. 왠지 두렵고 귀찮아서 패스하다 보면 응찰할 물건이 많지 않다. 그만큼 경매 물건에 유치권신고가 된 것이 많다는 이야기이다.

경매가 대중화된 지금에서는 더 이상 유치권이 어렵고 귀찮아서 패스하는 일이 없어야 하겠다. 그리고 유치권은 귀찮고 불편한 대상이지 접근 불가능한 권리가 아니다. 또한 어려운 것이 큰 수익을 남기기 때문에 적극적으로 접근해야 함이 마땅하다.
자 그러면 어떻게 하면 유치권을 깨뜨리고 경매에서 수익을 남길 것인가.
어렵지 않다.
유치권의 성립요건을 뒤집어 보면 답이 보인다. 유치권의 성립요건 중 하나만이라도 성립되지 않으면 유치권은 성립되지 않는다.

① **타인물건** : 발생한 채권이 타인의 물건이어야 하는데 웃을지 모르겠지만 경매대상 매각물건의 소유자가 유치권신고를 하는 경우를 의외로 종종 보게 된다. 입찰자의 입장에서는 감사한 일이니 눈을 크게 한번 뜨고 살펴보시길 바란다.

② **견련관계** : 경매대상 목적물로 직접 발생한 채권이어야 함에도 불구하고 다수의 신고된 유치권을 살펴보면 채권발생이 전혀 경매매각부동산과 직접적인 견련관계가 없는 것이 많다. 예를 들면 임차인이 주장하는 권리금이나 임차보증금, 공사자재 납품비용, 관리사무소에서 주장하는 체납관리비 등은 직접적인 견련관계가 없으므로 유치권이 성립되지 않는다.

③ **변제기 도래** : 채권에 대한 변제기가 도래하여야 유치권을 주장할 수 있다. 채권에 대한 변제기란 돈 받을 시점이 지나야 한다는 말이다. 예를 들어 건축공사도급계약서에 층별 공정이 완료되면 당해 공사대금을 지급하기로 약정되었는데 층별 공정이 완료되지 못한 상태에서 자금부족이나 여러 가지 이유로 공사를 중단되면서 유치권을 주장하는 경우가 더러 있다. 건축공사채권으로 신고한 유치권의 경우 건축공사도급계약서를 꼼꼼히 살펴보면 문제해결에 상당한 도움이 될 것이다.

④ **점유** : 유치권자는 경매개시결정등기 전부터 점유를 시작하여야 하고, 유치권을 해결할 때까지 지속적으로 점유를 유지하고 있어야 한다. 또한 점유는 합법적으로 하여야 한다. 신고된 대부분의 유치권에 대하여 조사를 해보면 경매개시결정이후에야 부랴부랴 점유를 시작하고 유치권행사를 하고 있는 것을 발견할 수 있다. 집행관현황조사나 감정평가서만 유심히 살펴보아도 미점유를 추정할 수 있다.

⑤ **특약 (배제특약, 포기각서, 원상복구약정)** : 유치권은 강행규정이 아닌 임의규정이므로 유치권을 배제하는 특약이 없어야 한다. 예를 들면 건축공사도급계약의 경우 도급자인 건축주가 우월한 지위에 있기 때문에 수급자인 공사업자에게 공사도급계약서 특약에 유치권을 배제하기로 하는 경우가 많다. 이러한 경우 공사도급업자는 공사대금이 미변제되더라도 유치권을 주장할 수 없다.

대출을 받기 위해 금융권에 제출한 유치권포기각서를 제출하고난 후 유치권을 주장하는 것은 신의칙에 위반되어 유치권의 효력이 없다고 법원은 판시하고 있다. 유치권 포기각서가 금융권 대출을 전제로 한 것으로 무효라고 주장하고 있으나 유치권 포기약정은 유치권의 성립으로 인한 근저당 목적물의 저가 낙찰을 방지하기 위한 것이므로 근저당권자뿐만 아니라 낙찰자에 대하여도 그 효력이 미친다고 할 것이어서 유치권 주장은 받아들일 수 없다(대구지방법원 2008나16170호).

유치권 포기에도 불구하고 피고가 원고에 대하여 유치권을 주장하는 것이 허용되는지 살피건대, 근저당권을 설정받으려는 은행이 담보로 제공된 이 사건 건물에 대한 담보가치를 조사할 당시 피고가 유치권을 주장하지 않겠다는 취지의 각서를 작성하여 주었다면, 이는 단순히 은행에 대하여서만 유치권을 행사하지 않겠다는 것으로 볼 수 없으며, 피고는 그 담보권의 실행으로 인한 경매절차에서 이 사건 건물을 낙찰 받은 원고에게도 유치권으로 대항할 수 없다. 이는 그러한 유치권 주장이 금반언 및 신의칙에 위반될 뿐만 아니라, 그렇지 않고 낙찰자에게 유치권을 행사하는 것이 허용된다면, 입찰참가자로서는 이를 감안하여 낮은 가격으로 입찰할 수밖에 없고, 이는 결국 그만큼 담보가치가 하락하게 되는 것을 의미하게 되어, 위 각서를 믿고 이 사건 건물의 담보가치를 높게 평가하여 대출을 실시한 근저당권자의 신뢰에 반하는 결과가 되기 때문이다(수원지방법원 2009가단5267).

또 하나의 예로 임대차계약서 특약 부분에 "임차인은 임대차계약이 만료되면 임차인이 설치한 시설을 원상 복구하기로 한다"고 계약시에 명기하면 유치권을 포기한 것으로 간주 되어 유치권을 주장할 수 없다.


## 8. 유치권 권리신고서 파악

매수희망자는 입찰 전에 이해관계인이 아니기 때문에 경매기록에 대한 열람 및 복사신청권이 없어서 유치권 권리신고서를 파악할 수 없다. 그렇다고 현장조사만으로 유치권에 관한 사항을 완전하게 파악하기도 쉽지 않은 것이 현실이다. 유치권에 관한 개략적인 판단을 하지 않고 입찰한다는 것은 바람직하지 않다.

따라서 매수희망자는 경매사건의 최대이해관계인인 채권자를 찾아가서 문의를 하는 것이 바람직하다. 왜냐하면 유치권신고나 행사를 함으로써 경매낙찰가는 하락하고 낙찰가가 하락하면 손해를 보는 것은 당해 경매사건의 채권자이기 때문이다.

채권자인 은행에는 대출받을 당시에 공사업자가 제출한 유치권포기각서나 은행에서 법원에 제출한 유치권배제신청서의 내용을 분석해보면 큰 도움이 된다.

또한 이해관계인을 통하여 유치권 권리신고서를 입수하여 입찰하는 것도 전략이다.

## 9. 유치권 성립과 불성립 사례(대법원판례)

| 성립요건 | 유치권 주장내용 | 성립 | 불성립 |
|---|---|---|---|
| 주 체 | 소유자가 신고한 공사대금채권 | | ○ |
| | 임차인이 신고한 영업 인테리어시설 공사 | | ○ |
| | 공사업자가 신고한 영업 인테리어시설 공사 | ○ | |
| | 하수급업자가 주장하는 공사대금채권 | ○ | |
| 견련관계 | 건축공사대금 채권, 지체보상금 채권 | ○ | |
| | 건축공사와 일체로 이루어진 토목공사 채권 | | ○ |
| | 건축공사와 별도로 계약체결된 토목공사 채권 | ○ | |
| | 건물철거공사대금으로 토지소유자에게 주장 | | ○ |
| | 설계비 및 감리비 용역채권, 물품대금 | | ○ |
| | 상가권리금, 임대차보증금 반환청구권 | | ○ |
| | 사회 통념상 미완성 건축물로서 토지의 정착물 | | ○ |
| 점 유 | 경매개시결정등기 이후 점유 | | ○ |
| | 경비업체 등 타인을 통한 간접점유 | ○ | |
| | 채무자를 통한 간접점유 | | ○ |
| | 집행관현황조사 당시 미점유 | | ○ |
| | 소유자나 채무자의 동의 없이 임대한 경우 | | ○ |
| | 채무자와 유치권자의 공동점유 | ○ | |
| 배제특약 | 임대차계약서에 임대차만료시에 원상복구 약정 | | ○ |
| | 공사도급계약서에 유치권포기 각서 작성 | | ○ |
| | 은행 대출신청시 유치권포기 각서 제출 | | ○ |
| 기 타 | 공사채권의 소멸시효(3년) 도과 | | ○ |
| | 법정지상권이 성립하지 않은 건물 유치권 행사 | | ○ |
| | 소유자나 채무자의 동의 없이 임대한 경우 | | ○ |

## 10. 경매 매각사례

### 1) 경매정보지

### 2) 유치권 신고내역

· 매각부동산은 공부상 구분건물이나, 현황은 지하1층, 지하2층이 일체로 사우나시설로 이용중임(감정평가서, 부동산현황조사보고서 등 참조).일괄매각.김윤식으로부터 금 140,661,400원 공사대금 채권에 대한 유치권신고가 있으나, 그 성립여부는 불분명.매각부동산내의 유체동산점유이전 및 처분금지가처분권자 이선희로부터 금 178,000,000원 채권으로 유치권신고 있으나, 그 성립여부는 불분명.주식회사 디자인빅스로부터 금 1,200,000,000원 공사대금 채권에 대한 유치권신고 있으나, 그 성립여부는 불분명.

[출처] 지지옥션(https://www.ggi.co.kr/)

### 3) 유치권 권리분석

(1) 유치권 신고 내역

유치권 신고가 총 3건인데 ① 김○○으로부터 금 1.4억원 공사대금 채권에 대한 유치권신고, ② 매각부동산내의 유체동산점유이전 및 처분금지가처분권자 이○○로부터 금 178,000,000원 채권으로 유치권신고, ③ (주)디자인○○로부터 금1,200,000,000원 공사대금 채권에 대한 유치권신고가 있었다.

두 건은 비용이 비교적 크지 않아서 낙찰되고 만나보면 해결될 것이라 판단했고, 12억이나 신고한 것은 현장답사에서 알아보았더니 사우나 내부 인테리어시설을 한 것 같았으나 미점유로 추정되었다.

유치권이 성립되려면 경매개시결정 전부터 유치권자는 점유가 필수적인데 미점유의 경우 공사채권이 있다 하더라도 성립되지 않는다. 즉 유치권에서 점유는 유치권의 성립요건 이자 존속요건이다.

경매개시결정전부터 점유를 하여야 하고, 경매진행 중에도 점유가 지속되어야 유치권의 효력을 상실하지 않는다.

(2) 유치권의 해결

1) 김○○으로부터 금 1.4억원 공사대금 채권에 대한 유치권 신고
사우나 내부인테리어 공사시 "자재 납품 비용"을 변제받지 못해 신고한 것이었다.
「민법」제320조1항은 "타인의 물건 또는 유가증권을 점유한 자는 그 물건이나 유가증권에 관하여 생긴 채권이 변제기에 있는 경우에는 변제를 받을 때까지 그 물건 또는 유가증권을 유치할 권리가 있다."고 규정하고 있으므로, 유치권의 피담보채권은 '그 물건에 관하여 생긴 채권'이어야 한다.

대법원 2011다96208판결에 의하면 갑이 건물 신축공사 수급인인 을 주식회사와 체결한 약정에 따라 공사현장에 시멘트와 모래 등의 건축자재를 공급한 사안에서, 갑의 건축자재대금채권은 매매계약에 따른 매매대금채권에 불과할 뿐 건물 자체에 관하여 생긴 채권이라고 할 수는 없음에도 건물에 관한 유치권의 피담보채권이 된다고 본 원심판결에 유치권의 성립요건인 채권과 물건 간의 견련관계에 관한 법리 오해의 위법이 있다.

유치권자와 연락을 해서 만났다. 유치권 신고에 따른 유치권이 성립되지 않는 이유를 미리 준비한 대법원판례와 사례 등을 포함한 서면을 건네주고 설득하였다. 처음에는 들으려 하지 않았으나 결국 이해를 하였고 유치권포기각서를 받았다.

2) 매각부동산내의 유체동산점유이전 및 처분금지가처분권자 이○○로부터 금 178,000,000원 채권으로 유치권신고

열람복사한 결과 이○○는 매점을 임차하여 운영하고 있는 사람이었다. 신고한 금 178,000,000원은 매점에 대한 임차보증금이었다. 임차보증금은 당사자간의 금전채권이고, 견련관계가 없으므로 이 부동산의 유치권과는 직접 관련이 없는 것이어서 유치권이 성립되지 않는다.

3) ㈜디자인○○로부터 금1,200,000,000원 공사대금 채권에 대한 유치권신고

열람복사한 결과 문제가 될 여지가 있었다. 대금의 과대계상은 있어 보였지만 공사대금 미지급채권이 존재하는 것은 사실인 듯 보였다.

그런데, 유치권신고서를 꼼꼼히 살펴보던 중 살짝 미소가 나왔다. 유치권의 중요한 요소인 점유를 채무자 석○○를 통하여 해왔다고 기술되어 있었다. 채무자 석○○는 사우나를 운영하던 주인이었고, 사우나에 상주하고 있으니 점유는 매일 할 수 있으나 채무자를 통한 간접점유는 합법적인 점유로 인정되지 않는다.

유치권자 회사와 몇 번의 만남을 했다. 유치권자는 처음에는 인정하지 않다가 결국 유치권을 포기할테니 1억원을 달라고 했다. 다시 만나서 협의를 한 끝에 5천만원에 협의를 마쳤다.

## 제2장
# 법정지상권, 토지만 경매, 건물만 경매

1. 법정지상권
   1) 개념
   2) 제도적 인정이유
   3) 법정지상권의 유형
   4) 저당권 실행에 의한 법정지상권(「민법」 제366조)
   5) 관습법상의 법정지상권
   6) 법정지상권 분석방법
   7) 논점별 법정지상권 분석
   8) 법정지상권 처리방법
   9) 법정지상권 성립과 불성립사례(대법원판례)
2. 토지만 경매
3. 건물만 경매

# 1. 법정지상권

## 1) 법정지상권의 개념

지상권은 타인의 토지에 자기의 건물 기타 공작물이나 수목을 소유하기 위하여 그 토지를 사용할 수 있는 권리이다.

법정지상권은 토지와 그 지상 건물(또는 입목)이 동일인에게 속하고 있었으나 저당권 실행을 위한 경매로 인하여 각각 소유자를 달리하게 될 때 그 건물 또는 입목의 소유자에게 법률의 규정으로 당연히 인정되는 지상권을 말한다.

## 2) 제도적 인정 이유

우리나라는 외국과 달리 토지와 건물을 별개의 부동산으로 보는 법제이므로 동일 소유자에게 속하더라도 별도로 저당권의 목적이 될 수 있고 양자의 소유가 달라지는 경우가 생길 수 있다.

이는 미리 그 지상 건물이나 입목을 위한 지상권을 설정할 수 없는 경우에 법률상 당연히 토지의 사용을 확보에 줌으로써 독립된 부동산으로 되어 있는 건물이나, 입목의 이용 내지 존립을 보호하는 기능을 수행한다.

법정지상권은 건물의 존립을 위한 토지이용권 확보와 저당권의 가치권과의 조화를 도모하기 위하여 마련한 제도이며 그 중심적 목적은 개인적·사회적·국가적 자산인 건물 등의 철거·파괴를 방지하는데 있다.

### 3) 법정지상권의 유형

① 저당권실행에 의한 법정지상권(「민법」 제366조)
② 전세권보호를 위한 법정지상권(「민법」 제305조)
③ 가등기담보권의 실행에 의한 법정지상권(가등기담보법 제10)
④ 입목에 관한 법률에 의한 법정지상권(입목법 제6조)
⑤ 관습법상의 법정지상권
⑥ 분묘기지권

이하에서는 「민법」 제366조의 법정지상권과 판례로 성립한 관습법상의 법정지상권을 중심으로 살펴보기로 한다.

### 4) 저당권 실행에 의한 법정지상권(「민법」 제366조)

(1) 의의
토지와 그 지상의 건물이 동일인 소유였으나, 저당물의 경매로 인하여 토지와 그 지상 건물이 다른 소유자에 속한 경우에는 토지소유자는 건물소유자에 대하여 지상권을 설정한 것으로 본다.

(2) 성립요건
① 저당권설정 당시 목적 토지 위에 건물이 존재하여야 한다.
② 저당권설정 당시 이미 건물이 건축 중인 경우 법정지상권이 성립한 것으로 본다.
③ 저당권설정 당시 존재했던 건물이 후에 증축되거나 개축된 경우는 물론이고, 건물을 멸실 또는 철거 후 재축 또는 신축된 경우에도 원칙적으로 법정지상권은 성립한다.
④ 저당권설정 당시 토지와 건물에 대한 소유권이 동일인에 속하여야 한다.
⑤ 저당권의 설정이 있어야 한다. 토지와 건물 어느 한쪽 또는 두 쪽에 저당권이 설정되어 있어야 한다.
⑥ 저당권실행을 위한 경매로 토지와 건물의 소유자가 달라져야 한다.
이 때의 경매는 담보권실행을 위한 임의경매이며, 이와는 달리 강제경매로 인한 경우에는 관습상의 법정지상권이 성립한다.

(3) 성립효과

① 지상권의 범위는 건물의 대지는 물론 건물 이용의 필요 한도 내에서 대지 외의 부분까지도 미친다.
② 지료는 먼저 당사자가 협의하고, 협의 되지 않으면 당사자의 청구에 의하여 법원이 결정한다.
③ 「민법」 제366조는 강행규정으로 당사자의 특약으로 법정지상권의 성립을 막을 수는 없다.

### 5) 관습법상의 법정지상권

(1) 의의

동일인에게 속하였던 토지와 건물 중 어느 일방이 매매 기타 일정 원인에 의해 각각 소유자를 달리하게 된 때에 그 건물을 철거한다는 특약이 없으면 건물소유자가 당연히 취득하게 되는 법정지상권이다.

이것은 「민법」에서 규정하고 있는 법정지상권과는 달리 판례에 의하여 인정된 법정지상권이다. 토지 또는 건물 중의 어느 일방에 제한물권(전세권이나 저당권)의 존재를 전제하지 않는 점에서 통상의 법정지상권과는 다르다.

(2) 성립요건

① 토지와 건물이 동일인의 소유에 속할 것
② 토지나 건물 중 일방이 매매, 강제경매, 국세징수법에 의한 공매, 증여, 공유물분할, 상속, 증여 등의 원인으로 처분되어 토지와 건물의 소유자를 달리할 것
③ 건물철거의 특약이 없을 것

(3) 효과

이러한 요건에 해당된 법정지상권은 관습법상 당연히 성립되므로 등기를 요하지 않는다. 또한 그 효력은 건물 이용에 적당한 범위에 미치고 지료는 당사자 간의 협약에 의해 정해지며 존속기간은 기간의 약정이 없는 경우의 예에 의한다.

### 6) 법정지상권 분석방법

유치권분석은 현장조사를 중요시하나, 법정지상권의 성립여부에 대한 분석은 대부분 등기사항전부증명서나 건축물관리대장 등 서류분석으로 가능하다.

최초 저당권설정시점에 건물이 존재하지 않았다면 건물을 위한 토지의 사용에 대한 법정지상권이 성립되지 않으므로 건물의 존재여부에 대한 확인을 하면 된다.

건물의 존재여부에 대한 확인은 건축물관리대장, 무허가건축물대장, 건축허가서, 착공 및 준공일자 확인, 등기사항전부증명서 등을 통하여 개괄적인 확인이 가능하다.

### 7) 논점별 법정지상권 분석

(1) 법정지상권 존속기간

① 존속기간을 정하여 등기한 경우(「민법」 제280조 존속기간을 약정한 지상권) : 「민법」상 지상권 존속기간이 최단기간으로 하여 설정한 기간을 존속기간으로 한다.

② 존속기간을 정하지 않은 경우 : 기간의 정함이 없으므로 「민법」상 지상권의 최단기간이 존속기간이다. 석조, 석회조, 연화조, 견고한 건물, 수목은 30년, 보통의 건물은 15년, 건물 이외의 공작물의 소유를 목적으로 하는 때에는 5년이다(「민법」 제281조(존속기간을 약정하지 아니한 지상권).

(2) 지료의 결정

지료는 당사자가 협의한 대로 하되, 협의가 되지 않으면 지료청구소송을 통해 법원의 결정에 따른다. 지상권자가 2년 이상의 지료를 지급하지 아니한 때는 지상권설정자는 지상권의 소멸을 청구할 수 있다.(「민법」 제287조(지상권소멸청구권)

(3) 법정지상권이 성립 후 증축 또는 개축

법정지상권이 성립된 후 증축이 되거나 개축이 되어도 법정지상권이 성립되나 새로운 건물의 법정지상권에 대한 존속기간과 성립범위는 구 건물을 기준으로 성립된다.

(4) 건축 중인 건물

경매로 나온 토지를 낙찰 받으려고 할 때 지상에 건물이 건축 중인 경우가 있다. 이러한 건물이 토지 낙찰자의 입장에서 법정지상권이 성립되는지가 매우 궁금하다.

대법원판례에 의하면 사회관념상 독립된 건물로 볼 수 있는 정도에 이르지 않았다 하더라도 건물의 규모, 종류가 외형상 예상할 수 있는 정도까지 공사가 진행되고 매수인이 매각대금을 납부할 때까지 최소한의 기둥과 지붕, 주벽이 이루어지는 정도의 건축이 되었다면 법정지상권이 성립된다고 한다.(대법원 2003다29043판결)

### (5) 공동저당권 설정 당시 존재했던 건물을 멸실 후 신축
이러한 경우 법정지상권이 성립하지 않는다. 왜냐하면 처음부터 지상 건물로 인하여 토지의 이용이 제한받는 것을 용인하고 토지에 대하여만 저당권을 설정하여 법정지상권의 가치만큼 토지의 교환가치를 담보취득한 경우와 달리 공동저당권자는 토지 및 건물 각각의 교환가치를 찾을 수 있기 때문이다.

### (6) 무허가건물, 미등기건물
법정지상권이 성립된다. 단 미등기건물을 그 대지와 함께 매수한 사람이 그 대지에 관하여만 소유권이전등기를 넘겨받고 건물에 대하여는 그 등기를 이전받지 못하고 있다가 대지에 대하여 저당권을 설정하고 그 저당권의 실행으로 대지가 경매되어 다른 사람의 소유로 된 경우에는 그 저당권의 설정 당시에 이미 대지와 건물이 각각 다른 사람의 소유에 속하고 있으므로 법정지상권이 성립되지 않는다.

### (7) 토지 근저당권자의 건축 동의
토지 근저당권자의 건축 동의를 얻었다 할지라도 저당권설정 당시 건물이 존재하지 않았다면 법정지상권은 성립되지 않는다.
그러한 동의는 주관적인 사항이고 공시할 수도 없는 것이어서 토지를 낙찰 받은 제3자로서는 알 수 없는 것이므로 법정지상권의 성립을 인정한다면 토지 소유권을 취득하려는 제3자의 법적안정성을 해하는 등 법률관계가 매우 불명확하게 되므로 법정지상권이 성립되지 않는다.

### (8) 비닐하우스, 컨테이너
비닐하우스는 일반적으로 법정지상권이 성립되지 않는다. 하지만 요즈음에는 기술이 발달하여 견고한 건축물과 비슷한 정도의 고정식비닐하우스가 건축되어 있는 경우 법정지상권이 성립될 수 있다.
컨테이너는 이동이 가능한 지에 따라 결과가 달라진다. 이동이 가능한 것은 법정지상권이 성립되지 않으나, 바퀴 없이 고정이 가능한 컨테이너는 법정지상권이 성립될 수 있으므로 가설건축물로 해당 관청에 신고사항이므로 해당 관청에 문의해보면 알 수 있다.

(9) 건축중단 건물 경매에서 법정지상권과 유치권

경매물건을 검색하다 보면 토지만 경매로 나왔는데 그 지상에 건축 중단 건물이 있는 경우가 있다. 대개는 토지의 최저입찰가가 많이 저감되어 있는 상태이다. 이는 토지 낙찰 후 건물의 처리방법이 어렵기 때문이다.

어려운 곳에 고수익이 있다는 말이 여기 또한 적용이 된다.
문제가 되는 것이 토지 낙찰자입장에서는 건물에 대한 법정지상권이 성립된다면 어떻게 해야 하는지, 법정지상권이 성립되지 않는다면 어떻게 해야 되는지, 건물에 대한 유치권자를 어떻게 처리해야 되는지 등이다.

첫째로 법정지상권이 성립된다면 지료를 청구할 수 있을 뿐이고 건물에 대하여 철거를 청구할 수 없다. 그러나 건물에 유치권은 토지 낙찰자에 대하여 대항할 수 없다.

둘째로 법정지상권이 성립되지 않는다면 건물철거 및 토지인도소송을 통해 건물을 철거하면 되고, 유치권은 성립되지 않는다. 실무에서는 철거소송에서 낙찰자가 승소하게 된다면 건물을 저렴한 가격에 매수하거나 토지를 시장가격에 매도하는 경우가 대부분이다.

셋째, 법정지상권이 성립되지 않는다 하더라도 지상 건물에 이미 입주해서 살고 있는 경우 처리 문제가 쉽지 않아 보인다. 이러한 경우 실제 경매사건의 재판 결과를 보면 집합건물의 경우 집합건물의 구분소유자로부터 토지 지분에 대하여 매수하라는 판결이 나왔다.

결과적으로 법정지상권이 성립되지 않은 건물이 소재하는 토지만을 낙찰 받은 토지낙찰자의 입장에서 보면 법정지상권이 성립되지 않는 지상 건물이 소재하는 토지만을 싼 가격에 낙찰받아 다시 현재가치를 반영하여 감정평가한 가격에 매도하여 큰 시세차익을 얻는 경우이다.

## 8) 법정지상권 처리방법

### (1) 법정지상권 성립시

법정지상권이 성립되는 건물이 있는 토지만을 경매로 낙찰받았을 때는 건물에 대하여 지료 만을 청구할 수 있을 뿐이다. 다만 건물은 종류에 따라 존속기간 동안 지료를 내고 사용할 권리를 갖는다. 또한 건물의 소유자가 지료를 2년 이상 납부하지 않을 시는 지료청구권을 원인으로 건물에 가압류한 후 지상권소멸청구 및 지료청구소송을 통해 경매신청을 하여 건물을 낙찰받을 수 있다.

### (2) 법정지상권 불성립시

법정지상권이 성립되지 않는 건물이 있는 토지를 낙찰받았을 때는 건물철거 및 토지인도 및 지료청구소송을 통해 건물을 철거하거나 지료연체를 이유로 건물을 경매신청을 하여 건물을 낙찰받으면 된다.

## 9) 법정지상권 성립과 불성립 사례(대법원판례)

| 내 용 | 성 립 | 불성립 |
|---|---|---|
| 저당권설정 후 건물을 신축한 경우 | | ○ |
| 저당권설정 당시 토지와 건물의 소유자가 다른 경우 | | ○ |
| 토지의 사용승낙을 받고 건물을 신축한 경우 | | ○ |
| 저당권설정 당시 존재하던 건물을 멸실 후 건축(개축, 중축, 재축, 신축 포함)한 경우 | ○ | |
| 공동 저당권설정 후 건물철거 후 신축하고 토지만 저당권설정 | | ○ |
| 법정지상권이 성립된 건물이 낙찰된 경우 | ○ | |
| 법정지상권이 성립된 건물에 토지가 양도된 경우 | ○ | |
| 토지 또는 건물이 매매에 의해 양도, 건물철거의 특약이 없는 경우 | ○ | |
| 저당권설정이 없는 토지와 건물이 경매로 소유자가 달라진 경우 | ○ | |
| 법정지상권을 취득한 자가 토지 임대차계약을 체결한 경우 | | ○ |
| 공유토지 위에 건물을 소유하고 있는 토지공유자 중 1인만 토지지분을 전매한 경우 | | ○ |
| 저당 목적물인 토지에 법정지상권을 배제하는 특약 | ○ | |
| 토지에 저당권설정 당시 그 지상에 건물이 토지 소유자에 의하여 건축 중이었고, 그 건물의 규모, 종류가 외형상 예상할 수 있을 정도로 진전된 경우 | ○ | |
| 토지를 매수하여 사실상 처분 권한을 가지는 자가 건물을 신축한 후 그 건물이 강제경매된 경우 | | ○ |
| 관습법상 법정지상권이 성립한 이후 증축 또는 재축한 건물 | ○ | |
| 미등기건물을 대지와 함께 양수한 자가 대지에 대하여만 소유권이전등기 한 상태로 대지만 경매 | | ○ |
| 관습법상 법정지상권이 성립한 건물의 양수인이 소유권이전등기를 하지 않은 채로 건물의 소유권을 취득한 경우 | | ○ |

## 2. 토지만 경매

### 1) 개관

우리나라 법제에서는 토지와 건물은 별도의 부동산으로 구분되고 별도의 등기사항전부증명서를 가지고 있다. 또한 토지와 건물에 대하여 각각 다른 채무를 지고 있을 수 있고 그에 따라 별개로 경매에 부쳐질 수 있다.

토지만 경매로 나오는 경우 법정지상권이 성립된다면 지료만 청구할 수 있고 일정 기간이 지나면 건물소유자에게 지상물매수청구권이 있으므로 지상물을 매수하여야 한다. 그 일정 기간 토지를 사용할 수 없고 지료만 받을 수 있기 때문에 입찰에 숙고해야 한다.

법정지상권이 성립되지 않는다면 지료를 청구해도 되고, 건물철거 소송을 해서 건물을 철거할 수도 있고, 건물철거 소송을 매개로 협상을 진행하여 건물을 저렴한 가격에 매입하여 토지와 건물을 일체로 사용할 수도 있다.

그러므로 토지만 경매로 나오면 건물에 대하여 법정지상권이 성립하지 않는 것이 좋다.

건물만 경매로 나오는 경우 토지에 대하여 법적 사용권원이 확보되어 법정지상권이 성립되면 토지소유자에 지료를 지급하고 건물의 소유와 사용 및 수익을 누릴 수 있다. 또한 30년이 지나면 지상물매수청구권을 통하여 건물을 토지소유자에게 매도할 수 있는 기회도 생긴다. 지상물매수청구권은 형성권이므로 당사자 일방의 의사표시로 계약이 성립한다.

반대로 건물이 법정지상권이 성립되지 않는다면 철거 대상이 되어 토지소유자의 의사에 따라 향후 철거될 운명에 처하게 되기 때문에 입찰하여서는 안된다. 그러므로 건물만 나온 경매에서는 반드시 법정지상권이 성립하는 물건을 매수해야 한다.

2) 토지만 경매 진행사건

## 동부1계 2023 타경 50001 대지

| 사건내용 | | | | | |
|---|---|---|---|---|---|
| 병합/중복 | 2023-52946(중복-경기남부수협) | | | | |
| 과거사건 | 동부4계 2022-52277 | | | | |
| 소 재 지 | 서울 송파구 방이동 101-4 도로명주소 | | | | |
| 경매구분 | 임의경매 | 채 권 자 | 기린뉴시니어라이프 | | |
| 용 도 | 대지 | 채무/소유자 | 안대희 / 안대희외1 | 매 각 기 일 | 24.06.03 변경 |
| 감 정 가 | 3,537,200,000 (23.01.17) | 청 구 액 | 820,000,000 | 다 음 예 정 | |
| 최 저 가 | 2,829,760,000 (80%) | 토 지 면 적 | 239.0㎡ (72.3평) | 경매개시일 | 23.01.06 |
| 입찰보증금 | 282,976,000 (10%) | 건 물 면 적 | 0㎡ (0.0평) | 배당종기일 | 23.03.27 |
| 주 의 사 항 | · 유치권 · 법정지상권 · 입찰외 · 토지만입찰   특수권분석신청 | | | | |
| 조 회 수 | · 금일조회 1 (0) · 금회차공고후조회 108 (8) · 누적조회 502 (58)   ()는 5분이상 열람   조회통계 | | | | |

[출처] 지지옥션(https://www.ggi.co.kr/)

| 소재지/감정요약 | 물건번호/면적(m²) | 감정가/최저가/과정 | 임차조사 | 등기권리 |
|---|---|---|---|---|
| 서울 송파구 방이동 101-4<br><br>**감정평가서요약**<br>- 방이중학교남서측인근<br>- 주변은세로(6m)변으로다세대를위주로주거용이, 소로(10m)변으로주상용, 상업용이주로소재함<br>- 차량통행가능<br>- 버스(정)및송파나루역(지하철9호선)인근소재<br>- 대중교통사정무난<br>- 세장형평지<br>- 남동측노폭약6m도로접함<br>- 도로(2021-12-24)(접합)<br><br>- 도시지역<br>- 제2종일반주거지역<br>  (7층이하)<br>- 가축사육제한구역<br>- 대공방어협조구역 | 물건번호: 단독물건<br><br>대지 239.0<br>(72.30평)<br>₩3,537,200,000<br>입찰외신축공사진행중인<br>제시외건물소재 | 감정가 3,537,200,000<br>· 토지 3,537,200,000<br>(100%)<br>(평당 48,923,928)<br><br>최저가 2,829,760,000<br>(80%)<br><br>**경매진행과정**<br>① 3,537,200,000<br>2024-04-29 유찰<br>② 20%↓ 2,829,760,000<br>2024-06-03 변경<br><br>법원기일내역 | **법원임차조사**<br>*전입세대확인서 상 해당주소의 세대주가 존재하지 않으며, 현장 방문조사 결과 대지 상에 건물을 신축하다가 중단한 상태로 공사업자가 유치권 행사 중에 있음 | 근저당 경기남부수협<br>축전<br>2022.04.12<br>4,320,000,000<br><br>근저당 박승호<br>2022.07.25<br>260,000,000<br><br>가압류 정선우<br>2022.08.05<br>264,900,000<br>2022 카단 52353<br>서울동부<br><br>근저당 기린뉴시니어라이프<br>2022.08.17<br>1,300,000,000<br><br>근저당 김소영<br>2022.08.17<br>800,000,000 |

[출처] 지지옥션(https://www.ggi.co.kr/)

### (1) 개요

토지만 입찰하는 경우에는 지상건물이 법정지상권이 성립되지 않는 것이 토지 낙찰자한테 유리하다. 법정지상권이 성립되면 30년간 지료만 받다가 지상물을 매수하여야 하고 토지낙찰자가 토지를 직접 사용·수익하지 못한다.

그러나 법정지상권이 성립되지 않으면 지료를 받거나 건물철거소송을 통하여 건물을 철거하거나 또는 그 철거소송을 매개로하여 지상물을 저렴한 가격에 매입하여 토지와 건물의 완전한 일체를 이룰 수 있기 때문이다.

### (2) 권리분석

① 위의 사건은 건축중단 상태이므로 지상에 미완성건축물이 있다. 그렇다면 토지에 근저당권 설정 당시 건축물로서 볼 수 있는 외형이 갖추어져 있냐에 따라 법정지상권을 판단한다. 대법원판례에 의하면 사회관념상 독립된 건물로 볼 수 있는 정도에 이르지 않았다 하더라도 건물의 규모, 종류가 외형상 예상할 수 있는 정도까지 공사가 진행되고 매수인이 매각대금을 납부할 때까지 최소한의 기둥과 지붕, 주벽이 이루어지는 정도의 건축이 되었다면 법정지상권이 성립된다고 한다(대법원 2003다29043판결).

②「민법」제366조 소정의 법정지상권이 성립하려면 저당권이 설정 당시 저당권의 목적되

는 토지 위에 건물이 존재할 경우이어야 하는바, 위 저당권설정 당시 건물이 존재한 이상 그 이후 건물을 개축, 증축하는 경우는 물론이고 건물이 멸실되거나 철거된 후 재축, 신축하는 경우에도 법정지상권이 성립한다 할 것이고, 이 경우 법정지상권의 내용인 존속기간, 범위 등은 구 건물을 기준으로 하여 그 이용에 일반적으로 필요한 범위 내로 제한되는 것이라고 풀이할 것이다(대법90다카6399).

③ 동일인의 소유에 속하는 토지 및 건물에 관하여 공동저당권이 설정된 후 그 지상 건물이 철거되고 새로운 건물이 신축된 경우, 저당물의 경매로 인하여 토지와 그 신축건물이 다른 소유자에게 속하게 되면 신축건물을 위한 법정지상권은 성립되지 않는다(대법98다43601). 신축건물에 대하여 법정지상권이 성립된다면 공동저당권자는 신축건물에 대한 교환가치인 가액 상당의 가치를 찾을 길이 막혀 불측의 손해를 입기 때문이다.

④ 등기부 분석

[토지] 서울특별시 송파구 방이동 101-4

【 매 매 목 록 】

| 목록번호 | 2022-688 | | | | |
|---|---|---|---|---|---|
| 거래가액 | 금3,500,000,000원 | | | | |
| 일련번호 | 부동산의 표시 | 순위번호 | 예 비 란 | |
| | | | 등기원인 | 경정원인 |
| 1 | [토지] 서울특별시 송파구 방이동 101-4 | 3 | 2021년10월12일 매매 | |
| 2 | [건물] 서울특별시 송파구 방이동 101-4 | 3 | 2021년10월12일 매매 | |

[토지] 서울특별시 송파구 방이동 101-4

| 순위번호 | 등 기 목 적 | 접 수 | 등 기 원 인 | 권리자 및 기타사항 |
|---|---|---|---|---|
| | 기말소 | 제35674호 | 해지 | |
| 5 | 근저당권설정 | 2022년4월12일 제46870호 | 2022년4월12일 설정계약 | 채권최고액 금4,320,000,000원<br>채무자 안대희<br>　서울특별시 송파구 올림픽로 435, 208동 2902호 (신천동,파크리오)<br>근저당권자 경기남부수산업협동조합 130138-0000705<br>　경기도 화성시 남양읍 남양시장로 1(수협빌딩)<br>　(　죽전지점　)<br>공동담보 건물 서울특별시 송파구 방이동 101-4 |
| 5-1 | 5번근저당권공동담보소멸 | | | 건물 서울특별시 송파구 방이동 101-4 멸실 2023년4월24일 부기 |

토지의 소유자가 매매로 매입시 건물과 같이 매매한 것을 매매목록을 통하여 알수가 있다.

그리고 근저당권설정시 대지와 건물을 공동담보로 하여 대출을 받은 사실(순위번호 5번)도 알수가 있다. 순위번호 5-1 부기등기를 보면 2023년 4월 24일 건물을 멸실하고 근저당권공동담보에서 소멸됨을 알 수가 있다.

⑤ **사건일정표 정리**

| 순번 | 일자 | 내용 | 권리자 | 비고 |
|---|---|---|---|---|
| 01 | 2021년 10월 12일 | 매매계약 | 안OO | 토지, 건물 매매 |
| 02 | 2022년 04월 05일 | 건축허가 | 안OO | |
| 03 | 2022년 04월 12일 | 소유권이전 | 안OO | 매매 |
| 04 | 2022년 04월 12일 | 근저당권설정 | 수산업협동조합 | 공동담보 |
| 05 | 2022년 06월 09일 | 착공신고 | 안OO | |
| 05 | 2023년 04월 13일 | 임의경매신청 | 수산업협동조합 | |
| 06 | 2023년 04월 24일 | 건물멸실 | 안OO | 근저당권 공동담보 소멸 |
| 07 | 2023년 06월 28일 | 경매 2차 진행 중 | | 변경 |

**(3) 입찰전략**

① **법정지상권** : 동일인의 소유에 속하는 토지 및 건물에 관하여 공동저당권이 설정된 후 그 지상 건물이 철거되고 새로운 건물이 신축된 경우, 저당물의 경매로 인하여 토지와 그 신축건물이 다른 소유자에게 속하게 되면 신축건물을 위한 법정지상권은 성립되지 않는다.

② **유치권** : 집행관현황조사내역에 의하면 점유자로 추정되는 "'기린종합건설㈜와 리오파크종합건설(주)'에서 유치권을 신고(금액 31억 9,000만원)했다"고 기재되어 있다. "대지 상에 건물을 신축하다가 중단한 상태로 공사업자가 유치권 행사 중에 있었다"는 조사내용도 적혀 있다. 법정지상권이 성립되지 아니하므로 대지의 낙찰자인 소유자는 건물철거청구권을 가지게 되므로, 건물에 대한 유치권(공사대금)으로 건물 철거청구권을 갖는 대지 소유자에게 대항할 수 없다(대법87다카3073호). 건물이 그 존립을 위한 토지사용권을 갖추지 못하여 토지소유자가 건물소유자에 대하여 당해 건물의 철거 및 그

대지의 인도를 청구할 수 있는 상황에서 건물소유자가 아닌 점유자에 대하여 퇴거청구를 할 수 있다. 건물점유자가 이른바 대항력이 있다고 해도 마찬가지다(대법2010다43801).

③ 지상건물 협상 : 적정가격에 토지만 낙찰을 받은 후 지상건물에 대하여 철거소송을 제기하면서 지상건물의 소유자와 유치권자를 만나 협상을 하여 지상 건물을 저렴한 가격에 매수하면 좋을 것이다. 만약 협상에 응하지 아니하면 철거소송을 제기하여 법률적으로 처리한다. 여기에서 중요한 것은 먼저 철거소송을 제기한 뒤 협상을 하여야 한다. 협상은 항상 강한자의 입장에서 유리하기 때문이다. 또한 협상과정에서 많은 시간이 소요되는 경우가 많고 협상이 불발되었을 때를 대비하더라도 소송은 먼저 진행하여야 한다.

## 3. 건물만 경매

### 1) 의의

우리나라 법제에서는 토지와 건물은 별도의 부동산으로 구분되고 별도의 등기사항전부증명서를 가지고 있다. 또한 토지와 건물에 대하여 각각 다른 채무를 지고 있을 수 있고 그에 따라 별개로 경매에 부쳐질 수 있다.

### 2) 유의사항

건물만 경매로 나온 물건을 낙찰을 받고자 하는 사람은 토지소유자나 건물이 법정지상권이 성립되는 것일 때 낙찰을 받아야 한다.

만약 법정지상권이 성립되지 않는 물건을 낙찰받았을 때에는 향후 토지소유자에게 건물철거소송을 당하여 철거 위기에 처할 위기에 봉착할 것이기 때문이다.

### 3) 가능한 경우

법정지상권이 성립될 때에는 토지에 대하여 지료를 지급하고도 남을 정도의 건물의 수익성이 좋을 때에는 가능하다.

일반적으로 지료의 결정은 토지의 감정평가액에 대하여 연 5~6%정도로 결정된다.

합의에 의하여 결정하나 합의가 되지 않으면 법원의 판단에 따라 결정된다.

건물이 위치한 지역이 임대수익이 좋거나 리모델링을 하여 영업을 하여 수익성이 좋을 때에는 고려할 만하다.

# 제3장
# 제시 외, 매각 외

1. 제시 외
2. 매각대상에 포함 여부의 판단
3. 부합물
4. 종물
5. 제시 외 매각사례

## 1. 제시 외

### 1) 개관

경매물건을 검색하다보면 흔히 제시 외, 매각 외 등의 표현을 자주 접하게 된다.
경매정보지에 "제시 외 건물 20㎡(창고)"라고 표기된 경우가 있다. 이러한 "제시 외 건물"은 공부상 소재하지 않는데 현황은 존재하고 있는 건물을 말한다.
경매신청채권자의 경매신청목적물에는 해당 물건이 없는데 감정평가사가 실제로 감정을 한 결과 현장에서 발견된 물건으로 주로 부동산등기상 표시와는 달리 무허가이거나 사용승인 미필의 증개축 된 부분이나 부합물, 종물을 일컬어 경매실무상 흔히 "제시 외 물건"이라고 말한다.
"제시 외 물건"이라는 용어는 법률용어라기 보다는 감정평가에 사용되는 것이다.[6]
이와는 달리 "매각 외" 또는 "입찰 외"란 용어는 제시 외 물건과는 다른 개념이다. "매각 외"란 등기여부와 관계없이 경매 매각대상에서 제외되어 낙찰자의 소유가 되지 않는 것을 말한다.

### 2) 실무사례

예를 들어 저당권을 설정할 때에는 주택 외에 아무 물건도 없었는데 경매개시결정이후 감정평가사가 경매목적물 감정을 하려고 현장에 나가보니 등기부상에 없었던 새로운 "창고"가 있었다면 이를 "제시 외 건물"이라고 표기하는 것이다. 별도로 떨어져 있는 작은 창고, 작은 화장실, 옥탑방, 미등기건물(무허가건물 포함), 증축된 미등기건물 등이 있다.

## 2. 매각대상에 포함 여부의 판단

### 1) 개관

이러한 "제시 외 물건"에 대하여 매각으로 취득하였는지 여부에 대한 문제는 「민법」 제358조(저당권의 효력의 범위)에 관한 규정으로 해결하면 된다. 즉, 저당권의 효력이

---

[6] 「감정평가 실무기준」 14. "제시 외 건물 등이 있는 토지"란 감정평가를 의뢰하는 자(이하 "의뢰인"이라 한다)가 의뢰하지 않은 건물·구축물 등 지상 정착물이 있는 토지를 말한다.

미치는 부합물과 종물의 판단기준에서 가려지게 될 것이다.

매각물건명세서에 기재되지 아니하였어도 부합물, 종물이 되면 매각대상에 포함될 수 있다. 그러나 감정평가사가 제시 외 건물을 감정평가에 포함하였다 하였더라도 법원이 판단하여 부합물도 아니고 종물도 아니며 일괄경매 결정도 하지 아니하는 경우에는 경매목적물에서 제외되어 "입찰 외", "매각 외" 등으로 표시하게 된다. 또한 경매법원이 부합물, 종물이 아님에도 불구하고 부합물, 종물로 이해하고 함께 매각하였다면 그 후에 이해관계자들이 매각허가결정이 위법하다고 하여 취소 신청하여 취소될 수 있다.

### 2) 저당권의 효력 범위

「민법」 제358조(저당권의 효력의 범위) 저당권의 효력은 저당부동산에 부합된 물건과 종물에 미친다. 그러나 법률에 특별한 규정 또는 설정행위에 다른 약정이 있으면 그러하지 아니하다.

「민법」 제358조 규정에 따라서 부합물이나 종물인 제시 외 건물은 주된 토지 및 건물과 함께 저당권의 효력이 미치는 것이 원칙이고, 이는 제시 외 건물이 저당권설정 당시부터 있었던 경우는 물론이고 저당권설정 이후에 새로이 부합하거나 종물이 된 경우에도 효력이 미친다고 대법원은 판시하였다.
다만 예외가 있다. 임차인 등 타인의 권원에 의하여 부속된 것과 당사자들끼리 저당의 효력이 미치지 않기로 약정한 것들은 저당권의 효력이 미치지 않는다.(대법원 선고 85다카246 판결)


## 3. 부합물

### 1) 개념

「민법」 제256조(부동산에의 부합) 부동산의 소유자는 그 부동산에 부합한 물건의 소유권을 취득한다. 그러나 타인의 권원에 의하여 부속된 것은 그러하지 아니하다.

부합물이란 토지 또는 주된 건물과는 별개의 건물이지만 토지 또는 주된 건물에 결합하여 거래 관념상 그 부동산과 하나의 물건이 됨으로써 토지 또는 주된 건물의 소유자에 속하는 건물을 말한다.

부합되는 주물은 토지, 건물 등의 부동산이어야 한다. 부동산에 부합하는 물건은 동산에 한정된다는 것이 지배적 견해이나, 판례는 부동산도 포함된다고 본다.
동산과 동산이 부합한 경우에는 동산의 주종을 구별할 수 있을 때에는 주된 동산의 소유자가 소유권을 취득하며, 동산의 주종을 구별할 수 없을 때에는 각 동산의 소유자는 부합 당시의 가액의 비율로 합성물을 공유한다(「민법」 제257조).
주건물에 분리해서는 독립된 건물로서의 가치가 없고 주 건물의 사용편익에 제공될 뿐이면 부합물이다.

### 2) 요건
① 부동산과 부동산, 부동산과 동산, 동산과 동산의 형태이다.
② 부합의 정도는 부합물을 훼손하거나 또는 과다한 비용을 지출하지 아니하고는 분리할 수 없을 정도로 부착 합체되어야 한다.
③ 부합의 방법은 인공적이든 자연적이든 상관없다.

### 3) 판단
제시 외 건물이 부합물인지의 여부는 건물의 물리적 구조나 용도, 기능 및 거래의 관점에서 사회적, 경제적으로 볼 때 그 자체로서는 구조상 건물로서의 독립성이 없고, 종전의 건물과 일체로서만 거래의 대상이 되는 상태인지 아울러 소유자의 의사 등을 종합하여 판단한다고 판시했다.
요컨대 주건물에 분리해서는 독립된 건물로서의 가치가 없고 주 건물의 사용편익에 제공될 뿐이면 부합물이다.

### 4) 대법원 판례
① 타인의 권원 : 토지상에 타인의 권원 즉 지상권, 전세권, 임차권 등에 의하여 부속된 건물이나 수목이 식재되어 있는 경우 부속된 건물이 어느 정도 독립성이 있는 경우 부합물로서 평가의 대상이 되지 않는다.
② 수목이 부합물인지 : 수목이 입목에 관한 법률에 따라 등기된 입목과 명인방법을

갖춘 수목이 아닌 한 부합물의 평가대상이 된다. 또한 제3자가 권원 없이 수목을 식재한 경우에도 미등기 수목은 토지에 부합되어 토지 낙찰자 소유가 된다.

③ 농작물이 부합물인지 : 농작물인 경우 농작물을 경작한 자가 권원여부와 관계없이 농작물의 소유자가 된다.

④ 교량, 돌담, 도로의 포장, 논둑은 부합물로 평가의 대상이 된다.

⑤ 태양열 보일러 : 쉽게 분리가 어려워 부합물로 본다.

⑥ 유류저장탱크, 주유기 : 주유소 땅 속에 부설된 유류저장탱크는 주유소의 부합물로 본다. 주유기는 주된 건물의 종물이다.

⑦ 권원 없는 타인의 증축물 : 권원 없이 타인의 건축물에 증축 또는 개축되는 경우 그 부분이 독립된 구분 소유권의 객체로 거래될 수 없는 것일 때 기존 건물에 부합한다.

⑧ 타인의 권원 : 저당권의 효력이 부합물에 미친다는 원칙에 대한 예외

첫째, 설정계약에 의하여 저당권의 효력이 부합물에 미치지 않는다고 당사자가 약정한 경우

둘째, 타인의 권원에 의하여 부합한 물건인 경우에는 그 부합물에는 저당권의 효력이 미치지 않는다. 즉 임차인, 전세권자 등이 소유자의 동의를 얻어 증·개축 부분은 타인의 권원에 의하여 부합된 것에 해당되어 그 증·개축부분은 임차인 등의 소유가 된다. 그러나 물권의 목적물은 독립성을 가질 것을 요구되므로 그 증·개축 부분이 경제적으로 보아서 독립성을 가지지 않은 때에는 건물소유자의 소유가 되어 당연히 저당권의 효력이 미친다.

## 4. 종물

### 1) 개념

「민법」 제100조(주물, 종물) ① 물건의 소유자가 그 물건의 상용에 공하기 위하여 자기 소유인 다른 물건을 이에 부속하게 한 때에는 그 부속물은 종물이다. ② 종물은 주물의 처분에 따른다.

경매물건의 매각에 있어서 그 건물의 종물도 매각대상이 되어 평가대상이 될 수 있고 매수인에게 소유권이 이전된다.

## 2) 사례
종물은 주물의 일상적인 이용에 이바지하는 관계로 이는 주물 그 자체의 경제적 효용을 다하는 것으로 이에 대한 예로 주택과 본체에서 떨어진 창고나 방, 화장실 등이 있다.

## 3) 요건
① 종물은 사회 통념상 계속하여 주물의 효용에 이바지 하여야 한다.
② 종물은 주물과 장소적으로 부속된다고 인정되어야 한다.
③ 주물과 종물 다 같이 독립된 물건으로 인정되어야 한다.
④ 주물과 종물 다 같이 동일의 소유자에 속하여야 한다.
⑤ 종물은 주물의 소유자가 부속시켰음을 요하지는 않는다.
⑥ 부동산과 부동산, 부동산과 동산, 동산과 부동산, 동산과 동산 형태 모두 가능하다.

## 4) 효과
종물은 감정평가가격에 포함되어있지 않았더라도 주물이 낙찰되면 주물과 함께 낙찰된다.

## 5) 대법원 판례
① **종물도 경매대상** : 부동산의 종물은 주물의 처분에 따르고 저당권은 그 목적 부동산의 종물에 대하여도 그 효력이 미치기 때문에 이러한 물건도 목적 부동산과 함께 경매의 대상이 되므로 낙찰자의 소유에 귀속하게 된다.
② **동일 지번만으로 종물이 아님** : 부동산의 종물 중 동산인 것은 보일러시설, 지하수펌프, 주유소의 주유기, 농지에 부속한 양수시설 등이 있으며, 부동산인 것은 별동으로 되어 있거나 동일지번 상에 건축되어 있는 경우라도 당연히 종물이라 볼 수 없고 그 독립성이 인정되지 않는 경우에 한하여 종물로 볼 수 있을 것이다.

경매목적 건물과는 별개 건물로서 그것이 단순히 경매목적물과 동일 지번상에 건립되어 있다는 것만으로서 그의 종물이거나, 부속건물이라고 볼 수 없으므로, 이를 이사건 피담보채권의 저당목적물이라 할 수 없다고 판시하였는바, 위 양 건물이 가옥대장상에 경매목적 건물의 부속건물이라 기재되어있다고 하여 그것을 곧 그 건물에 부합되었다거나 종물로서 저당권의 효력이 미칠 건물이었다고 단정할 수 없다.

③ 구분건물의 대지사용권 : 구분건물의 대지사용권은 비록 미등기일지라도 전유부분과 종속적 일체 불가분성이 인정되어 전유부분에 대한 경매개시결정과 압류의 효력이 당연히 종물 내지 종된 권리인 대지사용권에도 미친다.

④ 전유부분에 설정된 전세권 : 전유부분에 설정된 전세권의 효력 역시 종된 권리인 대지권에도 미쳐 배당시 토지 및 건물매각 대금 전부에 대하여서도 우선변제권을 주장할 수 있다.

⑤ 압류의 효력 : 압류의 효력은 종물에도 미치므로 종물도 평가의 대상이 된다. 압류 후나 저당권설정 후의 종물도 평가의 대상이 된다. 종물이 평가의 대상이 된다하더라도 반드시 목적 부동산과 별도로 산출할 필요는 없다. 그러나 고가의 종물은 독립하여 평가하여야 한다.

⑥ 종물의 조건 : 어느 건물이 주된 건물의 종물이기 위해서는 주된 건물의 경제적 효용을 보조하기 위하여 계속적으로 이바지 되어야 하는 관계가 있어야 한다.

⑦ 독립된 건물 : 경매법원이 기존 건물의 종물이라거나 부합된 부속건물이라고 볼 수 없는 건물에 대하여 경매신청된 기존 건물의 부합물이나 종물로 보고서 경매를 같이 진행하여 매각허가를 하였다 하더라도 그 독립된 건물에 대한 경락은 당연무효이고 따라서 그 경락인은 위 독립된 건물에 대한 소유권을 취득할 수 없다.

## 6) 관련 법조문

「민법」제98조(물건의 정의) 본법에서 물건이라 함은 유체물 및 전기 기타 관리할 수 있는 자연력을 말한다.

「민법」제99조(동산, 부동산) ① 토지 및 그 정착물은 부동산이다. ② 부동산 이외의 물건은 동산이다.

「민법」제100조(주물, 종물) ① 물건의 소유자가 그 물건의 상용에 공하기 위하여 자기 소유인 다른 물건을 이에 부속하게 한 때에는 그 부속물은 종물이다. ② 종물은 주물의 처분에 따른다.

「민법」제256조(부동산에의 부합) 부동산의 소유자는 그 부동산에 부합한 물건의 소유권을 취득한다. 그러나 타인의 권원에 의하여 부속된 것은 그러하지 아니하다.

「민법」제257조(동산간의 부합) 동산과 동산이 부합하여 훼손하지 아니하면 분리할 수 없거나 그 분리에 과다한 비용을 요할 경우에는 그 합성물의 소유권은 주된 동산의 소유자에게 속한다. 부합한 동산의 주종을 구별할 수 없는 때에는 동산의 소유자는 부합당시의 가액의 비율로 합성물을 공유한다.

「민법」제358조(저당권의 효력의 범위) 저당권의 효력은 저당부동산에 부합된 물건과 종물에 미친다. 그러나 법률에 특별한 규정 또는 설정행위에 다른 약정이 있으면 그러하지 아니하다.

「민법」제365조(저당지상의 건물에 대한 경매청구권) 토지를 목적으로 저당권을 설정한 후 그 설정자가 그 토지에 건물을 축조한 때에는 저당권자는 토지와 함께 그 건물에 대하여도 경매를 청구할 수 있다. 그러나 그 건물의 경매 대가에 대하여는 우선변제를 받을 수 없다.

「민법」제626조(임차인의 상환청구권) ① 임차인이 임차물의 보존에 관한 필요비를 지출한 때에는 임대인에 대하여 그 상환을 청구할 수 있다. ② 임차인이 유익비를 지출한 때 경우에는 임대인은 임대차 종료시에 그 가액의 증가가 현존한 때에 한하여 임차인의 지출한 금액이나 그 증가액을 상환하여야 한다. 이 경우에 법원은 임대인의 청구에 의하여 상당한 상환기간을 허여할 수 있다.

## 5. 경매 매각사례

[출처] 지지옥션(https://www.ggi.co.kr/)

제시 외 건물, 감정평가에 포함
ㄱ. 벽체이용 철골조 썬라이트지붕 1층, '비가림시설' 약114.7㎡
ㄴ. 벽체이용 시멘트벽돌조 슬래브지붕 1층 '식당' 약44.6㎡
ㄷ. 벽체이용 경량철골조 조립식판넬지붕 옥상 '전기실' 약30.8㎡
ㄹ. 벽체이용 철골조 판넬지붕 1층 '비가림시설' 약68.5㎡
ㅁ. 벽체이용 철골조 판넬지붕 1층 '비가림시설' 약57.1㎡
ㅂ. 벽체이용 판넬조 슬래브지붕 1층, '휴게실' 약23.1㎡

| 평가가액 | 一金오십오억사천사백삼십만구천팔백사십원整 (₩5,544,309,840.-) | | | | |
|---|---|---|---|---|---|
| 평가의뢰인 | 대전지방법원 천안지원 사법보좌관 김은숙 | | 평가목적 | | 경매 |
| 소유자또는 대상업체명 | 신광순 (2009타경11654) | | 제출처 | | 경매1계 |
| 채무자 | - | | 평가조건 | | - |
| 목록표시근거 | 귀 제시목록 | | 가격시점 2009.07.13 | 조사기간 2009.06.24~2009.07.13 | 작성일자 2009.07.17 |
| 평가내용 | 공 부 ( 의 뢰 ) | | 사 정 | | 평 가 가 액 |
| | 종별 | 면적(㎡) | 종별 | 면적(㎡) | 단가 / 금액 |
| | 토지(2필지) | 1,160.2 | 토지(2필지) | 1,160.2 | - / 1,881,720,000 |
| | 건물 | 4,310.42 | 건물 | 4,310.42 | - / 3,592,389,840 |
| | 제시외건물 | (338.8) | 제시외건물 | (338.8) | - / 70,200,000 |
| | 이 | 하 | 여 | 백 | |
| 합계 | | | | | ₩5,544,309,840 |

본인은 심사준칙에 따라 공정하게 심사한 결과 본 감정평가서의 내용이 타당하다고 사료되므로 이에 서명 날인함.

심 사 자 감 정 평 가 사           (인)

(1) 제시외 물건

감정평가서상 감정가격에 포함된 "제시 외 물건"이 많았다. 비가림시설, 1층 식당, 옥상 전기실, 1층 휴게실 등이 있었다.

실무상으로 감정평가에 포함된 제시외 물건은 경매를 당한 소유자 내지 채무자 측에서 문제를 제기하지 않는 한 낙찰로 취득하는데 문제가 없다. 물론 감정평가에 포함되지 않는다 해도 부합물과 종물에 해당된다면 취득을 주장할 수 있다.

이 사안에서는 감정평가에 포함되어 마음 편히 입찰할 수 있었다.

(2) 유치권

① **지하 단란주점 인테리어시설** : 상가 임차인 박○으로 부터 지하 유흥주점 내부시설 및 인테리어 공사대금조로 178,000,000원 유치권 신고가 있었다. 그러나 임차인의 영업을 위한 인테리어 공사는 대법원판례상 유치권으로 성립되지 않는다는 판결이

있었기에 일단 입찰하는 데는 문제가 되지 않았다.

자산의 객관적인 가치증가가 아닌 영업시설을 위하여 카페 규모를 확장하면서 들인 내부시설공사 비용은 유치권이 성립되지 않는다(대법91다8029)

실무적으로 유치권신고인과 만난 뒤 일주일이 지나 연락이 와서 만나보니 유치권을 포기할 테니 지하 단란주점에 계속 영업을 할 수 있게 해달라고 해서 보증금을 줄이고 월세로 전환해서 재계약을 함으로써 명도를 수월하게 하였다.

② **기계식 주차시설** : 이 사건 또 하나의 유치권 신고에 대하여 특이한 점은 기계식주차장 시설비용조로 낙찰된 후 잔금납부 직전에서야 허○○는 2억 5천만원을 법원에 신고하였다.

실무적으로 어려운 점은 잔금대출에 차질이 생겼다는 것이다. 유치권신고가 되면 은행에서는 일단 대출을 꺼려한다. 유치권자와 합의서 내지는 유치권 포기각서를 받아오라고 한다.

시간이 촉박한 상태여서 일단 유치권자를 만나기로 했다. 만나보니 2억5천만원을 들여 설치한 기계식 주차장 비용을 받지 못했으니 변제하라는 것이었다. 대화를 나누다 보니 뭔가 횡설수설하는 느낌을 받았고, 진정한 유치권자가 아니라는 확신을 받았다.

한참을 대화를 나누다가 허위유치권 행사를 하면 형법상의 경매입찰방해죄, 사문서위조지, 사기죄 등으로 형사처벌을 받을 수 있다는 설명을 하고 헤어졌다.

잔금납부일이 가까워져서 하는 수 없이 다음날 경찰서에 사기죄 등으로 형사고소를 하였다. 결국 며칠 지나 유치권신고를 한 사람에게 연락이 와서 유치권포기각서를 받아 무사히 대출을 받고 잔금납부를 마칠 수 있었다.

## 제4장
# 선순위 임차권, 선순위 전세권

1. 선순위 임차권
2. 선순위 전세권
3. 선순위 임차권과 선순위 전세권의 비교
4. 경매매각 사례

## 1. 선순위 임차권

### 1) 의의

공통적으로 선순위 임차권이나 선순위 전세권은 배당요구를 하지 않으면 그 보증금에 대하여 낙찰자가 인수하는 권리이다. 그러나 배당요구를 하게 되면 차이점이 발생한다. 즉, 선순위 임차권은 배당요구를 하여 전액 배당을 받으면 낙찰자가 인수할 임차보증금은 없으나, 배당받지 못한 임차보증금액은 낙찰자가 인수하여야 한다.

선순위 전세권은 배당요구를 하여 전액 배당을 받으면 낙찰자가 인수할 전세보증금은 없다는 점에서는 선순위 임차권과 같으나, 배당요구를 하면 배당요구와 동시에 선순위 전세권의 권리는 소멸하고 배당받지 못한 금액은 낙찰자가 인수할 의무는 없다.

### 2) 선순위 임차인의 대항력

전세권은 「민법」의 물권법에서 규정하고 있고, 전세권등기를 함으로써 공시의 효과가 있으므로 거래의 안전성이 있다고 볼 수 있다. 그러나 임차권은 임대인과 임차인 두 당사자만이 그 사실을 알 수가 있어 거래의 안전성 내지는 투명성이 떨어지고 있는 것이 사실이다.

「주택임대차보호법」과 「상가건물임대차보호법」에서는 임차인에 대한 보호 규정을 많이 두고 있는데 대표적으로 임차인의 대항력, 우선변제권, 최우선변제권 제도가 있다.

부동산경매에서 주택임차인의 대항력이란 임차인이 전입신고와 이사(점유)를 마치고 말소기준권리보다 선순위의 경우에는 배당요구를 하지 않는다면 임대차계약기간 만료일까지 거주할 권리 그리고 임차보증금을 낙찰자에게 반환받을 권리를 가지는 것을 말한다.

### 3) 가장 임차인

(1) 개념

부동산경매에서 가장임차인이란 실제 임대차관계에 있지 않으면서 전입신고가 되어 있는 경우로서 대부분 소유자인 임대인과 짜고 임차인으로서의 권리를 누리고자 하는 사람을 말한다.

이들은 대부분 임대차계약서가 없고, 확정일자도 없다.

(2) 임차인으로서 권리

전입신고만 함으로써 임차인이 누리고자 하는 권리는 다음과 같다.

① 선순위 대항력 있는 임차인으로서 배당요구를 하지 않음으로써 낙찰자에게 임차보증금을 받아 내는 것이다.

② 선순위 대항력 있는 임차인으로서 배당요구를 하지 않음으로써 수차례 유찰을 시켜 본인이나 소유자 측에서 저가에 다시 낙찰을 받고자 하는 것이다.

③ 확정일자가 없어도 배당받는 소액보증금대상으로 최우선변제권을 행사하려는 것이다.

(3) 가장 임차인 판단

① **부부간의 임대차** : 임대차로 인정하지 않는다. 그러나 법률상 이혼이 성립된 경우 위자료 및 재산분할의 조건으로 임대차계약이 성립될 수 있으므로 심도 있는 조사가 필요하다. 집행법원은 임대차계약에 관한 소명자료를 제출하라고 임차인에게 명령한다. 집행법원의 임차인이 제출한 소명자료를 취득하여 검토하면 큰 도움이 된다.

② **부모·형제·친척 간의 임대차** : 임대차계약, 보증금의 지급, 거주 등 실제 사실을 근거로 판단한다.

③ **이혼한 전 배우자** : 이혼한 전 배우자가 주민등록 전입이 그대로 남아 있는 상태에서 해당 물건이 경매로 나오게 되면 매수희망자는 사실 파악에 어려움이 있다. 이혼한 전 배우자 명의로 허위임대차계약서를 작성하고 대항력 있는 임차인으로서 권리신고를 하여 외관을 갖추어 임차보증금액에 상당하는 입찰가를 저감시켜 공정한 경매를 방해하였다는 이유로 경매입찰방해죄로 실형이 선고된 사례가 있다. 해당 부동산의 등기부등본을 보면 이혼을 위한 재산분할 가처분등기가 있을 수 있으니 등기부검토를 해보면 도움이 될 것이다.

④ **무상임대차각서** : 임차인이 대출당시에는 임대인이 대출금을 많이 받기 위하여 무상으로 거주하고 있다는 확인서를 은행에 제출하고, 그 이후 경매절차에서 배당요구를 하거나 대항력을 주장하는 것은 신의칙에 반한다(대법86다카2788). 또한 임차보증금 반환을 요구하며 건물 명도를 거부하는 것은 금반언 및 신의칙에 위반된다(대법87다카1708). 채권자인 은행에 문의하여 대출당시 현황조사서, 무상거주확인서 등을 확인한다.

⑤ 해당 부동산의 관리비가 누구 앞으로 나오는지 확인해보야 한다. 도시가스 사용료, 전기요금, 수도요금, 관리사무소의 주차등록 명의 등을 다각도로 확인하고 검토하여야 한다.

## 2. 선순위 전세권

### 1) 전세권의 의의
전세권은 우리나라 「민법」에만 있는 물권의 한 종류다.

제303조(전세권의 내용) ① 전세권자는 전세금을 지급하고 타인의 부동산을 점유하여 그 부동산의 용도에 좇아 사용·수익하며, 그 부동산 전부에 대하여 후순위권리자 기타 채권자보다 전세금의 우선변제를 받을 권리가 있다. ② 농경지는 전세권의 목적으로 하지 못한다.

### 2) 전세권의 성립
전세권이 설정되기 위해서는 전세권설정의 물권적 합의와 전세권 등기가 있어야 한다. 전세권설정자와 상대방 사이의 전세권을 설정할 의무를 부담하는 채권 계약이 있어야 하고, 전세권설정자와 상대방 사이의 전세권설정의 물권적 합의라는 이행행위까지 있어야 한다.

### 3) 전세권의 성격
즉 전세권은 전세보증금을 지급하고 타인의 부동산을 일정 기간 그 용도에 따라 사용·수익한 후 그 부동산을 반환하고 전세금의 반환을 받는 권리이다.

전세권은 부동산을 사용, 수익하는 용익물권으로서의 성격과, 전세금반환청구권을 담보하는 담보물권의 성격도 함께 가지고 있다.

### 4) 전세권이 미치는 우선변제 효력
집합건물에 대하여는 매각부동산의 건물과 토지에 대하여 배당을 받을 수 있으나, 일반건물의 전세권자는 건물에 대하여만 우선변제의 효력이 미치므로 배당받을 수 있다. 우리나라 법제는 집합건물이 아닌 경우에는 건물과 토지를 별개의 부동산으로 보기 때문이다.

(1) 대항력
선순위 전세권은 말소기준권리보다 앞서 등기된 전세권등기로서 전세권자가 배당요구를 하지 않으면 매수인에게 대항력을 행사하여 전세금 및 그 권리를 승계시킬 수 있다. 즉, 전세권의 만료일까지 거주하다가 만료일에 매수인에게 전세금반환을 청구할 수 있다.

(2) 배당요구 후 권리

그러나 전세권자가 배당요구를 하거나 경매신청을 하게 되면 배당받지 못한 보증금은 소멸하게 되며, 매수인에게 인수되는 보증금은 없게 된다. 이 점에서 선순위 임차권자의 배당요구시에 미배당금이 매수인에게 인수되는 것과는 다른 점이다.

(3) 말소기준권리

전세권자의 선순위 전세권도 일정한 경우에 말소기준권리가 될 수 있다.

① 일반건물 전체에 대한 전세권이거나 구분건물의 전세권자이어야 한다.
② 선순위 전세권이어야 한다.
③ 전세권자의 배당요구 또는 경매신청이 있어야 한다.

(4) 전세권자의 경매신청권

「민법」 제318조(전세권자의 경매청구권) 전세권설정자가 전세금의 반환을 지체한 때에는 전세권자는 민사집행법의 정한 바에 의하여 전세권의 목적물의 경매를 청구할 수 있다.

① 전세권의 존속기간이 만료되어 전세금을 소유자로부터 반환받지 못한 경우이다.
② 건물 전체의 전세권이어야 한다. 구분건물의 전세권자는 가능하다. 일반건물의 전세권자는 건물 전체의 전세권자이어야 한다. 일반건물 일부의 전세권자는 경매신청권을 할 수가 없다.

## 3. 선순위 임차권과 선순위 전세권의 비교

| 순번 | 선순위 임차권 | 선순위 전세권 |
|---|---|---|
| 01 | 「주택임대차보호법」, 「상가건물임대차보호법」 | 「민법」의 규정, 등기권리 |
| 02 | 경매신청시 임차보증금 반환소송을 거쳐 강제경매 신청 | 경매신청시 담보권실행을 위한 경매 임의경매 신청 |
| 03 | 배당요구 하였으나 미배당금이 있을시 매수인이 그 보증금을 인수함. | 배당요구 하였으나 미배당금이 있을시 그 권리는 소멸하고, 매수인이 인수하지 않음. |
| 04 | 배당요구 하지 않을시 매수인 인수사항 | 좌동 |
| 05 | 집합건물 매각시 배당방법 : 토지매각대금과 건물매각 대금에서 모두 배당 | 좌동 |
| 06 | 일반건물 매각시 배당방법 : 토지매각대금과 건물매각 대금에서 모두 배당 | 일반건물 매각시 배당방법 : 건물매각 대금에서만 배당 |
| 07 | 임차권의 권리와 전세권권의 권리가 둘 다 있을 때에는 둘 중 선택적으로 사용할 수 있음.<br>선순위 전세권자가 배당요구를 하여 미배당금이 있을 경우, 선순위 임차인의 권리는 그대로 존속하여 매수인이 인수하야 함. | 좌동 |

## 4. 경매매각 사례

### 성남6계 2014 타경 3384 아파트

**사건내용**

| 관심물건 | [낙찰사례] 메모: 이매동 아파트 | | | | |
|---|---|---|---|---|---|
| 소 재 지 | 경기 성남시 분당구 이매동 123 이매촌 613동 10층 1001호 (13568)경기 성남시 분당구 양현로94번길 29 | | | | |
| 경매구분 | 임의경매 | 채 권 자 | 보OOOOO | | |
| 용 도 | 아파트 | 채무/소유자 | 윤OO | 매각기일 | 14.07.07 (491,000,000원) |
| 감 정 가 | 560,000,000 (14.02.17) | 청 구 액 | 455,916,890 | 종국결과 | 14.10.30 배당종결 |
| 최 저 가 | 448,000,000 (80%) | 토지면적 | 54.5㎡ (16.5평) | 경매개시일 | 14.02.11 |
| 입찰보증금 | 44,800,000 (10%) | 건물면적 | 85㎡ (25.7평) [33평형] | 배당종기일 | 14.04.18 |
| 조 회 수 | ·금일조회 1 (0)  ·금회차공고후조회 184 (45)  ·누적조회 361 (63) | | | ()는 5분이상 열람 | |

  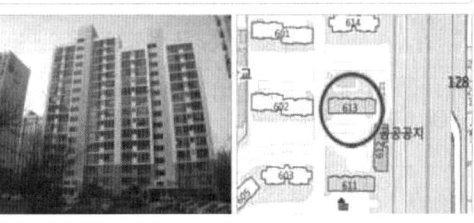

[출처] 지지옥션(https://www.ggi.co.kr/)

[출처] 지지옥션(https://www.ggi.co.kr/)

## 1) 권리사항 정리

① 소유권이전

윤OO, 1998. 09. 23

② 말소기준권리

근저당권, 보문동 새마을금고, 2006. 09. 22, 585,000,000원

③ 선순위 대항력 있는 임차권

황OO, 전입신고 2001. 05. 08, 보증금 250,000,000원

④ 후순위 대항력 없는 임차권

윤OO, 전입신고 2011. 07. 25, 보증금 250,000,000원, 배우자 황영옥

### 2) 권리분석

① 황OO이 전입신고한 2001년 05월 08일이 말소기준권리인 근저당권 2006년 9월 22일 보다 선순위여서 외형상은 보증금 250,000,000원을 인수하는 것처럼 보인다.

② 윤OO이 전입신고한 2011년 07월 25일이 말소기준권리인 근저당권 2006년 9월 22일 보다 후순위여서 보증금 250,000,000원은 매수인이 인수하지 않아도 된다.

③ 입찰 당시 시세는 시세 상승기여서 감정가보다 조금 높았고, 더 상승 여력이 있어 보였다.

④ 감정가 560,000,000원, 시세는 대략 600,000,000원 정도였지만 근저당권 채권최고액이 585,000,000원인데, 임차보증금이 250,000,000원 2개 총 500,000,000원이 있다는 것은 상식적으로 납득하기 힘들었고, 무엇인가 문제점이 있다고 생각하고 조사하기 시작하였다.

### 3) 경매입찰

① 은행에 대출을 많이 받기 위해서 임차인이 작성한 무상거주확인서가 있다는 것을 알게 되었다.

② 탐문결과 소유자와 후순위 임차인은 형제간이었고, 전입신고된 선순위 임차인은 소유자 동생의 처 제수씨였다. 친인척 간의 임대차관계는 그 임대차계약여부, 보증금의 지급여부, 거주여부 등 사실관계에 따라 판단된다. 또한 무상거주확인서가 은행에 제출된 이상 임대차관계가 사실이라 하더라도 매수인에게 주장할 수가 없다.

③ 가장임차인으로 판단하고 응찰해서 낙찰을 받았다. 낙찰 후 임차인과 교섭한 후 오래되지 않아 사실인정을 받았고, 그의 요청에 의하여 가장임차인에게 6개월간의 단기 임대를 놓았다.

④ 입찰당시 2014년 7월 7일에 491,000,000원에 낙찰을 받았고, 부동산의 가격상승에 힘입어 현재 1,400,000,000원 상당 가격이 나가고 있다.

## 제5장
# 토지별도등기, 대지권미등기, 대지권 없음

1. 토지별도등기
2. 대지권 미등기
3. 대지권 없음
4. 삼자의 비교

# 1. 토지별도등기

## 1) 개념

집합건물은 토지와 건물이 일체가 되어 하나의 등기부를 작성하게 된다. 그러나 특정한 경우에 토지와 건물이 각각 다른 등기부가 존재하는 경우가 있다. 토지에 대하여 저당권이나 제한권리가 설정된 상태에서 대지권 등기가 되면 집합건물 등기부의 표제부에 "대지권 표시란"에 "토지별도등기 있음"을 표시하게 된다.

여기에서 **집합건물**이란 1동의 건물에 구조상 구분된 수개의 부분이 독립한 건물로서 사용될 수 있는 건물로 아파트, 연립주택, 다세대, 오피스텔, 집합상가 등을 말한다.

여기에서 **대지권**이란 집합건물의 구분소유자가 전유부분을 소유하기 위하여 건물의 대지에 관하여 가지는 권리를 말한다.

건물이 완공되면 사용승인 과정을 거쳐 건축물대장에 등록하고 집합건물 등기부를 작성하게 되는데 토지에 저당권 등 제한물권이 있는 경우 토지와 건물의 권리관계가 일치하지 않기 때문에 대지권 표시란에 "토지별도등기 있음"이라고 표시하는 등기를 말한다.

토지별도등기가 되어 있는 토지가 경매로 나오는 이유는 시행사가 토지를 담보로 빌린 자금으로 건물을 시공하고 사용승인을 하고 난 후에 토지의 저당권을 말소하고 세대별 대지권등기를 해주어야 함에도 불구하고 토지에 있는 채무를 변제하지 못하여 토지의 채권자에게 경매를 당하는 경우이다.

## 2) 「집합건물의 소유 및 관리에 관한 법률」 규정

제20조(전유부분과 대지사용권의 일체성)
① 구분소유자의 대지사용권은 그가 가지는 전유부분의 처분에 따른다.
② 구분소유자는 그가 가지는 전유부분과 분리하여 대지사용권을 처분할 수 없다. 다만, 규약으로써 달리 정한 경우에는 그러하지 아니하다.
③ 제2항 본문의 분리처분금지는 그 취지를 등기하지 아니하면 선의(善意)로 물권을 취득한 제3자에게 대항하지 못한다.
④ 제2항 단서의 경우에는 제3조제3항을 준용한다.

### 3) 집합건물 등기부

집합건물은 토지와 건물이 일체가 되어 거래되고, 토지등기와 건물등기가 따로 있지 않고 "집합건물 등기사항전부증명"만 있다. 토지 지분에는 '(소유권)대지권'이라고만 표기한다.

집합건물이 있는 토지 전체에 대한 토지등기부는 따로 있다.

대지권 지분에 대한 토지등기가 따로 없다.

집합건물이 있는 건물에 대한 건물등기부는 따로 없다.

모든 권리관계는 전유부분의 등기에만 기재되어 있다.

담보권설정 이외에도 집합건물 토지등기부에 가압류, 가처분, 가등기 등이 있을 수도 있으며 이러한 경우에 '토지별도등기 있음'이라고 표기한다.

### 4) 토지별도등기 경매와의 관계

경매법원은 토지에 대한 저당권을 낙찰자가 인수한다는 특별매각조건을 붙이거나, 아무런 인수조건을 붙이지 않고 토지저당권자로 하여금 채권신고를 하게 하여 경매대상 구분건물의 비율만큼 토지저당권을 말소한다. 이러한 경우 토지저당권자는 건물의 낙찰대금에서는 우선변제를 받을 수 없다.

(1) 원칙

전유부분의 건물표시의 대지권의 표시 "별도등기 있음"은 잔금납부 후 촉탁등기로 말소된다. 토지의 저당권자로 하여금 채권신고를 하게 하여 그 중 경매대상 구분건물의 대지권 비율만큼 토지 저당권을 말소시킨다.

(2) 예외

매각물건명세서 비고란에 "토지별도등기를 매수인이 인수해야 한다"는 특별매각조건을 붙인다.

(3) 판단

   ① **집합건물등기부 발급** : 전유부분 건물표시의 대지권표시 "별도등기 있음" 확인

   ② **토지등기부 발급** : 별도등기 사항 확인

   ③ 토지별도등기 내용을 파악하여 감수 여부 결정한다.

(4) 경매 권리분석
　① 근저당권이 설정된 경우 집행법원에서 근저당권자에게 배당요구 신청을 하도록 해서 배당을 하고 근저당권은 말소 처리하는 경우가 대부분이다.
　② 토지의 저당권자가 채권신고를 하고 감정평가서에 토지에 대한 평가가 되어 감정가격에 토지부분이 포함되었다면 문제가 없다.
　③ 토지등기부등본을 발급하여 저당권이 아닌 선순위 가처분 등의 토지별도등기가 있으면 인수권리다.
　④ 말소기준권리와 최우선변제금의 기준

　　토지에 대한 저당권설정 ⇨ 건물 준공 ⇨ 건물에 대한 저당권설정 ⇨ 임차인 전입
　　또는
　　토지에 대한 저당권설정 ⇨ 건물 준공 ⇨ 임차인 전입 ⇨ 건물에 대한 저당권설정

「주택임대차보호법」은 임차인 보호를 위한 것이므로 임차인에게 유리한 건물에 대한 근저당권이 말소기준권리가 된다.
소액보증금 최우선변제금 기준도 임차인에게 유리하도록 건물 근저당권이 지급기준권리가 된다.
토지와 건물에 공동저당권이 설정됐다가 건물을 철거하고 새로운 원룸 등을 신축하여 건물 보존등기가 되기 전 임차인들이 입주하고, 그 뒤 건물에 대하여 근저당권이 설정된 경우도 마찬가지다.
건물 근저당권이 말소기준권리가 되므로 토지 근저당권보다 늦지만 건물 근저당권보다 빠른 임차인들은 대항력이 있으므로 못 받은 보증금이 있다면 낙찰자가 인수한다.
소액임차인들은 건물과 토지매각 대금에서 최우선변제를 받을 수 있으나 토지에 근저당권이 설정될 당시 지상 건물이 존재하지 않아 근저당권자가 그 건물에 대하여 알지 못했다면 소액임차인이 발생할 상황을 예측할 수 없었다 할 것이어서 토지 매각 대금에서는 우선변제를 받을 수 없다.

## 5) 토지별도등기 경매매각사례

### 동부5계 2022 타경 55856 오피스텔

**| 사건내용**

| 병합/중복 | 2023-58814(병합-(주)비엘팜텍), 2022-55757(중복-안선희) | | | | |
|---|---|---|---|---|---|
| 소 재 지 | 서울 송파구 신천동 29 롯데월드타워앤드롯데월드몰 월드타워동 63층 6303호<br>(05551)서울 송파구 올림픽로 300 | | | | |
| 경매구분 | 임의경매 | 채 권 자 | 씨와이대부 | | |
| 용 도 | 오피스텔 | 채무/소유자 | 최원준 / 최원준외3 | 매 각 기 일 | 24.05.27 (4,201,000,000원) |
| 감 정 가 | 6,550,000,000 (22.10.21) | 청 구 액 | 700,000,000 | 다 음 예 정 | |
| 최 저 가 | 4,192,000,000 (64%) | 토 지 면 적 | 전체 66.92㎡ 중<br>지분 44.6㎡ (13.5평) | 경매개시일 | 22.10.17 |
| 입찰보증금 | 419,200,000 (10%) | 건 물 면 적 | 전체 237.46㎡ 중<br>지분 158.3㎡ (47.9평) | 배당종기일 | 24.01.15 |
| 주 의 사 항 | <u>토지별도등기</u> 지분매각 <u>특수件분석신청</u><br>· 소멸되지 않는 권리 : 토지 을구 1번 지상권(1993.8.5.자 92257호), <u>2번 임차권(2010.5.6.자 25138호), 3번 구분지상권</u><br>(2014.6.11.자 37413호), <u>4번 구분지상권(2014.6.11.자 37415호), 5번 구분지상권(2014.6.16.자 38404호)</u>은 말소되지 않고 매수<br>인이 인수함 | | | | |
| 조 회 수 | · 금일조회 1 (0)  · 금회차공고후조회 106 (25)  · 누적조회 665 (60)   ()는 5분이상 열람 　조회통계 | | | | |

[출처] 지지옥션(https://www.ggi.co.kr/)

### (1) 집합건물등기부 '전유부분 건물의 표시'

| 【 표 제 부 】 | ( 전유부분의 건물의 표시 ) | | |
|---|---|---|---|
| 표시번호 | 접 수 | 건 물 번 호 | 건 물 내 역 | 등기원인 및 기타사항 |
| 1 | 2017년4월10일 | 제63층 제6303호 | 철골철근콘크리트구<br>조 237.46㎡ | |

| ( 대지권의 표시 ) | | | |
|---|---|---|---|
| 표시번호 | 대지권종류 | 대지권비율 | 등기원인 및 기타사항 |
| 1 | 1 소유권대지권 | 87182.80분의<br>66.92 | 2017년2월9일 대지권<br>2017년4월10일 등기 |
| 2 | | | <u>별도등기 있음</u><br><u>1토지(을구 1번 지상권 설정 등기,을구 2번</u><br><u>임차권 설정 등기,을구 3,4,5번 구분지상권</u><br><u>설정 등기)</u><br>2017년4월10일 등기 |

(2) 매각물건명세서 '비고란'

### 서울동부지방법원
### 매각물건명세서

2022타경55856

| 사건 | 2022타경55856 부동산임의경매<br>2022타경55757(중복)<br>2023타경58814(병합) | 매각<br>물건번호 | 1 | 작성<br>일자 | 2024.02.07 | 담임법관<br>(사법보좌관) | 박가열 | |
|---|---|---|---|---|---|---|---|---|
| 부동산 및 감정평가액<br>최저매각가격의 표시 | 별지기재와 같음 | 최선순위<br>설정 | 최원준 지분:<br>2021.08.06. 근저당<br>최흥균 지분:<br>2022.02.22. 가압류 | | | 배당요구종기 | 2024.01.15 | |

부동산의 점유자와 점유의 권원, 점유할 수 있는 기간, 차임 또는 보증금에 관한 관계인의 진술 및 임차인이 있는 경우 배당요구 여부와 그 일자, 전입신고일자 또는 사업자등록신청일자와 확정일자의 유무와 그 일자

| 점유자<br>성명 | 점유<br>부분 | 정보출처<br>구분 | 점유의<br>권원 | 임대차기간<br>(점유기간) | 보증금 | 차임 | 전입신고<br>일자.외국인<br>등록(체류지<br>변경신고)일<br>자.사업자등<br>록신청일자 | 확정일자 | 배당<br>요구여부<br>(배당요구일자) |
|---|---|---|---|---|---|---|---|---|---|
| 한국전<br>력공사 | 을구<br>1번<br>지<br>43.69㎡ | 등기사항<br>전부증명<br>서 | 기타<br>임차권자 | | | 11,790,520 | | | |

〈비고〉
한국전력공사:토지 임차권자로 임차권설정등기일자는 2010.5.6.임

※ 최선순위 설정일자보다 대항요건을 먼저 갖춘 주택·상가건물 임차인의 임차보증금은 매수인에게 인수되는 경우가 발생 할 수 있고, 대항력과 우선변제권이 있는 주택·상가건물 임차인이 배당요구를 하였으나 보증금 전액에 관하여 배당을 받지 아니한 경우에는 배당받지 못한 잔액이 매수인에게 인수되게 됨을 주의하시기 바랍니다.

등기된 부동산에 관한 권리 또는 가처분으로 매각으로 그 효력이 소멸되지 아니하는 것
토지 을구 1번 지상권(1993.8.5.자 92257호), 2번 임차권(2010.5.6.자 25138호), 3번 구분지상권(2014.6.11.자 37413호), 4번 구분지상권(2014.6.11.자 37415호), 5번 구분지상권(2014.6.16.자 38404호)은 말소되지 않고 매수인이 인수함

매각에 따라 설정된 것으로 보는 지상권의 개요
해당사항없음

비고란
토지 별도등기 있음, 지분매각임

주1 : 매각목적물에서 제외되는 미등기건물 등이 있을 경우에는 그 취지를 명확히 기재한다.
　2 : 매각으로 소멸되는 가등기담보권, 가압류, 전세권의 등기일자가 최선순위 저당권등기일자보다 빠른 경우에는 그 등기일자를 기재한다.

매각물건명세서에 `소멸되지 않는 권리 매수인이 인수한다`는 특별매각조건 있음.
① 토지 을구 1번 지상권(목적 : 지하철도 시설의 소유)
② 2번 임차권(존속기간 : 변전소 시설물이 존속하는 기간)
③ 3번 구분지상권(목적 : 환기구 등의 보호, 존속기간 : 도시철도 존속시까지)
④ 4번 구분지상권(목적 : 지하철 출입구 소유)
⑤ 5번 구분지상권(공공시설:도로의 적정한 설치 및 유지관리)

별도등기 목적이 '지하철도 시설의 소유 등등'이므로 별도등기 목적이 공공시설물 소유 등이어서 매각대상 부동산의 소유권을 사용·수익·처분하는데 영향을 미치는 것은 아니라고 판단함.

## 2. 대지권 미등기

### 1) 개념

집합건물은 토지와 건물이 일체가 되어 하나의 등기부가 존재하여야 한다.
그러나 특정한 경우에 토지와 건물이 각각 다른 등기부가 존재하는 경우가 있다.
집합건물의 대지권(대지사용권)은 원칙적으로 등기되어야 하지만, 보존등기시 부득이한 사유로 인하여 미등기되는 경우가 발생하기도 한다.
그 주된 사유로는 대지의 분필이나 합필의 지적정리 또는 환지절차 정리의 지연, 집합건물 각 세대간의 지분비율에 대한 분쟁, 수분양자의 분양대금 미납부, 시행사의 내부사정 등으로 대지권이 미등기된 경우가 있다.

### 2) 구분건물의 전유부분과 대지사용권

① 구분건물의 대지사용권은 전유부분 및 공용부분과 분리처분이 가능한 규약이나 공정증서가 없는 때에는 전유부분과 종속적 일체불가분성이 인정되어 전유부분에 대한 경매개시결정과 압류의 효력이 당연히 종물 내지 종된 권리인 대지사용권에도 미치며, 그와 같은 내용의 규약이나 공정증서가 있는 때에는 종속적 일체불가분성이 배제되어 전유부분에 대한 경매개시결정과 압류의 효력이 대지사용권에는 미치지 아니한다.

② 구분건물에 대한 경매에 있어서 비록 경매신청서에 대지사용권에 대한 아무런 표시가 없는 경우에도 집행법원으로서는 대지사용권이 있는지, 그 전유부분 및 공용부분과 분리처분이 가능한 규약이나 공정증서가 있는지 등에 관하여 집달관에게 현황조사명령을 하는 때에 이를 조사하도록 지시하는 한편, 그 스스로도 관련자를 심문하는 등의 가능한 방법으로 필요한 자료를 수집하여야 하고, 그 결과 전유부분과 불가분적인 일체로서 경매의 대상이 되어야 할 대지사용권의 존재가 밝혀진 때에는 이를 경매목적물의 일부로서 경매 평가에 포함시켜 최저입찰가격을 정하여야 할 뿐만 아니라, 입찰기일의 공고와 입찰물건명세서의 작성에 있어서도 그 존재를 표시하여야 할

것이나, 그렇지 않고 대지사용권이 존재하지 아니하거나 존재하더라도 규약이나 공정 증서로써 전유부분에 대한 처분상의 일체성이 배제되어 있는 경우에는 특별한 사정이 없는 한 전유부분 및 공용부분에 대하여만 경매절차를 진행하여야 한다.

③ 대지사용권이 존재함에도 그에 대한 경매신청이 없다는 이유로 집행법원이 대지사용권의 존부 등에 관하여 조사를 함이 없이 전유부분 및 공용부분에 대하여만 경매절차를 진행한 경우에 있어서도, 대지사용권에 대하여 분리 처분이 가능한 규약이나 공정증서가 없는 때에는 전유부분에 대한 경매개시결정 및 압류의 효력이 그 대지사용권에도 미치므로 일괄경매를 할 필요가 없고(다만 이 경우 이해관계인으로서는 입찰기일의 공고가 법률의 규정에 위반하거나 최저입찰가격의 결정 또는 입찰물건명세서 작성에 중대한 하자가 있음을 이유로 민사소송법 제632조, 제642조 제2항, 제633조 제6호 등에 의하여 입찰허가에 대한 이의를 하거나 입찰허가결정에 대한 항고를 함으로써 구제받을 수 있다고 할 것이다.), 그와 같은 내용의 규약이나 공정증서가 있는 때에는 전유부분에 대한 경매개시결정 및 압류의 효력이 대지사용권에는 미치지 아니하고 그 대지사용권이 경매 목적물에서 제외되어 일괄경매의 요건을 충족하지 아니하므로 일괄경매를 할 수가 없으므로, 구분건물의 대지사용권이 존재한다고 하더라도 그에 대한 경매신청이 없었던 이상 집행법원이 이를 그 전유부분 및 공용부분과 일괄경매를 하지 아니하였다 하여 그러한 사유만으로 경매절차에 하자가 있다고 할 수 없다.

(대법97마814)

### 3) 미등기 대지권은 전유부분의 종된 권리

**【판시사항】**

가. 저당권의 효력이 저당부동산에 종된 권리에까지 미치는지 여부

나. 구분건물의 전유부분에만 설정된 저당권의 효력 범위

**【판결요지】**

가. 「민법」 제358조 본문은 "저당권의 효력은 저당부동산에 부합된 물건과 종물에 미친다"고 규정하고 있는바, 이 규정은 저당부동산에 종된 권리에도 유추적용된다.

나. 구분건물의 전유부분만에 관하여 설정된 저당권의 효력은 대지사용권의 분리처분이 가능하도록 규약으로 정하는 등의 특별한 사정이 없는 한 그 전유부분의 소유자가 사후에라도 대지사용권을 취득함으로써 전유부분과 대지권이 동일 소유자의 소유에 속하게 되었다면, 그 대지사용권에까지 미치고 여기의 대지사용권에는 지상권 등 용익권 이외에 대지소유권도 포함된다.(대법94다12722)

### 4) 경매와의 관계

① 경매매각부동산에 대지권미등기라고 표시된 경우가 있다. 원래 대지사용권은 있으나 어떠한 절차로 인하여 대지 지분이 미등기 되어 있는 경우가 있는데 낙찰 후 대지 지분의 소유권이전이 가능하다.

② 대지권이 미등기상태이더라도 건물과 대지권이 일괄평가되었으면 소유권을 취득할 수가 있다. 다만, 낙찰후 소유권이전등기 촉탁 시 대지권등기를 하는 것은 아니고, 별도의 등기 절차를 밟아 전유부분에 대한 등기가 선행된 후 대지권에 대하여 등기절차를 하여야 한다.

③ 다만, 후술할 대지권이 처음부터 없었던 건물만을 매각한다면 낙찰을 받아도 대지권을 취득할 수 없다.

④ 경매의 수익적인 관점에서 건물만 매각이고, 대지권이 매각에서 제외되었더라도 건물이 법정지상권이 성립되고, 지료를 주고도 건물에서 수익이 충분하다면 입찰을 적극적으로 고려해볼만하다.

지료를 지급하고도 수익을 충분히 남길 수 있는 물건이라면 건물에는 수익성이 충분하고, 30년이 지나면 지상물매도청구권을 통하여 시세에 적정한 가격으로 매도하면 되기 때문이다.

특히 교통입지가 좋거나 임대수요가 많은 지역에 있는 수익형 부동산이라면 리모델링 비용과 임대수익을 미리 계산하여 입찰에 응하면 좋은 전략이 될 것이다.

또한 핫플레이스 지역에 직접 음식점이나 카페 등을 운영하여 수익에 자신이 있다면 이 또한 적극적으로 검토해볼 만하다.

## 5) 대지권미등기 경매매각사례

### (1) 경매정보지

**중앙21계 2023 타경 669 다세대(생활주택)**

**| 사건내용**

| 병합/중복 | 2024-102845(중복-정순태), 2024-102920(중복-정해택) | | | |
|---|---|---|---|---|
| 소재지 | 서울 동작구 사당동 55-2 델리카운티 2층 201호 [일괄]202호, 3층 301호, 3층 302호, 4층 401호, 외5<br>(06991)서울 동작구 동작대로35차길 21 | | | |
| 경매구분 | 임의경매 | 채 권 자 | 신정신협 | |
| 용 도 | 다세대(생활주택) | 채무/소유자 | 유나온 | 매각기일 | 24.04.23 (3,713,888,444원) |
| 감 정 가 | 5,162,000,000 (23.03.07) | 청 구 액 | 2,112,179,390 | 다음예정 | |
| 최 저 가 | 2,642,944,000 (51%) | 토지면적 | 340.0㎡ (102.9평) | 경매개시일 | 23.02.23 |
| 입찰보증금 | 264,294,400 (10%) | 건물면적 | 444㎡ (134.4평) | 배당종기일 | 23.05.08 |
| 주 의 사 항 | 대지권미등기  특수件분석신청 | | | |
| 조 회 수 | · 금일조회 1 (0)  · 금회차공고후조회 39 (27)  · 누적조회 649 (115)     ()는 5분이상 열람 | | | 조회통계 |

[출처] 지지옥션(https://www.ggi.co.kr/)

### (2) 매각물건명세서

| 등기된 부동산에 관한 권리 또는 가처분으로 매각으로 그 효력이 소멸되지 아니하는 것 |
|---|
| |
| 매각에 따라 설정된 것으로 보는 지상권의 개요 |
| |
| 비고란 |
| 1. 일괄매각 대지권 미등기<br>2. 현황조사보고서에 의하면 502호 점유자는 '지하층 비01호'와 '5층 502호'를 분양받아 점유중이라고 하므로 점유관계 및 권리관계의 확인이 필요하다고 보고함.<br>3. 감정평가서에 의하면 501호 및 비01호는 등기사항전부증명서와 집합건축물대장상 면적이 다소 상이하며, 제비01호는 공부상 근린생활시설이나 현황 공실로서 용도가 불분명하다고 보고함. |

주1 : 매각목적물에서 제외되는 미등기건물 등이 있을 경우에는 그 취지를 명확히 기재한다.
 2 : 매각으로 소멸되는 가등기담보권, 가압류, 전세권의 등기일자가 최선순위 저당권등기일자보다 빠른 경우에는 그 등기일자를 기재한다.

(3) 집합건물등기부

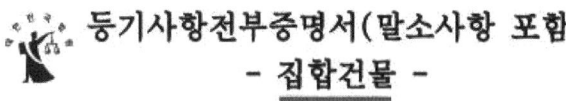

고유번호 1101-2022-010727

[집합건물] 서울특별시 동작구 사당동 55-2 제2층 제201호

【 표 제 부 】 ( 1동의 건물의 표시 )

| 표시번호 | 접 수 | 소재지번,건물명칭 및 번호 | 건 물 내 역 | 등기원인 및 기타사항 |
|---|---|---|---|---|
| 1 | | 서울특별시 동작구 사당동 55-2 | 철근콘크리트조 슬라브지붕 5층 공동주택(도시형생활주택(단지형 다세대주택 및 제2종근린생활시설)) 지하층 62.95㎡ 1층 19.08㎡ 2층 120.30㎡ 3층 120.30㎡ 4층 120.30㎡ 5층 118.85㎡ | 2022년9월19일 등기 |

【 표 제 부 】 ( 전유부분의 건물의 표시 )

| 표시번호 | 접 수 | 건물번호 | 건물내역 | 등기원인 및 기타사항 |
|---|---|---|---|---|
| 1 | | 제2층 제201호 | 철근콘크리트조 52.72㎡ | 2022년9월19일 등기 |

(4) 감정평가서

### 감정평가액의 산출근거 및 결정의견

⑤ 본건은 기준시점일 현재 "등기사항전부증명서"상 토지의 소유권 대지권이 미정리된 상태이나, 구분소유건물은 「집합건물의 소유 및 관리에 관한 법률」 제20조에 의거 구분건물의 전유부분과 대지권이 일체성을 가지고 있으며, 또한 구분건물과 토지를 일체로 하여 분양 및 거래가 됨으로 차후 각 구분건물별로 적정한 토지의 소유권대지권이 이전될 것을 전제로 하여 일체 감정평가하였는 바, 업무진행시 참고하시기 바람.

⑥ 구분소유건물은 '집합건물의 소유 및 관리에 관한 법률' 제20조의 규정에 따라 구분건물과 대지사용권이 일체성을 가지며, 일반적으로 이에 따라 분양 및 거래가 이루어지므로 토지·건물의 구분평가는 곤란하나, 귀 법원의 요청에 따라 대상부동산의 가액을 토지가액과 건물가액으로 구분하여 기재하였으니 업무에 참고하시기 바랍니다.

## (구분건물) 감정평가표

이 감정평가서는 감정평가에 관한 법규를 준수하고 감정평가이론에 따라 성실하고 공정하게 작성하였기에 서명날인합니다.

감 정 평 가 사
최 용 희

(주)가온감정평가법인 대표이사 김 동 각 (서명 또는 인)

| 감정평가액 | 오십일억육천이백만원정 (₩5,162,000,000.-) | | | |
|---|---|---|---|---|
| 의 뢰 인 | 서울중앙지방법원 사법보좌관 문양주 | 감정평가 목적 | 법원경매 | |
| 채 무 자 | - | 제 출 처 | 서울중앙지방법원 경매21계 | |
| 소유자또는 대상업체명 | 유나은 (2023타경669) | 기 준 가 치 | 시장가치 | |
| | | 감정평가조건 | - | |
| 물건목록 표시근거 | 귀 제시목록, 집합건축물대장 | 기 준 시 점 | 조 사 기 간 | 작 성 일 |
| | | 2023.03.07 | 2023.03.06 ~ 2023.03.07 | 2023.03.13 |

| | 공부(公簿)(의뢰) | | 사 정 | | 감정평가액 | |
|---|---|---|---|---|---|---|
| 감정평가내용 | 종류 | 면적(㎡) 또는 수량 | 종류 | 면적(㎡) 또는 수량 | 단 가 | 금 액 |
| | 구분건물 | 9개호 | 구분건물 | 9개호 | - | 5,162,000,000 |
| | 이 | | 하 | | 여 | 백 |
| | 합 계 | | | | | ₩5,162,000,000.- |

(5) 권리분석

① 등기부 전유부분 건물의 표시란에 대지권에 관한 표시가 없다.

② 매각물건명세서에도 대지권미등기일지라도 일괄매각이라 표기되었다.

③ 감정평가서에서도 구분건물의 전유부분과 대지권은 일체성을 가지므로 적정한 토지의 소유권대지권이 장차 이전될 것을 전제로 하여 일체 감정평가하였다.

④ 대법원판례(대법97마814) : 구분건물의 대지사용권은 전유부분 및 공용부분과 분리처분이 가능한 규약이나 공정증서가 없는 때에는 전유부분과 종속적 일체불가분성이 인정되어 전유부분에 대한 경매개시결정과 압류의 효력이 당연히 종물 내지 종된 권리인 대지사용권에도 미친다.

⑤ 대법원판례(대법94다12722) : 구분건물의 '전유부분'만에 관하여 설정된 저당권의 효력은 대지사용권의 분리처분이 가능하도록 규약으로 정하는 등의 특별한 사정이 없는 한 그 전유부분의 소유자가 사후에라도 대지사용권을 취득함으로써 전유부분과 대지권이 동일 소유자의 소유에 속하게 되었다면, 그 대지사용권에까지 미치고 여기의 대지사용권에는 지상권 등 용익권 이외에 대지소유권도 포함된다.

⑥ 위 등기부분석, 매각물건명세서, 감정평가서, 대법원판례 등을 종합하여 검토해보았을 때 매수인은 건물과 토지의 대지권을 함께 취득할 것으로 본다.

## (6) 미등기 대지권 등기신청 방법

수분양자가 분양 대금을 완납하고 대지권을 이전받기로 하는 약정을 하고 전유부분에 대한 소유권이전등기를 마쳤으나, 대지권에 대한 소유권이전등기가 안 된 상태에서 전유부분이 제3자에게 경매로 매각되었다면, 낙찰자는 대지권에 대한 소유권이전등기가 없더라도 대지사용권을 취득한다(대법2011다79210호).

수분양자가 대지권 등기 절차에 협조해 주면 다행이지만, 협조를 받을 수 없다면 소송을 통하여 대지권등기를 할 수 있다.

## 3. 대지권 없음

### 1) 의의

토지소유자가 별도로 존재하여, 토지에 대한 소유권이 아예 없어 건물만 매각하는 경우로 대지권 등기가 없다.

토지는 감정평가되지 않았고 건물만 매각하는 것으로, 법정지상권이 성립되고 수익성이 있을 때만 입찰하여야 한다.

만약 법정지상권이 성립하지 않을 경우, 토지소유자는 건물 매수인을 상대로 건물철거와 토지인도 및 지료지급청구소송을 제기하여 건물을 철거할 수도 있다. 이러한 건물만 매각하고 대지권이 없는 경우는 집합건물의 매각이 아니고, 일반 건물의 경우이므로 대지권 확보방안이 있거나 건물이 토지에 대하여 법정지상권이 성립되는 경우에만 입찰을 고려하여야 할 것이다.

### 2) 경매 매각 사례

(1) 매각물건명세서

| 〈비고〉 |
|---|
| ※ 최선순위 설정일자보다 대항요건을 먼저 갖춘 주택·상가건물 임차인의 임차보증금은 매수인에게 인수되는 경우가 발생 할 수 있고, 대항력과 우선변제권이 있는 주택·상가건물 임차인이 배당요구를 하였으나 보증금 전액에 관하여 배당을 받지 아니한 경우에는 배당받지 못한 잔액이 매수인에게 인수되게 됨을 주의하시기 바랍니다. |
| **등기된 부동산에 관한 권리 또는 가처분으로 매각으로 그 효력이 소멸되지 아니하는 것** |
| 갑구 순위번호 10번 가처분등기(2021.10.22.등기)는 말소되지 않고 매수인에게 인수됨. |
| **매각에 따라 설정된 것으로 보는 지상권의 개요** |
| |
| **비고란** |
| 1.제시외 건물 포함, 건물만의 매각임 법정지상권 성립 여부 불분명<br>2.갑구 순위 10번 가처분 등기의 가처분권자 박은경, 정원희, 정원영으로부터 2023. 12. 5.자 참고서면 제출됨(이 사건 부동산에 관한 채무자겸소유자를 상대로 한 서울고등법원 2023나2009946호, 대법원 2023다270597호 건물등철거 승소판결문 등) |

(2) 전 경매사건 참조

## 평택1계 2019 타경 9505 근린시설

| 사건내용 | | | | | |
|---|---|---|---|---|---|
| 소 재 지 | 경기 평택시 팽성읍 안정리 33-5<br>(17977)경기 평택시 팽성읍 안정쇼핑로 78 | | | | |
| 경매구분 | 임의경매 | 채 권 자 | 하OOO | | |
| 용 도 | 근린시설 | 채무/소유자 | 성OOOOO / 박OOOO | 매각기일 | 21.07.05 (619,900,000원) |
| 감 정 가 | 2,307,534,880 (19.12.10) | 청 구 액 | 172,088,077 | 종국결과 | 21.10.07 배당종결 |
| 최 저 가 | 554,039,000 (24%) | 토지면적 | 0.0㎡ (0.0평) | 경매개시일 | 19.11.28 |
| 입찰보증금 | 55,403,900 (10%) | 건물면적 | 전체 2,916.4㎡ (882.2평)<br>제시외 211.2㎡ (63.9평) | 배당종기일 | 20.02.17 |
| 주 의 사 항 | · 유치권 · 법정지상권 · 건물만입찰 특수件분석신청 | | | | |
| 조 회 수 | · 금일조회 1 (0) · 금회차공고후조회 270 (63) · 누적조회 922 (110) | | | ()는 5분이상 열람 | 조회통계 |

[출처] 지지옥션(https://www.ggi.co.kr/)

(3) 진행 경매사건

**평택2계 2022 타경 49664 대형판매시설**

### 사건내용

| | | | | |
|---|---|---|---|---|
| 병합/중복 | 2023-46273(중복-박윤경), 2024-44793(중복-박○○) | | | |
| 과거사건 | 평택1계 2019-9505 , 평택4계 2021-48190 | | | |
| 소 재 지 | 경기 평택시 팽성읍 안정리 33-5<br>(17977)경기 평택시 팽성읍 안정쇼핑로 78 | | | |
| 경매구분 | 임의경매 | 채 권 자 | 이성신 | |
| 용 도 | 대형판매시설 | 채무/소유자 | (주)석포 | 매 각 기 일 | 24.06.10(월)10:00 [1일전] |
| 감 정 가 | 2,173,315,360 (22.12.16) | 청 구 액 | 520,000,000 | 다 음 예 정 | 24.08.12 (365,270,000) |
| 최 저 가 | 521,814,000 (24%) | 토지면적 | 0.0㎡ (0.0평) | 경매개시일 | 22.12.07 |
| 입찰보증금 | 52,181,400 (10%) | 건물면적 | 전체 2,944.4㎡ (890.7평)<br>제시외 239.2㎡ (72.4평) | 배당종기일 | 23.03.07 |
| 주 의 사 항 | 법정지상권  건물만입찰  특수件분석신청<br>· 소멸되지 않는 권리 : 갑구 순위번호 10번 가처분등기(2021.10.22.등기)는 말소되지 않고 매수인에게 인수됨. | | | |
| 조 회 수 | ·금일조회 1 (0)  ·금회차공고후조회 39 (7)  ·누적조회 597 (67)   ()는 5분이상 열람   조회통계 | | | |

[출처] 지지옥션(https://www.ggi.co.kr/)

(4) 권리분석

① **등기부 분석** : 건물 최초 근저당권 설정일은 2017년이고, 건물 소유자는 탑식자재마트(주)이고, 토지 소유자는 박은경 외 2인이다. 근저당권 설정 당시 건물과 토지의 소유자가 일치하지 않으므로 법정지상권은 성립하지 않는다.

② **전 경매사건(평택2019타경9505)** : ㈜○○이 낙찰을 받았다. 그 후 다시 경매가 나왔다. 그런데 전 경매사건에서 낙찰받은 후 다시 경매가 진행된 것을 살펴보면 이번 역시 건물만 경매로 나온 상황을 봐도 낙찰 받은 후 원만하게 토지를 취득하지 못하였음을 알 수가 있다. 아마도 그 당시 유치권, 건물만 입찰, 법정지상권 성립하지 않음 등의 이유로 건물을 경매로 취득하였음에도 불구하고 제대로 소유권이나 사용·수익이 원만

하게 이루어지지 못함을 간접적으로 짐작하게 한다. 그 당시 토지 소유자가 이미 건물철거 및 토지인도소송 (서울중앙지방법원 2019가합56969)을 제기하여 원고승소판결을 하였다는 판결문을 제출하였다는 매각물건명세서의 내용이 있다.

③ 결론적으로 법정지상권이 성립되지 않는 건물만의 매각이므로 입찰을 하지 않은 것이 타당하다고 생각된다.

## 4. 세가지 비교

|  | 토지별도등기 | 대지권 미등기 | 대지권 없음 |
|---|---|---|---|
| 개념 | 토지에 있는 하자를 정리하지 못해서 "전유부분 건물의 표시 대지권 표시란"에 대지지분을 표시하지 못하고, 토지만의 별도등기(하자)있다고 기재한 것 | 수분양자의 분양대금 미납, 시행사의 자금사정 분필 합필 지적정리 등 각종의 문제로 대지권등기를 하지 못한 상태 | 토지소유자가 별도로 존재하여, 토지에 대한 소유권이 아예 없음. |
| 등기부 | 1동의 건물의 표시 중 전유부분의 건물의 표시에 토지별도등기 있음 | 1동의 건물의 표시 중 전유부분의 건물의 표시에 대지권등기가 없음 | 토지등기가 없음 |
| 적용대상 | 집합건물 | 집합건물 | 일반건물 |
| 경매 | 매각물건명세서와 감정평가서를 확인하여 인수 여부 판단하고 입찰 | 토지에 대하여 감정평가 되었고, 매각에 포함되었고, 분양대금 납부 여부를 확인하고 입찰 | 토지는 감정평가 되지 않았고, 건물만 매각하는 것으로 법정지상권이 성립되고 수익성이 있을 때만 입찰하여야 한다. 건물만 입찰 |

제6장

# 선순위 가등기

1. 가등기
    1) 가등기의 의의
    2) 가등기의 종류
    3) 가등기의 효력
    4) 가등기권자가 소유권이전등기를 한 경우

2. 경매에서의 가등기
    1) 경매에서의 가등기
    2) 집행법원의 처리방법
    3) 입찰자의 처리방법

3. 경매매각 사례

## 1. 가등기

### 1) 가등기의 의의
가등기라 함은 본등기를 할 수 있는 요건을 갖추지 못한 경우 장래의 본등기에 대비하여 미리 순위를 보존하기 위하여 행하는 예비등기를 말한다.
가등기의 필요성은 소유권·지상권·지역권·전세권·저당권·권리질권·채권담보 등의 권리설정, 이전, 변경, 소멸의 청구권을 보전하고자 할 때 사용된다.

### 2) 가등기의 종류

#### (1) 소유권이전청구권 순위보전 가등기
매매계약을 체결하고 장래 소유권이전을 목적으로 체결하는 가등기이다. 즉, 부동산매매계약을 체결하고 매수자가 매매대금을 지급하였으나, 어떤 사정에 의하여 쌍방 합의하에 매수자 명의로 소유권이전등기를 하지 않은 것이다.

#### (2) 담보 가등기
채권담보를 목적으로 채권자와 채무자 또는 제3자 사이에서 채무자 또는 제3자 소유의 부동산을 목적물로 하는 대물변제예약 또는 매매예약 등을 하고 동시에 채무자의 채무불이행이 있는 경우 발생하게 될 장래의 소유권이전청구권을 보전하기 위한 가등기이다. 채권담보를 목적으로 하나 소유권이전형식으로 등기부에 담보방법으로 이루어지기 때문에 담보가등기라 한다.

#### (3) 등기부상 구별
등기부에는 둘 다 "소유권이전청구가등기"로 표기되어 있어 양자를 구별할 수 없다.

### 3) 가등기의 효력

#### (1) 본등기 순위보전
가등기에 의한 본등기를 하는 경우에는 본등기의 순위는 가등기의 순위에 따른다(부동산등기법제제91조).

#### (2) 실체법상 효력
가등기를 하고 그 후 본등기를 하지 않은 상태에서 가등기 자체로는 아무런 실체법상 효력이 없다.

(3) 권리의 대상으로서 효력

가등기 자체로는 아무런 실체적 효력이 없다. 그러나 가등기의 권리는 상속의 대상이 되며, 이전등기의 대상이 되며, 가등기이전금지 가처분등기의 대상이 되기도 한다.

(4) 저당권으로서의 효력

「가등기담보등에 관한 법률」
제12조(경매의 청구) ① 담보가등기권리자는 그 선택에 따라 제3조에 따른 담보권을 실행하거나 담보목적부동산의 경매를 청구할 수 있다. 이 경우 경매에 관하여는 담보가등기권리를 저당권으로 본다.
② 후순위권리자는 청산기간에 한정하여 그 피담보채권의 변제기 도래 전이라도 담보목적부동산의 경매를 청구할 수 있다.

제17조(파산 등 경우의 담보가등기) ① 파산재단(破産財團)에 속하는 부동산에 설정한 담보가등기권리에 대하여는 「채무자 회생 및 파산에 관한 법률」 중 저당권에 관한 규정을 적용한다.
② 파산재단에 속하지 아니하는 파산자의 부동산에 대하여 설정되어 있는 담보가등기권리자에 관하여는 준별제권자(準別除權者)에 관한 「채무자 회생 및 파산에 관한 법률」 제414조를 준용한다.
③ 담보가등기권리는 「국세기본법」, 「국세징수법」, 「지방세기본법」, 「지방세징수법」, 「채무자 회생 및 파산에 관한 법률」을 적용할 때에는 저당권으로 본다.

(5) 가등기에 의한 본등기의 효력

본등기의 요건이 갖추어진 뒤에 본등기를 하면 가등기 후 설정되었던 등기들은 가등기에 의한 본등기를 함으로써 말소된다(부동산등기법 제92조).

### 4) 가등기권자가 소유권이전등기를 한 경우

(1) 가등기에 기한 본등기를 실행한 경우

① 가등기의 순위번호와 본등기의 순위번호가 같다.
② 「민법」상 혼동의 법리가 적용되어 가등기는 효력이 없다.
③ 가등기보다 후순위 권리들은 본등기를 함으로써 말소의 대상이 된다.

(2) 별도의 매매를 원인으로 소유권이전등기를 한 경우
    ① 가등기의 순위번호보다 늦은 순위번호로 별도의 소유권이전등기를 한 경우이다.
    ②「민법」상 혼동의 법리가 적용되어 가등기는 효력이 없다.
    ③ 가등기보다 후순위 권리들은 말소의 대상이 되지 않는다.

## 2. 경매에서의 가등기

### 1) 경매에서의 가등기

(1) 후순위 가등기
말소기준권리보다 후순위 가등기는 경매매각으로 소멸되므로 매수인 입장에서는 신경쓸 여지가 없다.

(2) 선순위 가등기
말소기준권리보다 선순위 가등기는 그 가등기가 담보가등기이면 말소기준권리가 되며, 매각으로 소멸되므로 역시 매수인으로는 신경쓸 여지가 없다.
그러나 선순위 가등기가 소유권이전청구권 보전청구가등기이면 인수사항이며, 후에 소유권마져 잃게 될 상황이 올 수 있으므로 매우 위험한 권리이다.

(3) 등기부로 판단
    ① 등기부에는 둘 다 "소유권이전청구가등기"로 표기되어 있어 양자를 실제적으로 구별할 수 없다.
    ② 당해 가등기가 담보가등기인지 여부는 당해 가등기가 실제상 채권담보를 목적으로 하는 것인지 여부에 의하여 결정되는 것이지 당해 가등기의 등기사항증명서의 원인이 매매예약으로 기재되어 있는지, 또는 대물변제예약으로 기재되어 있는지의 형식적 기재에 의하여 결정되는 것은 아니다.(대법98마1333)

(4) 경매에서 담보가등기로 보는 경우
    ① 가등기권자가 경매를 신청한 경우
    ② 가등기권자가 배당요구의 종기일까지 권리신고 및 배당요구를 신청한 경우

③ 가등기권자가 채권계산서를 제출한 경우
④ 집행법원이 매각물건명세서에 담보가등기임을 표시한 경우

### 2) 집행법원의 처리방법

① 가등기가 설정된 부동산이 경매로 진행될 때 집행법원은 가등기권자에게 담보가등기인지 소유권이전청구권 가등기인지 법원에 신고할 것을 최고한다.
② 선순위 가등기가 있을 때에는 집행법원은 매각물건명세서에 "선순위 가등기 매수인 인수조건"을 특별매각조건을 기재하여 경매를 진행시킨다.(대법2003마1438)

### 3) 입찰자의 처리방법

① 가등기권자가 금전채권을 원인으로 하는 권리신고 및 배당요구신청을 배당요구의 종기일 이전까지 하였다면 담보가등기로 보아 매각으로 소멸되는 권리로 판단한다.
② 가등기권자가 직접 가등기를 원인으로 경매신청을 하였다면 경매를 통하여 자신의 채권을 변제받겠다는 의사를 표명한 것으로 보아 담보가등기로 보아 매각으로 소멸되는 권리로 판단한다.
③ 가등기가 등재된 지가 10년이 넘은 경우 소멸시효의 완성을 원인으로 말소신청에 의하여 말소를 시킬 수 있다.(대법90다카27570)
단, 소유권이전등기청구권은 채권적 청구권이므로 소멸시효에 해당하지만, 매수인이 매매목적물인 부동산을 인도받아 점유하고 있다면 소멸시효가 진행되지 않는다.(대법90다9797)

## 3. 경매 매각사례

### 1) 경매정보지

**북부3계 2022 타경 111790 다세대(생활주택)**

**| 사건내용**

| 소 재 지 | 서울 중랑구 면목동 91-4 금강파크빌 B동 2층 202호<br>(02155)서울 중랑구 봉우재로40길 10 | | | | |
|---|---|---|---|---|---|
| 경매구분 | 강제경매 | 채 권 자 | 박진영 | | |
| 용 도 | 다세대(생활주택) | 채무/소유자 | 김용현 | 매 각 기 일 | 24.06.11(화)10:00 [2일전] |
| 감 정 가 | 384,000,000 (22.12.05) | 청 구 액 | 255,000,000 | 다음 예정 | 24.07.16 (196,608,000) |
| 최 저 가 | 245,760,000 (64%) | 토지면적 | 25.7㎡ (7.8평) | 경매개시일 | 22.11.24 |
| 입찰보증금 | 24,576,000 (10%) | 건물면적 | 72㎡ (21.7평) | 배당종기일 | 23.02.06 |
| 주 의 사 항 | 선순위가등기  특수件분석신청 | | | | |
| 조 회 수 | · 금일조회 3 (2)  · 금회차공고후조회 30 (11)  · 누적조회 165 (16) | | | ()는 5분이상 열람  조회통계 | |

[출처] 지지옥션(https://www.ggi.co.kr/)

2) 등기부

| 【 갑 구 】 | | ( 소유권에 관한 사항 ) | | |
|---|---|---|---|---|
| 순위번호 | 등 기 목 적 | 접 수 | 등 기 원 인 | 권리자 및 기타사항 |
| 1 | 소유권보존 | 2016년4월12일<br>제29450호 | | 공유자<br>지분 2분의 1<br>이광연 600425-*******<br>전라북도 정읍시 연지7길 47-15(연지동)<br>지분 2분의 1<br>이미정 670225-*******<br>서울특별시 양천구 목동동로 130, 1418동 702호(신정동,목동신시가지아파트) |
| 2 | 공유자전원지분전부이전 | 2017년3월17일<br>제18830호 | 2016년4월1일<br>매매 | 소유자 김용현 791108-*******<br>서울특별시 서대문구 증가로 76, 402호(연희동,선명아파트) |
| 2-1 | 2번등기명의인표시변경 | 2020년8월3일<br>제173758호 | 2020년5월14일<br>주소변경 | 김용현의 주소 서울특별시 강서구 화곡로 347, 102동 1204호(화곡동,그랜드아이파크) |
| 3 | 소유권이전담보가등기 | 2020년8월3일<br>제173759호 | 2020년7월31일<br>대물반환예약 | 가등기권자 송영근 560701-*******<br>대구광역시 동구 팔공로201길 48(미곡동) |
| 4 | 가압류 | 2021년2월16일<br>제30434호 | 2021년2월16일<br>부산지방법원 동부지원의 가압류 결정(2021카단1 | 청구금액 금2,008,000,000 원<br>채권자 주택도시보증공사 184371-0003123<br>부산광역시 남구 문현금융로 40<br>(문현동,부산국제금융센터)<br>(서울북부관리센터) |

3) 매각물건명세서

서 울 북 부 지 방 법 원

2022타경111790

매각물건명세서

| 사건 | 2022타경111790 부동산강제경매 | | 매각물건번호 | 1 | 작성일자 | 2024.03.04 | 담임법관<br>(사법보좌관) | 신정섭 | |
|---|---|---|---|---|---|---|---|---|---|
| 부동산 및 감정평가액<br>최저매각가격의 표시 | 별지기재와 같음 | | 최선순위<br>설정 | | 2023. 8. 3. 담보가등기 | | 배당요구종기 | 2023.02.06 | |
| 부동산의 점유자와 점유의 권원, 점유할 수 있는 기간, 차임 또는 보증금에 관한 관계인의 진술 및 임차인이 있는 경우 배당요구 여부와 그 일자, 전입신고일자 또는 사업자등록신청일자와 확정일자의 유무와 그 일자 | | | | | | | | | |
| 점유자<br>성 명 | 점유<br>부분 | 정보출처<br>구 분 | 점유의<br>권 원 | 임대차기간<br>(점유기간) | 보 증 금 | 차 임 | 전입신고<br>일자.외국인<br>등록(체류지<br>변경신고)일<br>자.사업자등<br>록신청일자 | 확정일자 | 배당<br>요구여부<br>(배당요구일자) |
| 박진영 | 전부 | 현황조사 | 주거<br>임차인 | 미상 | 3억5천5백만원 | 없음 | 2019.12.20 | 미상 | |
| | 전부 | 권리신고 | 주거<br>임차인 | 2019.12.20.부터 | 255,000,000 | | 2019.12.20 | 2019.12.20 | 2022.12.30 |

## 4) 대법원경매정보 문건접수내역

| | |
|---|---|
| 2023.02.01 | 교부권자 국0000000000000(000) 교부청구서 제출 |
| 2023.02.02 | 채권자 소송대리인 김OO 권리신고 및 배당요구신청서 제출 |
| 2023.02.05 | 이해관계인 종OO 교부청구서 제출 |
| 2023.02.05 | 기타 종OO 접수증명 |
| 2023.02.06 | 교부권자 성00000(0000) 교부청구서 제출 |
| **2023.02.06** | **가등기권자 송OO 배당신청서 제출** |
| 2023.02.06 | 가압류권자 주0000000 채권계산서 제출 |

## 5) 권리분석

① 등기부를 보았을 때 최선순위소유권이전청구가등기가 설정되어 있다.

② 매각물건명세서에는 최선순위 담보가등기로 표시되어 있다.

③ 매각물건명세서에는 배당요구종기일이 2023년 2월 6일이다.

④ 법원문건접수내역에는 배당요구종기일의 마지막날인 2023년 2월 6일 가등기권자 송OO이 배당신청서를 제출한 것으로 표시되어 있다.

⑤ 위의 사항을 종합하여 검토해보았을 때 선순위가등기권은 말소기준권리이며, 배당요구종기일 이내에 배당신청서를 제출한 것으로 보아 담보가등기로 보이며 매각으로 소멸되니 입찰하여도 무방하다.

## 제7장
# 선순위 가처분, 후순위 가처분

1. 보전처분의 개관
    1) 보전처분의 필요성
    2) 보전처분의 개념
    3) 보전처분의 종류 : 가압류, 가처분
    4) 양자의 비교
2. 부동산에 대한 가처분의 종류
    1) 처분금지 가처분
    2) 점유이전금지 가처분
    3) 공사금지 가처분
    4) 채권자의 행위에 대한 수인의무를 명하는 가처분
    5) 방해물배제 가처분
    6) 인도·철거·수거 등 단행가처분
    7) 가등기와 관련한 가처분
3. 선순위 가처분 부동산경매
4. 후순위 가처분 부동산경매
5. 경매 매각사례

# 1. 보전처분의 개관

## 1) 보전처분의 필요성

우리 법제는 자력구제(自力救濟)를 허용하지 않고 있기 때문에 민사소송절차를 거쳐 집행권원을 확보한 후에 강제집행절차를 거쳐 권리의 실현을 하여야 한다. 그러나 권리의 실현까지는 긴 시일이 경과되므로, 채무자의 재산상태 변동이 일어나 대상에 대한 사실적·법률적 변경을 방지할 필요성이 있다. 확정판결 받기 전에 재산에 임시로 잠정적인 법률관계에 대한 조치가 필요하며, 재판확정 후에는 재산상 손해예방, 집행을 쉽게 하기 위한 임시보전 조치가 필요하다.

법원은 채권자의 신청을 받아 집행보전을 위한 잠정적 조치를 하며, 이렇게 현상을 동결하거나 임시적 법률관계를 형성하는 제도를 보전처분이라 한다.

## 2) 보전처분의 개념

좁게는 「민사집행법」 제4편 규정의 가압류와 가처분만을 말한다. 넓게는 법원이 권리자의 집행보전과 손해방지를 목적으로 잠정조치를 명하는 재판을 말한다.

민사소송의 대상이 되는 권리 또는 법률관계에 대한 쟁송이 있을 것을 전제로 하여 그 확정판결의 집행을 용이하게 하거나 그 확정판결이 있을 때까지의 손해 발생을 방지하고자 하는 목적으로 그 보전된 권리 또는 법률관계에 대한 본안소송과는 별도의 독립한 절차에 의하여 잠정처분을 하고 그 집행을 통하여 현상을 동결하거나 임시의 법률관계를 형성하는 제도이다.

## 3) 보전처분의 종류

### (1) 가압류

가압류는 금전채권이나 금전으로 환산할 수 있는 채권의 집행을 보전할 목적으로 한다. 다툼의 대상에 관한 청구권보전을 위해 그 현상변경을 금지하는 가처분과 구별된다. 가압류 후 금전의 지급을 명하는 본안판결이 있게 되면 가압류는 본압류로 이전하여 가압류된 재산에 대하여 금전채권에 기초한 강제집행절차를 밟게 된다.

### (2) 가처분

① **다툼의 대상에 관한 가처분**(「민사집행법」 제300조1항) : 다툼의 대상에 관한 가처분은 채

권자가 금전 이외의 물건이나 권리를 대상으로 하는 청구권이 있을 때 그 강제집행 시까지 다툼의 대상이 처분·멸실 되는 등 법률적 · 사실적 변동 방지하기 위한 보전처분이다.

가처분은 청구권을 보전하기 위한 점에서 가압류와 동일하나 청구권이 금전채권이 아니고, 그 대상이 채무자의 일반재산이 아니고, 대상이 특정 물건이나 권리라는 점에서 가압류와 다르다.

현상을 금지하는 방법은 다양하고, 가처분의 형식도 다양하다. 처분금지가처분, 점유이전금지가처분이 대표적이다.

② **임시의 지위를 정하기 위한 가처분**(「민사집행법」 제300조2항) : 임시의 지위를 정하는 가처분은 당사자 사이의 다툼이 있는 권리 또는 법률관계가 존재할 때 판결이 있기까지 방치하면 권리자가 현저한 손해나 급박한 위험에 처할 경우 잠정적으로 권리 또는 법률관계에 관하여 임시의 지위를 정하는 보전처분이다.

사회가 발전하고 다양화되면서 새로운 권리나 법률관계가 출현하고, 분쟁이 다양화되며, 특허 · 실용신안 · 상표 · 상호 · 디자인 저작권 등 지식재산권침해금지가처분, 직무집행정지가처분, 공사금지가처분, 업무방해금지가처분, 유체동산사용금지가처분 등이 등장하였다.

### 4) 양자의 비교

| 순번 | 가압류 | 가처분 |
|---|---|---|
| 01 | 보전처분 | 보전처분 |
| 02 | 청구권이 금전채권 | 청구권이 소유권, 점유권, 저당권 등 권리 |
| 03 | 대상이 채무자의 일반재산 | 대상이 채무자의 특정 물건이나 권리 |
| 04 | 피보전채권에 대하여 소송절차를 통하여 집행권원을 받아 강제경매신청 가능 | |

## 2. 부동산에 대한 가처분의 종류

### 1) 가처분의 형태

( 목적물 ) ( 피보전권리 ) 가처분
- 부동산에 대한 처분금지가처분
- 부동산에 대한 점유이전금지가처분
- 부동산에 대한 공사금지가처분
- 유체동산에 대한 점유이전금지가처분
- 미등기건물 수분양자의 권리에 대한 처분금지가처분
- 근저당권설정등기청구권을 위한 가처분
- 임원에 대한 직무집행정지 가처분
- ○○곡 음반 판매중지 가처분

### 2) 처분금지가처분

(1) 가처분 목적물

　① 등기된 부동산

　② **미등기 부동산** : 건물로서의 외형을 갖추고 있어 보존등기가 가능한 경우이다. 상속등기를 하지 않은 부동산은 대위상속등기신청 후 가처분등기를 할 수 있다. 토지의 일부는 원칙적으로 토지 전체에만 가능하나 토지의 일부는 도면 등으로 특정되면 가처분 가능하다.

(2) 피보전권리

부동산에 대한 채무자의 소유권이전, 저당권·전세권·임차권의 설정 그 밖에 일체의 처분행위를 금지하는 가처분을 한다.

부동산에 대한 소유권이전등기청구권처럼 대부분은 부동산에 대한 이행청구권이다.

### 3) 점유이전금지가처분

(1) 가처분 목적물

채무자에게 대항할 수 있는 한 물권이든 채권(예: 임차권)이든지 모두 대상이 될 수 있다.

다만, 건물퇴거, 토지인도청구권을 피보전권리로 하는 경우에는 건물점유자에게는 건물에 대하여만 점유이전금지가처분을 하면 충분하다.

(2) 피보전권리

부동산에 대한 인도청구권을 보전하기 위한 다툼의 대상에 관한 가처분이다.

목적물의 인적, 물적 현상 변경을 금지하는 것이 목적이다.

우리 민사소송법은 당사자 승계주의를 취하므로 변론종결 전의 승계인에게 판결의 효력이 미치지 않는다. 인도청구의 본안소송 중 목적물의 점유가 이전되면 본안소송에서 패소하게 된다.

이러한 이유로 점유이전금지가처분을 해놓으면 가처분 이후에 점유를 이전받은 사람은 가처분채권자에게 대항할 수 없고, 당사자가 한정되므로 불측의 손해를 예방할 수가 있다.

### 4) 공사금지가처분

(1) 건축공사금지가처분의 필요성

건축공사로 인한 지반침하, 주택붕괴, 일조권 침해, 생활이익의 침해가 있거나 토지의 이용권에 기초하여 권원이 없는 사람이 건축하는 경우, 지반침하, 일조권, 조망권, 사생활 침해 등의 환경권 침해 등이 발생할 경우 인접 토지·건물 소유자의 물권적 청구권에 기초하여 가처분의 필요성이 있다.

(2) 구체사례

① 토지소유권에 기한 건축금지가처분
② 건물소유권에 기한 공사금지가처분
③ 일조권 등의 침해를 이유로 한 공사금지가처분
④ 철거금지가처분
⑤ 진입금지가처분

### 5) 채권자의 행위에 대한 수인의무(受忍義務)를 명하는 가처분

(1) 가처분의 필요성

채권자가 권원에 의하여 어떤 권리행사를 하고 있는 것을 전제로 채무자가 방해하고 있거나 방해할 우려가 있을 때 방해배제청구권 또는 방해예방청구권의 보전을 위한 가처분이다. 부작위의무를 부여한다.

(2) 구체적 사례
  ① 점유방해금지가처분
  ② 통행방해금지가처분
  ③ 공사방해금지가처분(점유의 해제 포함)

### 6) 방해물배제의 가처분

소유권이나 그 밖의 사용·수익권에 기하여 방해배제를 구하기 위함이다.
작위의무를 명하는 가처분이다. 일신전속적이 아닌 대체적인 것이어야 하며, 이미 기정사실로 되어 있는 방해상태의 제거를 목적으로 한다.
일종의 단행처분이다.

### 7) 인도 · 철거 단행가처분

(1) 인도단행가처분
인도단행가처분은 부동산의 인도, 즉 현상 그대로의 점유이전청구권을 보전하기 위하여 그 점유를 채무자로부터 채권자에게로 이전할 것을 명하는 만족적 가처분(대법64다691)이다.

(2) 철거단행가처분
철거단행가처분은 현상의 변경을 수반하는 점유이전처분이다. 건물, 수목 등 토지의 정착물에 대한 철거 등 청구권을 보전하기 위하여 채무자에게 그 철거 등을 명하는 만족적 가처분이다.

### 8) 가등기와 관련한 가처분

(1) 가등기상의 권리행사금지 가처분은 허용되지 않는다.
가등기에 터잡아 본등기를 하는 것은 그 가등기에 기하여 순위보전된 권리의
취득이지, 가등기상의 권리 자체의 처분이 아니다(판례).

(2) 가등기가등기상의 권리처분금지 가처분은 허용된다.

가등기상의 권리(대물변제예약 또는 매매예약상의 권리)를 타인에게 양도하는 것을 금지하는 가처분은 허용되고 등기할 수가 있다. 다만, 가등기상의 권리에 대한 가처분은 부기등기로 기입한다.

(3) 가등기가처분은 허용된다.

가등기의 신청에 관항 가등기의무자의 협력을 얻을 수가 없는 경우 가등기권리자는 부동산소재지 관한 지방법원에 가처분신청을 하여 가등기 원인을 소명하여 가등기를 명하는 가처분명령을 얻은 후 그 명령의 정본을 첨부하여 단독으로 그 가등기 신청을 할 수가 있다(부동산등기법 제89조, 제90조).

## 3. 선순위 가처분 부동산경매

### 1) 말소기준권리 보다 선순위 가처분 : 인수

말소기준권리보다 선순위 가처분은 매각으로 말소되지 않고 인수된다.

처분금지가처분등기가 가압류등기보다 먼저 마쳐진 경우에는 가압류에 기한 본압류 및 강제경매가 완료되더라도 그 처분금지가처분등기는 그대로 존속한다(대법2004마195).

### 2) 3년내 본안소송을 제기하지 않은 경우 : 말소

(1) 예시

| 순위 | 등기 권리 |
|---|---|
| 1 | 소유권이전(매매) |
| 2 | 가처분(가처분권자 한라산), 2010.05.20.(시효완성) |
| 3 | 가압류 |
| 4 | 강제경매개시 결정 |

(2) 분석

선순위 가처분권 시효 완성(민집제288조①항3호).

가압류 후 3년내 채권자가 본안소송을 제기하지 않으면 "사정변경에 의한 가처분취소

를 구할 수 있다."(2005.7.28.부터 적용)

보전처분의 채무자가 보전처분의 취소를 신청할 수 있다.

본안소송 제기 여부 확인 방법은

  ① **사건번호를 알 경우** : 인터넷사이트 나의 사건검색

  ② **사건번호를 모를 경우** : 대법원 도서관 열람실에서 키워드 검색

(3) 보전처분의 소멸시효

가압류, 가처분 후 3년내에 본안 소송을 제기하지 않으면 소멸시효가 완성된다. (10년→5년→3년), 2005년 7월 27일부터 3년의 소멸시효로 변경되었다.

가압류나 가처분이 취소신청이 가능하고, 취소시점부터 시효가 다시 진행하는 것으로 가압류나 가처분이 취소된다고 하더라도 가압류나 가처분 취소시까지 채권의 시효를 중단되는 것이고, 취소 이후부터 다시 채권의 시효기간이 진행된다 할 것이다. 즉, 보전처분이 말소된 때로부터 10년간 채권회수의 권리행사는 가능하다.

### 3) 선순위 가처분권자가 본안소송으로 소유권을 취득한 경우 : 말소

(1) 예시

| 순위 | 등기 권리 |
| --- | --- |
| 1 | 소유권이전(매매) |
| 2 | 가처분(가처분권자 한라산) |
| 3 | 소유권이전(가처분의 본안 판결로 소유권이전, 가처분권자 한라산) |
| 4 | 가압류 |
| 5 | 강제경매개시결정 |

(2) 분석

가처분권등기가 소멸되지 않았으나, 가처분 권리는 소멸시킬 수 있다. 매수인은 잔금을 납부한 후 가처분취소송을 통하여 말소촉탁 가능하다.

법원경매 매각물건명세서에 "말소되지 않은 선순위 가처분 있음"이라 표시한다.

### 4) 선순위 가처분권자가 금전채권으로 전환하여 강제경매 신청 : 말소

(1) 예시

| 순위 | 등기 권리 |
|---|---|
| 1 | 소유권이전(매매) |
| 2 | 가처분(피보전권리 소유권이전등기말소청구권, 가처분권자 한라산) |
| 3 | 근저당 |
| 4 | 가압류 |
| 5 | 강제경매개시결정(가처분권자 한라산) |

(2) 분석

선순위 가처분권자가 강제경매를 신청한 경우이다.

가처분의 금전채권으로 전환한 것으로 판단한다. 선순위 가처분권자가 본안소송을 하여 판결문을 받아 강제경매를 신청한다. 가처분 대상물을 경매로 처분하여 배당을 받으므로 가처분의 목적달성을 하였다.

매수인은 잔금을 납부한 후 가처분취소송을 통하여 말소촉탁하면 된다.

매각물건명세서에 선순위 가처분의 주의사항이 기재되어 있지 않는다.

### 6) 근저당권의 설정등기청구를 위한 선순위 가처분을 신청하였으나, 가처분권을 원인으로 저당권이 설정된 경우 가처분권자와 저당권자가 동일인이 된 경우 : 말소

(1) 예시

| 순위 | 등기 권리 |
|---|---|
| 1 | 소유권이전(매매) |
| 2 | 가처분 (근저당권 설정등기 청구권, 가처분권자 한라산) |
| 3 | 가압류 |
| 4 | 근저당 (2번 가처분권에 기하여 설정, 근저당권자 한라산) |
| 5 | 강제경매개시결정 |

(2) 분석

저당권자가 매각대상 목적물에 저당권설정등기청구권을 보전하기 위하여 처분금지가 처분등기를 한 후 본안소송에서 승소판결을 받아 저당권등기를 마친 경우다.

저당권설정 채권을 보전하기 위한 처분금지가처분이다.

이미 목적 달성이 완료되었으므로 저당권의 배당을 통해 해결된다.

수분양자에 대해 금융회사가 분양대금을 중도금 대출하면서 향후 아파트가 보존등기가 되면 대출금을 피담보채권으로 해서 저당권을 설정하면 된다.

「민법」 제666조(**수급인의 목적부동산에 대한 저당권설정청구권**) 부동산공사의 수급인은 전조의 보수에 관한 채권을 담보하기 위하여 그 부동산을 목적으로 한 저당권의 설정을 청구할 수 있다.

부동산 공사의 수급인(공사업자)은 전조의 보수에 관한 채권(공사대금)을 담보하기 위하여 그 부동산을 목적으로 한 저당권의 설정을 청구할 수 있다.

## 4. 후순위 가처분 부동산경매

### 1) 후순위 가처분이 사해행위취소, 매매계약을 원인으로 하는 처분금지 가처분에 대한 본안소송 진행 중인 경우 : 말소

(1) 예시

| 순위 | 등기 권리 |
|---|---|
| 1 | 소유권이전(매매) |
| 2 | 근저당권 - 말소기준권리 |
| 3 | 가압류 |
| 4 | 가처분 - 본안소송 중(사해행위취소, 매매계약) |

(2) 내용

말소기준권리보다 후순위의 가처분이므로 매각으로 소멸한다.

사해행위 취소로 인한 처분금지가처분이나 매매계약을 원인으로 소유권이전청구를 위한 처분금지가처분이다.

본안소송의 결과가 낙찰자의 소유권취득에 영향을 미치지 않는다.

채무자와 수익자만을 상대로 한 사해행위 취소소송에서 채무자와 수익자간의 법률행위를 취소하고 수익자 명의로 된 소유권이전등기의 말소를 명하는 판결이 확정되었다고 하여도 판결의 효력은 전득자에게 미칠 수 없다(대법2012다204013).

### 2) 선순위 근저당권에 부기등기로 가처분이 있는 경우 : 말소

(1) 예시

| 순위 | 등기 권리 |
|---|---|
| 1 | 소유권이전(매매) |
| 2 | 근저당권 - 말소기준권리 |
| 2-1 | 가처분 |
| 3 | 가압류 |
| 4 | 강제경매개시결정등기 |

(2) 분석

소유권 이외의 권리인 근저당권에 대하여 가처분이 있는 경우이다.

가처분이 대상으로 하고 있는 권리인 주등기의 소멸 여부를 기준으로 판단함.(주등기소멸-부기등기도 소멸)

근저당권은 말소기준권리이며, 언제나 말소되므로 근저당권의 부기등기인 가처분도 말소된다.

## 3) 건물철거 및 토지인도 청구를 위한 처분금지 가처분 : 선순위, 후순위 : 모두 인수

(1) 예시

| 순위 | 등기 권리 |
|---|---|
| 1 | 소유권이전(매매) |
| 2 | 근저당권 |
| 3 | 처분금지 가처분(건물철거 및 토지인도청구을 위한) |
| 3 | 가압류 |
| 4 | 임의경매개시결정등기 |

(2) 분석

토지소유자가 건물의 소유자를 상대로 건물철거 및 토지인도청구를 위한 가처분은 성립순위에 관계없이 매수인에게 인수한다. 잔금납부 후 말소촉탁의 대상이 되지 않는다. 지료의 미납으로 건물에 대한 법정지상권이 소멸한 경우 토지소유자가 철거소송을 행할 것이고 건물의 소유주가 매매 등으로 점유나 소유권을 이전하여 소송절차를 어렵게 만드는 것을 방지하기 위하여 토지소유자가 지상물의 건물소유자에 대하여 소유권, 점유이전, 임대 등의 금지 가처분을 신청한 것이다.

## 4) 진정명의회복을 위한 가처분 : 선순위·후순위 모두 : 인수

(1) 예시

| 순위 | 등기 권리 |
|---|---|
| 1 | 소유권이전(매매) |
| 2 | 가압류 |
| 3 | 처분금지가처분(실제소유자가 진정명의회복을 위한) |
| 4 | 강제경매개시결정 |

(2) 분석

사기행위 등을 이유로 소유권이 이전된 경우에 가처분이 서류위조 및 등기원인의 무효로 소유권이전등기말소청구권이다.

현행 「부동산등기법」과 「민법」에서 등기사항증명서의 공신력을 인정하지 않고 있다. 실제 소유자가 소송을 통하여 승소판결을 받으면 등기부상의 소유권은 절대적 무효가 된다.

# 5 경매 매각사례

## 1) 선순위 가처분 경매 매각사례

### (1) 경매정보지

**청주2계 2013 타경 7984 아파트**

| 사건내용 | | | | | |
|---|---|---|---|---|---|
| 과거사건 | 청주4계 2004-38054 | | | | |
| 소 재 지 | 충북 청주시 흥덕구 복대동 95-1 덕성 A동 6층 607호<br>(28587)충북 청주시 흥덕구 가로수로1379번길 83 | | | | |
| 경매구분 | 강제경매 | 채 권 자 | 그OOOOO | | |
| 용 도 | 아파트 | 채무/소유자 | 이OO | 매각기일 | 13.10.28 (29,899,990원) |
| 감 정 가 | 31,000,000 (13.05.08) | 청 구 액 | 64,484,129 | 종국결과 | 13.12.27 배당종결 |
| 최 저 가 | 24,800,000 (80%) | 토지면적 | 9.7㎡ (2.9평) | 경매개시일 | 13.04.26 |
| 입찰보증금 | 2,480,000 (10%) | 건물면적 | 23㎡ (6.9평) | 배당종기일 | 13.07.08 |
| 주 의 사 항 | 선순위가처분  특수件분석신청 | | | | |
| 조 회 수 | ·금일조회 1 (0)  ·금회차공고후조회 69 (3)  ·누적조회 179 (21) | | | ()는 5분이상 열람 | 조회통계 |

[출처] 지지옥션(https://www.ggi.co.kr/)

| 소재지/감정요약 | 물건번호/면적(m²) | 감정가/최저가/과정 | 임차조사 | 등기권리 |
|---|---|---|---|---|
| (28587)<br>충북 청주시 흥덕구 복대동 95-1 덕성 A동 6층 607호<br>[가로수로1379번길 83]<br><br>**감정평가서요약**<br>- 복대사거리북동측인근<br>- 주위단독및다가구주택등 이문주택지대<br>- 차량통행가능<br>- 북동측및남측인근도로변 버스(정)소재<br>- 대중교통사정보통<br>- 부정형등고평탄지<br>- 단지내도로통해외곽도로 접함<br>- 소로3류(8m미만)접함 | 물건번호: 단독물건<br>대지 9.7 / 5646<br>(2.94평)<br>₩14,260,000<br>건물<br>· 건물 22.7<br>(6.86평)<br>₩16,740,000<br>공용:12.796<br>- 총15층<br>- 보존 : 1991.12.26 | 감정가 31,000,000<br>· 대지 14,260,000<br>(46%)<br>(평당 4,850,340)<br>· 건물 16,740,000<br>(54%)<br>최저가 24,800,000<br>(80%)<br><br>**경매진행과정**<br>① 31,000,000<br>2013-09-23 유찰<br>② 20%↓ 24,800,000<br>2013-10-28 매각 | **법원임차조사**<br>*3회에 걸쳐 방문하였으나 폐문으로 정확한 점유 및 임대관계 확인 할 수 없으며, 주민등록상 소유자 외 주민등록 전입자 없음<br><br>**지지옥션 전입세대조사**<br>세 98.04.07 이○○<br>주민센터확인:2013.09.16 | 소유권 이○○<br>2006.07.19<br>전소유자:이성순<br><br>가처분 그로우잉<br>2009.06.30<br>2009 카단 76087<br>서울중앙<br><br>강제 그로우잉대부<br>2013.04.26<br>*청구액:64,484,129원<br>열람일자 : 2013.05.20<br><br>등기(집합) |

(2) 등기부

| 순위번호 | 등 기 목 적 | 접 수 | 등 기 원 인 | 권 리 자 및 기 타 사 항 |
|---|---|---|---|---|
| 8 | ~~소유권이전~~ | ~~2006년8월7일 제57357호~~ | ~~2006년8월3일 증여~~ | ~~소유자 조학제 320108-1******~~<br>~~성동군 상춘면 궁촌리 456-1~~ |
| 9 | ~~가처분~~ | ~~2009년5월29일 제62312호~~ | ~~2009년5월28일 청주지방법원의 가처분결정(2009카단263 0)~~ | ~~피보전권리 사해행위취소를 원인으로 한 소유권이전등기말소청구권~~<br>~~채권자 씨엑원 자산관리 유한회사~~<br>~~서울 성동구 성수동2가 289-257 평화빌딩 세아동 9층~~<br>~~금지사항 매매, 증여, 전세권, 저당권, 임차권의 설정 기타일체의 처분행위 금지~~ |
| 10 | 가처분 | 2009년6월30일 제78574호 | 2009년6월30일 서울중앙지방법원의 가처분결정(2009카단760 87) | 피보전권리 사해행위취소로 의한 소유권이전등기말소청구권<br>채권자 주식회사그로우잉<br>서울 서초구 방배동 937-33 영은빌딩 3층<br>금지사항 매매, 증여, 전세권, 저당권, 임차권의 설정 기타일체의 처분행위 금지 |
| 11 | 9번가처분등기말소 | 2009년8월12일 제97809호 | 2009년8월5일 해제 | |
| 12 | 8번소유권이전등기말소 | 2013년4월17일 제49380호 | 2013년3월29일 확정판결 | 대위자 주식회사그로우잉대부<br>서울특별시 서초구 방배동 937-33 영은빌딩 3층<br>대위원인 청주지방법원 2013가단812 사해행위취소 등 확정판결정본 |
| 13 | 강제경매개시결정 | 2013년4월26일 제54207호 | 2013년4월26일 청주지방법원의 강제경매개시결정(2013 타경7984) | 채권자 주식회사그로우잉대부 110111-4077734<br>서울 서초구 방배동 937-33 영은빌딩 3층 |

[출처] 지지옥션(https://www.ggi.co.kr/)

(3) 권리분석

① 순위번호 10번 선순위 가처분은 피보전권리가 "사해행위취소로 의한 소유권이전등기 말소청구권"이다. 외형상으로는 최선순위 가처분이므로 경매매각으로 인수권리로

보인다.

② 순위번호 12번은 "8번 소유권이전등기 말소"를 등기목적으로 하며, '권리자'란을 보면 청주지방법원 2013가단812 사행행위 취소 등 확정판결정본이 보인다.

③ 12번 등기에 근거하여 순위번호 8번은 소유권이전등기가 말소되었다.

④ 10번 선순위 가처분은 "소유권이전등기말소청구권의 목적을 달성"하였으므로 외형상 선순위 가처분으로 경매 매수인에게 인수권리로 보이지만 실질은 말소의 대상이 되어 매수인의 인수사항이 아니다.

# 제8장
## 지분경매

1. 지분경매의 개관
   1) 지분경매의 종목
   2) 지분경매에 관한 법률의 규정
   3) 지분경매의 장·단점
2. 공유자우선매수신고제도
3. 지분경매에서 임차인
4. 지분권자 간의 인도청구
5. 지분경매 종목별 고려사항
   1) 토지 지분경매
   2) 아파트 지분경매
   3) 재개발·재건축 지분경매
6. 경매 매각 사례

# 1. 지분경매의 개관

## 1) 지분경매의 종목

경매물건을 검색하다 보면 지분매각 물건이 다수 있다. 토지, 주택, 아파트, 다가구, 상가, 빌딩 등 다양하다. 하지만 지분경매 물건은 선뜻 입찰이 꺼려진다. 왜냐하면 지분권자가 '공유자 우선매수신청'을 하면 그동안 입찰하려고 권리분석, 현장답사, 자금마련 등 준비한 것들이 허사로 돌아가기 때문이다.

지분경매의 경우 장단점이 명료한 듯하다. 일반 입찰자가 입찰을 꺼려하기 때문에 낙찰이 되면 비교적 저렴한 가격에 매수하여 수익률이 좋은 반면, 장시간의 소요, 대출의 어려움, 협상의 어려움 등이 있다.

그러나 지분경매의 물건은 시대가 공동명의로 주택을 구입하는 사례가 늘어남에 따라 그에 비례하여 매각으로 나오는 것이 많기 때문에 입찰에서 떨어지면 또 다시 다른 물건에 낙찰이 될 때까지 한다는 마음으로 한다면 가능할 것이다.

또한 지분경매를 전문으로 한다면 낙찰받아 협상이나 공유물분할을 위한 절차를 밟아가면서 또 다른 경매물건을 낙찰받아 그런 방법으로 회전한다면 1년을 단위로 몇 개의 지분경매를 진행할 수가 있어 나름의 경매 종목으로 추천할 만하다.

지분경매로 매입하여 해결하기 위해서는 매도청구, 매수청구, 현금분할, 가액분할의 방법이 있다. 여기에서 협상이나 경매 또는 소송이 수반된다.

## 2) 지분경매에 관한 법률의 규정

(1) 「민법」 규정

제3절 공동소유

제262조(물건의 공유)
  ① 물건이 지분에 의하여 수인의 소유로 된 때에는 공유로 한다.
  ② 공유자의 지분은 균등한 것으로 추정한다.

제263조(공유지분의 처분과 공유물의 사용, 수익) 공유자는 그 지분을 처분할 수 있고 공유물 전부를 지분의 비율로 사용, 수익할 수 있다.

제264조(공유물의 처분, 변경)

공유자는 다른 공유자의 동의 없이 공유물을 처분하거나 변경하지 못한다.

제265조(공유물의 관리, 보존) 공유물의 관리에 관한 사항은 공유자의 지분의 과반수로써 결정한다. 그러나 보존행위는 각자가 할 수 있다.

제266조(공유물의 부담)
① 공유자는 그 지분의 비율로 공유물의 관리비용 기타 의무를 부담한다.
② 공유자가 1년 이상 전항의 의무이행을 지체한 때에는 다른 공유자는 상당한 가액으로 지분을 매수할 수 있다.

제267조(지분포기 등의 경우의 귀속) 공유자가 그 지분을 포기하거나 상속인 없이 사망한 때에는 그 지분은 다른 공유자에게 각 지분의 비율로 귀속한다.

제268조(공유물의 분할청구)
① 공유자는 공유물의 분할을 청구할 수 있다. 그러나 5년 내의 기간으로 분할하지 아니할 것을 약정할 수 있다.
② 전항의 계약을 갱신한 때에는 그 기간은 갱신한 날로부터 5년을 넘지 못한다.
③ 전2항의 규정은 제215조, 제239조의 공유물에는 적용하지 아니한다.

제269조(분할의 방법)
① 분할의 방법에 관하여 협의가 성립되지 아니한 때에는 공유자는 법원에 그 분할을 청구할 수 있다.
② 현물로 분할할 수 없거나 분할로 인하여 현저히 그 가액이 감손될 염려가 있는 때에는 법원은 물건의 경매를 명할 수 있다.

제270조(분할로 인한 담보책임) 공유자는 다른 공유자가 분할로 인하여 취득한 물건에 대하여 그 지분의 비율로 매도인과 동일한 담보책임이 있다.


(2) 「민사집행법」 규정

제139조(공유물지분에 대한 경매)
① 공유물지분을 경매하는 경우에는 채권자의 채권을 위하여 채무자의 지분에 대한 경매개시결정이 있음을 등기부에 기입하고 다른 공유자에게 그 경매개시결정이 있다는 것을 통지하여야 한다. 다만, 상당한 이유가 있는 때에는 통지하지 아니할 수 있다.

② 최저매각가격은 공유물 전부의 평가액을 기본으로 채무자의 지분에 관하여 정하여야 한다. 다만, 그와 같은 방법으로 정확한 가치를 평가하기 어렵거나 그 평가에 부당하게 많은 비용이 드는 등 특별한 사정이 있는 경우에는 그러하지 아니하다.

제140조(공유자의 우선매수권)
①공유자는 매각기일까지 제113조에 따른 보증을 제공하고 최고매수신고가격과 같은 가격으로 채무자의 지분을 우선매수하겠다는 신고를 할 수 있다.

②제1항의 경우에 법원은 최고가매수신고가 있더라도 그 공유자에게 매각을 허가하여야 한다.
③여러 사람의 공유자가 우선매수하겠다는 신고를 하고 제2항의 절차를 마친 때에는 특별한 협의가 없으면 공유지분의 비율에 따라 채무자의 지분을 매수하게 한다.
④제1항의 규정에 따라 공유자가 우선매수신고를 한 경우에는 최고가매수신고인을 제114조의 차순위매수신고인으로 본다.

## 3) 지분경매의 장·단점

(1) 지분경매의 장점
① 수익성이 안정적이다. 지분경매로 나온 물건들은 비교적 저가에 낙찰이 되기 때문에 낙찰이 된다면 수익성은 큰 편이다.
② 공유자나 임차인으로부터 사건이 해결될 때까지 사용·수익에 대한 부당이득금을 받을 수 있는 장점이 있다.
③ 지분을 매입하는 것이기 때문에 소액인 경우도 많이 있다. 소액의 투자금액으로도 운용이 가능하다.

(2) 지분경매의 단점
① 입찰시 지분권자가 공유자우선매수를 신청하여 낙찰 자체를 받기가 어렵다.
② 지분물건에 대하여 시중은행에서 경락잔금을 꺼려하기 때문에 대출받기가 어려우나, 요즈음은 지분물건에 대하여 대출을 하여주는 전문 은행도 있다.
③ 임차인이 거주하고 있을 때에는 지분만큼 명도를 하는 것은 사실상 불가능하기 때문에 명도의 어려움이 있다.

④ 기존 공유자의 수가 많을 때에는 협상이 어렵고, 또한 공유물분할소송을 할 경우 송달이 어렵기 때문에 입찰을 피하는 것이 좋다.
⑤ 매각기일 직전에 매각지분에 가등기 등의 제한권리가 설정된 경우는 타인이 입찰을 받지 못하도록 장치를 하고 이해관계인이 가격을 하락시켜 낙찰을 받으려는 의도가 있는 경우가 있어 입찰을 피하는 것이 좋다.

## 2. 공유자우선매수신고제도

(1) 법적근거
「민사집행법」제 140조에 규정되어 있고, 「민법」제265조에는 공유자는 공유물 전체를 이용관리하는데 있어서 다른 공유자와 협의하여야 한다고 규정함으로써 공유자의 유대와 배려를 강조하고 있다.

(2) 공유자우선매수 신청권자
매각부동산에 대하여 경매를 당하지 않았으나, 그 부동산의 공유지분으로 소유권을 가진 사람은 공유자우선매수 신청을 할 수 있다.
공유자는 매각기일까지 매수신청의 보증을 제공하고 최고가매수신고가격과 같은 가격으로 채무자의 지분을 우선매수하겠다는 신고를 할 수 있다.(민집제140조)
최고가매수신고가 있더라도 우선매수신고를 한 공유자에게 최고가매수신고가격으로 매각을 허가하여야 한다.

(3) 다수의 공유자가 우선매수신청한 경우
특별한 협의가 없는 한 공유지분의 비율에 따라 채무자의 지분을 매수하게 된다.(민집 113조 3항)

(4) 적용제외
공유물분할판결에 의하여 공유물 전부를 경매에 붙여 그 매각대금을 분배하기 위한 현금화의 경우에는 공유자우선매수제도가 적용되지 않는다.(대법91마239)

(5) 우선매수권 행사 시한
① 집행관이 최고가매수신고인의 이름과 가격을 호창하고 매각의 종결을 고지하기 전까지

할 수 있다.

② 공유자는 매각기일 전에 미리 매각을 실시할 집행관 또는 집행법원에 보증을 제공하고 최고가매수신고가격과 같은 가격으로 우선매수권을 행사하겠다고 신고하여 우선매수권을 행사할 수 있다.

③ 우선매수신고를 하였으나 다른 매수신고인이 없을 때는 최저매각가격을 최고가매수신고가격으로 보아 우선매수를 인정한다. 그러나 매각기일 종결의 고지 전까지 보증을 제공하지 않으면 우선매수권행사의 효력이 발생하지 않는다.

④ 공유자는 매각기일까지 보증을 제공하고 최고가매수신고가격과 같은 가격으로 채무자의지분을 우선매수하겠다고 신고를 한 차례만 행사할 수 있다.

(6) 공유자우선매수신청 자격제한

매각기일 전에 미리 공유자우선매수신고를 하였으나, 입찰당일 법정에서 우선매수를 한 공유자가 보증을 제공하지 못하거나, 우선매수 포기의 의사를 한 경우에는 이후 매각절차에서 공유자우선매수의 자격을 부여하지 않고 있다.

(7) 차순위매수신고인의 지위 포기

공유자가 우선매수신고를 하여 보증을 제공한 경우, 최고가매수신고인은 절차상 차순위매수신고인으로 취급된다. 그러나 차순위매수신고인의 지위는 자유롭게 포기할 수 있다.


## 3. 지분경매에서 임차인

### 1) 대항력 있는 임차인

대항력 있는 임차인의 보증금에 대하여는 낙찰자는 낙찰된 지분에 비례하여 인수하고, 나머지 보증금액은 다른 공유자가 부담한다.

그러나 주택에 대하여 인도를 받기 위하여는 임차보증금 전액을 지급하여야 인도 청구를 할 수가 있다. 이러한 경우 전액을 지급하고 다른 공유자에게 구상권을 청구할 수 있다.

### 2) 대항력 없는 임차인

배당받지 못한 임차인의 보증금에 대해서는 낙찰자는 인수 의무가 없고, 다른 공유자는 보증금 반환의무가 있다.

### 3) 공유지분권자와 임대차계약

(1) 과반수 이상 공유지분권자와 임대차계약 체결
① 적법한 임대차계약이므로 동의하지 않은 지분권자에게도 대항력을 행사할 수 있다.
② 경매 매각절차에서 인도명령의 대상이 되지 않는다.

(2) 과반수 미만 공유지분권자와 임대차계약 체결
① 적법한 임대차계약이 아니므로 동의하지 않은 지분권자에게는 대항력을 행사할 수 없다.
② 경매 매각절차에서 인도명령의 대상이 된다.
③ 경매 매각절차에서 임차인은 다른 임대인의 지분에 대하여 별도로 가압류를 하지 않는 한 그 임대차계약서만으로는 배당요구를 할 수가 없다.

(3) 경매로 매수한 지분이 과반수 이상이며 임차인의 대항력이 없는 경우
① 인도명령대상이다. 또한 공유물의 관리행위는 지분의 과반수로 결정하기 때문에 인도명령을 신청할 수 있다.
② 이 경우의 임차인은 다른 공유자에게 임대보증금 반환청구의 소를 집행권원으로 강제경매를 신청할 수가 있고, 이 때 경매의 매수인은 공유자우선매수를 신청할 수 있다.

(4) 경매로 매수한 지분이 과반수 이상이며 임차인의 대항력이 있는 경우
① 인도명령 대상이 아니다.
② 매수인은 자기 지분의 비율만큼만 인수한다. 그러나 인도를 받기 위하여는 임차보증금 전액을 지급하여야 인도청구를 할 수가 있으므로 일단 전액 지급하고 다른 공유자에게 구상권을 행사할 수 있다.
③ 임차인이 배당요구를 하면 임차보증금 전액을 배당받게 되고, 미배당금은 매수인과 다른 지분권자가 지분비율만큼 부담한다.

## 4. 지분권자 간의 인도청구

① 공유물의 관리행위는 과반수로서 결정된다. 그러나 보존행위는 각자가 할 수 있다 「민법」제265조(공유물의 관리, 보존).

② 소수 지분권자는 다른 소수 지분권자가 협의 없이 자신의 지분을 초과하여 전부 또는 일부를 배타적으로 점유하고 있는 경우에는 보존행위로서 공유물인도청구를 할 수가 있다.

③ 1/2 지분권자가 공유물 전체를 점유한 다른 1/2 지분권자를 상대로 인도청구를 할 수가 있다. 토지인도 및 지상물철거 소송 사건에서 공유물 보존행위로서 배타적 사용을 배제할 수 있으므로 공유물의 인도청구가 가능하다.(대법2002다57935)

④ 다수 지분권자는 소수 지분권자에 대하여 공유물의 관리행위로 공유물인도청구를 할 수가 있다.

⑤ 소수 지분권자는 다수 지분권자에 대하여 공유물인도청구를 할 수가 없다.

## 5. 지분경매 종목별 고려사항

### 1) 토지 지분경매

(1) 토지지분 분할방법

토지를 지분으로 낙찰 받으면 ① 협의에 의하여 매도하거나 매수할 수 있고 ② 합의에 의하여 분할 측량을 하여 분필절차를 밟아 현물분할을 한다. ③ 협의가 되지 않으면 공유물분할청구소송을 통하여 분할 측량을 하여 분필절차를 밟는다. ④ 공유물분할청구소송을 통하여 분할시에도 법원의 중재에 의하여 분할에 관한 합의가 성립되지 않을시에는 형식적경매를 통하여 매각한 후 지분의 비율에 따라 금액으로 분할을 한다.

(2) 공유지의 분할과 법정지상권

공유지상에 공유자의 1인 또는 수인 소유의 건물이 있는 경우 위 공유지의 분할로 그 대지와 지상건물의 소유자가 달리하게 되는 경우 다른 특약이 없는 한 건물소유자는 그 건물 부지상에 그 건물을 위하여 관습법상의 법정지상권을 취득한다.(대법73다353)

## 2) 아파트 지분경매

### (1) 부부공유 증가추세
요즈음 부부들이 주택을 구입하는 경우 부부공동으로 소유하는 사례가 늘어나고 있다. 그런데 부부 중 일방이 사업자금을 구하거나 다른 이유 등으로 대출을 받고 상환하지 못하여 경매가 나오는 경우가 많아졌다.

또 다른 경우로는 상속으로 배우자와 자녀들이 공동으로 소유하는 경우인데 이러한 경우도 전의 예와 같이 일부 지분권자만이 사업상의 이유 등으로 경매가 나오는 경우가 많다.

그런데 집합건물은 구조적으로 현물분할이 불가능하다. 그러한 이유로 분할을 위한 형식적 경매를 통하여 매각하여 지분비율만큼 배당을 받게 된다.

### (2) 인도명령
현실적으로 아파트를 점유하면서 사용하는 경우 그 경계가 불분명하므로 인도명령으로 강제집행하는 것은 사실상의 어려움이 있다.

이러한 경우는 부당이득반환청구소송을 통하여 부당이득금을 회수하면 된다.

### (3) 수익성
아파트는 현금에 가까워서 지분경매로 취득하더라도 지분경매 절차의 번거로움은 있으나 특별히 리스크가 적은 편이다. 지분경매를 주종목으로 한다면 여러 개를 낙찰받아 진행함로써 진행의 장기성을 만회하고 수익의 안정성을 높일 수 있다고 본다.

## 3) 재개발·재건축 지분경매

① 조합원 분양자격이 주어지는지를 조합이나 관공서를 통하여 조사하고 입찰하여야 한다.
② 건물과 토지가 매각으로 나온 경우, 건물은 멸실되고 토지만 나온 경우, 건물만 나온 경우, 무허가 건물이 나온 경우 등이다.
③ 입찰가격 산정에 있어서 미리 조합에 문의하여 보상평가금액을 확인하고 입찰하면 도움이 된다.

# 6. 경매 매각사례

(1) 경매정보지

## 북부1계 2022 타경 2315 아파트

| 사건내용

| 소 재 지 | 서울 도봉구 방학동 272 신동아 2동 10층 1006호 (01382)서울 도봉구 방학로 193 | | | | |
|---|---|---|---|---|---|
| 경매구분 | 강제경매 | 채 권 자 | 양OO | | |
| 용 도 | 아파트 | 채무/소유자 | 無 / 이OOOO | 매 각 기 일 | 24.02.20 (97,000,000원) |
| 감 정 가 | 185,714,285 (22.07.04) | 청 구 액 | 200,438,356 | 종 국 결 과 | 24.04.24 배당종결 |
| 최 저 가 | 95,086,000 (51%) | 토 지 면 적 | 전체 30.32㎡ 중 지분 8.7㎡ (2.6평) | 경매개시일 | 22.06.20 |
| 입찰보증금 | 9,508,600 (10%) | 건 물 면 적 | 전체 70.62㎡ 중 지분 20.2㎡ (6.1평) [29평형] | 배당종기일 | 22.08.31 |
| 주 의 사 항 | 지분매각 특수件분석신청 | | | | |
| 조 회 수 | ·금일조회 1 (0)  ·금회차공고후조회 70 (16)  ·누적조회 438 (48)     ( )는 5분이상 열람  조회통계 | | | | |

(2) 등기부

| 5 | 2번조병근지분압류 | 2022년10월4일 제141039호 | 2022년9월5일 압류(징수과-11463) | 권리자 도봉구(서울특별시) 1117 |
|---|---|---|---|---|
| 6 | 2번이주헌지분압류 | 2023년8월24일 제125647호 | 2023년8월24일 압류(보험급여부-906228) | 권리자 국민건강보험공단 111471-0008863 강원특별자치도 원주시 건강로 32(반곡동) (도봉지사) |
| 7 | 2번이주헌지분전부이전 | 2024년3월18일 제45182호 | 2024년3월13일 강제경매로 인한 매각 | 공유자 지분 7분의 2 주식회사부자건설팅 110111-8438958 서울특별시 관악구 중앙1길 11(봉천동) |
| 8 | 3번압류, 4번강제경매개시결정, 6번압류등기말소 | 2024년3월18일 제45182호 | 2024년3월13일 강제경매로 인한 매각 | |

[출처] 지지옥션(https://www.ggi.co.kr/)

(3) 경매분석
　① 전 소유자 이주헌 지분(2/7)을 강제경매로 주식회사부자컨설팅에서 낙찰받았다.
　② 전입세대 모두 말소된 상태로 임차보증금 인수사항은 없다.
　③ 낙찰가는 감정가 대비 52%로 비교적 저렴한 가격에 낙찰을 받았다.
　④ 취득한 지분이 과반에 못 미치므로 협의를 통하여 매수하거나 매도를 시도하고, 협의가 성립되지 않으면 점유 사용한 부분에 대한 부당이득반환과 분할을 위한 형식적 경매를 행사할 것으로 보인다.

## 제9장
# 재매각

1. 재매각의 개관
    1) 재매각의 의의
    2) 재매각의 요건
    3) 재매각의 대상
2. 재매각 사유
    1) 매각불허가가 나온 경우
    2) 재매각을 실시하는 경우
3. 재매각 물건 분석
4. 재매각 절차에서 전의 매수인의 지위
5. 재매각 절차
6. 경매 매각사례

## 1. 재매각의 개관

### 1) 재매각의 의의
재매각이란 매수인(차순위매수인 포함)이 매각허가결정이 난 뒤로 대금지급기한까지 대금을 납부하지 않아 법원의 직권으로 다시 실시하는 매각을 말한다.(민집제138조) 매각절차를 다시 시작하는 점에서 새 매각과 같으나, 새 매각은 매각허가결정이 나지 않았거나 매각허가결정의 확정에 나지 않은 경우이지만, 재매각은 매각허가결정이 났으나 매수인의 대금지급의무 불이행을 원인으로 다시 매각하는 것을 말한다.

### 2) 재매각의 요건
① 매수인이 매각대금지급의무를 완전히 이행하지 아니하였을 때
② 매수인이 대금지급기한 또는 「민사집행법」 제142조 4항의 다시 정한 기한까지 이행하지 아니하였을 때
③ 차순위매수신고인이 없을 때 또는 차순위매수신고인도 대금을 지급하지 아니하였을 때
④ 의무불이행이 재매각명령시까지 존속할 때 즉, 재매각기일의 3일 이전까지는 매각대금을 지급할 수 있다.

### 3) 재매각의 대상
① 매수인에게 매각허가결정이 났던 매각부동산이다.
② 여러 개의 부동산에 대하여 매각을 실시하였으나 「민사집행법」 제124조의 과잉매각으로 되어 일부 부동산에 대하여서는 매각불허가를 하였다가 다시 매각을 하는 경우에는 매수인이 대금을 지급하지 아니한 문제가 발생하지 아니하므로 재매각이 아니다.

## 2. 재매각 사유

### 1) 매각불허가가 나온 경우
해당 입찰기일에 매각되었으나 매수인의 자격이나 법원의 업무절차상 문제점이 후에 드러나 매각불허가처분이 내려진 경우이다.

① 집행법원이 해당 물건에 대하여 최고가매수으로 선정하였으나 매각허가결정 전에 절차상 하자가 발견되어 법원이 직권으로 불허가결정을 한 경우이다.
② 최고가매수인이 자격이 없는 경우(예: 제한능력자 등)로 밝혀진 경우이다.
③ 매각물건이 멸실되는 등의 하자가 발견되어 최고가매수인이 매각불허가요청을 하여 법원이 매각불허가결정을 한 경우이다.
④ 채권자 등 이해관계인의 신청으로 매각불허가결정이 난 경우이다.

매각불허가가 나온 경우에는 최고가매수인의 보증금은 반환된다.

## 2) 재매각을 실시하는 경우

① 경매 매각물건에 대하여 시세파악을 잘못하여 시세보다 높은 가격으로 낙찰을 받아 잔금납부를 포기한 경우
② 최고가매수인의 신용이 좋지 않거나, 물건의 특수성으로 인하여 잔금대출이 나오지 않아 잔금납부를 포기한 경우
③ 권리분석을 잘못하여 인수권리가 많아 잔금납부를 포기한 경우
④ 공동투자자들 간에 다툼이 있어 잔금납부를 하지 못하는 경우
⑤ 입찰서기재사항 중 입찰가격에 0을 하나 더 붙여 잔금납부를 포기한 경우
⑥ 채권을 양도받은 채권자(유동화회사 등)가 제3자를 내세워 고액 낙찰 후 미납하여 재경매를 통하여 고액 낙찰을 유도하는 경우


# 3. 재매각 물건 분석

## 1) 위기는 기회

최고가매수인이 선정되었다가 매각불허가결정이 나왔거나, 매각허가결정이 나왔으나 최고가매수인이 잔금을 납부하지 않아 재매각되는 경우에는 매수희망자의 입장에서도 응찰이 꺼려지는 것은 사실이다.

그러나 그런 물건은 아무래도 경쟁률이 낮을 수 밖에 없다. 잠재적인 경쟁자들이 입찰을 꺼려해서 경쟁률이 낮아지므로 매각불허가사유나 또는 잔금납부를 하지 않아 재매각이 나온 사유를 철저하게 분석하여 입찰한다면 고수익 블루오션 아이템이라고 할 만하다.

## 2) 시세조사 실시

법원경매감정가는 입찰 시점보다 짧게는 6개월, 길게는 2~3년 전에 평가한 가격이므로 시세와는 차이가 있을 수 있다. 경매입찰에서 감정평가 가격을 참고만 하고 스스로 시세파악을 하는 것은 경매의 첫걸음이다.

물건의 종별에 따라 다르지만 일반적으로 아파트를 비롯하여 정형화된 오피스텔 등은 앱이나 싸이트를 통해 쉽게 알아볼 수가 있고, 또한 매각부동산 주변에 공인중개사 사무소를 통하여 급매가격 등을 통하여 정확한 시세를 조사할 수 있다.

정형화되지 않은 토지나 공장 등은 발품을 팔아 주변 탐문조사를 하여 비교적 실수요자들의 견해를 많이 들어 평가하여야 한다.

## 3) 등기부상 채권 확인

① 등기부상 을구는 근저당권의 대출이나 전세권의 채권이다. 갑구는 가압류, 압류 등이 기재되어 있다. 가압류나 압류 등이 많이 있는 경우에는 을구의 담보대출 이외에 채무자 개인의 재무상태가 좋지 않음을 짐작할 수가 있다. 특히 비교적 채무가 소액인 건강보험료나 카드대금 등의 채권이 있을 때에는 거의 회생 가능성이 없다고 보아도 무방할 것이다.

② 등기부상 을구에 근저당권 하나만 있을 때에는 외형상으로는 채무가 적다고 볼 수가 있다. 이런 경우에는 무엇인가 다른 문제가 있는지 찜찜한 생각이 들기도 한다. 외형에 들어나지 않은 꼼수가 있는지 다각도로 검토해보아야 한다.

## 4) 정확한 권리분석 실시

잔금을 납부하지 않아 재매각으로 나오는 물건 중 상당 부분은 권리분석을 잘못하여 인수권리 파악이 제대로 되지 못하여 추가부담금이 발생한 경우에 해당된다고 볼 수가 있다.

선순위 임차보증금의 일부 배당받지 못한 금액 인수, 선순위 등기권리 인수 등이다. 특히 경매초보단계를 넘어서면 좀 자신감도 생기고 전투적인 마음이 들어 미쳐 심도있는 분석이 되지 않은 상태에서 입찰을 하는 경우가 많다.

예를 들어 선순위임차인이 배당신청을 하여 선순위임차보증금과 예상낙찰가를 비교하였을 때 충분히 배당받고 인수권리가 없을 것이라고 생각하고 입찰하였는데, 후에 알고 보니 당해세가 너무 많아 선순위임차인의 보증금이 배당을 일부 받지 못하여 낙찰자가 그 보증금을 인수하는 경우가 종종 발생하기도 한다.

### 5) 건축물대장에 위반건축물 등재

위반건축물로 등재되면 시정할 때까지 이행강제금이 벌금으로 나오기도 하며, 시정하자니 너무 많은 비용이 들어 잔금납부를 포기하는 경우가 많다.

또한 위반건축물에 대하여는 경매잔금대출이 제한되는 경우도 있고, 새로운 인허가도 제한된다.

위반건축물로 등재된 경매물건 입찰시 현장답사를 필히 하여야 하며, 미리 관할 관청에 문의하여 시정방안을 알아보고 비용 등을 계산하여 입찰여부를 결정하여야 한다.

## 4. 재매각절차에서 전의 매수인의 지위

### 1) 매수신청 불허가

재매각절차에서는 전의 매수인은 매수신청을 할 수가 없다.(민집제138조)

### 2) 매수신청보증금의 반환 불허

① 매수인이 대금을 납부하지 않아 재매각절차를 실시한 때에는 전의 매수인은 매수신청의 보증금을 돌려줄 것을 요구하지 못한다. 이때의 보증금은 배당할 금액에 포함된다.

② 재매각 명령 후 매각절차가 취소되거나 경매신청이 적법하게 취하된 경우는 매수신청의 보증의 반환을 청구할 수 있다. 다만, 이중경매에서 선행사건이 취소 또는 취하되더라도 후행사건에 의하여 재매각절차가 계속 진행되는 한 보증의 반환청구는 불가능하다.

③ 부동산이 멸실되거나 남을 가망이 없어 경매를 취소하는 경우에는 전의 매수인은 보증을 반환받을 수 있다.

④ 차순위매수신고인에 대한 매각허가결정 후부터는 전의 매수인의 매각대금 납부는 허가되지 아니한다. 왜냐하면 최고가매수신고인에 대한 보증금 몰취의 제재를 받는 시점을 매각허가결정이 있는 때로 정하고 있기 때문이다.

## 5. 재매각 절차

### 1) 매각조건

재매각절차에는 종전에 매각절차에서 정한 최저매각가격, 그 밖의 매각조건을 그대로 적용한다.(「민사집행법」제138조)

다만, 재매각의 경우에는 직권으로 매수신청의 보증금액을 변경하여 최저매각가격의 10분의 2 또는 10분의 3으로 정한 금액을 보증으로 제공하고 있다.(민집규제63조)

### 2) 재매각기일의 지정·공고·통지·실시

법원이 재매각을 명한 때에는 즉시 재매각기일을 지정하여 일반의 매각절차와 같은 방법으로 이를 공고하여야 한다.

재매각기일은 그 공고일로부터 2주 이후 20일 이내로 정하여야 한다.(민집규제56조)

이해관계인에게 통지를 하여야 한다. 다만 전의 매수인은 이해관계인이 아니므로 통지할 필요가 없다.

그리고 재매각에서는 전의 매수인은 매수신청을 할 수 없다.

## 6. 경매물건 분석

(1) 경매정보지

### 남부9계 2021 타경 113390[5] 다세대(생활주택)

| 사건내용 | | | | | | | | |
|---|---|---|---|---|---|---|---|---|
| 관련물건 번호 | | 1 종결 | 2 종결 | 3 종결 | 4 종결 | 5 종결 | | |
| 소 재 지 | 서울 강서구 화곡동 423-17 ,-35 까사지오 3층 303호<br>(07773)서울 강서구 곰달래로19길 30 | | | | | | | |
| 경매구분 | 강제경매 | | | 채권자 | 주OOOOOOO | | | |
| 용 도 | 다세대(생활주택) | | | 채무/소유자 | 강OO | | 매각기일 | 24.01.11 (10,970,000원) |
| 감정가 | 199,000,000 (21.11.10) | | | 청구액 | 1,034,122,871 | | 종국결과 | 24.03.28 배당종결 |
| 최저가 | 10,940,000 (5%) | | | 토지면적 | 16.3㎡ (4.9평) | | 경매개시일 | 21.11.01 |
| 입찰보증금 | 2,188,000 (20%) | | | 건물면적 | 27㎡ (8.1평) | | 배당종기일 | 22.02.03 |
| 주의사항 | 재매각물건 HUG 임차권 인수조건 변경 ? 특수件분석신청<br>· 소멸되지 않는 권리 : 매수인에게 대항할 수 있는 을구 순위 1번 임차권등기(2020.09.15. 등기)가 있으며, 배당에서 보증금이 전액 변제되지 아니하면 잔액을 매수인이 인수함 | | | | | | | |
| 조 회 수 | ·금일조회 1 (1) ·금회차공고후조회 6 (2) ·누적조회 299 (15) | | | | | | ()는 5분이상 열람 조회통계 | |

[출처] 지지옥션(https://www.ggi.co.kr/)

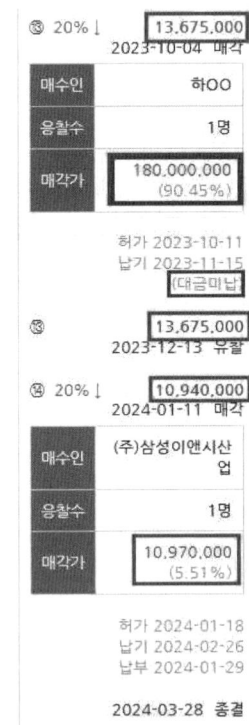

[출처] 지지옥션(https://www.ggi.co.kr/)

(2) 매각물건명세서

## 서 울 남 부 지 방 법 원

2021타경113390

### 매각물건명세서

| 사 건 | 2021타경113390 부동산강제경매 | 매각물건번호 | 5 | 작성일자 | 2023.11.17 | 담임법관(사법보좌관) | 박경원 | |
|---|---|---|---|---|---|---|---|---|
| 부동산 및 감정평가액 최저매각가격의 표시 | 별지기재와 같음 | 최선순위 설정 | 2020.04.08. 압류 | | | 배당요구종기 | 2022.02.03 | |

부동산의 점유자와 점유의 권원, 점유할 수 있는 기간, 차임 또는 보증금에 관한 관계인의 진술 및 임차인이 있는 경우 배당요구 여부와 그 일자, 전입신고일자 또는 사업자등록신청일자와 확정일자의 유무와 그 일자

| 점유자 성 명 | 점유 부분 | 정보출처 구 분 | 점유의 권 원 | 임대차기간 (점유기간) | 보 증 금 | 차 임 | 전입신고 일자·외국인 등록(체류지 변경신고)일 자·사업자등 록신청일자 | 확정일자 | 배당 요구여부 (배당요구일자) |
|---|---|---|---|---|---|---|---|---|---|
| 이성선 | 303호 전부 | 등기사항 전부증명서 | 주거 임차권자 | 2018.08.10~ | 180,000,000원 | | 2018.08.10 | 2018.07.09 | |
| 주택도 시보증 공사 | 303호 전부 | 권리신고 | 주거 임차인 | 2018.08.10~ 2020.08.09 | 180,000,000원 | | 2018.08.10 | 2018.07.09 | 2021.10.28 |

<비고>
주택도시보증공사:경매신청채권자로 임차인 이성선의 임차보증금반환채권을 전부 승계하였으며, 권리신고 및 배당요구일자는 경매신청일임

※ 최선순위 설정일자보다 대항요건을 먼저 갖춘 주택·상가건물 임차인의 임차보증금은 매수인에게 인수되는 경우가 발생 할 수 있고, 대항력과 우선변제권이 있는 주택·상가건물 임차인이 배당요구를 하였으나 보증금 전액에 관하여 배당을 받지 아니한 경우에는 배당받지 못한 잔액이 매수인에게 인수되게 됨을 주의하시기 바랍니다.

등기된 부동산에 관한 권리 또는 가처분으로 매각으로 그 효력이 소멸되지 아니하는 것
매수인에게 대항할 수 있는 을구 순위 1번 임차권등기(2020.09.15. 등기)가 있으며, 배당에서 보증금이 전액 변제되지 아니하면 잔액을 매수인이 인수함

매각에 따라 설정된 것으로 보는 지상권의 개요

비고란
이 사건 신청채권자 주택도시보증공사의 2023.05.17.자 '확약서'를 받아들이지 아니함
특별매각조건 매수신청보증금 최저매각가격의 20%

[출처] 지지옥션(https://www.ggi.co.kr/)

(3) 권리분석

* 말소기준권리 　압류, 2020년 04월 08일, 서울시 강서구
* 선순위임차인 　이OO, 전입 2018년 08월 10일, 확정 2018.07.09., 보증금 180,000,000
   주택도시보증공사, 위 임차권리를 승계함. 강제경매신청함.

* 매각물건명세서
    ① 매수인에게 대항할 수 있는 을구 순위 1번 임차권등기(2020.09.15. 등기)가 있으며, 배당에서 보증금이 전액 변제되지 아니하면 잔액을 매수인이 인수함. 이라고 적혀 있음.
    ② 특별매각조건 매수신청보증금 최저매각가격의 20%(재매각)

* 입찰과정
    ① 감정가 199,000,000원(2021년 11월 10일)
    ② 최저가 13,675,000원(2023년 10월 04일)
    ③ 낙찰가 180,000,000원(2023년 10월 04일), 입찰자 1명 : 최저가(13,675,000원)를 고려하지 않고, 감정가(199,000,000)원만을 고려하여 입찰한 듯함.
    ④ 납기 2023년 11월 15일에 대금미납함.
    ⑤ 대금미납사유 : 매각대금에서 집행비용과 당해세가 있다면 이를 공제한 후 나머지 매각대금을 임차인이 배당받게 되는데, 임차인이 배당받지 못하는 보증금을 매수인이 인수해야 하는데 임차인의 보증금 인수 부분에 권리분석과 실거래가격에 대한 착오로 인하여 대금을 미납한 것으로 본다.
     * 물론 높은 낙찰가로 선순위 임차인이 배당을 받고나면 인수권리가 없어지니 높은 가격으로 입찰할 수도 있으나, 그렇다고 할지라도 시세대비 낙찰가는 높은 것으로 판단된다.
    ⑥ 2024년 01월 11일 ㈜삼성OO에서 10,970,000원에 낙찰받아 잔금납부하고 사건은 종료되었다.

제10장

# 농지취득자격증명원

1. 농지의 개념
2. 농지취득자격증명원(농취증)
3. 농지취득자격증명원 양식
4. 농지연금
5. 경매 매각사례

## 1. 농지의 개념

### 1) 「농지법」상 농지의 개념
① 전
② 답
③ 과수원
④ 기타 그 법적 지목 여하에 불구하고 실제 토지 현상이 농작물의 경작 또는 다년생식물 재배로 이용되는 토지

### 2) 농지취득자격증명원(농취증)

(1) 개념
농업인이 농사 목적으로 농지를 취득함에 있어서 자격을 얻었음을 증명하는 서류

(2) 경매와의 관계
① **매각허가결정 전까지 제출** : 경매로 농지를 낙찰시 매각일로부터 7일 이내 즉 매각결정기일 전까지 농취증을 지자체로부터 발급받아 경매법원에 제출하여야 매각허가결정을 받을 수 있다. 만일 기한 내에 제출하지 않으면 매각허가결정을 받지 못하고, 입찰보증금을 몰수당할 수도 있다.
② 발급소요기간을 고려하여 입찰전(매매전) 미리 신청가능
③ 농취증 미발급시 행정관서의 반려사유서 법원에 제출
④ 농취증 발급 장기간 소요시 법원에 매각허가결정 연기신청

(3) 발급대상자
① 농업인 또는 농업인이 되려는 자
② 농업법인
③ 주말체험농장을 운영하고자 하는 비농업인 개인
④ 농지전용허가 또는 농지전용신고를 한 자

(4) 발급대상

| 목적 | 대상 | 첨부서류 | 소요기간 | 비고 |
|---|---|---|---|---|
| 주말농장 | 1,000㎡ 이하 취득 | 주말농장체험 영농계획서 | 4일 | 부부합산1,000㎡이하 농업진흥지역 안됨 |
| 농업경영 | 1,000㎡초과 취득 (세대원 전부 합쳐) | 농업경영계획서 | 7일 | |
| | | | 14일 | 농지위원회 심의대상 |

※ **농업진흥지역**은 농지를 효율적으로 이용하고 보전하기 위하여 시·도지사가 「농지법」에 따라 지정·고시하는 지역을 말한다. 농업진흥지역은 녹지지역(특별시는 제외), 관리지역, 농림지역 및 자연환경보전지역(특별시의 녹지지역 제외)을 대상으로 농업진흥구역과 농업보호구역으로 구분하여 지정한다.

「농지법」 제28조(농업진흥지역의 지정)
 ① 특별시장 · 광역시장 · 특별자치시장 · 도지사 또는 특별자치도지사(이하 "시 · 도지사"라 한다)는 농지를 효율적으로 이용하고 보전하기 위하여 농업진흥지역을 지정한다.
 ② 제1항에 따른 농업진흥지역은 다음 각 호의 용도구역으로 구분하여 지정할 수 있다.
 1. **농업진흥구역**: 농업의 진흥을 도모하여야 하는 다음 각 목의 어느 하나에 해당하는 지역으로서 농림축산식품부장관이 정하는 규모*로 농지가 집단화되어 농업 목적으로 이용할 필요가 있는 지역
  가. 농지조성사업 또는 농업기반정비사업이 시행되었거나 시행 중인 지역으로서 농업용으로 이용하고 있거나 이용할 토지가 집단화되어 있는 지역**
  나. 가목에 해당하는 지역 외의 지역으로서 농업용으로 이용하고 있는 토지가 집단화되어 있는 지역
 2. **농업보호구역**: 농업진흥구역의 용수원(用水源) 확보, 수질 보전 등 농업 환경을 보호하기 위하여 필요한 지역

제29조(농업진흥지역의 지정 대상) 제28조에 따른 농업진흥지역 지정은 「국토의 계획 및 이용에 관한 법률」에 따른 녹지지역 · 관리지역 · 농림지역 및 자연환경보전지역을 대상으로 한다. 다만, 특별시의 녹지지역은 제외한다.

 * 농림축산식품부장관이 정하는 규모 : 농업지대별 규모(평야지는 10ha 이상, 중간지는 7ha 이상, 산간지(山間地)는 3ha 이상)
 ** 농업진흥구역은 농업지대(평야지, 중간지, 산간지)별 농업집단화 기준과 토지생산성 기준에 적합한 지역을 대상으로 지정한다.

(5) 발급 예외
    ① 도시지역내에 있는 주거, 상업, 공업지역의 농지
    ② 계획관리지역의 지구단위계획구역으로 실시계획을 인가받은 경우
    ③ 도시지역 및 도시군계획시설시설 예정지로 지정 또는 결정된 농지일 경우
    ④ 공공기관이나 은행 등의 근저당권자가 담보농지를 취득하는 경우
    ⑤ 유증을 포함하여 상속을 통하여 농지를 취득하는 경우
    ⑥ 농지전용협의를 마친 농지를 취득하는 경우
    ⑦ 교환, 분할, 합병을 통해 농지를 취득하는 경우
    ⑧ 수용을 통하여 농지를 취득하는 경우

(6) 농지위원회 심의대상
    ① 토지거래허가구역 안의 농지를 취득하려는 사람
    ② 취득대상 소재지에 연접하지 않으면서 2022년 08월 18일 이후 처음으로 농지를 취득하려는 사람
    ③ 1필지를 3인 이상이 공유로 취득하려는 사람(지자체별로 최대 공유자가 상이함)
    ④ 농업법인
    ⑤ 외국인
    ⑥ 외국 국적 동포(재외동포법 제6조에 따라 국내거소신고를 한 자)
    ⑦ 기타 지자체에서 농업경영 능력 등을 심사할 필요가 있다고 조례로 정한 자

(7) 신청방법
    ① 인터넷(정부24)
    ② 우편(관할 산업계)
    ③ 직접 방문

(8) 경매시 농취증발급 중요 논점
    ① 신청 당시 농업인(농지원부 보유자)은 최소면적에 관계 없이 발급 가능
    ② 광역시는 구청, 시는 시청, 군은 읍·면사무소 산업계에서 발급
    ③ 농지가 불법 전용된 경우에는 원상회복을 하거나 원상복구 계획서를 제출한 후 발급가능
    ④ 농지이면서 합법적인 전용이 있는 경우는 농취증 없이 농지 취득 가능(지목은 농지이나,

특별한 이유로 건축물대장이 있는 경우)
⑤ 기한내 농취증을 발급받지 못하여 매각불허가결정을 받은 경우, 즉시항고를 하고 추후 농취증을 발급받아 제출하면 매각불허가결정을 취소하고 매각허가결정을 함

### 3) 농지원부

농지를 소유에 따른 정보를 파악하여 효율성 있게 농리를 관리하고 이용하기 위해 작성하는 장부로 농업인의 신청에 의하여 작성된다.
농지소재지, 지번, 지목, 면적, 공유자수, 임차인, 임차기간 등으로 구성되며, 농업인의 주소지를 기준으로 작성되며, 주소지 해당 관할 구역 밖의 농지는 그 관할 관청의 협조를 통하여 작성된다.

## 3. 농지취득자격증명원 양식

- 농지취득자격증명신청서
- 농업경영계획서
- 주말·체험영농계획서
- 농지취득자격증명

■ 농지법 시행규칙 [별지 제3호서식] <개정 2022. 5. 18.>

# 농지취득자격증명신청서

※ 뒤쪽의 유의사항을 참고하시기 바라며, [ ]에 해당되는 곳에 √표를 합니다 (3쪽 중 제1쪽)

| 접수번호 | 접수일시 | 처리기간  7일(농업경영계획서를 작성하지 않는 경우에는 4일, 농지위원회의 심의 대상인 경우에는 14일) |
|---|---|---|
| | | |

| 농지<br>취득자<br>(신청인) | ①성명(명칭) | | ②주민등록번호<br>(법인등록번호·외국인등록번호) | |
|---|---|---|---|---|
| | ③주소 | | | |
| | ④전화번호 | | | |
| | ⑤취득자의 구분<br>　　[ ]농업인　　[ ]농업법인　　[ ]농업인이 아닌 개인　　[ ]그 밖의 법인 | | | |

| 취득<br>농지의 표시 | ⑥소재지 | | | ⑦지번 | ⑧지목 | ⑨면적(㎡) |
|---|---|---|---|---|---|---|
| | 시·군 | 구·읍·면 | 리·동 | | | |
| | | | | | | |
| | | | | | | |
| | | | | | | |
| | ⑩농지구분 | | | | | |
| | 농업진흥지역 | | 농업진흥지역 밖 | | 영농여건 불리농지 | |
| | 농업진흥구역 | 농업보호구역 | | | | |
| | | | | | | |
| | | | | | | |
| | | | | | | |

| ⑪ 취득<br>원인 | |
|---|---|
| ⑫ 취득<br>목적 | [ ]농업경영　[ ]주말·체험영농　[ ]농지전용　[ ]시험·연구·실습지용 등 |

「농지법」 제8조제2항, 같은 법 시행령 제7조제1항 및 같은 법 시행규칙 제7조제1항제2호에 따라 위와 같이 농지취득자격증명의 발급을 신청합니다.

년　　월　　일

농지취득자(신청인)　　　　　　　　　　　(서명 또는 인)

**시장·구청장·읍장·면장**　귀하

210mm×297mm[백상지 80g/㎡]

| 첨부서류 | 1. 별지 제2호서식의 농지취득인정서(법 제6조제2항제2호에 해당하는 경우만 해당합니다)<br>2. 별지 제4호서식의 농업경영계획서(농지를 농업경영 목적으로 취득하는 경우만 해당합니다)<br>3. 별지 제4호의2서식의 주말·체험영농계획서(법 제6조제2항제3호에 해당하는 경우만 해당합니다)<br>4. 농지임대차계약서 또는 농지사용대차계약서(농업경영을 하지 않는 자가 취득하려는 농지의 면적이 영 제7조제2항제5호 각 목의 어느 하나에 해당하지 않는 경우만 해당합니다)<br>5. 농지전용허가(다른 법률에 따라 농지전용허가가 의제되는 인가 또는 승인 등을 포함합니다)를 받거나 농지전용신고를 한 사실을 입증하는 서류(농지를 전용목적으로 취득하는 경우만 해당합니다) | 수수료:<br>「농지법<br>시행령」<br>제74조에<br>따름 |
|---|---|---|
| 담당<br>공무원<br>확인사항 | 1. 토지(임야)대장<br>2. 토지등기사항증명서<br>3. 법인등기사항증명서(신청인이 법인인 경우만 해당합니다)<br>4. 주민등록표등본<br>5. 농업경영체증명서(신청인이 「농어업경영체 육성 및 지원에 관한 법률」 제4조제1항제1호에 따라 농업경영체로 등록한 농업인인 경우만 해당합니다)<br>6. 표준재무제표증명(신청인이 농업법인인 경우만 해당합니다)<br>7. 사업자등록증명(신청인이 사업자등록을 한 경우만 해당합니다)<br>8. 외국인등록사실증명(신청인이 「출입국관리법」 제31조에 따라 등록한 외국인인 경우만 해당합니다)<br>9. 국내거소신고사실증명(신청인이 「재외동포의 출입국과 법적 지위에 관한 법률」 제6조에 따라 국내거소신고를 한 외국국적동포인 경우만 해당합니다) | |

### 행정정보 공동이용 동의서

본인은 이 건 업무처리와 관련하여 담당 공무원이 「전자정부법」 제36조제1항에 따른 행정정보의 공동이용을 통하여 **담당 공무원 확인사항** 중 제4호부터 제9호까지의 서류를 확인하는 것에 동의합니다.
* 동의하지 않는 경우에는 신청인이 직접 해당 서류를 첨부해야 합니다.


신청인(대표자)                                                    (서명 또는 인)

(3쪽 중 제3쪽)

---

### 작성방법

①란은 법인의 경우 그 명칭 및 대표자의 성명을 적습니다.
⑤란은 다음 구분에 따라 농지취득자가 해당되는 란에 √표를 합니다.
   가. 신청 당시 농업경영에 종사하고 있는 개인은 "농업인"
   나. 농업회사법인·영농조합법인은 "농업법인"
   다. 농업경영 또는 주말·체험영농을 하려는 개인은 "농업인이 아닌 개인"
   라. 농업법인이 아닌 법인은 "그 밖의 법인"
⑧란은 공부상의 지목에 따라 전·답·과수원 등으로 구분하여 적습니다.
⑩란은 매 필지별로 농업진흥구역, 농업보호구역, 농업진흥지역 밖 등으로 구분하여 해당 란에 √표를 합니다.
⑪란은 매매·교환·경매·증여 등 취득원인의 구분에 따라 적습니다.
⑫란은 농업경영, 주말·체험영농, 농지전용, 시험·연구·실습지용 등 취득 후 이용목적의 구분에 따라 해당 란에 √표를 합니다.
※ 농지는 「농지법」 제6조제1항에 따라 자기의 농업경영에 이용하거나 이용할 자가 아니면 소유하지 못하며, 같은 법 제23조제1항 각 호에 해당하는 경우 외에는 농지를 임대하거나 무상사용하게 할 수 없습니다.
※ 거짓이나 그 밖의 부정한 방법으로 농지취득자격증명을 발급받은 경우 농지 처분명령, 이행강제금 부과, 벌칙 등의 대상이 될 수 있으므로 정확하게 기록해야 합니다.

---

### 업무처리 절차

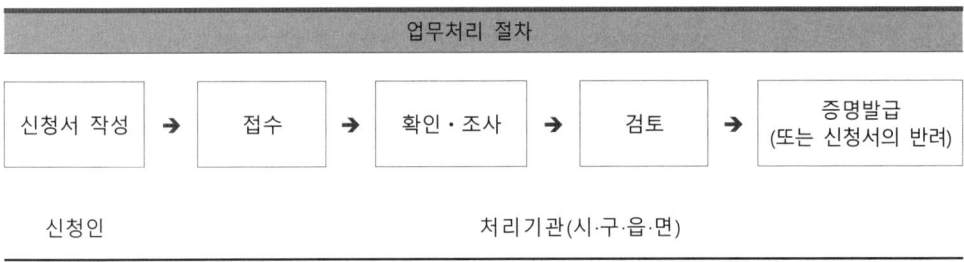

신청인                            처리기관(시·구·읍·면)

■ 농지법 시행규칙 [별지 제4호서식] <개정 2022. 5. 18.>

# 농업경영계획서

(3쪽 중 제1쪽)

| ① 취득 대상 농지에 관한 사항 | 소재지 ||| 지번 | 지목 | 면적(㎡) | 공유 지분의 비율 | 영농 거리 (km) | 농지의 현재 상태 |
|---|---|---|---|---|---|---|---|---|---|
| | 시·군 | 구·읍·면 | 리·동 | | | | | | |
| | | | | | | | | | |
| | | | | | | | | | |
| | | | | | | | | | |
| | 계 |||  |  |  |  |  |  |

| 농업경영 노동력 확보 방안 | ②취득자(취득 농업법인) 및 세대원(구성원)의 농업경영능력 ||||
|---|---|---|---|---|---|
| | 취득자와의 관계 | 연령 | 직업 | 영농경력(년) | 향후 농업경영 여부 |
| | | | | | |
| | ③취득농지의 농업경영에 필요한 노동력 확보방안 |||||
| | 자기노동력 || 일부위탁 || 전부위탁(임대) |
| | || || |

| 농업 기계·장비·시설 확보 방안 | ④농업 기계·장비·시설의 보유현황 |||
|---|---|---|---|
| | 기계·장비·시설명 | 보유현황 | 시설면적(㎡) |
| | | | |
| | ⑤농업 기계·장비·시설의 보유계획 |||
| | 기계·장비·시설명 | 보유계획 | 시설면적(㎡) |
| | | | |

| ⑥ 소유농지 이용실태 | 소재지 ||| 지번 | 지목 | 면적(㎡) | 주재배 작물 (축종명) | 자기의 농업 경영 여부 | 취득 대상 농지와의 거리 (km) |
|---|---|---|---|---|---|---|---|---|---|
| | 시·군 | 구·읍·면 | 리·동 | | | | | | |
| | | | | | | | | | |
| | | | | | | | | | |
| | | | | | | | | | |
| | 계 |||  |  |  |  |  |  |

210mm×297mm[백상지 80g/㎡]

| ⑦연고자에 관한 사항 | 연고자 성명 | | 관계 | |
|---|---|---|---|---|

| ⑧농지취득자금 조달계획 | 자기자금 | 차입금 등 | 합계 |
|---|---|---|---|
| | 원 | 원 | 원 |

| ⑨ 영농계획에 관한 사항 | 주재배작물 (축종명) | | | | |
|---|---|---|---|---|---|
| | 영농착수 시기 | 년 월 일 | | | |
| | 수확 예정 시기 | 년 월 일 | | | |
| | 작업일정 | 작업 내용 | 참여 인원(명) | 소요자금 | 자금조달방안 |
| | 합 계 | | | 천원 | |
| | 부터 까지 | | | 천원 | |
| | 부터 까지 | | | 천원 | |
| | 부터 까지 | | | 천원 | |
| | 부터 까지 | | | 천원 | |
| | 부터 까지 | | | 천원 | |
| | 부터 까지 | | | 천원 | |

⑩임차(예정) 농지 현황

| 소 재 지 | | | | 지번 | 지목 | 면적 (㎡) | 주재배 (예정) 작물의 종류 (축종명) | 임 차 (예정) 여부 |
|---|---|---|---|---|---|---|---|---|
| 시·도 | 시·군 | 읍·면 | 리·동 | | | | | |
| | | | | | | | | |
| | | | | | | | | |

⑪공유로 취득하려는 경우 각자가 취득하려는 농지의 위치


「농지법」 제8조제2항, 같은 법 시행령 제7조제1항 및 같은 법 시행규칙 제7조제1항제3호에 따라 위와 같이 본인이 취득하려는 농지에 대한 농업경영계획서를 작성·제출합니다.

년    월    일

제출인                                    (서명 또는 인)

**시장·구청장·읍장·면장** 귀하

210mm×297mm[백상지 80g/㎡]

| 첨부 서류 | 1. 「농업·농촌 및 식품산업 기본법 시행령」 제3조제2항에 따라 발급된 농업인 확인서(신청인이 「농어업경영체 육성 및 지원에 관한 법률」 제4조제1항제1호에 따라 농업경영체로 등록하지 않은 농업인인 경우만 해당합니다)<br>2. 정관(신청인이 농업법인인 경우만 해당합니다)<br>3. 임원 명부와 업무집행권을 가진 자 중 3분의 1 이상이 농업인임을 확인할 수 있는 서류(신청인이 농업회사법인인 경우만 해당합니다)<br>4. 재직증명서·재학증명서 등 직업을 확인할 수 있는 서류(신청인이 농업인이 아닌 개인인 경우만 해당합니다)<br>5. 신청인을 포함하여 각자가 취득하려는 농지의 위치와 면적을 특정하여 구분소유하기로 하는 약정서 및 도면자료(신청인이 1필지의 농지를 공유로 취득하려는 공유자인 경우만 해당합니다) |
|---|---|

### 작성방법

①란은 취득하려는 농지의 소재지·지번·지목, 면적, 공유로 취득하려는 경우 공유 지분의 비율을 적고, 거주지로부터 농지 소재지까지 일상적인 통행에 이용하는 도로에 따라 측정한 거리를 적습니다.

②란은 노동력을 제공할 수 있는 세대원(구성원)의 현황과 앞으로 영농참여 여부를 적습니다.

③란은 취득하려는 농지의 농업경영에 필요한 노동력을 확보하는 방안을 다음 구분에 따라 해당되는 난에 표시합니다.
  가. 같은 세대의 세대원의 노동력만으로 영농하려는 경우에는 자기노동력 란에 ○표
  나. 자기노동력만으로 부족하여 농작업의 일부를 남에게 위탁하려는 경우에는 일부위탁란에 ○표
  다. 자기노동력에 의하지 않고 농작업의 전부를 남에게 위탁하거나 임대하려는 경우에는 전부위탁(임대)란에 ○표

④란과 ⑤란은 농업경영에 필요한 농업 기계·장비·시설의 보유현황과 앞으로의 보유계획을 적습니다.
  가. 기계·장비·시설란에는 보유한 농업 기계·장비·시설의 명칭과 보유 계획이 있는 농업 기계·장비·시설의 명칭을 적습니다.
  나. 보유현황 및 보유계획란에는 수량을 적습니다.
  다. 시설면적($m^2$)란에는 농지소재지에 시설(고정실온실, 버섯재배사, 비닐하우스, 축사, 곤충사육사 등)이 있거나 설치 계획이 있는 경우 그 면적을 적습니다.

⑥란은 기존에 소유한 농지의 소재지·지번·지목·면적을 적고 취득하려는 농지와의 통행거리를 적습니다.

⑦란은 취득농지의 소재지에 거주하고 있는 연고자의 성명 및 관계를 적습니다.

⑧란은 다음의 구분에 따라 농지취득자금 조달계획을 적습니다. 다만, 농지를 취득하려는 자가 「부동산 거래신고 등에 관한 법률 시행규칙」 제2조제8항부터 제10항까지의 규정에 따라 토지취득자금 조달 및 토지이용계획서를 제출하거나 「부동산 거래신고 등에 관한 법률 시행규칙」 제9조제2항제2호에 따라 토지취득자금 조달계획서를 제출하는 경우에는 ⑧란의 작성을 생략할 수 있습니다.
  가. 자기자금: 금융기관 예금액, 주식·채권 매각대금, 증여·상속, 현금 등 그 밖의 자금, 부동산 처분대금 등, 토지보상금 등의 소계
  나. 차입금 등: 금융기관 대출액 합계(토지담보대출, 신용대출, 그 밖의 대출), 그 밖의 차입금 등의 소계

⑨란은 영농계획에 관한 사항을 다음 각 목의 구분에 따라 적습니다.
  가. 주재배작물(축종명)란은 경작하려는 농작물 또는 재배하려는 다년생식물의 종류 등 농업경영 대상을 구체적으로 적습니다.
  나. 영농착수 시기란과 수확예정 시기란은 농지취득 후 경영착수일과 수확이 예정되는 시기를 구체적으로 적습니다.
  다. 작업일정란은 3년간의 작업 일정을 6개월 단위로 작업내용과 농업경영계획의 이행에 필요한 인력, 소요자금의 규모와 조달방안을 구체적으로 적습니다.

⑩란은 임차 중이거나 임차 예정인 농지에서의 영농상황과 계획을 적습니다.

⑪란은 공유로 취득하려는 경우 각자가 취득하려는 농지의 위치를 적습니다.

■ 농지법 시행규칙 [별지 제4호의2서식] <신설 2022. 5. 18.>

# 주말·체험영농계획서

(3쪽 중 제1쪽)

<table>
<tr><td rowspan="3">① 취득 대상 농지에 관한 사항</td><td colspan="3">소재지</td><td rowspan="2">지번</td><td rowspan="2">지목</td><td rowspan="2">면적(㎡)</td><td rowspan="2">공유 지분의 비율</td><td rowspan="2">영농 거리 (km)</td><td rowspan="2">농지의 현재 상태</td></tr>
<tr><td>시·군</td><td>구·읍·면</td><td>리·동</td></tr>
<tr><td colspan="3">계</td><td></td><td></td><td></td><td></td><td></td><td></td></tr>
</table>

<table>
<tr><td rowspan="4">주말·체험 영농 노동력 확보 방안</td><td colspan="5">②취득자 및 세대원의 주말·체험영농능력</td></tr>
<tr><td>취득자와의 관계</td><td>연령</td><td>직업</td><td>영농경력(년)</td><td>향후 주말·체험 영농여부</td></tr>
<tr><td colspan="5">③취득농지의 주말·체험영농에 필요한 노동력 확보방안</td></tr>
<tr><td colspan="2">자기노동력</td><td colspan="3">전부위탁(임대)</td></tr>
</table>

<table>
<tr><td rowspan="5">농업 기계· 장비·시설 확보 방안</td><td colspan="3">④농업 기계·장비·시설의 보유현황</td></tr>
<tr><td>기계·장비·시설명</td><td>보유현황</td><td>시설면적(㎡)</td></tr>
<tr><td colspan="3">⑤농업 기계·장비·시설의 보유계획</td></tr>
<tr><td>기계·장비·시설명</td><td>보유계획</td><td>시설면적(㎡)</td></tr>
</table>

<table>
<tr><td rowspan="3">⑥ 소유농지 이용실태</td><td colspan="3">소재지</td><td rowspan="2">지번</td><td rowspan="2">지목</td><td rowspan="2">면적(㎡)</td><td rowspan="2">주재배 작물 (축종명)</td><td rowspan="2">자기의 주말· 체험영농 여부</td><td rowspan="2">취득 대상 농지와의 거리(km)</td></tr>
<tr><td>시·군</td><td>구·읍·면</td><td>리·동</td></tr>
<tr><td colspan="3">계</td><td></td><td></td><td></td><td></td><td></td><td></td></tr>
</table>

210mm×297mm[백상지 80g/㎡]

| ⑦농지취득자금 조달계획 | 자기자금 | 차입금 등 | 합계 |
|---|---|---|---|
| | 원 | 원 | 원 |

| ⑧ 영농계획에 관한 사항 | 주재배작물 (축종명) | | | |
|---|---|---|---|---|
| | 영농착수 시기 | 년 | 월 | 일 |
| | 수확 예정 시기 | 년 | 월 | 일 |

⑨임차(예정) 농지 현황

| 소재지 | | | | 지번 | 지목 | 면적 (㎡) | 주재배 (예정) 작물의 종류 (축종명) | 임차 (예정) 여부 |
|---|---|---|---|---|---|---|---|---|
| 시·도 | 시·군 | 읍·면 | 리·동 | | | | | |
| | | | | | | | | |
| | | | | | | | | |
| | | | | | | | | |

⑩공유로 취득하려는 경우 각자가 취득하려는 농지의 위치

「농지법」 제8조제2항, 같은 법 시행령 제7조제1항 및 같은 법 시행규칙 제7조제1항제3호의2에 따라 위와 같이 본인이 취득하려는 농지에 대한 주말·체험영농계획서를 작성·제출합니다.

년    월    일

제출인                              (서명 또는 인)

**시장·구청장·읍장·면장   귀하**

210mm×297mm[백상지 80g/㎡]

| 첨부 서류 | 1. 재직증명서・재학증명서 등 직업을 확인할 수 있는 서류<br>2. 신청인을 포함하여 각자가 취득하려는 농지의 위치와 면적을 특정하여 구분소유하기로 하는 약정서 및 도면자료(신청인이 1필지의 농지를 공유로 취득하려는 공유자인 경우만 해당합니다) |
|---|---|

### 작성방법

①란은 취득하려는 농지의 소재지・지번・지목, 면적, 공유로 취득하려는 경우 공유 지분의 비율을 적고, 거주지로부터 농지 소재지까지 일상적인 통행에 이용하는 도로에 따라 측정한 거리를 적습니다.

②란은 노동력을 제공할 수 있는 세대원의 현황과 앞으로 영농참여 여부를 적습니다.

③란은 취득하려는 농지의 주말・체험영농에 필요한 노동력을 확보하는 방안을 다음 구분에 따라 해당되는 난에 표시합니다.

  가. 같은 세대의 세대원의 노동력만으로 영농하려는 경우에는 자기노동력 란에 ○표

  나. 자기노동력에 의하지 않고 농작업의 전부를 남에게 위탁하거나 임대하려는 경우에는 전부위탁(임대)란에 ○표

④란과 ⑤란은 주말・체험영농에 필요한 농업 기계・장비・시설의 보유현황과 앞으로의 보유계획을 적습니다.

  가. 기계・장비・시설명란에는 보유한 농업 기계・장비・시설의 명칭과 보유 계획이 있는 농업 기계・장비・시설의 명칭을 적습니다.

  나. 보유현황 및 보유계획란에는 수량을 적습니다.

  다. 시설면적($m^2$)란에는 농지소재지에 시설(고정실온실, 버섯재배사, 비닐하우스, 축사, 곤충사육사 등)이 있거나 설치 계획이 있는 경우 그 면적을 적습니다.

⑥란은 기존에 소유한 농지의 소재지・지번・지목・면적을 적고 취득하려는 농지와의 통행거리를 적습니다.

⑦란은 다음의 구분에 따라 농지취득자금 조달계획을 적습니다. 다만, 농지를 취득하려는 자가 「부동산 거래신고 등에 관한 법률 시행규칙」 제2조제8항부터 제10항까지의 규정에 따라 토지취득자금 조달 및 토지이용계획서를 제출하거나 「부동산 거래신고 등에 관한 법률 시행규칙」 제9조제2항제2호에 따라 토지취득자금 조달계획서를 제출하는 경우에는 ⑦란의 작성을 생략할 수 있습니다.

  가. 자기자금: 금융기관 예금액, 주식・채권 매각대금, 증여・상속, 현금 등 그 밖의 자금, 부동산 처분대금 등, 토지보상금 등의 소계

  나. 차입금 등: 금융기관 대출액 합계(토지담보대출, 신용대출, 그 밖의 대출), 그 밖의 차입금 등의 소계

⑧란은 영농계획에 관한 사항을 다음 각 목의 구분에 따라 적습니다.

  가. 주재배작물(축종명)란은 경작하려는 농작물 또는 재배하려는 다년생식물의 종류 등 주말・체험영농 대상을 구체적으로 적습니다.

  나. 영농착수 시기란과 수확예정 시기란은 농지취득 후 영농착수일과 수확이 예정되는 시기를 구체적으로 적습니다.

⑨란은 임차 중이거나 임차 예정인 농지에서의 영농상황과 계획을 적습니다.

⑩란은 공유로 취득하려는 경우 각자가 취득하려는 농지의 위치를 적습니다.

210mm×297mm[백상지 80g/m²]

■ 농지법 시행규칙 [별지 제5호서식] <개정 2022. 5. 18.>

제     호

# 농지취득자격증명

| 농지<br>취득자<br>(신청인) | 성명(명칭) | | | 주민등록번호<br>(법인등록번호・외국인등록번호) | |
|---|---|---|---|---|---|
| | 주소 | | | | |
| | 전화번호 | | | | |
| 취득<br>농지의<br>표시 | 소재지 | 지번 | 지목 | 면적(㎡) | 농지구분 |
| | | | | | |
| | | | | | |
| | | | | | |
| | | | | | |
| 취득<br>목적 | | | | | |

귀하의 농지취득자격증명신청에 대하여 「농지법」 제8조, 같은 법 시행령 제7조제2항 및 같은 법 시행규칙 제7조제6항에 따라 위와 같이 농지취득자격증명을 발급합니다.

년     월     일

### 시장・구청장・읍장・면장     직인

---

## 유 의 사 항

1. 귀하께서 「농지법」 제6조에 따른 농지 소유 제한이나 같은 법 제7조에 따른 농지 소유 상한을 위반하여 농지를 소유할 목적으로 거짓이나 그 밖의 부정한 방법으로 이 증명서를 발급받으면 같은 법 제57조에 따라 5년 이하의 징역이나 해당 토지의 개별공시지가에 따른 토지가액에 해당하는 금액 이하의 벌금에 처해질 수 있습니다.
2. 귀하께서 취득하여 소유한 농지는 농업경영에 이용되도록 하여야 하며(「농지법」 제6조제2항제2호 및 제3호의 경우는 제외합니다), 취득한 해당 농지를 취득목적대로 이용하지 않을 경우에는 같은 법 제10조・제11조제1항 또는 제63조에 따라 해당 농지를 처분해야 하거나 처분명령 또는 이행강제금이 부과될 수 있습니다.
3. 귀하께서 취득하여 소유한 농지는 「농지법」 제23조제1항 각 호에 해당하는 경우 외에는 농지를 임대하거나 무상사용하게 할 수 없으며, 이를 위반할 경우 2천만원 이하의 벌금에 처해질 수 있습니다.
4. 농업법인의 경우 「농어업경영체 육성 및 지원에 관한 법률」 제19조의5에 따라 농지를 활용 또는 전용하여 「통계법」 제22조제1항에 따라 통계청장이 고시하는 한국표준산업분류에 의한 부동산업(「농어업경영체 육성 및 지원에 관한 법률」에 따른 농어촌 관광휴양사업은 제외합니다)을 영위할 수 없습니다.

210mm×297mm[백상지 120g/㎡]

## 4. 농지연금

### 1) 의의
대한민국에서 농지를 소유하고 있는 농업인이 농지를 정부에 담보 설정하고 월별 연금액으로 받는 제도이다.
농업인의 노후보장과 농지의 효율적인 이용을 목표로 하기 위함이다.

### 2) 가입조건
① 신청일 말일 기준으로 농지 소유자 연령이 만60세 이상일 것
② 신청인의 영농경력이 5년 이상일 것
③ 지목이 전, 답, 과수원으로서 실제 영농에 이용되고 있는 1,000㎡이상인 농지일 것
④ 신청인이 2년 이상 보유한 농지일 것
⑤ 동일 시, 군, 구에 있거나 / 연접한 시 군 구에 있거나 / 신청인의 주소지와 담보농지가 직선거리 30KM 이내인 농지일 것
⑥ 저당권, 압류, 가압류 등 제한권리가 없을 것

### 3) 가입제한
① 담보농지에 불법건축물이 있는 경우
② 신청자와 부부 외에 공동소유자가 있는 경우
③ 농지에 설정된 채권최고액이 담보농지 가격의 15%이상 경우

### 4) 수령액의 산정
가입자의 연령, 담보농지의 가격, 지급기간에 따라 달라진다.
담보농지의 가격은 공시지가의 100%, 감정평가액의 90% 중에서 가입자가 선택한다.
감정평가 비용은 신청자가 부담한다.

### 5) 수령액의 최대금액
① 1인당 300만원, 부부의 경우 최대 600만원
② 「농지은행농지연금 통합포털」 홈페이지에 접속하여 각종의 조건을 기재하고 조회하면

예상액을 확인할 수 있다.

## 6) 유형

| | | 수시인출형 | 대출한도의 30%까지 일시에 인출할 수 있음 |
|---|---|---|---|
| | 종신형 | 전후후박형 | 가입초기 10년동안 더 많은 월 지급액을 받음 |
| | | 종신정액형 | 매월 일정액을 지급 받음 |
| 기간형 | 5년 10년 15년 | 경영이양형 | 지급기간 만료후에 공사에 매도약정하고, 많은 금액 수령 |
| | | 기간정액형 | 약정기간 동안 매월 일정액을 지급 받음 |

## 7) 제도의 장점

① 종신지급하며, 배우자가 사망하면 상속할 수 있다.

② 농지연금을 받는 동안 경작하거나 임대할 수 있다.

③ 6억원이하의 농지는 재산세가 감면된다.

## 8) 신청방법

① 「농지연금 통합포털 홈페이지」에 접속하여 신청서 작성

② 공사에서 심사, 승인, 통지

③ 지사에서 계약

## 9) 농지연금을 목적으로 농지경매 선정시 고려사항

① 맹지 : 2024년 03월 27일 농어촌공사 지침변경으로 농기계가 출입할 수 없는 맹지는 농지연금신청 불가하다.

② 개발지역으로 지정, 인가, 고시되어 개발계획이 확정된 농지는 신청이 불가하다.

③ 감정평가금액보다 공시지가가 높은 매물이 좋다.

④ 영농에 적합하기보다는 가격이 높은 것이 좋다.

⑤ 선하지도 고려해볼 만하다.

## 5. 경매 매각사례

(1) 경매정보지

### 여주2계 2022 타경 36689[2] 식물관련시설

**사건내용**

| 관련물건 번호 | | 1 매각 | 2 매각 | | | | | | | |
|---|---|---|---|---|---|---|---|---|---|---|
| 소재지 | 경기 양평군 양서면 부용리 667-3 (12579)경기 양평군 양서면 부용길 55-2 | | | | | | | | | |
| 경매구분 | 임의경매 | | | 채권자 | 조동구 | | | | | |
| 용 도 | 식물관련시설 | | | 채무/소유자 | 김현하 | | 매각기일 | 24.01.24 (356,299,000원) | | |
| 감정가 | 426,763,500 (22.11.22) | | | 청구액 | 460,000,000 | | 다음예정 | | | |
| 최저가 | 292,335,000 (69%) | | | 토지면적 | 2,268.0㎡ (686.1평) | | 경매개시일 | 22.11.09 | | |
| 입찰보증금 | 29,233,500 (10%) | | | 건물면적 | 132㎡ (40.0평) | | 배당종기일 | 23.02.13 | | |
| 주의사항 | · 분묘기지권 · 입찰외 농지취득자격증명 특수件분석신청 | | | | | | | | | |
| 조회수 | · 금일조회 1 (0) · 금회차공고후조회 74 (29) · 누적조회 438 (55) | | | | | | | 0는 5분이상 열람 조회통계 | | |

   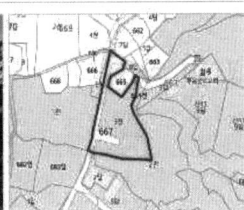

[출처] 지지옥션(https://www.ggi.co.kr/)

(2) 매각물건명세서

## 수원지방법원 여주지원

2022타경36689

### 매각물건명세서

| 사 건 | 2022타경36689 부동산임의경매 | 매각물건번호 | 2 | 작성일자 | 2023.12.26 | 담임법관(사법보좌관) | 김태창 | |
|---|---|---|---|---|---|---|---|---|
| 부동산 및 감정평가액 최저매각가격의 표시 | 별지기재와 같음 | 최선순위 설정 | | 2020.01.14. 근저당권 | | 배당요구종기 | 2023.02.13 | |

부동산의 점유자와 점유의 권원, 점유할 수 있는 기간, 차임 또는 보증금에 관한 관계인의 진술 및 임차인이 있는 경우 배당요구 여부와 그 일자, 전입신고일자 또는 사업자등록신청일자와 확정일자의 유무와 그 일자

| 점유자 성 명 | 점유 부분 | 정보출처 구 분 | 점유의 권 원 | 임대차기간 (점유기간) | 보증금 | 차임 | 전입신고일자·외국인등록(체류지변경신고)일자·사업자등록신청일자 | 확정일자 | 배당요구여부 (배당요구일자) |
|---|---|---|---|---|---|---|---|---|---|
| 김종석 | | 현황조사 | 주거 임차인 | | | | 2020.03.30 | | |
| 민은기 | | 현황조사 | 주거 임차인 | | | | 2016.01.20 | | |

〈비고〉
민은기:채무자겸소유자의 배우자임.

※ 최선순위 설정일자보다 대항요건을 먼저 갖춘 주택·상가건물 임차인의 임차보증금은 매수인에게 인수되는 경우가 발생 할 수 있고, 대항력과 우선변제권이 있는 주택·상가건물 임차인이 배당요구를 하였으나 보증금 전액에 관하여 배당을 받지 아니한 경우에는 배당받지 못한 잔액이 매수인에게 인수되게 됨을 주의하시기 바랍니다.

| 등기된 부동산에 관한 권리 또는 가처분으로 매각으로 그 효력이 소멸되지 아니하는 것 |
|---|
| 해당사항없음 |
| 매각에 따라 설정된 것으로 보는 지상권의 개요 |
| 해당사항없음 |
| 비고란 |
| 1. 일괄매각.
2. 목록3 농지취득자격증명 요함(미제출시 매수보증금 반환하지 않음). 발급기관의 농지취득자격증명신청 반려처분 등으로 인해 필요한 경우 행정소송 등을 제기하여 취득 요함.
3. 목록3 토지는 등기부상 표시는 '전'이나 경작되지 아니하고 대부분이 대지로 이용 중이며 일부는 도로로 점용되어 이용되고 있으며, 지상 분묘1기 소재. 지상 소재 분묘에 관한 분묘기지권 성립여부 불분명. 최저매각가격은 분묘로 인하여 제한받는 가격임.
4. 목록 4 건물은 공부상 지목이 '버섯재배사'로 등재되어 있으나 현황상 '창고'로 이용 중임. |

주1 : 매각목적물에서 제외되는 미등기건물 등이 있을 경우에는 그 취지를 명확히 기재한다.
 2 : 매각으로 소멸되는 가등기담보권, 가압류, 전세권의 등기일자가 최선순위 저당권등기일자보다 빠른 경우에는 그 등기일자를 기재한다.

(3) 법원문건접수내역

| 2023.11.29 | 집행관 김OO 기일입찰조서 제출 |
| --- | --- |
| 2023.11.29 | 집행관 김OO 기일입찰조서 제출 |
| 2024.01.17 | 채무자겸소유자 김OO 개시결정정본 |
| 2024.01.24 | 최고가매수신고인 농지취득자격증명 제출 |
| 2024.01.24 | 집행관 김OO 기일입찰조서 제출 |
| 2024.01.24 | 집행관 김OO 기일입찰조서 제출 |
| 2024.02.06 | 채무자대리인 법OOO OOOOOOO 매각허가결정등본 |
| 2024.02.06 | 채무자겸소유자 김OO 항고장 제출 |
| 2024.02.15 | 채무자겸소유자 소송대리인 법OOO OOOOOOOOOOO 항고이유서 제출 |
| 2024.02.22 | 근저당권자 양OOOOOOO 열람및복사신청 제출 |
| 2024.02.26 | 근저당권자 양OOOOOOO 의견서 제출 |

(4) 농지취득자격증명원 분석

① 목록3 농지취득자격증명 요함(미제출시 매수보증금 반환하지 않음). 발급기관의 농지취득자격증명신청 반려처분 등으로 인해 필요한 경우 행정소송 등을 제기하여 취득 요함이라고 기재되어 있다.

최고가매수인은 매각허가결정기한 전까지 농취증을 제출하였다.

② 목록3 토지는 등기부상 표시는 '전'이나 경작되지 아니하고 대부분이 대지로 이용 중이며 일부는 도로로 점용되어 이용되고 있다고 기재되어 있다.

실무적으로 만약 발급기관이 지목은 농지이나 현황은 도로로 사용되고 있어서 농취증을 발급하지 않으면, 반려사유서를 기재한 서면을 발급 요청하여 반려사유서를 집행법원에 제출하면 대부분 매각허가결정이 난다.

제11장

# 위반건축물

1. 위반건축물의 개념
2. 위반건축물의 종류
3. 위반건축물에 대한 조치
4. 경매낙찰시 처리방법
5. 경매 매각사례

## 1. 위반건축물의 개념

위반건축물이란 건축허가 받은 때와 다르게 지어진 건축물을 말한다.
사용승인을 받은 후 허가 또는 신고 없이 테라스를 실내공간으로 구조를 변경하는 경우나 옥탑방을 건축하는 경우, 1층 근린생활시설을 주거로 무단을 변경하여 사용하는 경우 등 건축법을 위반해 건폐율 또는 용적률을 늘리는 경우를 말한다.


## 2. 위반건축물의 종류

| 종 류 | 내 용 |
| --- | --- |
| 무단증축 | 위반건축물의 90%를 차지, 옥상 또는 층간에 증축하거나 마당 주차장에 컨테이너를 설치하는 행위 |
| 무단용도변경 | 근린생활시설을 주택 등으로 변경하는 행위 |
| 무단대수선 | 다세대나 다가구 세대간 경계벽을 해체하는 행위 |
| 일조권위반 | 일조권 제한 등으로 후퇴한 부분에 경량철골조를 설치하는 행위 |
| 조경훼손 | 법적의무조경시설을 철거하여 다른 시설로 이용하는 행위 |


## 3. 위반건축물에 대한 조치

① 시정명령을 받은 후에도 이행을 하지 않을 시에는 행정기관에서는 1년에 2회 이내로 이행명령 후 이행할 때까지 이행강제금을 부과한다. 이행강제금은 애초에 부과처분을 받은 자가 납부해야 하며, 소유자가 변경된 경우(경매에서는 낙찰자)에는 새로운 소유자에게 다시 시정명령을 하고, 그 이행여부에 따라 이행강제금 부과한다.
② 위반건축물로 등재된 후에 시정하지 않으면, 행정기관으로부터 받아야 하는 영업허가 등 인허가도 받을 수 없는 것이 원칙이다.
③ 위반건축물로 등재되면 은행권에서 대출이 제한된다. 특히 경매하는 사람들의 입장에서는 경락산금이 서의 필수적인데 잔금대출을 받아야 하는 경우라면 입찰 전에 미리 대출가능 여부도 검토되어야 한다.

임차인에 대하여 전세자금 대출이 제한되어 임대차에도 차질이 생길 수 있다.

## 4. 경매 입찰시 처리방법

① **입찰 전 해당 부서에 문의** : 위반건축물로 등재되면 원상복구명령이 있고, 이행하지 않으면 매년 2회 이내에서 이행강제금이 부과된다. 사전에 구청 관련 부서에 문의하여 위반내용에 대한 원상복구 가능성과 연간 부과되고 있는 이행강제 금액을 확인해 본 후 입찰을 고려하여야 한다.

② **건축관련 전문가와 상의** : 건축관련 전문가와 상의하여 복구가능성과 복구비용을 계산하여 입찰가 산정에 고려하여야 수익계산에 차질이 적어진다.

## 5. 경매 매각사례

(1) 경매정보지

### 남부5계 2022 타경 110145 다세대(생활주택)

| 사건내용 | | | | | |
|---|---|---|---|---|---|
| 소 재 지 | 서울 강서구 방화동 249-313 ,249-316 까사지오 6층 604호<br>(07606)서울 강서구 방화동로 92-10 | | | | |
| 경매구분 | 강제경매 | 채 권 자 | 주택도시보증공사 | | |
| 용 도 | 다세대(생활주택) | 채무/소유자 | 박지은 | 매각기일 | 24.04.16 (180,800,999원) |
| 감 정 가 | 226,000,000 (22.07.03) | 청 구 액 | 257,479,396 | 다음예정 | |
| 최 저 가 | 115,712,000 (51%) | 토지면적 | 15.9㎡ (4.8평) | 경매개시일 | 22.06.23 |
| 입찰보증금 | 23,142,400 (20%) | 건물면적 | 26㎡ (7.8평) | 배당종기일 | 22.09.26 |
| 주의사항 | 재매각물건 · 선순위임차권(말소) 위반건축물 HUG 임차권 인수조건 변경 ? 특수件분석신청 | | | | |
| 조 회 수 | · 금일조회 1 (0) · 금회차공고후조회 68 (19) · 누적조회 367 (38) | | | ()는 5분이상 열람 | 초회등계 |

[출처] 지지옥션(https://www.ggi.co.kr/)

## (2) 건축물대장

■ 건축물대장의 기재 및 관리 등에 관한 규칙 [별지 제5호서식]<개정 2023. 8. 1.>

**집합건축물대장(전유부, 갑) 위반건축물** (2쪽 중 제1쪽)

| 건물ID | 2220191170003180 | 고유번호 | 1150010900-3-02490313 | 명칭 | | 호명칭 | 604 |
|---|---|---|---|---|---|---|---|
| 대지위치 | 서울특별시 강서구 방화동 | 지번 | 249-313 외 1필지 | 도로명주소 | 서울특별시 강서구 방화동로 92-10 (방화동) | | |

### 전유부분

| 구분 | 층별 | ※구조 | 용도 | 면적(㎡) |
|---|---|---|---|---|
| 주 | 6층 | 철근콘크리트구조 | 도시형생활주택(단지형다세대) | 25.66 |
| | | - 이하여백 - | | |

### 소유자현황

| 성명(명칭) 주민(법인)등록번호 (부동산등기용등록번호) | 주소 | 소유권 지분 | 변동일자 변동원인 |
|---|---|---|---|
| 박지은 920226-2****** | 서울특별시 양천구 목동서로 130, 401동 801호 (목동, 목동신시가지 아파트) | 1/1 | 2019.5.20. 소유권이전 |
| - 이하여백 - ※ 이 건축물대장은 현소유자만 표시한 것입니다. | | | |

### 공용부분

| 구분 | 층별 | 구조 | 용도 | 면적(㎡) |
|---|---|---|---|---|
| 주 | 각층 | 철근콘크리트구조 | 계단실 | 4.45 |
| | | - 이하여백 - | | |

이 등(초)본은 건축물대장의 원본 내용과 틀림없음을 증명합니다.

발급일: 2024년 02월 22일

담당자: 부동산정보과
전 화: 02-2600-6902

**서울특별시 강서구청장**

| 변동일 | 변동내용 및 원인 | 변동일 | 변동내용 및 원인 |
|---|---|---|---|
| 2019.4.3 | 건축과-8728(2019.04.03.)호에 의거 신규작성(신축) | | |
| 2020.7.1 | 주택과-24945(2020.07.01.)호에 의거 위반건축물 표기[무단증축] | | |
| | - 이하여백 - | | |

(3) 매각물건명세서

## 서 울 남 부 지 방 법 원

2022타경110145

### 매각물건명세서

| 사 건 | 2022타경110145 부동산강제경매 | 매각물건번호 | 1 | 작성일자 | 2024.02.19 | 담임법관(사법보좌관) | 오쌍호 | |
|---|---|---|---|---|---|---|---|---|
| 부동산 및 감정평가액 최저매각가격의 표시 | 별지기재와 같음 | 최선순위 설정 | | 2022.06.23. 경매개시결정 | | 배당요구종기 | 2022.09.26 | |

부동산의 점유자와 점유의 권원, 점유할 수 있는 기간, 차임 또는 보증금에 관한 관계인의 진술 및 임차인이 있는 경우 배당요구 여부와 그 일자, 전입신고일자 또는 사업자등록신청일자와 확정일자의 유무와 그 일자

| 점유자 성 명 | 점유 부분 | 정보출처 구 분 | 점유의 권 원 | 임대차기간 (점유기간) | 보증금 | 차임 | 전입신고일자·외국인등록(체류지변경신고)일자·사업자등록신청일자 | 확정일자 | 배당요구여부 (배당요구일자) |
|---|---|---|---|---|---|---|---|---|---|
| 송은경 | 건물 전부 | 등기사항 전부증명서 | 주거 임차권자 | 2019.05.20.- | 237,000,000 | | 2019.05.20. | 2019.04.29. | |
| | 본건전부 | 현황조사 | 주거 임차인 | 2019.05.20.부터 | 2억3천7백만원 | 없음 | 2019.05.20 | 2019.04.29 | |
| 주택도시보증공사 | 604호 전부 | 권리신고 | 주거 임차권자 | 2019.05.20.-2021.05.19. | 237,000,000 | | 2019.05.20. | 2019.04.29. | 2022.07.20 |

<비고>
주택도시보증공사:신청채권자이고, 임차권자 송은경의 임대차보증금반환채권의 승계인임

※ 최선순위 설정일자보다 대항요건을 먼저 갖춘 주택·상가건물 임차인의 임차보증금은 매수인에게 인수되는 경우가 발생 할 수 있고, 대항력과 우선변제권이 있는 주택·상가건물 임차인이 배당요구를 하였으나 보증금 전액에 관하여 배당을 받지 아니한 경우에는 배당받지 못한 잔액이 매수인에게 인수되게 됨을 주의하시기 바랍니다.

**등기된 부동산에 관한 권리 또는 가처분으로 매각으로 그 효력이 소멸되지 아니하는 것**

**매각에 따라 설정된 것으로 보는 지상권의 개요**

**비고란**
1. 집합건축물대장 상 위반건축물로 표기되어 있음(무단증축).
2. 특별매각조건 : 채권자는 매수인에 대해 배당받지 못하는 잔액에 대한 임대차보증금 반환청구권을 포기하고, 임차권등기를 말소하는 것을 조건으로 매각
3. 특별매각조건 : 매수신청보증금 최저매각가격의 20%

## 제12장
# 각종 인허가권승계

1. 인허가권승계 개관
2. 건축허가권승계 - 「건축법」
3. 개발행위허가승계 - 「국토의계획및이용에관한법률」
4. 숙박시설업 영업권승계 - 「공중위생관리법」
5. 체육시설업 영업권승계 - 「체육시설의설치및이용에관한법률」
6. 경매 매각사례

# 1. 인허가권승계 개관

부동산경매에서 매각대상은 토지나 건물 그리고 그 정착물이다.
그런데 토지만 매각대상이 될 수도 있고, 건물만 매각대상이 될 수도 있고, 토지와 건물이 함께 매각대상이 될 수도 있다.
여기에서 토지만 매각으로 나왔는데 그 토지에 관하여 건축허가권이 있다고 가정하여 보자. 토지매각으로 매수인은 건축허가권까지 가져올 수 있는가의 문제이다.

숙박시설인 모텔이나 호텔의 경우도 마찬가지이다.
매각으로 모텔이나 호텔의 토지와 건물을 낙찰받았지만, 그 시설에 관한 영업권은 매수인이 경매로 취득하는가의 문제가 남는다.

이 장에서는 30세대 미만의 주택건축이나 일반 건물을 건축하기 위한 건축허가권, 토지개발을 위한 개발행위허가권, 모텔이나 호텔과 같은 숙박시설의 영업허가권, 골프장이나 수영장 헬스시설 같은 체육시설의 영업권 등이 있는 부동산을 경매로 매입하고자 할 때 그 부동산에 딸린 인허가권이 경매매각으로 승계되지 못하는지, 인허가권이 자동으로 승계되는지, 아니면 어떠한 절차를 걸쳐서 인허가권을 승계받을 수 있는지에 대하여 학습하고자 한다.

또한 기존 허가권을 취소하고 다시 허가를 받으려고 할때 법령의 개정과 주변환경의 변화로 인하여 기존 업종과 같은 허가가 나오지 않을 수도 있다. 이러한 경우에 특수목적으로 지어진 건축물에 대하여 경매로 허가권을 승계하지 못하여 기존 허가를 취소하고 다시 신규 허가를 신청하였는데 신규 허가가 나오지 않는다면 심각한 문제가 발생할 수도 있기 때문에 입찰 전에 인허가에 대한 확인의 필요성이 크다고 할 수 있다.

하나의 부동산에 두 개의 허가권이 나오지 않는 점도 유의하여야 하며, 허가권을 승계받지 못한다면 추가로 발생되는 비용이 그 부동산경매의 차후 수익에 영향을 미칠 것을 고려하여 입찰가격을 산정하는 것도 필요하다.

## 2. 건축허가권 승계 -「건축법」

건축허가권이 있는 토지를 경매로 낙찰받았을 때 건축허가권을 취득하는 방법은 크게 세 가지로 나누어 볼 수 있다.

첫째는 토지 위에 있는 건축인허가를 절차를 거쳐 취소하고 다시 건축허가를 신청하여 받는 방법이고

둘째는 토지 위에 있는 건축허가권을 낙찰자 혼자서 건축허가권을 승계받거나

셋째는 전 건축허가자로부터 비용을 들여 인수하는 방법이다.

### 1) 기존 건축허가를 취소하고, 다시 건축허가를 득하는 방법

「건축법」 건축허가의 취소

「건축법」 제11조 ⑦ 허가권자는 제1항에 따른 허가를 받은 자가 다음 각 호의 어느 하나에 해당하면 허가를 취소하여야 한다. 다만, 제1호에 해당하는 경우로서 정당한 사유가 있다고 인정되면 1년의 범위에서 공사의 착수기간을 연장할 수 있다.

1. 허가를 받은 날부터 2년(「산업집적활성화 및 공장설립에 관한 법률」 제13조에 따라 공장의 신설·증설 또는 업종변경의 승인을 받은 공장은 3년) 이내에 공사에 착수하지 아니한 경우
2. 제1호의 기간 이내에 공사에 착수하였으나 공사의 완료가 불가능하다고 인정되는 경우
3. 제21조에 따른 착공신고 전에 경매 또는 공매 등으로 건축주가 대지의 소유권을 상실한 때부터 6개월이 지난 이후 공사의 착수가 불가능하다고 판단되는 경우

위 건축법 사항에 해당하면 건축인허가를 취소하고 다시 건축인허가를 받을 수 있다. 다만, 시간이 오래 걸린다는 단점이 있고, 건축허가와 관련된 개발행위허가, 농지전용허가, 산지전용허가가 같이 취소되며 원상회복 의무를 진다. 또한, 과거 허가 난 시점과 법률과 상황이 변하여 동일한 인허가가 나오지 않을 수도 있다.

## 2) 건축허가가 난 토지만을 낙찰받은 경우

국세청 질의회신(안건번호17-0124) : 토지를 경락받은 경우 건축관계자 변경신고시 권리관계의 변경사실을 증명할 수 있는 서류에 매각허가결정서 및 매각대금 완납서류가 포함되는지 여부

(질의) 건축허가 후 토목공사만 이루어져 외관상 건축물의 외형이 없는 상태의 토지를 경매로 낙찰받은 자가 제출한 해당 토지에 대한 매각허가결정서 및 매각대금 완납서류를 「건축법 시행규칙」 제11조제1항제1호에 따른 "권리관계의 변경사실을 증명할 수 있는 서류"로 볼 수 있는지?

(회신) 건축허가 후 토목공사만 이루어져 외관상 건축물의 외형이 없는 상태의 토지를 경매로 낙찰받은 자가 제출한 해당 토지에 대한 매각허가결정서 및 매각대금 완납서류를 「건축법 시행규칙」 제11조제1항제1호에 따른 "권리관계의 변경사실을 증명할 수 있는 서류"로 볼 수 없습니다.

(이유) 「건축법 시행규칙」 제11조제1항제1호에 따라 건축주의 명의를 변경하려는 양수인이 제출하는 "권리관계의 변경사실을 증명할 수 있는 서류"는 허가대상 건축물에 관한 권리관계의 변경사실을 증명할 수 있는 서류를 의미한다고 할 것인데(대법원 2015. 10. 29. 선고 2013두11475 판결례 참조), 건축허가 등을 받아 착공 신고한 뒤, 건축물로서의 외형을 전혀 갖추지 않은 상태에서 토목공사만 이루어진 토지를 경매로 낙찰받은 경우라면 아직 외형을 갖추지 못한 건축물은 해당 경매의 대상이 될 수 없을 뿐만 아니라, 매각허가결정에는 매각한 부동산을 적도록 규정하고 있는 「민사집행법」제128조에 비추어 볼 때, 경매의 대상이 되지 않은 미완성 건축물은 매각허가결정서에 기재되어 있지 않을 것이므로 해당 토지에 대한 매각허가결정서 및 그에 따른 매각대금 완납서류로는 건축물의 권리관계의 변동사실을 증명할 수 없다고 할 것입니다.

결론적으로 건축허가는 대물적 성격이며 건축물을 대상으로 한 허가이므로 건축허가가 난 토지경매에서 토지만을 낙찰받은 경우에는 건축물의 권리관계에 변동이 없으므로 건축관계자변경대상이 아니라고 할 수 있다. 즉, 건축허가권까지 승계받을 수 없다.

### 3) 건축허가가 난 토지와 지상 건축물을 동시에 낙찰받은 경우

「건축법」 시행규칙 제11조(건축 관계자 변경신고)

① 법 제11조 및 제14조에 따라 건축 또는 대수선에 관한 허가를 받거나 신고를 한 자가 다음 각 호의 어느 하나에 해당하게 된 경우에는 그 양수인·상속인 또는 합병후 존속하거나 합병에 의하여 설립되는 법인은 그 사실이 발생한 날부터 7일 이내에 별지 제4호서식의 건축관계자변경신고서에 변경 전 건축주의 명의변경동의서 또는 권리관계의 변경사실을 증명할 수 있는 서류를 첨부하여 허가권자에게 제출(전자문서로 제출하는 것을 포함한다)하여야 한다.
  1. 허가를 받거나 신고를 한 건축주가 허가 또는 신고 대상 건축물을 양도한 경우
  2. 허가를 받거나 신고를 한 건축주가 사망한 경우
  3. 허가를 받거나 신고를 한 법인이 다른 법인과 합병을 한 경우
② 건축주는 설계자, 공사시공자 또는 공사감리자를 변경한 때에는 그 변경한 날부터 7일 이내에 별지 제4호서식의 건축관계자변경신고서를 허가권자에게 제출(전자문서에 의한 제출을 포함한다)하여야 한다.
③ 허가권자는 제1항 및 제2항의 규정에 의한 건축관계자변경신고서를 받은 때에는 그 기재내용을 확인한 후 별지 제5호서식의 건축관계자변경신고필증을 신고인에게 교부하여야 한다.

□ 대법원 2010두2296 판결[건축관계자변경신고 수리처분 취소]

토지와 그 토지에 건축 중인 건축물에 대한 경매절차상의 확정된 매각허가결정서 및 그에 따른 매각대금 완납서류 등이, 건축 관계자 변경신고에 관한 구 건축법 시행규칙 제11조 제1항 제1호에 규정한 '권리관계의 변경사실을 증명할 수 있는 서류'에 해당하는지 여부(적극)

【판결요지】

구 건축법(2008. 3. 21. 법률 제8974호로 전부 개정되기 전의 것) 제10조 제1항 및 구 건축법 시행령(2008. 10. 29. 대통령령 제21098호로 개정되기 전의 것) 제12조 제1항 제3호 각 규정의 문언내용 및 형식, 건축허가는 대물적 성질을 갖는 것이어서 행정청으로서는 그 허가를 할 때 건축주가 누구인가 등 인적 요소에 관하여는 형식적 심사만 하는 점, 건축허가는 허가대상 건축물에 대한 권리변동에 수반하여 자유로이 양도할 수 있고, 그에 따라 건축허가의 효과는 허가대상 건축물에 대한 권리변동에 수

반하여 이전되며 별도의 승인처분에 의하여 이전되는 것이 아닌 점, 「민사집행법」에 따른 경매절차에서 매수인은 매각대금을 다 낸 때에 매각의 목적인 권리를 취득하는 점 등의 사정을 종합하면, 토지와 그 토지에 건축 중인 건축물에 대한 경매절차상의 확정된 매각허가결정서 및 그에 따른 매각대금 완납서류 등은 건축관계자 변경신고에 관한 구 건축법 시행규칙(2007. 12. 13. 건설교통부령 제594호로 개정되기 전의 것) 제11조 제1항 제1호에 규정한 '권리관계의 변경 사실을 증명할 수 있는 서류'에 해당한다고 봄이 상당하다.

결론적으로 토지와 그 토지 위에 건축 중인 건물을 낙찰받았을 때는 전 건축주의 동의 없이도 낙찰자 스스로 건축주 명의변경이 가능하다.

### 4) 신탁공매에서 건축인허가권의 승계

경매와는 다소 차이가 있을 수 있다. 법리의 차이라기보다는 주관 주체의 차이라고 보는 것이 더 적합하다고 할 수 있다.

신탁공매의 경우 대부분 부동산소유권이 신탁회사 명의로 신탁등기가 되어있다. 또한, 신탁사 명의로 건축허가권이 등록되어있는 경우가 있다. 이러한 경우 공매 대상 목적물 매각과 동시에 건축인허가권이 자동 승계된다. 또한, 건축 중인 건축물과 토지가 동시에 매각되는 경우에 "매각공고문"에 건축허가권도 자동 승계됨을 기재하는 경우를 볼 수 있다. 물론 매각공고문을 꼼꼼히 살펴보아 건축허가권이 매각에 포함되었는지 살펴보고, 신탁회사 공매담당자에게 연락해서 알아보는 것은 필수적이다.

건축인허가권에 대한 기본 정보는 '당해 행정관청의 홈페이지(세움터)'나 '사설 인허가 검색사이트'를 통해서도 알아볼 수 있다.

※ 무궁화신탁 공매물건 공고문 중 일부(특기 사항) 발췌
"본 공매물건은 토지, 미완성건축물 및 본 공매물건과 관련한 일체의 인허가(건축주 지위와 기타 각종 인허가 상의 명의 등 포함)에 대한 권리 의무 등을 일괄매각하는 조건입니다."

## 3. 개발행위허가승계 - 「국토의 계획 및 이용에 관한 법률」

### 1) 개발행위 허가의 의의
개발행위허가는 개발계획의 적정성, 기반시설의 확보여부, 주변 환경과의 조화 등을 고려하여 개발행위에 대한 특별시장·광역시장·특별자치시장·특별자치도지사·시장 또는 군수의 허가를 받도록 함으로써 난개발을 방지하기 위한 제도이다.

### 2) 개발행위 허가의 대상
① 건축물의 건축 또는 공작물의 설치
② 토지의 형질 변경(경작을 위한 경우로서 대통령령으로 정하는 토지의 형질 변경은 제외한다)
③ 토석의 채취
④ 토지 분할(건축물이 있는 대지의 분할은 제외한다)
⑤ 녹지지역·관리지역 또는 자연환경보전지역에 물건을 1개월 이상 쌓아놓는 행위

### 3) 개발행위허가와 건축허가
건축물을 건축하기 위해서는 건축법상 건축허가를 받아야 되는데, 국토계획법 제56조 제1항에 의하면 개발행위허가를 받아야 하는 개발행위에 '건축물의 건축'이 포함되어 있어 건축물 건축은 개발행위허가의 대상이기도 하다.
건축물을 건축하기 위하여 건축허가 외에 별도의 개발행위허가 절차를 진행하여야 하는지가 의문이 든다.
① 건축물의 건축행위도 개발행위허가의 대상이다.
② 토지의 형질변경이 수반되지 않는 건축법의 적용을 받는 건축의 경우 건축법의 절차에 따라 허가를 받아야 한다.
③ 별도로 개발행위허가 신청서 등을 제출하지 않고, 건축허가가 있는 경우 개발행위허가가 의제되는 것으로 처리하고 있다.
④ 일반적으로 개발행위 허가를 받은 이후 건축신고나 건축허가를 거쳐서 지적현황을 측량한 다음 착공신고를 하고 건축에 착수한다.

건물이 완공되면 등록전환측량을 하여 사용승인과 준공신청을 하고 건축물 보존등기를 하게 된다.

### 4) 경매에서 개발행위허가권 승계

(1) 개발행위허가 승계

개발행위허가가 있는 토지를 경매로 낙찰받았다면 토지만을 낙찰 받은 것이기 때문에 허가권은 별도의 절차를 거쳐서 승계하여야 한다.

여기에서 개발행위허가가 있는 토지를 낙찰 받았다면 전 허가자의 동의 없이 낙찰자 혼자서 승계 절차를 밟을 수 있는가가 관건이다. 전 허가자의 동의를 받아야만 된다면 많은 비용과 노력이 필요하기 때문이다.

전 허가자의 동의 없이 개발행위허가 승계절차를 걸쳐 할 수가 있다고 해석된다.

「국토의 계획 및 이용에 관한 법률」 제56조(개발행위의 허가)
① 다음 각 호의 어느 하나에 해당하는 행위로서 대통령령으로 정하는 행위(이하 "개발행위"라 한다)를 하려는 자는 특별시장·광역시장·특별자치시장·특별자치도지사·시장 또는 군수의 허가(이하 "개발행위허가"라 한다)를 받아야 한다. 다만, 도시·군계획사업(다른 법률에 따라 도시·군계획사업을 의제한 사업을 포함한다)에 의한 행위는 그러하지 아니하다.
   1. 건축물의 건축 또는 공작물의 설치
   2. 토지의 형질 변경(경작을 위한 경우로서 대통령령으로 정하는 토지의 형질 변경은 제외한다)
   3. 토석의 채취
   4. 토지 분할(건축물이 있는 대지의 분할은 제외한다)
   5. 녹지지역·관리지역 또는 자연환경보전지역에 물건을 1개월 이상 쌓아놓는 행위
② 개발행위허가를 받은 사항을 변경하는 경우에는 제1항을 준용한다. 다만, 대통령령으로 정하는 경미한 사항을 변경하는 경우에는 그러하지 아니하다.

「국토의 계획 및 이용에 관한 법률」 시행규칙 제9조(개발행위허가신청서)
① 법 제57조제1항의 규정에 의하여 개발행위를 하고자 하는 자는 별지 제5호서식의 개발행위허가신청서에 다음 각 호의 서류를 첨부하여 개발행위허가권자에게 제출하여야 한다.
   1. 토지의 소유권 또는 사용권 등 신청인이 당해 토지에 개발행위를 할 수 있음을 증명하는 서류. 다만, 다른 법령에서 개발행위허가가 의제되어 개발행위허가에 관한 신청

서류를 제출하는 경우에 다른 법령에 의한 인가·허가 등의 과정에서 본문의 제출서류의 내용을 확인할 수 있는 경우에는 그 확인으로 제출서류에 갈음할 수 있다.

□ 법제처 질의 회신(2017. 8. 2. 17-0199).
"토지소유자 외의 자가 토지소유자의 사용승낙을 받아 개발행위허가를 받은 후 경매로 토지소유자가 변경된 경우, 새로운 토지소유자가 개발행위 명의변경허가를 신청할 때, 경매로 인한 토지소유권 변동으로 기존 토지사용권이 소멸되었다면 기존 개발행위허가를 받은 자의 동의서를 첨부하지 않아도 되나, 경매로 인한 토지소유권 변동으로 기존 토지사용권이 소멸되지 않았다면 기존 개발행위허가를 받은 자의 동의서를 첨부하여야 합니다"

(2) 농지전용허가 승계

농지전용허가가 있는 토지를 경매로 낙찰받았다면 토지만을 낙찰 받은 것이기 때문에 허가권은 별도의 절차를 거쳐서 승계하여야 한다.

여기에서 농지전용허가가 있는 토지를 낙찰 받았다면 전 허가자의 동의 없이 낙찰자 혼자서 승계 절차를 밟을 수 있는가가 관건이다. 전 허가자의 동의를 받아야만 된다면 많은 비용과 노력이 필요하기 때문이다.

결론적으로 전 허가자의 동의 없이 농지전용허가 승계절차를 걸쳐 할 수가 있다.

■ 「농지법 시행규칙」 제26조(농지전용허가의 신청)
① 영 제32조제1항에 따른 농지전용허가신청서는 별지 제14호서식에 의한다.
② 제1항의 농지전용허가신청서에 첨부해야 할 서류는 다음 각 호와 같다. 다만, 변경허가를 신청하는 경우에는 변경하려는 사항에 관한 서류만 첨부할 수 있다.
　1. 전용목적, 사업시행자 및 시행기간, 시설물의 배치도, 소요자금 조달방안, 시설물관리·운영계획, 「대기환경보전법 시행령」 별표 1의3 및 「물환경보전법 시행령」 별표 13에 따른 사업장 규모 등을 명시한 사업계획서
　2. 전용하려는 농지의 소유권을 입증하는 서류(토지 등기사항증명서로 확인할 수 없는 경우에 한정한다) 또는 사용승낙서·사용승낙의 뜻이 기재된 매매계약서등 사용권을 가지고 있음을 입증하는 서류
　3. 전용예정구역이 표시된 지적도등본 또는 임야도등본과 지형도
　4. 해당 농지의 전용이 농지개량시설 또는 도로의 폐지 및 변경이나 토사의 유출, 폐수

의 배출, 악취의 발생 등을 수반하여 인근 농지의 농업경영과 농어촌생활환경의 유지에 피해가 예상되는 경우에는 대체시설의 설치 등 피해방지계획서
5. 변경내용을 증명할 수 있는 서류를 포함한 변경사유서(변경허가 신청의 경우에 한정한다)
6. 농지보전부담금을 납부한 후 농지전용허가를 받은 자의 명의가 변경되는 경우에는 농지보전부담금의 권리 승계를 증명할 수 있는 서류(농지전용허가를 받은 자의 명의가 변경되어 변경허가 신청을 하는 경우에 한정한다)
7. 농지보전부담금 분할납부신청서(분할납부를 신청하는 경우에 한정한다)

(3) 산지전용허가 승계
산지전용허가가 있는 토지를 경매로 낙찰받았다면 토지만을 낙찰 받은 것이기 때문에 허가권은 농지전용허가가 있는 토지의 경매와 마찬가지로 별도의 절차를 거쳐서 승계하여야 한다.
전 허가자의 동의 없이 농지전용허가 승계절차를 걸쳐 할 수가 있다.

■ 「산지관리법 시행규칙」 제10조(산지전용허가의 신청 등)
① 영 제15조제1항의 규정에 의한 산지전용허가(변경허가)신청서는 별지 제3호서식에 의하고, 산지전용허가변경신고서는 별지 제4호서식에 의한다.
② 영 제15조제1항 각 호 외의 부분에서 "농림축산식품부령으로 정하는 서류"란 다음 각 호의 구분에 따른 서류를 말한다.
④ 법 제14조제1항 단서에서 "농림축산식품부령으로 정하는 사항"이란 다음 각 호의 어느 하나에 해당하는 사항을 말한다.
  1. 산지전용허가를 받은 자의 명의변경
  2. 산지전용을 하려는 산지의 이용계획 및 토석처리계획 등 사업계획의 변경(산지전용허가를 받은 산지의 면적이 변경되지 아니하는 경우에 한정한다)
  3. 산지전용면적의 축소
  4. 「공간정보의 구축 및 관리 등에 관한 법률」 제78조에 따른 등록전환 시 측량오차를 바로잡기 위한 면적의 증감이나 경계의 변경
  5. 산지전용허가를 받은 산지의 소유권 또는 사용·수익권의 변경

# 4. 숙박시설업 영업권승계 - 「공중위생관리법」

## 1) 숙박시설업 영업권승계 개관

숙박시설인 호텔이나 호텔을 경매로 낙찰받았을 때 낙찰받은 부분은 토지와 숙박시설의 건물 그리고 그에 딸린 부합물이나 종물이다. 그러나 숙박시설에 있는 집기들은 유체동산에 해당되어 매각에서 제외된다.

여기에서 궁금한 것은 숙박시설에 대한 영업허가권을 경매로 가져오는 것인지가 문제가 된다.

영업허가권 처리에 대한 방법은 크게 3가지가 있겠다.

① 기존의 영업허가권을 가져오지 못한다면 기존의 허가권을 취소하고 다시 신규로 신청하거나

② 기존 허가자에게 일정 금액을 지불하고 양도 받거나

③ 기존 허가자의 동의 없이 낙찰자가 혼자서 임의로 허가권자인 관청에 영업허가권 양도 절차를 밟아 양도받는 방법이 있을 수 있겠다.

이 중에서 ③의 방법이 경매로 낙찰받은 사람에게 가장 좋은 방법일 것이다. ①의 경우 주의하야야할 점은 기존 영업허가권을 취소하고 신규로 영업허가 신청을 하였을 경우 해당 법규의 규정이 변하였거나 그 매각부동산의 주변환경이 변하여 신규허가가 나오지 않을 수 있는 점도 미리 고려하여야 한다.

## 2) 법률의 규정

■ 「공중위생관리법」 제3조의2(공중위생영업의 승계)

① 공중위생영업자가 그 공중위생영업을 양도하거나 사망한 때 또는 법인의 합병이 있는 때에는 그 양수인·상속인 또는 합병후 존속하는 법인이나 합병에 의하여 설립되는 법인은 그 공중위생영업자의 지위를 승계한다.

② 「민사집행법」에 의한 경매, 「채무자 회생 및 파산에 관한 법률」에 의한 환가나 국세징수법·관세법 또는 「지방세징수법」에 의한 압류재산의 매각 그 밖에 이에 준하는 절차에 따라 공중위생영업 관련시설 및 설비의 전부를 인수한 자는 이 법에 의한 그 공중위생영업자의 지위를 승계한다.

③ 제1항 또는 제2항의 규정에 불구하고 이용업 또는 미용업의 경우에는 제6조의 규정에 의한 면허를 소지한 자에 한하여 공중위생영업자의 지위를 승계할 수 있다.

④ 제1항 또는 제2항의 규정에 의하여 공중위생영업자의 지위를 승계한 자는 1월 이내에 보건복지부령이 정하는 바에 따라 시장·군수 또는 구청장에게 신고하여야 한다.

제3조의2②에서 "관련시설 및 설비의 전부"를 인수한 경우에 공중위생업자의 지위를 승계한다. 고 규정하고 있어 여기에서의 관련시설 및 설비의 전부가 무엇인지에 해석이 필요하다.

■ 「공중위생관리법」 시행규칙 [별표 1]
　공중위생영업의 종류별 시설 및 설비기준(제2조 관련)

II. 개별기준
　1. 숙박업
　　가. 숙박업(생활)은 취사시설과 환기를 위한 시설이나 창문을 설치하여야 한다. 이 경우 실내에 취사시설을 설치할 때에는 고정형 취사시설을 객실별로 설치하거나 공동 취사공간에 설치해야 한다.
　　나. 숙박업(생활)은 객실별로 욕실 또는 샤워실을 설치하여야 한다. 다만, 「관광진흥법 시행령」제2조제1항제2호마목에 따른 호스텔업은 욕실 또는 샤워실을 공용으로 설치할 수 있다.
　　다. 건물의 일부를 대상으로 하는 숙박업은 객실이 독립된 층으로 이루어지거나 객실 수가 30개 이상 또는 영업장의 면적이 해당 건물 연면적의 3분의 1 이상이어야 한다. 다만, 지역적 여건 등을 고려하여 특별시·광역시·특별자치시·도·특별자치도의 조례로 객실 수 및 면적 기준을 완화하여 정할 수 있다.

■ 법제처 질의회신(2007.10.17., 07-0341 해석)
「공중위생관리법」 제3조2의2항이 경매에 따른 공중위생업자의 지위 승계에 관한 규정을 두고 있는 것은 종전의 숙박업자가 이미 공중위생관리법상 소정의 숙박업 기준에 적합한 시설을 구비하고 일정한 서류를 구비하여 숙박업신고를 마친 이상, 종전의 숙박업자로부터 숙박업을 위하여 인수한 인수인이 별도의 절차를 거치지 않더라도 종전의 숙박업자와 같은 숙박업자로서의 지위를 인정하려는데 취지가 있다 할 것이고, 이 경우에 있어서 시설 및 설비는 신규에 따른 신고 기준의 범위를 넘어서 제한할 수 없다 할것이이므로, 같은 규정에 따른 "관련시설 및 설비의 전부를 인수한 자"라 함은 같은 법 시행규칙 [별표 1]에서 관련시설 및 설비의 전부를 인수한 자로 보아야 하고, 이 경우 시설 및 설비에 대하여 개별기준에 특별한 규정이 없는 숙박업(일반)의 경우 해당 숙박업을 영위하는 건축물의 인수로 족하고, 그 외 내부집기 등 유체동산까지 인수할 의무는 없다 할 것이다.


## 5. 체육시설업 영업권승계 -「체육시설의 설치 및 이용에 관한 법률」

### 1) 체육시설의 의의

체육시설이라 함은 시행령 별표1에서 정하는 바와 같다.

■「체육시설의 설치·이용에 관한 법률 시행령」[별표 1]

체육시설의 종류(제2조 관련)

1. 운동 종목

    골프장, 골프연습장, 궁도장, 게이트볼장, 농구장, 당구장, 라켓볼장, 럭비풋볼장, 롤러스케이트장, 배구장, 배드민턴장, 벨로드롬, 볼링장, 봅슬레이장, 빙상장, 사격장, 세팍타크로장, 수상스키장, 수영장, 무도학원, 무도장, 스쿼시장, 스키장, 승마장, 썰매장, 씨름장, 아이스하키장, 야구장, 양궁장, 역도장, 에어로빅장, 요트장, 육상장, 자동차경주장, 조정장, 체력단련장, 체육도장, 체조장, 축구장, 카누장, 탁구장, 테니스장, 펜싱장, 하키장, 핸드볼장, 인공암벽장, 그 밖에 국내 또는 국제적으로 치러지는 운동 종목의 시설로서 문화체육관광부장관이 정하는 것

2. 시설 형태

    운동장, 체육관, 종합 체육시설, 가상체험 체육시설

## 2) 체육시설 영업권승계

### (1) 법률의 규정

■ 「체육시설의 설치·이용에 관한 법률」 제27조(체육시설업 등의 승계)

① 체육시설업자가 사망하거나 그 영업을 양도한 때 또는 법인인 체육시설업자가 합병한 때에는 그 상속인, 영업을 양수한 자 또는 합병 후 존속하는 법인이나 합병(合倂)에 따라 설립되는 법인은 그 체육시설업의 등록 또는 신고에 따른 권리·의무(제17조에 따라 회원을 모집한 경우에는 그 체육시설업자와 회원 간에 약정한 사항을 포함한다)를 승계한다.

② 다음 각 호의 어느 하나에 해당하는 절차에 따라 문화체육관광부령으로 정하는 체육시설업의 시설 기준에 따른 필수시설을 인수한 자에게는 제1항을 준용한다.
  1. 「민사집행법」에 따른 경매
  2. 「채무자 회생 및 파산에 관한 법률」에 따른 환가(換價)
  3. 「국세징수법」·「관세법」 또는 「지방세징수법」에 따른 압류 재산의 매각
  4. 그 밖에 제1호부터 제3호까지의 규정에 준하는 절차

③ 제12조에 따른 사업계획 승인의 승계에 관하여는 제1항과 제2항을 준용한다.

### (2) 경매나 공매로 체육시설을 매입한 경우의 영업권승계

영업권을 따로 매수한다면 상당한 비용이 발생할 수가 있다. 그러나 「체육시설의 설치·이용에 관한 법률」(이하 체시법) 개정으로 골프장을 경매나 공매로 매입할 경우 영업권까지 승계되도록 했다.

### (3) 경매나 공매로 체육시설을 매입한 경우의 회원권승계

■ 「체육시설의 설치·이용에 관한 법률」 제27조(체육시설업 등의 승계)

① 체육시설업자가 사망하거나 그 영업을 양도한 때 또는 법인인 체육시설업자가 합병한 때에는 그 상속인, 영업을 양수한 자 또는 합병 후 존속하는 법인이나 합병(合倂)에 따라 설립되는 법인은 그 체육시설업의 등록 또는 신고에 따른 권리·의무(제17조에 따라 회원을 모집한 경우에는 그 체육시설업자와 회원 간에 약정한 사항을 포함한다)를 승계한다.

■ 「체육시설의 설치·이용에 관한 법률 시행령」 제19조(**회원의 보호**) 법 제18조에서 "대통령령으로 정하는 사항"이란 다음 각 호의 사항을 말한다.

1. 회원자격의 양도·양수

    회원이 그 자격을 다른 사람에게 양도하려는 경우에는 양수하려는 자가 제17조제2호 다목에 따른 회원의 자격제한 기준에 해당하는 경우 외에는 이를 제한하여서는 아니 되며, 회원자격을 양수하는 자로부터 회원자격의 양도·양수에 따른 일체의 비용을 징수하는 경우 그 금액은 실비(實費)를 기준으로 한 금액이어야 한다.

2. 입회금액(회원으로 최초 가입하는 자가 회원자격을 부여받는 대가로 회원을 모집하는 자에게 내는 모든 금액을 말하되, 회원으로 최초 가입하는 자가 회원에 가입할 때 법률에 따라 설치된 기금에 기부한 금액은 제외한다)의 반환회원의 탈퇴 또는 탈퇴자에 대한 입회금액의 반환시기 등에 관하여는 회원을 모집한 자와 회원 간의 약정에 따르되, 회원으로 가입한 이후 회원 권익에 관한 약정이 변경되는 경우에는 기존 회원은 탈퇴할 수 있으며, 탈퇴자가 입회금의 반환을 요구하는 경우에는 지체 없이 이를 반환해야 한다.

3. 회원자격의 존속기한을 정한 회원(이하 "연회원"이라 한다)에 대한 입회금액의 반환

    연회원이 회원자격의 존속기한이 끝나 입회금의 반환을 요구하는 경우에는 요구한 날부터 10일 이내에 반환하여야 한다. 다만, 입회금의 반환 여부 등에 관한 약정이 있는 경우에는 그 약정에 따른다.

4. 회원증의 확인·발급

    회원이 입회한 날부터 30일 이내에 회원증을 작성하여 문화체육관광부령으로 정하는 바에 따라 회원에게 확인·발급하여야 한다. 회원자격을 양수한 회원의 경우에도 또한 같다.

5. 회원 대표기구

    회원이 회원을 대표하는 운영위원회를 구성할 것을 요구하는 경우 회원 10명 이상으로 구성하게 하여야 하고, 회원의 권익에 관한 사항은 그 운영위원회와 미리 협의하여야 한다.

"그 체육시설업의 등록 또는 신고에 따른 권리·의무(제17조에 따라 회원을 모집한 경우에는 그 체육시설업자와 회원 간에 약정한 사항을 포함한다)를 승계한다."라는 규정은 권리인 영업권을 승계하기도 하지만, 의무로 회원들의 회원권 승계의무도 같이 규정하고 있다.

그러므로 이러한 체육시설을 경매 또는 공매로 낙찰받고자 하는 사람은 입찰 전에 영업권승계가 가능한지와 또한 법적으로 적합하게 등록되어 인수할 회원권의 금액이 정확하게 얼마인지를 관할 관청 등을 통하여 문의한 뒤 입찰에 응해야 할 것이다.

※ 경매를 통하여 부동산의 취득과 종전 영업허가권까지 승계되는 개별법
경매를 통하여 부동산 등의 영업시설·설비를 전부 인수하는 경우에는 종전의 영업자의 지위도 승계되는 경우
    ① 공중위생법상에 따른 공중위생 영업자(숙박업, 목욕탕, 이미용실 등)
    ② 게임산업진흥에 관한 법률에 따른 영업자
    ③ 관광진흥법에 따른 관광사업자
    ④ 건설폐기물의 재활용촉진에 관한 법률에 따른 건설폐기물업자
    ⑤ 기타

## 6. 경매 매각사례

(1) 경매정보지

### 서산6계 2023 타경 2225 전

**| 사건내용**

| 소재지 | 충남 당진시 신평면 금천리 343-2 [일괄]343-6, 도로명주소 | | |
|---|---|---|---|
| 경매구분 | 임의경매 | 채권자 | 아OOO |
| 용도 | 전 | 채무/소유자 | (OOOO / 이OO) |
| 감정가 | 691,656,000 (23.05.04) | 청구액 | 455,590,621 |
| 최저가 | 338,911,000 (49%) | 토지면적 | 1,074.0㎡ (324.9평) |
| 입찰보증금 | 33,891,100 (10%) | 건물면적 | 0㎡ (0.0평) |
| 조회수 | · 금일조회 1 (0) · 금회차공고후조회 28 (9) · 누적조회 150 (20) | | |

| | | | |
|---|---|---|---|
| 매각기일 | 24.04.02 (391,000,000원) | | |
| 종국결과 | 24.06.12 배당종결 | | |
| 경매개시일 | 23.04.25 | | |
| 배당종기일 | 23.07.25 | | |

   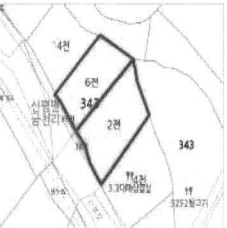

[출처] 지지옥션(https://www.ggi.co.kr/)

(2) 감정평가서

# 감정평가액의 산출근거 및 결정의견

## 6. 그 밖의 사항

- 본건 토지의 소재지, 지번, 지목, 면적 등은 귀 제시목록에 의하였음.
- 본건 토지의 위치확인은 '지적도 및 현장조사시 목측'에 의한 것으로 정확한 경계 확인은 측량을 요하니 경매 진행 및 응찰시 참고바람.
- 본건 기호(1,2) 토지는 건축행정시스템 세움터 조회결과 당진시장으로부터 아래와 같이 건축허가를 득한 상태인 바, 이를 감안하여 평가하였으며, 향후 동 행정처분의 취소, 철회, 변경되는 경우와 사업이행의 정도에 따라 가격변동이 있을 수 있으니 경매 진행 및 응찰시 참고바람.

< 기호(1) >

| 허가신고번호 | 2021-허가과-신축허가-23 | | |
|---|---|---|---|
| 허가구분 | 신축허가 | 허가/신고일 | 2021-02-24 |
| 대지면적(㎡) | 539 | 건축면적(㎡) | 241.68 |
| 연면적(㎡) | 652.3 | | |
| 주용도 | 단독주택 | 기타용도 | 다가구주택 |
| 착공구분 | 미착공 | 착공예정 | - |

< 기호(1,2) >

| 허가신고번호 | 2021-허가과-신축허가-22 | | |
|---|---|---|---|
| 허가구분 | 신축허가 | 허가/신고일 | 2021-02-24 |
| 대지면적(㎡) | 535 | 건축면적(㎡) | 241.68 |
| 연면적(㎡) | 652.3 | | |
| 주용도 | 단독주택 | 기타용도 | 다가구주택 |
| 착공구분 | 미착공 | 착공예정 | - |

(3) 매각물건명세서

### 대전지방법원 서산지원

2023타경2225

### 매각물건명세서

| 사 건 | 2023타경2225 부동산임의경매 | 매각물건번호 | 1 | 작성일자 | 2024.01.19 | 담임법관(사법보좌관) | 윤규석 |
|---|---|---|---|---|---|---|---|
| 부동산 및 감정평가액 최저매각가격의 표시 | 별지기재와 같음 | 최선순위 설정 | | 2021. 3. 24. 근저당권 | | 배당요구종기 | 2023.07.25 |

부동산의 점유자와 점유의 권원, 점유할 수 있는 기간, 차임 또는 보증금에 관한 관계인의 진술 및 임차인이 있는 경우 배당요구 여부와 그 일자, 전입신고일자 또는 사업자등록신청일자와 확정일자의 유무와 그 일자

| 점유자의 성 명 | 점유부분 | 정보출처 구 분 | 점유의 권 원 | 임대차기간 (점유기간) | 보 증 금 | 차 임 | 전입신고일자·외국인등록(체류지변경 신고)일자·사업자등록신청일자 | 확정일자 | 배당요구여부 (배당요구일자) |
|---|---|---|---|---|---|---|---|---|---|

조사된 임차내역없음

※ 최선순위 설정일자보다 대항요건을 먼저 갖춘 주택·상가건물 임차인의 임차보증금은 매수인에게 인수되는 경우가 발생 할 수 있고, 대항력과 우선변제권이 있는 주택·상가건물 임차인이 배당요구를 하였으나 보증금 전액에 관하여 배당을 받지 아니한 경우에는 배당받지 못한 잔액이 매수인에게 인수되게 됨을 주의하시기 바랍니다.

등기된 부동산에 관한 권리 또는 가처분으로 매각으로 그 효력이 소멸되지 아니하는 것

매각에 따라 설정된 것으로 보는 지상권의 개요

비고란
일괄매각.
목록1.2. 현황 건축허가를 득한 "주거나지" 상태임

(3) 분석

위 경매사건은 지인이 채무자였던 사건이다. 자금 사정이 좋지 않았고, 건축자금 조달이 되지 않아 토지 매입 후 다가구 주택을 건축하여 분양 및 임대사업을 하고자 하였으나 결국 경매로 나오게 되었다.

건축허가가 있는 나대지를 경매로 낙찰을 받으면, 낙찰자는 취소 절차를 거쳐 기존 건축허가를 취소하거나 낙찰자와 협의하여 건축허가권을 승계할 수 있다.

이 경매사건의 경우도 낙찰자는 낙찰 후 토지소유자에게 연락이 와서 협의하여 건축허가에 들어간 비용을 정산하고 건축허가권을 승계하기로 하고 마무리하였다.

## 제13장
# NPL(부실채권)

1. NPL의 의의
2. NPL 관련 용어의 정의
3. NPL의 종류와 장단점
4. NPL의 투자유형
5. 대부업법 시행령 개정
6. 경매 매각사례

# 1. NPL의 의의

부동산경매로 수익을 남긴다는 것은 매각부동산을 법원경매절차에서 낙찰을 받아 사용·보유·임대 또는 처분을 통해 수익을 얻는 것을 말한다.

여기에서 NPL(Non Performing Loan)이란 부실채권이라 번역하며, 대부분 부동산을 담보로 하여 설정된 근저당권부채권으로서 금융기관의 대출채권 중 원리금 상환이 3개월 이상 연체된 채권이라 한다.

부동산경매와는 조금 다른 NPL을 통한 수익 창출을 하는 것이 하나의 자리로 굳건히 자리 잡았다.
NPL을 통한 수익창출방법은 다양하고 시간이 지날수록 진화하고 있지만 일반적으로 경매 매각대상 부동산 위에 존재하는 근저당권을 매입하여 배당을 받거나 직접 낙찰받는 경우인데 이는 구조적으로 부동산경매와 특히 배당구조를 모르고는 접근할 수 없다. 크게 보면 NPL은 근저당권자로서 배당차익을 누리는 것이 핵심이며, 부동산경매 배당제도의 응용이라 할 수 있다.

앞에서 언급하였다시피 경매로 부동산을 저렴하게 낙찰받고 인수권리 파악을 잘못하여 후에 많은 금액을 물어주어 결과적으로 손실을 보는 경우가 있다고 설명하였다.
NPL 역시 근저당권의 원금과 이자증가분을 합친 총 채권액보다 싸게 매입하였다는 것만으로 꼭 수익을 창출하는 것은 아니다. 왜냐하면 낙찰가가 근저당권의 배당금액보다 높아야 하고, 배당금액은 근저당권매입금액보다 커야 수익이 발생하는 구조를 가지고 있기 때문이다. 즉, '근저당권매입금액 < 배당금액 < 낙찰금액'의 구조를 가져야만 수익이 날 수 있다는 말이다.

여기에서 낙찰가를 예상하는 것은 어떻게 파악하며, 예상배당액은 어떻게 산출할 것인가? 이것은 경매의 영역이다. NPL의 투자는 경매지식과 경험을 전제로 수익성을 논할 수 있다.

최근 NPL(부실채권)시장의 가장 큰 변화는 2016년 7월 25일 「대부업 등의 등록 및 금융이용자 보호에 관한 법률 시행령」 개정으로 인하여 그동안 NPL(부실채권)을 매입하여 낙찰을 받거나 매각대금 차익에 대한 배당수익을 누렸던 개인투자자는 더 이상 론세일(Loan Sale)방식으로 투자하는 것은 불가능해졌다. 즉, 대부업자 및 여신금융기관의 대부채권 양도대상을 여신금융기관, 매입추심업자로 등록한 대부업자, 한국자산관리공사, 예금보험공사, 주택금융공사로 한정함으로써 개인이나 일반법인은 대부업자 및 은행의 금융채권을 양도받을 수 없게 되었다.

NPL투자의 중심을 이루었던 저당권을 매입하여 배당차익을 누리거나 낙찰을 받는 론세일방식이 이제 개인이나 일반법인 투자자에게 더 이상 허용되지 않기 때문에 기존 NPL투자에 변형이나 다른 수익모델들이 활성화될 것으로 보인다.

## 2. NPL 관련 용어의 정의

### 1) NPL

NPL(Non Performing Loan)이란 채무자의 연체로 인하여 금융권이나 채권자가 원금이나 이자를 3개월 이상 회수하지 못한 대출로 무수익 여신을 의미한다.

### 2) OPB(Outstanding Principal Balance)

대상 채권의 미상환원금 잔액을 말한다. 원장부가(元帳簿價)라고도 한다.

### 3) 유효채권, 실효채권[7]

① 유효채권이란 채권자가 채무자에 대하여 회수할 수 있는 법적인 효력(권원)이 있는 총 채권액으로 잔여원금, 정상이자, 연체이자를 합한 금액이다.
② 실효채권이란 채무자의 담보처분가액으로부터 실질적으로 회수 가능한 금액이다.
③ 경매로 매각부동산이 낙찰이 되어 경매집행비용과 당해세 등 선순위금액을 제외하고 그 채권이 실제 배당받을 수 있는 금액이라 할 수 있다. 대부분의 경우 경매를 당한 채무자가 다른 재산을 소유하고 있지 않기에 유효채권보다는 실효채권의 개념으로 저당권매입가격을 정하여야 한다. 이를테면 유효채권의 가격에서 아무리 할인을 많이

---

[7] 성호섭, 'NPL가격산정의 비밀', 매일경제신문사, 2016)

하여 저당권을 싸게 매입하였다 한들 유효채권의 가치가 낙찰가격보다도 낮다면 실패한 투자라고 할 수 있다. 이 부분은 NPL거래에서 특히 조심하고 분석해야 할 대상이다.

## 3. NPL의 종류와 장단점

### 1) NPL의 종류

(1) 담보부 NPL : 부동산 등을 담보로 대출한 채권이 3개월 이상 연체된 채권
(2) 무담보부 NPL : 신용카드, 신용대출 등 담보 없이 대출한 채권이 3개월 이상 연체된 채권

### 2) NPL매입의 장점과 단점

(1) 부실채권의 장점
① **안정성이 높다.** : 1순위 저당권에 투자함으로써 채권확보에 안정성이 높으며, 재실사평가를 통해 정확한 회수금액을 알 수 있다.
② **우수한 환금성** : 투자기간이 비교적 짧은 시간 내에 배당을 받을 수 있다. 부동산투자보다 현금흐름이 빨라 현금유동성이 우수하다.
③ **투자대상 확인 후 투자결정** : 투자대상물건의 소재파악이 가능해 물건의 시장성과 가치 판단이 쉽고 투자 여부를 선택 및 매입가격 결정이 용이하다.
④ **부실채권 투자시 배당소득에 대한 비과세 효과** : 채권자로서 배당에 참가하기 때문에 세금이 부과되지 않아 더 높은 수익을 기대할 수 있다.
⑤ **하자를 이용해 매입가격 낮추기** : 경매특수물건이나 권리분석에 따라 채권을 할인하여 매입할 수 있으며 높은 수익률을 달성할 수 있다. 실제 투자되는 비용은 저당권매입가격의 금액으로 부동산을 취득할 수 있다. 이는 담보부 부실채권투자의 가장 큰 장점이다.
⑥ **경매낙찰시 자금부담 경감** : 직접 낙찰을 통한 잔금납부 시 배당받을 금액으로 낙찰대금에서 상계신청을 할 수 있고, 근저당권 매입시 질권대출을 통해 적은 자금으로 근저당권을 매입할 수 있고 소유권을 취득할 수 있다.
⑦ **세금절감 효과** : 배당소득에 대한 비과세와 양도소득세 절감효과가 있다.

(2) 부실채권 단점
① 특수경매물건에 대한 낙찰가 예측이 어려워 경매 투자 물건 종류가 제한적이다.
② 협상의 어려움이 있다. 점차 배당수익이 있는 물건은 매각하지 않는 편이다.
③ 경매권리분석의 어려움이 있어 초보자가 접근하기 어렵다.
④ 경매물건에 인수권리가 많은 경우 많은 유찰로 원금 손실이 발생할 수 있다.
⑤ 부동산 경기변동에 영향을 받아 부동산가격변동이 발생할 수 있으므로 감정가를 예측하는데 어려움이 따른다.

## 4. NPL의 투자유형

### 1) 론세일방식

(1) 정의
론세일(Loan Sale)방식은 채권자의 권리를 전부 인수하는 것으로 채권자로서 경매를 진행할 수 있으며 연기나 변경, 취하 등을 할 수 있고 배당금을 수령하거나 직접 낙찰을 받을 수 있다.

(2) 자금회수
① 배당금 수령으로 배당차익 획득
② 직접 낙찰로 경매물건 취득, 상계처리

### 2) 채무인수 방식

채무의 동일성을 유지하면서 그 채무를 양수인에게 이전할 것을 약정하는 계약이다. 일반적인 채무인수방식은 매매계약 체결 시 채권양도인은 채무인수승낙서를 채권양수인에게 교부하고 채권양수인은 추후 담보물건을 낙찰받은 후 경락잔금을 지급함에 있어 채권양도자가 기 발급한 채무인수승낙서로 경락잔금을 상계처리한 후 곧바로 담보대출을 실행해 채권양도인에게 차질 없이 잔여 대금을 지급하거나, 아니면 경락잔금을 상계처리하지 않고 아예 경락잔금대출을 실행하여 납부함으로써 채권양도자가 배당을 받는 방법으로 채권 잔금을 지급한다.

채무인수방식에서는 채권이 이전되지 않으므로 질권대출이 성립될 여지가 없으며 경락으로 소유권을 취득한다.

부실채권을 인수해서 해당 부동산을 직접 유입하고자 할 때 사용하는 방법이다.

### 3) 사후정산 방식

NPL을 매입할 때 일정액의 보증금을 걸고 매수한 후에 나머지 잔금은 경매 이후 배당을 받아 정산하는 방식이다.

사후정산 방식은 초기에 투자금이 많이 들어가지 않아 금액이 높은 채권을 거래할 때 주로 사용된다.

### 4) 대위변제 방식

NPL시장에서 채권의 매각 여부는 채권자의 의사에 따라 진행된다. 그러나 대위변제 방식은 채권자의 의사에 관계없이 저당권을 매입할 수 있는 방식이어서 우량 NPL을 매각하지 않는 최근 NPL시장 상황에서 각광을 받고 있다.

(1) 「민법」의 규정

「민법」 제480조(변제자의 임의대위) ① 채무자를 위하여 변제한 자는 변제와 동시에 채권자의 승낙을 얻어 채권자를 대위할 수 있다.
② 전항의 경우에 제450조 내지 제452조의 규정을 준용한다.


「민법」 제481조(변제자의 법정대위) 변제할 정당한 이익이 있는 자는 변제로 당연히 채권자를 대위한다.


「민법」 제482조(변제자대위의 효과, 대위자간의 관계) ① 전2조의 규정에 의하여 채권자를 대위한 자는 자기의 권리에 의하여 구상할 수 있는 범위에서 채권 및 그 담보에 관한 권리를 행사할 수 있다.
② 전항의 권리행사는 다음 각호의 규정에 의하여야 한다.
  1. 보증인은 미리 전세권이나 저당권의 등기에 그 대위를 부기하지 아니하면 전세물이나 저당물에 권리를 취득한 제삼자에 대하여 채권자를 대위하지 못한다.
  2. 제삼취득자는 보증인에 대하여 채권자를 대위하지 못한다.
  3. 제삼취득자 중의 1인은 각 부동산의 가액에 비례하여 다른 제삼취득자에 대하여 채

권자를 대위한다.
4. 자기의 재산을 타인의 채무의 담보로 제공한 자가 수인인 경우에는 전호의 규정을 준용한다.
5. 자기의 재산을 타인의 채무의 담보로 제공한 자와 보증인간에는 그 인원수에 비례하여 채권자를 대위한다. 그러나 자기의 재산을 타인의 채무의 담보로 제공한 자가 수인인 때에는 보증인의 부담부분을 제외하고 그 잔액에 대하여 각 재산의 가액에 비례하여 대위한다. 이 경우에 그 재산이 부동산인 때에는 제1호의 규정을 준용한다.

「민법」제483조(일부의 대위) ① 채권의 일부에 대하여 대위변제가 있는 때에는 대위자는 그 변제한 가액에 비례하여 채권자와 함께 그 권리를 행사한다.
② 전항의 경우에 채무불이행을 원인으로 하는 계약의 해지 또는 해제는 채권자만이 할 수 있고 채권자는 대위자에게 그 변제한 가액과 이자를 상환하여야 한다.

「민법」제484조(대위변제와 채권증서, 담보물) ① 채권전부의 대위변제를 받은 채권자는 그 채권에 관한 증서 및 점유한 담보물을 대위자에게 교부하여야 한다.
② 채권의 일부에 대한 대위변제가 있는 때에는 채권자는 채권증서에 그 대위를 기입하고 자기가 점유한 담보물의 보존에 관하여 대위자의 감독을 받아야 한다.

「민법」제485조(채권자의 담보상실, 감소행위와 법정대위자의 면책) 제481조의 규정에 의하여 대위할 자가 있는 경우에 채권자의 고의나 과실로 담보가 상실되거나 감소된 때에는 대위할 자는 그 상실 또는 감소로 인하여 상환을 받을 수 없는 한도에서 그 책임을 면한다.

「민법」제486조(변제 이외의 방법에 의한 채무소멸과 대위) 제삼자가 공탁 기타 자기의 출재로 채무자의 채무를 면하게 한 경우에도 전6조의 규정을 준용한다.

(2) 임의대위변제 방법
변제를 할 정당한 이익이 없는 제3자도 채무를 대신하여 채무자의 채무를 임의로 변제할 수 있다. 그러나 이 방법은 채무자와 채권자의 승낙을 얻어야 하므로 실무적으로 번거로움이 따라 자주 이용되는 방법은 아니다.

(3) 법정대위변제 방법

법률의 규정에 적합하면 채권자의 의사에 반하여도 채무자를 대신하여 채무를 변제하고 채권자가 될 수 있다. 이 방법은 후순위채권을 저가에 매입하여 법정대위변제자의 자격을 갖춘 다음 대위변제자로서 선순위채권을 매입하는 방식이다.

## 5. 대부업법 시행령 개정

NPL관련 「대부업 등의 등록 및 금융이용자보호에 관한 법률 시행령」 개정(2016년7월25일)

(1) 대부업자·여신금융기관의 대부채권을 매입할 수 있는 자를 여신금융기관, 매입추심업자로 금융위원회에 등록한 대부업자, 공공기관(한국자산관리공사, 예금보험공사, 주택금융공사), 부실금융기관의 정리금융회사로 제한한다.

(2) 3억 이상 자본금을 보유하고 금융위원회에 등록한 법인은 NPL 매입이 가능하고, 개인은 불가능하다.

(3) 대부업체의 경영건전성과 외형확대방지 등을 위하여 대부업체의 총 자산규모를 자기자본의 10배 이내로 제한한다.

(4) 자산규모가 120억원 이상이고 대부잔액이 50억원 이상인 대형 대부업체를 금융위원회 등록 대상에 추가한다.

## 6. 경매 매각물건 사례

### 1) 경매정보지

**고양9계 2015 타경 6544 종교시설**

| 사건내용 | | | | | |
|---|---|---|---|---|---|
| 관심물건 | [낙찰사례] 메모: 일산교회 | | | | 수정 |
| 소 재 지 | 경기 고양시 일산동구 중산동 13-2<br>(10319)경기 고양시 일산동구 약산길 49 | | | | |
| 경매구분 | 임의경매 | 채 권 자 | 믿OOO | | |
| 용 도 | 종교시설 | 채무/소유자 | 회OOO / 기OOOOOOOOOO | 매 각 기 일 | 16.03.30 (2,853,000,000원) |
| 감 정 가 | 3,925,656,400 (15.04.22) | 청 구 액 | 2,467,246,978 | 종 국 결 과 | 16.05.17 배당종결 |
| 최 저 가 | 1,923,571,000 (49%) | 토지면적 | 1,227.0㎡ (371.2평) | 경매개시일 | 15.03.05 |
| 입찰보증금 | 192,357,100 (10%) | 건물면적 | 2,025㎡ (612.7평) | 배당종기일 | 15.06.01 |
| 조 회 수 | ·금일조회 1 (0) ·금회차공고후조회 213 (44) ·누적조회 1,000 (173) | | | ()는 5분이상 열람 | 조회통계 |

### (2) 등기부

| 4 | 근저당권설정 | 2013년7월17일<br>제106768호 | 2013년7월17일<br>설정계약 | 채권최고액 금3,081,000,000원<br>채무자 기독교대한감리회일산교회<br>경기도 고양시 일산동구 중산동 13-2<br>근저당권자 믿음신용협동조합 111541-0000836<br>경기도 의정부시 효자로 10,<br>101호,102호(민락동,송산중앙프라자)<br>공동담보 토지 경기도 고양시 일산동구 중산동 13-2 |
|---|---|---|---|---|
| 4-1 | 4번근저당권이전 | 2015년8월27일<br>제154959호 | 2015년8월27일<br>확정채권양도 | 근저당권자 사방타주식회사 110111-5263647<br>서울특별시 서초구 관포대로 67(서초동,서울빌딩,402호) |
| 4-2 | 4번근저당권이전 | 2015년8월27일<br>제154960호 | 2015년8월27일<br>확정채권양도 | 근저당권자 최종한 601202-*******<br>대구광역시 동구 과계로 91-6(지묘동) |
| 4-3 | 4번근저당권부질권 | 2015년8월27일<br>제154961호 | 2015년8월27일<br>설정계약 | 채권액 금3,081,000,000원<br>채무자 최종한<br>대구광역시 동구 과계로 91-6(지묘동)<br>채권자 믿음신용협동조합 111541-0000836<br>경기도 의정부시 효자로 10,<br>101호,102호(민락동,송산중앙프라자)<br>공동담보 토지 경기도 고양시 일산동구 중산동 13-2<br>우구 제24번의 근저당권 |
| 4-4 | 4번근저당권이전 | 2016년3월4일 | 2016년3월4일 | 근저당권자 대한예수교장로회덕은교회 31384-00382 |

## 2) 권리분석

### (1) 입찰계획

교회경매라는 특수성이 있는 경매물건이다.

매각물건이 교회였는데, 입찰계획이 있었던 매수희망자도 교회였다. 왜냐하면 매수희망자인 교회는 기존 교회가 LH에 수용을 당해 이전을 앞두고 있던 상황이었다.

그래서 교회를 건축할 시간적인 여유도 없던 터라 경매로 나온 교회를 매입하기로 계획을 세웠다.

그런데 이 당시는 대부업법이 개정되기 전이어서 대부업이 등록된 업체가 아닌 일반 개인이나 법인도 근저당권을 매입할 수 있는 상태여서 근저당권을 매입하여 낙찰을 받고 상계처리하여 잔금납부를 하는 형태로 계획을 세우고 실행에 착수하였다. 즉, 대부업 등록 및 금융이용자보호법에 관한 법률시행령 개정(2016.07.25.)이 되기 전에 이루어졌던 일이라 개인이나 등록되지 않은 법인 등 양수인의 자격 제한 없이 가능한 일이었다.

현재는 일정 기관이나 매입추심업자로서 금융위원회에 등록한 대부업자여야 한다.

물론 개인이 권리자인 근저당권 이전은 가능하다.

### (2) 근저당권의 변동

    ㉠ 근저당권 설정, 2013년 7월 17일, 믿음신협, 3,081,000,000원

    ㉡ 근저당권 이전, 2015년 8월 27일, 사방터주식회사

    ㉢ 근저당권 이전, 2015년 8월 27일, 최종한

    ㉣ 근저당권 이전, 2016년 3월 4일, 대한예수교장로회덕은교회

    ㉤ 근저당권자 채권자변경신고서 제출, 2016년 3월 9일, 대한예수교장로회덕은교회

    ㉥ 근저당권자 덕은교회 낙찰, 2016년 3월 30일

    ㉦ 근저당권자 덕은교회 상계신청, 2016년 3월 31일

    ㉧ 근저당권자 덕은교회 채권계산서 제출, 2016년 5월 2일

(3) 법원경매정보 접수내역

고양 2015-6544 법원문건접수

**문건처리내역**

| 접수일 | 접수내역 |
|---|---|
| 2015.03.10 | 등기소 고양등기소 등기필증 제출 |
| 2015.03.12 | 집행관 김현욱 부동산현황조사보고서 제출 |
| 2015.03.20 | 감정인 고건감정평가사무소 감정평가서제출기한연장요청 제출 |
| 2015.04.07 | 교부권자 제천세무서 교부청구서 제출 |
| 2015.04.08 | 감정인 고건감정평가사무소 감정평가서 제출기한 재연장 요청 제출 |
| 2015.04.17 | 채권자 믿음신용협동조합 열람및복사신청 제출 |
| 2015.04.27 | 감정인 고건감정평가사무소 회보서 제출 |
| 2015.05.13 | 교부권자 인천 남동구청 교부청구서 제출 |
| 2015.05.14 | 교부권자 국민건강보험공단 종로지사 교부청구서 제출 |
| 2015.05.28 | 교부권자 의정부시장 교부청구서 제출 |
| 2015.06.01 | 교부권자 고양시 일산동구 교부청구서 제출 |
| 2015.06.29 | 채권자 믿음신용협동조합 열람및복사신청 제출 |
| 2015.09.02 | 채권자 최종한(변경전:믿음신용협동조합) 채권자변경신고서 제출 |
| 2015.09.02 | 근저당권부질권자 믿음신용협동조합 권리질권자신고서 제출 |
| 2015.09.02 | 채권자 최종한(변경전:믿음신용협동조합) 동의서 제출 |
| 2015.09.02 | 채권자 최종한(변경전:믿음신용협동조합) 환급계좌변경신청서 제출 |
| 2015.09.11 | 채권자 최종한(양도전 믿음신용협동조합, 사방터 주식회사) 기일연기신청서 제출 |
| 2015.12.03 | 채무자대리인 변호사 김진환 평가보완명령신청서 제출 |
| 2015.12.03 | 채무자 기독교 대한감리회산교회 소송위임장 제출 |
| 2015.12.16 | 교부권자 의정부세무서 교부청구서 제출 |
| 2015.12.16 | 감정인 고건감정평가사 사실조회에 대한 의견서 제출 제출 |
| 2016.01.08 | 교부권자 부천세무서 교부청구서 제출 |
| 2016.02.17 | 채권자 최종한(양도전 믿음신용협동조합, 사방터 주식회사) 기일연기신청서 제출 |
| 2016.03.09 | 채권자 대한예수교장로회 덕은교회(변경전:최종한) 채권자변경신고서 제출 |
| 2016.03.09 | 채권자 대한예수교장로회 덕은교회(변경전:최종한) 경매속행 신청서 제출 |
| 2016.03.31 | 채권자 대한예수교장로회 덕은교회(양도전:최종한) 상계신청서 제출 |
| 2016.04.26 | 교부권자 인천광역시 남동구청 미체납교부청구서 제출 |
| 2016.04.28 | 교부권자 국민건강보험공단 종로지사 교부청구서 제출 |
| 2016.05.02 | 채권자 대한예수교장로회 덕은교회(양도전:최종한) 채권계산서 제출 |
| 2016.05.02 | 교부권자 고양시 일산동구 미체납교부청구서 제출 |
| 2016.05.18 | 소유자 재단법인 기독교대한감리회유지재단 배당표등본 제출 |

(4) 경매과정

근저당권을 매입하여 낙찰을 받은 뒤, 상계처리신청하여 잔금납부일과 배당기일을 동일 날자에 진행하여 잔금납부하고 소유권을 취득하였다.

소유권을 취득한 후 전 소유자와의 협상이 이루어지지 않아 강제집행절차를 통하여 매각건물을 인도받았다.

교회 내부에 있었던 유체동산들은 '유체동산 경매'를 통하여 인수받았고, 후에 지방의 개척교회에 기부하였다.

# 제14장
# 부동산경매와 세금

1. 부동산경매와 세금 개관
2. 취득세
3. 보유세
4. 양도세
5. 법인세
6. 개인투자와 법인투자의 비교

## 1. 부동산경매와 세금 개관

### 1) 부동산경매와 세금

부동산경매를 사업적으로 하는 사람들은 장기보유보다는 단기차익을 노리고 입찰하는 경우가 대부분이다.

단기차익을 위해서는 낙찰을 받고 점유자 명도와 간단한 건물수선을 하여 임대를 놓거나 아니면 즉시 매각하는 경우가 많다.

이때 수익계산을 위하여 필수적으로 숙지해야 할 부분이 세금이다.

세금에 대한 사전지식이 없으면 "앞에서 남고 뒤에서 밑진다"는 말이 있다.

특히 단기매매를 목적으로 하는 경매는 더더욱 세금에 대한 지식이 필요하다.
①입찰명의자를 누구로 할 것인지, ②경매 대상부동산을 어떤 종목으로 할 것인지(주택인지 비주택인지), ③낙찰 후 소유권이전등기 후 임대를 놓을 것인지 바로 매각할 것인지, ④필요경비 공제를 위하여 어떻게 준비하고 운용할 것인지 등이다.

우리나라 부동산과 관련한 정책은 부동산을 주택과 비주택으로 구분하고 있다. 주택에 대하여는 자유시장주의 원칙을 고수하기보다는 정권의 이념이 녹아들어 상당한 규제를 가하고 있는 부분이 많고, 정권에 따라 부동산정책이 변하고 있는데 그 정책변화에 대한 규제 수단의 중심에 서 있는 것이 세제이다.

주택 취득세의 경우 개인이 1채, 2채, 3채, 4채 이상을 소유할 때 취득세율이 달라진다. 또한 법인이 주택을 취득하는 경우는 12%의 고세율을 적용하여 주택만큼은 소수의 부자가 독점하지 못하게 하여 국민 모두 취득 기회의 평등을 제공하고 투기목적을 차단하려는 취지의 정부의 정책 의지가 담겨 있다.

또한 종합부동산세가 출범한 지가 어언 20년이 가까워지는데 부동산에 대한 과세로 이미 지방세로서 재산세가 있는데, 부동산을 많이 소유한 사람에게는 소유하고 있는 부동산을 모아서 또다시 세금을 부과하는 것이 합리적인 것인지에 대하여 끊임없이 문제가 제기되어 왔다.

필자가 박사학위 논문으로 썼던 "부동산정책 변동요인에 관한 연구(부제 종합부동산세법 개정과정에서의 행위자네트워크 분석)"라는 주제였는데, 정책에는 다양한 이해관계인이 존재하며 그중에서도 힘 있는 정책의 이해관계인이 영향을 미쳐서 정책이 변동된다는 내용이다. 작금에 여야를 막론하고 종합부동산세 개정 내지는 폐지가 논의되고 있다.

제도나 정책이 일관성 없이 그때 그때 정권의 이념에 따라 부동산에 대한 규제정책을 펴고 있으나 정책 목적을 달성할 수 있는지에 대하여는 의문이 있지만, 하여간 주택에 대하여는 정부의 다양한 규제가 많은 것이 사실이다.

하여간 경매하는 사람들의 입장에서는 정부 정책의 비판자라기보다는 정부 정책의 수용자로서 부동산정책 그리고 세제를 분석하여 투자자로서 절세하는 방법을 찾는 것이 현명하고, 이 장에서는 그러한 관점에서 경매 실무에서 꼭 필요한 세금의 부분을 기술하고자 한다.

### 2) 부동산경매 관련 세금

(1) 취득세

① 자산의 취득에 대하여 부과되는 지방세인 조세이다. 자산의 종류는 부동산, 차량, 회원권 등이며, 납세지는 부동산 소재지이며, 과세표준은 취득한 사람이 신고한 가액이며, 취득한 날로부터 60일 이내에 신고하고 납부한다.

② 경매로 취득한 경우 취득세율은 매매의 세율과 같다. 다만, 과세표준의 경우 시가표준액을 적용하지 않고 낙찰가액이 과세표준이 된다. 일반적으로 낙찰가액은 시가표준액보다 낮은 가격에 낙찰되므로 경매로 부동산을 취득하면 취득세 절감효과가 있다고 본다.

③ 취득가액 및 필요경비로 경매의 강제집행 특성상 소유권 확보를 위하여 직접 소요된 소송비용 및 화해비용, 강제집행비용 등 취득에 소유된 모든 비용, 경매낙찰자가 부담하는 대항력이 있는 전세보증금, 전 소유자의 공용부분 체납관리비, 유치권변제비용 등을 포함한다. 다만, 취득가액 및 필요경비로 세무당국에서 인정받으려면 세무당국에서 요구하는 형태의 방법과 자료가 있어야 하므로 경매실무에서 꼼꼼히 챙겨야 할 부분이다.

(2) 보유세

보유세에는 재산세와 종합부동산세가 있다.

보유세는 매매와 경매와 차이가 없다.

① 재산세 : 매년 6월 1일 기준으로 사실상 소유하고 있는 재산을 과세객체로 하고, 그 재산을 실질적으로 소유한 사람을 납세의무자로 지정하여 과세권자인 지방자치단체가 납세고지서를 발송해 징수한다. 실질적 소유자가 기준이기 때문에 소유권이전등기 날짜가 아니라 잔금 완납일 또는 전 주인과의 합의하여 사용할 수 있게 된 날이 기준이 된다.

1기분(토지재산세 및 주택 재산세의 1/2)은 7월 16일~7월 31일에 납부한다.

2기분(건축물재산세 및 주택 재산세의 1/2)은 9월 16일~9월30일에 납부한다.

② 종합부동산세

㉠ 부동산 보유 정도에 따라 조세의 부담 비율을 달리하여 부과하는 국세이다. 과세기준일(매년 6월 1일) 현재 국내에 소재한 재산세 과세 대상인 주택 및 토지를 유형별로 구분하여 사람별로 합산한 결과, 그 공시가격 합계액이 각 유형별로 공제금액을 초과하는 경우 그 초과분에 대하여 과세된다. 만약 납세자가 신고·납부를 원하는 경우에는 정부의 고지와 관계없이 납부기간(12월 1일~12월 15일)까지 신고·납부할 수 있으며, 이 경우 당초 고지된 세액은 취소된다.

㉡ 주택에 대한 종합부동산세와 토지에 대한 종합부동산세를 합한 금액이다. 부동산 투기수요를 억제하여 부동산 가격을 안정시키기 위한 목적으로 2005년부터 시행되었다.

㉢ 종합부동산세 납세의무자는 다음과 같다.

* **주택** : 사람별로 소유한 전국 주택의 공시가격 합계액이 6억 원을 초과하는 자
  (단, 1세대 1주택자는 11억 원을 초과하는 자)
* **종합합산토지** : 사람별로 소유한 전국 종합합산토지(나대지 등)의 공시가격 합계액이 5억 원을 초과하는 자
* **별도합산토지** : 사람별로 소유한 전국 별도합산토지(주택을 제외한 건축물의 부속토지 등)의 공시가격 합계액이 80억 원을 초과하는 자

(3) 양도소득세

① 부동산경매로 소유권이 이전된 경우에는 양도에 해당되어 양도소득세가 과세된다.

② 다만, 채무자 아닌 소유자(물상보증인)이 낙찰을 받은 경우 양도로 보지 아니하므로

양도소득세는 발생하지 않는다.

③ 일시적 1세대 2주택 해당하는 새로운 주택 취득일로부터 종전 주택을 3년 이내에 양도하는 경우 1세대 1주택 비과세를 적용할 수 있다. 법원에 경매가 신청된 경우에는 다른 주택을 취득한 날부터 3년이 경과하더라도 일시적인 2주택 비과세를 적용받을 수 있다.

(4) 사업소득세

① 1과세기간(6개월)동안 1회 이상의 부동산을 취득하고 2회 이상 판매하면 부가가치세법 시행규칙에서 부동산매매사업자로 규정하고 있다. 따라서 경매로 취득하고 매각한 것이 많아 이러한 규정에 해당될 때 부동산매매업으로 간주하여 사업소득세가 부과될 수 있다.

② **부동산매매업의 장점** : 단기 양도로 인한 중과세율 적용을 받지 않고, 일반세율을 적용받는다. 경매로 취득하고 단기에 매각하는 것을 자주 반복한다면 부동산매매업자로서 사업소득세를 내는 것이 유리하다. 또한 양도소득세에서는 필요경비계산에 있어서 자본적지출과 양도비만 인정하고 있지만 매매사업자의 사업소득세 계산에 있어서는 대출이자, 일반 건물 수리비, 접대 등도 사업과 관련이 인정되어 필요경비로 인정받을 수 있다.

③ **부동산매매업의 단점** : 사업소득은 타소득과 합산한 종합과세된다는 점에서 불리하다. 또한 장기보유특별공제를 적용받지 못하며, 주택이지만 전용면적이 국민주택규모(전용면적 85㎡이하)를 초과하는 경우 부가가치세가 10%(건물분) 발생하는 점이 불리한다.

(5) 부가가치세

매매의 방식에서는 주택을 제외한 건물에 대해서는 부가가치세가 과세 된다.

경매의 경우 재화의 공급으로 보지 않아 부가가치세가 과세 되지 않는다.

경매로 주택을 취득한 경우 후에 그 주택을 매매할 때 부가가치세가 면세된다. 다만, 부동산매매업에 등록된 경우에는 국민주택규모(전용면적 85㎡)를 초과하는 주택에 대해서는 부가가치세 10%(건물분)가 별도로 발생한다.

### 3) 자금출처조사

**(1) 의의**

경매를 통하여 부동산을 취득하는 경우에도 자금출처조사 대상이 될 수도 있다.

경제적 능력이 없는 미성년자, 고령자, 세금 납부 실적이 없는 무능력자 등이 자력으로 취득자금을 마련하기 어렵다고 판단할 때에는 취득자가 증여받은 것으로 간주하여 증여추정 과세하여 부과한다.

**(2) 자금출처 대상**

모든 부동산취득 거래를 대상으로 자금출처조사를 하지는 않는다.

일정 금액 이상인 경우에만 자금출처조사를 하고 있다.

여기에서 부동산에 대한 취득가액에는 매입가액(경매낙찰금액), 취득세, 등기비용도 포함되어 과세대상이다.

■상속세 및 증여세 사무처리규정 제42조(재산취득자금 등의 증여추정 배제기준)

① 재산취득일 전 또는 채무상환일 전 10년 이내에 주택과 기타재산의 취득가액 및 채무상환금액이 각각 아래 기준에 미달하고, 주택취득자금, 기타재산 취득자금 및 채무상환자금의 합계액이 총액한도 기준에 미달하는 경우에는 법 제45조제1항과 제2항을 적용하지 않는다.

| 구분 | 재산취득자금 | | 채무상환금액 | 총액한도 |
|---|---|---|---|---|
| | 주택 | 기타 재산 | | |
| 1. 세대주인 경우 | | | | |
| 30세 이상인 자 | 2억원 | 5천만원 | 5천만원 | 2.5억원 |
| 40세 이상인 자 | 4억원 | 1억원 | 5천만원 | 5억원 |
| 2. 세대주가 아닌 경우 | | | | |
| 30세 이상인 자 | 1억원 | 5천만원 | 5천만원 | 1.5억원 |
| 40세 이상인 자 | 2억원 | 1억원 | 5천만원 | 3억원 |
| 3. 30세 미만인 자 | 5천만원 | 3천만원 | 3천만원 | 8천만원 |

② 제1항과 관계없이 취득가액 또는 채무상환금액이 타인으로부터 증여받은 사실이 확인될 경우에는 증여세 과세대상이 된다.

(3) 경매하는 사람들의 대처
① 부동산경매로 낙찰을 받는 경우 부동산의 종목에 따라 다르지만 대체적으로 낙찰가 대비 80%이상 대출이 가능하다. 가능하면 대출을 많이 이용하는 것이 좋고, 대출이 실행되려면 낙찰자의 명의와 평소의 신용관리가 중요하다.
② 평소 경매낙찰로 인한 대출실행을 대비하여 소득금액을 증명할 수 있는 방법을 찾아야 하고, 프리랜서의 수입은 통장거래를 하여 자금출처에 대비하는 것이 좋다.
③ 특히 가족 간의 돈의 거래는 차용증, 원리금 상환내역 및 이자지급 내역, 담보설정내역 등을 준비하고 공증까지 하여 미리 대비한다. 법정이자율은 4.6%이다.

## 2. 취득세

### 1) 취득세의 의의
취득세 재산에 대한 취득 행위 및 등기를 담세력으로 판단하여 부과하는 세금으로 광역자치단체 세금인 지방세이며, 취득한 재산을 과세객체로 하고, 재산을 취득한 사람이 신고납부한다.

### 2) 취득세율(2024년 지방세법)

| | | | 취득세 | 농어촌특별세 | 지방교육세 | 세율합계 |
|---|---|---|---|---|---|---|
| 주택 | 6억이하 | 85㎡ 이하 | 1.0% | - | 0.1% | 1.1% |
| | | 85㎡ 초과 | 1.0% | 0.2% | 0.1% | 1.3% |
| | 6억이상~9억이하 | 85㎡ 이하 | 1.0%~ | - | 0.1%~ | 1.1% |
| | | 85㎡ 초과 | 3.0% | 0.2% | 0.3% | 3.5% |
| | 9억초과 | 85㎡ 이하 | 3.0% | - | 0.3% | 3.3% |
| | | 85㎡ 초과 | 3.0% | 0.2% | 0.3% | 3.5% |
| 주택 외 (토지, 상가, 건물 등) | | | 4.0% | 0.2% | 0.4% | 4.6% |
| 농지 | 신규농지 | | 3.0% | 0.2% | 0.2% | 3.4% |
| | 2년미만 자경자가취득 | | 1.5% | - | 0.1% | 1.6% |
| 신축 등 원시취득 | | | 2.8% | 0.2% | 0.16% | 3.16% |

|  | 1주택 | 2주택 | 3주택 | 4주택 이상/ 법인 |
|---|---|---|---|---|
| 조정대상지역 | 1~3% | 8% | 12% | 12% |
| 조정대상지역 외 | 1~3% | 1~3% | 8% | 12% |

### 3) 취득세 계산에 주택수에 들어가지 않는 주택

① 공시가격 1억 이하의 주택(정비구역, 사업시행지역 제외)

② 주거용오피스텔로 공시가격 1억이하

③ 주택건설업자의 미분양주택

④ 노인복지주택

⑤ 농어촌주택(전용 60㎡이하)

⑥ 사원용 주택(전용 60㎡이하)

※ 공시가격 1억 미만의 주택

"부동산공시가격알리미"를 통하여 확인이 가능하다.

① 개인이 취득시 취득세율 1.1% 세율 적용

② 법인이 취득시 수도권과밀억제권역 내에 있는 부동산을 취득할 때 5년 이상된 법인은 1.1% 세율 적용, 5년 미만의 법인이 취득할 때에는 12% 세율 적용

③ 법인이 취득시 수도권과밀억제권역 밖에 있는 부동산을 취득할 때 1.1% 세율 적용

### 4) 법인이 주택을 취득하는 경우

수도권과밀억제권역내에서 설립된지 5년 내의 법인(신규법인)이 이 지역 내의 주택을 취득하는 경우에는 취득세 중과 규정에 해당된다.

① 기본세율 12% + 중과세율 8% = 20%

② 농특세 0.2% + 지방교육세 0.4%×3 = 1.2%

③ 총 합계세율 = 21.2%

## 3. 보유세

### 1) 재산세

**(1) 의의**

재산세는 토지, 건축물, 주택, 선박, 항공기를 소유하고 있는 사람에게 그 재산의 가치에 따라 재산 소유자의 지불 능력 등 인적 요건을 고려하지 않고 개인이나 법인의 구분 없이 같은 가액의 재산에 대해 같은 세액을 과세하는 세금이다.
매년 6월 1일 과세기준일 기준으로 소유자가 납세의무자가 된다.

**(2) 과세대상**

「지방세법」 제105조(과세대상) 재산세는 토지, 건축물, 주택, 항공기 및 선박을 과세대상으로 한다.

「지방세법」 제106조(과세대상의 구분 등) ① 토지에 대한 재산세 과세대상은 다음 각 호에 따라 종합합산과세대상, 별도합산과세대상 및 분리과세대상으로 구분한다.

① **토지에 대한 재산세 과세대상** : 토지에 대한 재산세 과세대상 종합합산과세대상, 별도합산과세대상, 분리과세 대상으로 구분한다.
② **주택 및 부속토지** : 주거용과 주거 외의 용도를 겸하는 건물에서 주택과 주택 부속토지로 구분한다.
③ **「신탁법」에 따른 신탁 재산** : 「신탁법」에 따른 신탁 재산에 속하는 종합합산과세대상 토지 및 별도 합산과세대상토지의 합산한다.

**(3) 재산세 과세표준**

| | 재산세 과세표준 |
|---|---|
| 주택 | 개별주택공시가격, 공동주택공시가격 × 공정시장가액 비율(60%) |
| 토지 | 개별공시지가 × 공정시장가액 비율(70%) |
| 건축물 | 시가표준액 × 공정시장가액 비율(70%) |

※ 개별주택공시가격 열람((국토교통부)

※ 공동주택가격 열람(국토교통부)

※ 개별공시지가 열람(부동산공시가격 알리미)

※ 시가표준액(위텍스 홈페이지)

(4) 재산세 세율

| 주택 재산세 과세표준 | 세율 | 누진공제액 |
|---|---|---|
| 6천만원 이하 | 0.1% | - |
| 6천만원 ~ 1.5억원 | 0.15% | 3만원 |
| 1.5억원 ~ 3억원 | 0.25% | 18만원 |
| 3억원 초과 | 0.4% | 63만원 |

(5) 재산세 납기

|  | 7월 | 9월 |
|---|---|---|
| 주택분 | 주택분 1/2 | 주택분 1/2 |
| 건물, 토지 | 건물분 재산세 | 토지분 재산세 |

## 2) 종합부동산세

(1) 의의

전술한 바와 같이 종합부동산세는 수차례 개정과정을 거치면서 재산세와 중복되는 면도 있고, 중산층의 부담을 덜어주고자 하는 이유로 개정 내지는 폐지가 논의되고 있다. 부동산 보유 정도에 따라 조세의 부담 비율을 달리하여 부과하는 국세이다.

과세기준일(매년 6월 1일) 현재 국내에 소재한 재산세 과세 대상인 주택 및 토지를 유형별로 구분하여 사람별로 합산한 결과, 그 공시가격 합계액이 각 유형별로 공제금액을 초과하는 경우 그 초과분에 대하여 과세된다.

만약 납세자가 신고·납부를 원하는 경우에는 정부의 고지와 관계없이 납부기간(12월 1일~12월 15일)까지 신고·납부할 수 있으며, 이 경우 당초 고지된 세액은 취소된다.

주택에 대한 종합부동산세와 토지에 대한 종합부동산세를 합한 금액이다. 부동산 투기수요를 억제하여 부동산 가격을 안정시키기 위한 목적으로 2005년부터 시행되었다.

(2) 과세대상

| 유형별 과세대상 | 공제금액 |
|---|---|
| 주택(주택부수토지 포함) | 9억원(1세대 1주택자 12억원) |
| 종합합산토지(나대지,잡종지 등) | 5억원 |
| 별도 합산토지(상가, 사무실 등 부속토지) | 80억원 |

(3) 과세표준과 세율
(개인, 주택)

| 주택(2주택 이하) | | 주택(3주택 이상) | |
|---|---|---|---|
| 과세표준 | 세율(%) | 과세표준 | 세율 |
| 3억 이하 | 0.5 | 3억 이하 | 0.5 |
| 6억 이하 | 0.7 | 6억 이하 | 0.7 |
| 12억 이하 | 1.0 | 12억 이하 | 1.0 |
| 25억 이하 | 1.3 | 25억 이하 | 2.0 |
| 50억 이하 | 1.5 | 50억 이하 | 3.0 |
| 94억 이하 | 2.0 | 94억 이하 | 4.0 |
| 94억 초과 | 2.7 | 94억 초과 | 5.0 |

(개인, 토지)

| 종합합산토지 | | 별도합산토지 | |
|---|---|---|---|
| 과세표준 | 세율 | 과세표준 | 세율 |
| 15억원 이하 | 1.0 | 200억원 이하 | 0.5 |
| 45억원 이하 | 2.0 | 400억원 이하 | 0.6 |
| 45억원 초과 | 3.0 | 400억원 초과 | 0.7 |

### (4) 납기

① 과세기준일은 매년 6월 1일이다.
② 납부기간은 매년 12월 1일부터 12월 15일이다.
③ 납부세액이 250만원을 초과하면 납부기한 경과 6개월 이내에 분할납부할 수 있다.

## 4. 양도세

### 1) 양도세의 의의

양도소득세란 개인이 토지, 건물 등 부동산이나 주식 등과 파생상품의 양도 또는 분양권과 같은 부동산에 관한 권리를 양도함으로 인하여 발생하는 이익(소득)을 과세대상으로 하여 부과하는 세금을 말한다.

양도소득세는 과세대상 부동산 등의 취득일부터 양도일까지 보유기간 동안 발생된 이익(소득)에 대하여 일시에 양도시점에 과세하게 된다. 따라서 부동산 등의 양도로 인하여 소득이 발생하지 않았거나 오히려 손해를 본 경우에는 양도소득세가 과세되지 않는다.

### 2) 양도세의 과세대상

① **부동산** : 토지, 건물(무허가, 미등기 건물도 과세대상 포함)
② **부동산에 관한 권리** : 부동산을 취득할 수 있는 권리, 지상권, 전세권, 등기된 부동산임차권
③ **주식 또는 출자지분, 신주인수권, 증권예탁증권** : 대주주가 양도하거나 소액주주가 증권시장 밖에서 양도하는 상장주식 등 및 비상장주식 등
④ **기타자산** : 사업용 고정자산과 함께 양도하는 영업권, 특정시설물 이용권·회원권, 특정주식, 부동산과다보유법인 주식등, 부동산과 함께 양도하는 이축권
⑤ **파생상품** : 국내·외 주가지수를 기초자산으로 하는 파생상품 ⇨ 차액결제거래 파생상품(CFD), 주식워런증권(ELW), 국외 장내 파생상품, 경제적 실질이 주가지수를 기초자산으로 하는 장내파생상품과 동일한 장외파생상품
⑥ **신탁 수익권** : 신탁의 이익을 받을 권리(「자본시장과 금융투자업에 관한 법률」 제 110조에

따른 수익증권 및 같은 법 제189조에 따른 투자신탁의 수익권 등 대통령령으로 정하는 수익권은 제외)의 양도로 발생하는 소득

### 3) 양도세의 과세대상인 양도의 범위

(1) 양도로 보는 경우
① 양도라 함은 자산의 소유권이전을 위한 등기 등록에 관계없이 매매, 교환, 법인에 현물출자 등으로 자산이 유상(대가성)으로 사실상 소유권 이전되는 경우
② 증여자의 부동산에 설정된 채무를 부담하면서 증여가 이루어지는 부담부증여에 있어서 수증자가 인수하는 채무상당액은 그 자산이 사실상 유상양도되는 결과와 같으므로 양도에 해당한다.

(2) 양도로 보지 않는 경우
① 신탁해지를 원인으로 소유권 원상회복 되는 경우, 공동소유 토지를 소유자별로 단순 분할 등기하는 경우, 「도시개발법」에 의한 환지처분으로 지목 또는 지번이 변경되는 경우
② 배우자 또는 직계존비속간 매매로 양도한 경우에는 증여한 것으로 추정되어 양도소득세가 과세되지 않고 증여세가 과세된다.

### 4) 양도세 비과세 대상

1세대가 양도일 현재 국내에 1주택을 보유하고 있는 경우로서 2년 이상 보유한 경우에는 양도소득세가 과세되지 않는다.
다만, 양도 당시 실거래가액이 12억원을 초과하는 고가주택은 비과세에서 제외된다.

### 5) 양도세 감면 대상

장기임대주택, 신축주택 취득, 공공사업용 토지, 8년 이상 자경농지 등의 경우 감면요건을 충족한 때에는 양도소득세가 감면된다.

### 6) 양도세의 신고납부

① 부동산을 양도한 경우에는 양도일이 속하는 달의 말일부터 2개월 이내에 주소지 관할세무서에 예정신고·납부를 하여야 한다.
② 예정신고나 확정신고를 하지 않은 때는 정부에서 결정·고지하게 되며, 신고·납부를

하지 않은 경우 무신고가산세 20%를 부과한다.

### 7) 양도소득세 필요경비

- 양도차익 = 실지양도가액 − 실지취득가액 − 필요경비
- 양도소득금액 = 양도차익 − 장기보유특별공제
- 양도소득과세표준 = 양도소득금액 − 양도소득기본공제
- 양도소득산출세액 = 양도소득과세표준 × 양도세율

① 양도소득세 필요경비는 부동산을 취득할 때부터 매매할 때까지 발생하는 비용 중 소득세법에서 인정되는 비용들의 합계액이다.
② 양도소득세는 양도차익이 클수록 세금이 많고, 필요경비 금액은 커질수록 세금은 줄어든다.
③ 유치권변제비용은 소송 판결에 의한 것만 필요경비로 인정받을 수 있고, 유치권자와 합의에 의한 것은 필요경비로 인정되지 않는다.
④ 자본적 지출은 필요경비로 인정되나, 수익적 지출은 필요경비로 인정되지 않는다. 자본적 지출이란 자산의 내용연한을 늘리거나 가치를 높이는 수리비를 말하며, 수익적 지출이란 자산의 가치증가보다는 기능을 유지하기 위한 비용을 말한다.
⑤ 취득세, 등록면허세, 법무사 수수료, 중개사 수수료 등은 필요비용에 해당한다.
⑥ 엘리베이터, 냉난방 장치의 설치, 보일러시설 교체비용은 필요비용에 해당한다.
⑦ 경매 취득시 지출한 점유자 명도비용, 이사비용은 필요비용에 해당하지 않는다.
⑧ 경매매각대금 지연에 따른 이자비용은 필요비용에 해당하지 않는다.

### 8) 양도세의 세율

(1) 기본세율

| 과세표준 | 1,400만원이하 | 5,000만원이하 | 8,800만원이하 | 1.5억원이하 | 3억원이하 | 5억원이하 | 10억원이하 | 10억원초과 |
|---|---|---|---|---|---|---|---|---|
| 세율(%) | 6 | 15 | 24 | 35 | 38 | 40 | 42 | 45 |
| 누진공제 | − | 126만원 | 576만원 | 1,544만원 | 1,994만원 | 2,594만원 | 3,594만원 | 6,594만원 |

(2) 부동산, 부동산에 관한 권리, 기타자산

| 자산 | 구분 | | 22.5.10.~ |
|---|---|---|---|
| 토지·건물, 부동산에 관한 권리 | 보유기간 | 1년미만 | 70%(주택 및 조합원입주권) |
| | | 2년미만 | 60%(주택 및 조합원입주권) |
| | | 2년이상 | 기본세율 |
| | 분양권 | | 60%, 70%(보유기간 1년미만) |
| | 비사업용토지 | | 보유기간별 세율 |
| | 미등기양도자산 | | 70% |
| 기타자산 | | | 보유기간에 관계없이 기본세율 |

# 5. 법인세

## 1) 법인세의 납세의무자

법인의 소득에 대하여 과세하는 세금이다.

① 본점, 주사무소 또는 사업의 실질적 관리장소가 국내에 있는 법인(내국법인)은 국내·외에서 발생하는 모든 소득에 대하여 법인세 납세의무가 있다.

② 본점 또는 주사무소가 외국에 있는 법인(외국법인)은 국내에서 발생하는 소득 중 법에서 정한 것(국내원천소득)에 한하여 법인세 납세의무가 있다.

## 2) 법인세 과세대상 소득

① 사업연도마다 법인에 귀속되는 소득에 대하여 "각 사업연도의 소득에 대한 법인세"가 과세되며, 법인이 합병·분할하는 경우에도 피합병법인·분할법인에게 "각 사업연도 소득에 대한 법인세"가 과세된다.

② 법령에서 정하는 소재하는 주택(부수토지 포함)·주택을 취득하기 위한 권리·비사업용 토지를 양도하는 경우 "토지 등 양도소득에 대한 법인세"를 추가로 납부하여야 한다.

### 3) 법인세 신고납부기한

① 12월 결산법인, 3월 결산법인, 6월 결산법인, 9월 결산법인이 있다.

② 12월 결산법인 기준 다음연도 3월31일까지 신고납부한다.

### 4) 제출서류

① 법인세과세표준 및 세액신고서

② 재무상태표

③ 포괄손익계산서

④ 이익잉여금처분계산서(결손금처리계산서)

⑤ 세무조정계산서

⑥ 세무조정계산서 부속서류 및 현금흐름표. 제출서류

### 5) 법인세율

| 법인 종류 | 각 사업연도 소득 | | |
|---|---|---|---|
| | 과세표준 | 세율 | 누진공제 |
| 영리법인 | 2억이하 | 9% | - |
| | 2억초과~200억이하 | 19% | 2,000만원 |
| | 200억초과~3,000억이하 | 21% | 42,000만원 |
| | 3,000억초과 | 24% | 942,000만원 |

| | 구분 | 등기 | 미등기 |
|---|---|---|---|
| 토지 등 양도소득 | 대통령령이 정하는 주택(부수토지 포함) | 20% | 40% |
| | 조합입주권, 분양권 | 20% | |
| | 비사업용 토지 | 10% | 40% |

## 6. 개인사업자와 법인사업자의 비교

### 1) 부동산 취득단계

① 부동산을 취득하는데 내는 취득세의 기본세율은 4.6%로 동일하다.
② 신규법인으로 수도권과밀억제권역 내에 있는 부동산을 취득하는 경우에는 법인의 경우 9.4%의 중과세가 적용되어 개인보다 불리하다.
③ 법인으로 주택을 취득하는 경우에는 12%의 단일세율을 적용한다.

### 2) 부동산 보유·양도단계

① 개인사업자는 보유시 발생하는 임대소득은 종합소득세를 납부하고, 양도할때에는 양도소득세를 납부한다.
② 법인은 임대소득과 양도소득 구분 없이 합산하여 법인세율을 적용하고, 주택(20%)이나 비사업용부동산(10%)을 양도할 때에는 추가법인세를 납부하여야 한다.
③ 법인이 주택이 아닌 상업용부동산이나 토지 등을 양도할 때에는 추가법인세 납부의무가 없으므로, 주택이 아닌 부동산에 대하여 반복적으로 단기양도차익을 누리고자 한다면 법인사업자가 더 적합하다고 할 수가 있다.

### 3) 부동산으로 인한 소득세·법인세

(1) 개인사업자 종합소득세
① 이자소득, 배당소득, 사업소득, 부동산임대소득, 근로소득, 연금소득, 기타소득을 모두 합산해서 적용한다.
② 과세표준별로 상이하나 구간별로 6.6%~46.2%까지이다.

(2) 법인사업자 법인세
- 과세표준이 2억이하에 대하여는 종합소득세율이 9%,
- 과세표준이 2억초과~200이하에 대하여는 법인세율이 19%이다.

(3) 필요경비의 인정범위
개인사업자에 비하여 법인사업자의 필요경비의 범위가 비교적 넓다.

# 제15장
# 공매

1. 공매의 의의
2. 공매의 종류
3. 부동산경매와 공매의 비교
4. 부동산공매 매각사례

## 1. 공매의 의의

흔히 공매라는 함은 국세 또는 지방세 등을 체납하여 해당 부동산에 대하여 관할 세무서나 지방자치단체 세무과의 신청에 의하여 한국자산관리공사(KAMCO)가 대행하여 매각하는 절차를 말한다. 이를 압류재산공매라 한다.

그러나 넓게는 그 외에도 매매의 형식으로 여러 기관의 의뢰하에 공개 매각하는 절차도 있다. 그 예로는 국유재산공매, 공유재산공매, 수탁재산공매, 유입자산공매, 신탁재산공매가 있는데, 이는 전술한 압류재산공매와는 성격이 다르고, 매매의 성격이 강하여 매각으로 말소되지 않는 권리가 많고 매수인이 인수하여 처리하는 경우가 대부분이다. 세금 체납에 의하여 진행되는 압류재산공매는 경매의 분석과 방법이 비슷하다. 즉, 말소기준권리를 기준으로 후순위권들은 소멸하는 등 분석방법이 유사하다.

그리고 공매는 한국자산관리공사가 운영하는 공매전문사이트 온비드(Onbid)를 통해서 전자입찰을 하는 것이 주요 특징이다.
사람에 따라서는 공매를 선호하는 경우도 많다. 시간적으로 또는 성격적으로 본인의 입장과 맞을 수 있기 때문이다. 법원경매의 경우 오전에 입찰을 시작하여 점심때가 지나서야 끝나게 되므로 직장인으로서는 시간적인 부담이 될 수 있다. 지방 경매물건의 경우에는 지방에 있는 법원까지 다녀오려면 거의 하루는 투자해야 하는데 100% 낙찰된다는 보장이 없다는 점도 감안하면 시간적 부담이 큰 것도 사실이다. 공매의 경우에는 입찰장에 가지 않고 집이나 사무실이나 시간적 공간적 제약이 없이 전자입찰을 하기 때문에 혼자서 조용히 일을 처리하기를 좋아하는 성격이라면 공매가 적합할 수도 있다.

또한 공매는 부동산 뿐만아니라 차량, 유가증권, 회원권 등도 있어 다양하며, 매각 뿐만 아니라 임대도 공매를 통하여 참여할 수 있다.

## 2. 공매의 종류

### 1) 압류재산 공매

국세징수법 또는 지방세법 등에 의거 국세, 지방세 및 각종 공과금 등의 체납으로 세무서 또는 지방자치단체, 공공기관 등이 체납자의 재산을 압류한 후 체납세금을 징수하기 위하여 한국자산관리공사에 매각을 의뢰한 재산이다.

### 2) 국유 재산

국가가 보유한 일반재산을 임대하거나 법원, 파출소, 소방서 관공서 등 용도 폐지된 부동산을 한국자산관리공사에 의뢰하여 매각하는 재산이다.

### 3) 공유재산 공매

지방자치단체나 공공기관이 보유한 일반재산을 임대하거나 관공서 등 용도 폐지된 부동산을 한국자산관리공사에 의뢰하여 매각하는 재산이다.

### 4) 수탁자산 공매

국가기관이나 공공기관이 아닌 금융기관이나 일반 기업체가 소유하고 있는 비업무용 자산을 한국자산관리공사에 의뢰항 매각하는 재산이다.

### 5) 유입자산 공매

채권 회수 위임된 채권의 정리 업무 수행과정이나 금융기관의 구조개선을 위하여 한국자산관리공사가 법원경매를 통하여 취득한 재산이나 부실 징후기업체를 지원하기 위해 기업체로부터 취득한 재산을 매각합니다.

### 6) 신탁재산 공매

신탁공매란 신탁등기가 되어 있고, 채무자가 채무불이행을 하였을 때 우선수익자인 채권자가 자신의 채권 회수를 위하여 신탁기관에 의뢰하여 매각하는 절차이다.
대형 부동산개발 프로젝트를 진행하는 경우 채권자인 은행은 사업의 안정성을 확보하고 사업자의 추가적인 대출을 억제하기 위하여 신탁등기를 하는 경우가 대부분이다. 부동산담보대출시 담보비율을 높여 대출을 실행하고, 그 후 추가대출을 방지하하기 위하여 신탁등기를 하는 경우가 대부분이다.

왜냐하면 신탁등기를 하게 되면 그 이후는 추가 대출이 실행되지 않을 뿐만아니라 각종의 압류나 기타 등기도 할 수가 없게 된다.

신탁공매의 어려운 점은 매각부동산에 있는 하자 있는 권리들을 매수인의 인수권리로 되어 있으며 진행중인 소송도 떠 안아야 하는 경우도 있고, 점유자에 대한 명도 또한 매수인의 인수사항이다.

그럼에도 불구하고 하이리스크 하이리턴이란 말처럼 리스크 분석이 어렵고 경쟁자가 많지 않아서 의외로 수익성이 좋은 물건이 많은 편이다.

## 3. 부동산경매와 공매의 비교

| 번호 | 내용 | 법원경매 | 압류재산공매 |
|---|---|---|---|
| 01 | 적용 법률 | 「민사집행법」 | 「국세징수법」 |
| 02 | 관장기관 | 법원 | 자산관리공사(KAMCO) |
| 03 | 등기부 공시 | 등기부 갑구에 기재 | 등기부 갑구에 기재 |
| 04 | 부동산현황조사 | 법원소속 집행관 | 관할 세무서 공무원 |
| 05 | 사이트 | 대법원경매정보 | 온비드 |
| 06 | 입찰방법 | 법원 현장입찰 | 온비드에서 전자입찰 |
| 07 | 입찰 횟수 | 1개월에 한번정도 | 1주에 4번정도 (공매별로 상이) |
| 08 | 유찰시 저감률 | 20~30% | 10% |
| 09 | 차순위매수 신고 | 가능 | 불가 |
| 10 | 공유자우선매수제도 | 있음 | 있음 |
| 11 | 전 입찰자 제한여부 | 전 매수인 입찰참여 제한 | 제한 없음 |
| 12 | 매각결정기일 | 매각후 1주일이내 | 개찰 후 3일이내 기일지정 |
| 13 | 상계처리 가능여부 | 상계가능 | 상계불가 |
| 10 | 인도명령제도 | 있음 | 없음 |
| 11 | 명도확인서 | 배당받을 임차인 필요 | 배분받을 임차인 필요 |
| 12 | 배당이의 | 배당이의 소 | 행정처분에 대한 불복 |
| 13 | 농취증 제출시기 | 매각허가결정일까지 | 소유권이전등기시까지 |
| 14 | 최종 잔금납부기한 | 재경매 3일전까지 | 잔금납부일로부터 10일추가 |

## 4. 부동산공매 매각사례

### 1) 물건 검색(경매정보지)

**지지옥션** 2023-1000-061368 (기타일반재산) 대지 (조회수 : 113회)

| 소 재 지 | 서울 영등포구 신길동 65-80 |||||
|---|---|---|---|---|---|
| | [도로명주소] (07318) 서울 영등포구 영등포로 379-1 |||||
| 처분방식 | 매각 | 입찰방식 | 일반경쟁(최고가방식) | 물건상태 | 유찰 |
| 감 정 가 | 26,129,100,000 원 | 소 유 자 | | 입찰시작일 | 2024.03.27 (10:00) |
| 최 저 가 | 14,221,375,974 원 | 토지면적 | 753.0㎡ (227.8평) | 입찰종료일 | 2024.03.27 (12:00) |
| 보 증 금 | (입찰금액의 10%) | 건물면적 | | 개 찰 일 | 2024.03.28 (09:00) |
| 조 회 수 | ·금일 1 / 0 ·누적 113 / 0 (단순조회 / 5분이상 열람) |||||

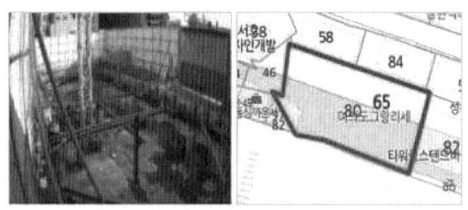
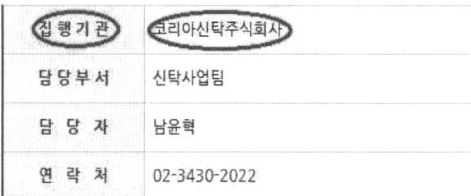

| 집 행 기 관 | 코리아신탁주식회사 |
|---|---|
| 담 당 부 서 | 신탁사업팀 |
| 담 당 자 | 남윤혁 |
| 연 락 처 | 02-3430-2022 |

《가지고 계신 물건사진을 등록하면 사이버머니 지급 또는 광고를 게재해 드립니다.》| 회원답사사진등록

**진행내역**

| 회차/차수 | 입찰시작일자 ~ 입찰마감일자 | 개찰일자 | 최저가<br>매각가 | 결과 | 응찰자수 |
|---|---|---|---|---|---|
| 001/001 | 2024.03.26 (10:00) ~ 2024.03.26 (12:00) | 2024.03.27 (09:00) | 15,431,180,519 (59%) | 유찰 | |
| 002/001 | 2024.03.26 (14:00) ~ 2024.03.26 (16:00) | 2024.03.27 (09:00) | 14,813,933,306 (57%) | 유찰 | |
| 003/001 | 2024.03.27 (10:00) ~ 2024.03.27 (12:00) | 2024.03.28 (09:00) | 14,221,375,974 (54%) | 유찰 | |
| 004/001 | 2024.03.27 (14:00) ~ 2024.03.27 (16:00) | 2024.03.28 (09:00) | 13,755,273,775 (53%) | 유찰<br>(수의계약<br>가능) | |

[출처] 지지옥션(https://www.ggi.co.kr/)

2) 물건 검색(온비드)

## 3) 공매 공고문

### 신탁부동산 공매(입찰) 공고

**※ 입찰 전 유의사항**
- 당사(코리아신탁)가 진행하는 공매(공개매각)는 한국자산관리공사에서 진행하는 공매와는 전혀 다른 일반매매에 해당합니다. 본 공고상 매수인이 부담하는 조건을 정확히 확인하신 후 이에 동의하는 경우에만 입찰에 참여하기 바랍니다.
- 특히 부가가치세(대상 여부는 공고상 기재함) 대상 부동산은 해당 공매금액에 포함되어 있으며, 관리비(발생일과는 관계없이 체납관리비 포함)는 매매대금과는 별도로 매수인이 추가로 부담해야 하는 비용이므로, 사전에 확인하고 입찰여부를 결정하기 바랍니다.
- 낙찰 이후 매매계약 체결 전까지 당사(코리아신탁) 단독 판단으로 낙찰은 취소될 수 있으며, 공매공고에 오류가 있는 경우에는 낙찰 또는 매매계약은 무효로 할 수 있습니다. 이와 같이 낙찰이 취소되거나 매매계약이 무효로 되는 경우에는 입찰보증금은 이자 없이 원금만 반환됩니다.
- 입찰(수의계약 포함)에 참여한 경우, 유의사항 전부에 대하여 동의한 것으로 간주하며, 매수인이나 제3자의 법률적 해석을 근거로 매매계약 등 공매조건을 부인하거나 변경할 수 없습니다.

### 1. 공매목적부동산

| 연번 | 소재지 | 구분 | 지목 | 토지(㎡) | 비고 |
|---|---|---|---|---|---|
| 1 | 서울특별시 영등포구 신길동 65-80번지 | 토지 | 대 | 753 | |

※공매 목적 부동산은 공사 중단된 현장이며 미완성 건축물이 존재함.

주1) ①공매목적부동산 및 공매관련 세부내역은 등기부등본(신탁원부) 또는 현장 확인 등을 통하여 직접 확인하시기 바랍니다(등기부등본 상 압류나 근저당 등 제한사항이 있을 수 있으므로 꼭 확인하시기 바랍니다). ②재산세 등 본 공매물건에 대하여 발생한 당사가 납부의무자인 제세공과금(당사로 고지된 물적납세의무 금원 포함) 체납으로 인한 부동산 압류는 당사가 매매대금 정산 시 본 공매대금에서 이를 납부합니다. ③신탁 부동산 공매는 국세징수법에 의한 공매 또는 민사집행법에 의한 경매와 개념 및 성격이 다르기 때문에 차이점을 정확하게 인지하시고 공매 참여하시기 바랍니다. ④본 공매의 매각방법은 [일괄매각]입니다.

### 2. 입찰기간 및 입찰가격

| 회차 | 입찰기간 | 개찰시간 | 입찰가격 (단위 : 원) | | | | 입찰 및 개찰장소 (공매장소) |
|---|---|---|---|---|---|---|---|
| | | | 토지 | 건물 | 부가세 | 합계 | |
| 1 | 2024.03.26. 10:00~12:00 | 2024.03.27. 09:00 | 14,749,090,458 | 620,081,881 | 62,008,180 | 15,431,180,519 | 온비드 |
| 2 | 2024.03.26. 14:00~16:00 | 2024.03.27. 09:00 | 14,159,126,540 | 595,278,606 | 59,527,861 | 14,813,933,306 | 온비드 |
| 3 | 2024.03.27. 10:00~12:00 | 2024.03.28. 09:00 | 13,592,761,766 | 571,467,462 | 57,146,746 | 14,221,375,974 | 온비드 |
| 4 | 2024.03.27. 14:00~16:00 | 2024.03.28. 09:00 | 13,147,262,548 | 552,737,752 | 55,273,775 | 13,755,273,775 | 온비드 |

주2) 전회차 공매가 유찰될 경우 차회차 공매 예정가격은 전회차 공매예정 가격에서 [4]%[차감]됩니다. 단, 마지막 4회차의 경우 전회차 공매 예정가격에서 [3.28%] 차감됩니다.
주3) 본 공매공고는 신탁관계인의 사정 등에 의하여 개찰 이전에 별도 공고 없이 공매가 중지 또는 취소되거나 공고 내용이 변경될 수 있으며, 이와 관련하여 당사에 일체의 이의를 제기할 수 없습니다.
주4) 공매가 최종 유찰된 경우 당사의 수의계약 사전 서면동의를 받아 수의계약이 가능합니다. 다만, 공매진행 중 각 회차별 공매가 유찰된 경우 다음 차수 공매실시 전날(영업일 기준)의 17:00 까지 수의계약이 가능합니다.
주5) 본 공매공고에서 매수인이 책임지는 사항(명도 책임, 근저당 등 제한물권 등)은 매수인이 입찰 가격 외 별도의 금액으로 책임지는 것이니 착오 없으시기 바랍니다. (별지2. 제한권리현황 참조)
주6) 부동산 실거래 신고(금액)에 대한 책임(미신고로 인한 과태료 포함)은 매수인이 지는 조건입니다.
주7) 감정평가금액 : 26,129,100,000원(토지 및 건설중인 자산)

**6. 공매참가조건**

가. 매수인은 매매계약 체결에 따른 부동산거래계약신고(계약해제 포함) 및 소유권이전 관련비용(이전비용 및 제세공과금 등), 인지세 신고 등에 대한 책임(과태료 포함)을 부담합니다.

나. <u>매수인 명의변경은 불가능합니다.</u>

다. 매수인은 공매목적 부동산의 현상 그대로를 인수하며, <u>기존 이해관계자(임대차, 유치권자, 분양계약자 등 포함)들의 정리는 매수인 책임으로 합니다.</u> 매수인이 사전에 입찰하고자 하는 부동산에 대한 현장 및 공부조사를 충분히 이행하지 않음으로 인하여 발생될 수 있는 일체의 사항(임대차 관련 승계, 강제퇴거, 민·형사상 문제 및 명도단행 등) 등을 사유로 당사에 낙찰 또는 매매계약의 취소나 매매대금의 감액 등을 요청할 수 없습니다. 따라서, 매수인은 입찰하고자 하는 부동산에 대하여 사전조사(현장 및 공부조사 등)를 충분히 이행한 후, 입찰에 참여하여 주시기 바라며 이와

- 3 -

관련하여 어떠한 경우라도 당사에 이의를 제기할 수 없습니다. (별지. 임대차 및 제한권리현황 참조)

라. <u>본 목적 부동산에 존재할 수 있는 제한물권, 소송관련사항(소유권분쟁 포함), 임차권, 유치권, 기타 이해관계인과의 민원사항 등은 매수인 승계 및 책임으로 처리하는 조건입니다</u>(당사에 임차권을 주장할 수 있는 임차인이 존재하는 경우 매수인이 임대인의 지위 및 임대차보증금반환채무를 인수하여야 합니다). 향후 이를 사유로 계약을 해지할 수 없고, 당사는 일체의 하자담보 책임을 부담하지 않습니다.

마. 입찰일 기준으로 공매물건의 제한권리는 매수인 책임으로 정리하되, 입찰일로부터 소유권이전등기 완료일까지 추가적인 제3자의 권리침해로 인하여 소유권이전이 불가 시에는 낙찰은 무효로 하고, 매도자는 낙찰자가 기납부한 대금을 이자 없이 원금만 환불합니다. 이 경우 낙찰자는 일체의 이의를 제기 하지 못합니다.

바. 매수인은 관계 법령에 의거 공매목적 부동산의 매매계약허가, 토지거래허가 등의 적합여부를 확인한 후 응찰하여야 하며, 매매계약 체결에 따른 소유권 이전 관련비용(이전비용 및 제세공과금 등)과 토지거래허가, 부동산 거래계약신고, 용도변경 등 인·허가에 대한 책임 및 추가비용은 매수인이 부담하여야 합니다.

사. 공매목적 부동산에 대한 제세공과금 등은 아래와 같이 처리합니다.
  1) 매매대금 완납일 전후를 불문하고 당사(신탁사)는 공매목적부동산의 관리비, 수도, 가스, 전기요금 체납금액은 책임지지 않으며, 매수인이 현황대로 인수하여 책임지고 처리하는 조건입니다.
  2) 공매목적부동산에 대한 재산세 및 종합부동산세 등 당사가 납부의무자인 제세공과금(당사로 고지된 물적납세의무 금원 포함)은 잔금납부기한 만료일과 소유권 이전일 중 빠른 날을 기준으로 그 이전 당사가 납부의무자인 제세공과금(당사로 고지된 물적납세의무 금원 포함)은 당사(신탁사)가 매매대금에서 정산 지급하고, 그 이후 제세공과금은 매수인의 부담으로 합니다.

아. 공매목적 부동산에 표시되지 아니한 물건(쓰레기, 산업폐기물 포함)의 명도나 철거가 필요한 경우, 공매목적 부동산 자체에 대한 행정 관청의 건물 철거명령으로 인하여 철거책임(이행강제금, 벌과금 등 제비용 부담 포함)이 발생하는 경우, 건물 철거로 인하여 공매 목적 부동산의 가치가 저감되는 경우 등 공매 목적 부동산의 물리적·법적·행정적 현상이 변경되는 경우 매수인의 책임과 비용으로 처리해야 합니다.

자. 별지 1에 표기된 지번 및 면적은 신탁 등기된 신탁계약서 및 등기사항전부증명서 기준입니다.

아. 매도자는 매각부동산에 관한 다음 각 항에서 열거하는 사항에 대하여는 책임을 지지 아니하므로, 응찰자는 반드시 사전에 공부의 열람, 현지답사 등으로 물건을 확인하신 후 응찰 하시고 미확인으로 인한 책임은 매수인에게 있습니다.
  1) 매각부동산의 현황과 공부상 수량의 차이 및 물적 하자(등기부등본과 현황의 차이 등)
  2) 법률상 원인무효로 인한 권리상실 내지 권리제한
  3) 행정상(환지, 징발, 개발제한, 기타 모든 도시계획) 권리제한
  4) 권리의 일부가 타인에게 속함으로써 받는 권리의 제한
  5) 등기부 등 각종 공부상 목록과 현황과의 상이
  6) 천재 또는 비상사태로 인한 피해
  7) 민법 제569조 내지 제581조에 정한 매도인의 담보책임 등
  8) 본 사업부지 내의 유치권 및 등기되지 않은 임대차
  9) 제한사항(근저당권, 가압류, 가처분 및 지상권, 유치권, 무단점유 등)일체의 법률적/사실적 제한사항
  10) 권리관계 멸소, 소송관련사항(소유권분쟁 포함)
차. 본 공매공고는 신탁관계인의 사정 등에 의하여 별도 공고 없이 임의로 취소 할 수 있고, 공매 목적 부동산의 원인채무 변제 등으로 인하여 취소될 수 있으며, 이와 관련하여 당사에 일체의 이의를 제기할 수 없으니 공매 참가 전에 꼭

- 4 -

확인하시기 바랍니다.
차. 공매목적 부동산에 대한 소유권이 이전된 이후라도 공매목적 부동산의 원인 무효의 사유가 있거나 제한물권의 실행, 민법상 무효나 취소 등으로 인하여 소유권을 상실하는 경우가 발생하더라도 당사의 중대하고 명백한 귀책사유가 없는 경우에는 일체의 이의를 제기할 수 없습니다. 이 경우 기 납부한 매매대금 등은 이자 없이 환불합니다.
카. 공매 목적 부동산에 대한 전체 매매대금이 완납되지 않은 상태에서는 개별 세대(호)별 매매대금 완납하였음을 사유로 소유권을 이전하는 것은 불가합니다.
타. 매수인은 토지거래허가, 매매계약서 검인 및 부동산거래계약신고(계약체결일 이후 30일 이내)등 제반행정절차를 거쳐 소유권이전등기를 경료하여야 하며, 당사에 공매 목적 부동산을 위탁한 위탁자의 조세체납으로 인하여 매매계약서 검인이나 등기접수가 거부되는 경우 매수인의 책임과 비용부담으로 해결하여야 합니다. 이를 위반하여 매도자에게 발생한 손해에 대해 매수인은 손해배상책임을 부담합니다.
파. 입찰 진행시 온비드 시스템 장애 및 기타 사유로 인하여 입찰 진행이 어려운 경우에는 인터넷 입찰을 연기 또는 중지 할 수 있습니다. 매수인은 거래계약 체결일부터 30일 이내에 '부동산거래신고 등에 관한 법률 제3조에 의거 당해 토지 건축물 소재지 관할 시장·구청장·군수에게 부동산 거래의 신고를 해야 합니다.
하. 공매 관련 내용은 당사 공매입찰 참가자 준수규칙에 의하며, 동 규칙 및 매매계약서 등은 당사에 비치되어 있사오니 방문을 통해 사전에 열람하시기 바라며, 세부 사항에 대해서는 문의처로 문의하시기 바랍니다.
거. 본 공고와 매매계약서 조항에 상충된 부분이 있는 경우에는 매매계약서 조항의 내용을 우선 적용하기로 합니다.
너. <u>공매대상 토지 지상 건축중인 미완성건축물이 존재하고, 매수인은 건축주의 지위 및 용역계약 일체(확인되지 않은 계약 포함)를 승계하는 조건이며, 건축주 지위 승계</u>, 공정률 확인, 사용승인 및 대지권 등기 등에 관한 책임은 매수인에게 있습니다.
더. 본 공매목적 부동산은 공사 중단된 현장이며 관련 정보는 매수 희망자의 매입 의향서 및 아래 표의 자료 제출 시, 당사 승인 하에 사전 열람 가능하오니 문의처로 문의하시기 바랍니다.

[별지2] 소송 및 채권 보전 현황

**□ 소송현황 : 1건**

| 사건번호 | 관할법원 | 사건명 | 원고 | 피고 | 소가(원) | 비고 |
|---|---|---|---|---|---|---|
| 2023가합58892 | 인천지방법원 | 채무부존재확인 | ㈜케이에프이건설 외 1인 | 코리아신탁(주) | 286,841,966 | |

**□ 채권보전처분현황 : 3건**

| 사건번호 | 사건명 | 채권자 | 채무자 | 제3채무자 | 청구금액(원) | 비고 |
|---|---|---|---|---|---|---|
| 징수과-104450 | 신탁재산의 지방세 체납에 따른 물적납세의무 통지 | 영등포구청 | ㈜희운 | 코리아신탁(주) | 23,626,720 | |
| 징수과-404 | 신탁재산의 지방세 체납에 따른 물적납세의무 통지 | 영등포구청 | ㈜희운 | 코리아신탁(주) | 23,796,720 | |
| 징수과-3062 | 재산압류통지 | 영등포구청 | 코리아신탁(주) | - | 23,965,820 | |

※ 매수인은 상기 소송 및 채권보전현황을 충분히 인지한 후, 공매 참여하시길 바랍니다(상기 소송 및 채권보전 현황은 누락 및 오기가 있을 수 있으니 참고용으로 활용하시기 바라며, 사실 확인에 대한 책임과 부정확한 확인으로 인하여 발생하는 문제의 책임은 매수인에게 있습니다. / 해당 토지 및 건물의 등기사항전부증명서 열람 포함). 상기 소송 및 채권보전현황으로 인하여 추후 발생할 수 있는 모든 문제에 대하여 어떠한 경우에도 당사로 이의제기를 할 수 없고 매수인의 책임으로 처리하여야 합니다. (단 잔금납부일 이전에 고지된 해당 사업장의 신탁사가 납부의무자인 체납 제세공과금(당사로 고지된 물적납세의무 금원 포함)은 매매대금에서 신탁사가 납부할 예정이오나, 2021년도부터 위탁자 명의로 부과된 제세공과금 미납금 및 해당 제세공과금 미납으로 인하여 신탁물건이 압류되는 경우에는 매수인의 책임으로 해결해야 합니다).또한 상기 소송 및 채권보전현황으로 인하여 매수인에게 불이익이 발생하여도 기납부한 매매대금(입찰보증금 포함)은 어떠한 경우에도 반환하지 않습니다.

**□ 임대차현황 : 없음**

| 임대 목적물 | 임대인 | 임차인 | 임대차보증금 | 임대기간 | 임차료 | 비고 |
|---|---|---|---|---|---|---|
| | | | | | | |

※ 매수인은 공매목적 부동산의 현상 그대로를 인수하며, 기존 이해관계자(임차인, 유치권자, 분양계약자 등 포함)들의 정리는 매수인 책임(임대차보증금 반환 포함)으로 합니다. 또한 처분부동산내 임대차등의 임차인 존재시 매수인은 임차인과 협의하여 임대차 조건의 승계(또는 임차인 강제퇴거, 민·형사상 문제 및 명도단행 등) 등 임대차와 관련된 일체의 사항을 매수인의 책임과 비용으로 처리해야 하며, 이를 원인으로 당사에 낙찰 또는 매매계약의 취소나 매매대금의 감액 등을 요청할 수 없습니다. 따라서 매수인은 사전에 입찰하고자 하는 부동산에 대한 현장 및 공부조사를 충분히 이행하여 매각부동산의 현황을 확인 후, 입찰에 참여하여 주시기 바라며 이와 관련하여 당사에 일체의 이의를 제기할 수 없습니다. (공매물건 중 소유자인 당사의 승인을 득하지 않은 미상의 전입세대(또는 전입신고 없는 거주자가 존재할 수 있음)가 존재할 수 있으며, 이와 관련된 일체 책임은 매수자가 부담합니다)

## 4) 공매물건 분석

① 매각대상은 부동산개발이 공사 중단된 토지에 대한 신탁공매다.

② 물건검색은 경매정보지나 캠코가 운영하는 온비드 사이트에서 할 수 있다.

③ 하루에 오전에 한번 오후에 한번 두 번 입찰을 진행하였다.

④ 감정가 대비 53%의 가격에서 공매는 중지되었고, 수의계약이 가능한 상태이다.

⑤ 매각조건에 기존의 임대차, 유치권, 분양계약자를 매수인이 인수하여 처리하는 조건이다.

⑥ 진행중인 소송과 채권보전처분에 대하여도 매수인이 분석하고 인수하는 조건이다.

⑦ 건축허가권은 현재 신탁회사에 있으므로 수의계약으로 공매 물건을 인수하면 건축허가권은 건축관계자변경신고를 통하여 승계할 수 있다.

※ 아마도 현재 시점에 매각가격이 감정가 대비 53%임에도 불구하고, 매각대금 외에 유치권변제비용, 분양계약자 분양대금 정산비용, 소송에 대한 리스크, 개발자금에 대한 브릿지대출 및 PF대출의 어려움, 분양시장의 비활성화 등의 요인으로 매각되지 않는 듯 하다.

사람은 무엇으로 사는가?
- 톨스토이 -

# 제4편 부동산경매 Q&A 70선

| 번호 | Q (질의내용) |
|---|---|
| 01 | 미등기 건물도 경매신청을 할 수 있나요? |
| 02 | 경매신청에서 채권의 일부청구를 한 경우에 청구금액을 확장할 수 있나요? |
| 03 | 경매신청시 예납비용의 용도는 무엇이며, 예납한 비용은 돌려 받을 수 있나요? |
| 04 | 법률의 규정에 의하여 압류가 금지되어 경매신청할 수 없는 경우가 있나요? |
| 05 | 물건명세서 "말소되지 않을 수 있는 선순위 가등기 또는 선순위 가처분 있음" |
| 06 | 중복경매신청은 언제까지 할 수 있는가? |
| 07 | 경매절차에서 이해관계인이란 누구이며, 이들에게 주어지는 권리는 무엇인가요? |
| 08 | 배당요구의 종기일은 무엇이며, 입찰자가 특별히 유의하여 할 사항은 무엇인가? |
| 09 | 집행법원은 누구에게 채권신고를 하라고 최고하나요? |
| 10 | 채권신고를 하지 않은 경우의 효과는 어떻게 되나요? |
| 11 | 최선순위 가등기가 있을 경우 어떤 경우에 말소가 가능한가요? |
| 12 | 집행관현황조사의 내용과 매수인이 이를 활용 할 수 있는 사항은 무엇인가요? |
| 13 | 감정평가되지 않은 부분은 매각으로 취득할 수 없는 것인가요? |
| 14 | 대지권등기 없는 집합건물에 대하여만 경매신청이 있는 경우 평가 방법은? |
| 15 | 최저매각가격은 감정평가가격으로 정하는지요? 이의신청을 할 수 있나요? |
| 16 | 자의적인 방법에 의하여 감정평가에 대하여 어떠한 책임을 물을 수 있을까요? |
| 17 | 경매감정을 할 경우 평가의 대상이 되는 물적 범위는 어떻게 되나요? |
| 18 | 토지와 건물에 부합된 부합물에 대한 평가방법에 대하여 설명해주세요? |
| 19 | 종물에 대한 평가방법에 대하여 설명해주세요? |
| 20 | 종된 권리에 대한 평가방법에 대하여 설명해주세요? |

| 번호 | Q (질의내용) |
|---|---|
| 21 | 대지권 또는 대지사용권에 대한 평가방법에 대하여 설명해주세요? |
| 22 | 미분리의 천연과실과 법정과실에 대한 평가방법에 대하여 설명해주세요? |
| 23 | 대지권 등기 없는 구분소유건물에 대한 대지사용권 평가방법은? |
| 24 | 최저매각가격이 가끔씩 변경되는 경우가 있는데 그 이유는 무엇인가요? |
| 25 | 여러 개의 부동산을 동시에 매각할 경우 최저매각가격의 결정방법은? |
| 26 | 매각물건명세서란 무엇이며, 매각물건명세서의 기능은 무엇입니까? |
| 27 | 매각으로 효력을 잃지 아니하는 부동산 위의 권리에 대하여 설명해주세요? |
| 28 | 하나의 매각절차에서 일괄매각이 허용되지 않는 경우는 언제인가요? |
| 29 | 여러 개의 부동산을 매각할 때에 어떤 경우에 일괄매각을 하는가요? |
| 30 | 남을 가망이 없는 경우의 법원의 직권 취소하는 경우에 대하여 설명해주세요? |
| 31 | 입찰준비를 하고 있는데 어떤 경우에 취소되거나 변경되는지 알려 주세요? |
| 32 | 매각조건의 종류는 무엇이며, 각 조건별로 특이 사항은 무엇인가요? |
| 33 | 교회 등 비법인 사단이나 재단이 입찰할 때 유의사항에 대하여 설명해주세요? |
| 34 | 공유자우선매수는 누가, 언제, 어떻게 사용할 수 있는지에 대하여 설명해주세요? |
| 35 | 새매각과 재매각이 어떻게 다른지 그리고 어떤 경우에 적용되는지 설명해주세요? |
| 36 | 매각결정기일이 변경된 경우 어떤 사유로 변경되는지 알려주세요? |
| 37 | 매각허가에 대하여 이해관계인의 이의신청 사유를 설명해주세요? |
| 38 | 매각불허가결정을 할 사유와 매도인의 담보책임은 적용되는지요? |
| 39 | 매각허가결정에 대한 항고할 때에 보증의 제공에 대하여 설명해주세요? |
| 40 | 재매각 사유는 무엇이며, 재매각할 경우 제한되는 사항은 무엇이 있나요? |
| 41 | 매각부동산을 점유 사용하며 훼손할 가능성이 있을때 할 수 있는 방법이 있나요? |
| 42 | 낙찰 후 매각허가결정이 이루어진 다음 어느 시기에 잔금을 납부하여야 하나요? |
| 43 | 매수인이 취득하는 부동산에 소유권의 범위는 어떻게 되나요? |
| 44 | 경매절차에서 하자가 있을 때 매수인은 소유권을 취득할 수 있는지요? |
| 45 | 인도명령제도가 매수인에게 지닌 의미와 당사자 등에 대하여 설명해주세요? |
| 46 | 권리신고, 배당요구, 교부청구, 채권계산서의 차이점은 무엇인지 설명해주세요? |
| 47 | 근저당권부 질권자는 직접 경매신청이 가능한지와 직접 배당신청이 가능한지요? |

| 번호 | Q (질의내용) |
|---|---|
| 48 | 배당요구를 하지 않아도 당연히 배당에 참가할 수 있는자는 누구인가요? |
| 49 | 배당요구를 하여야만 배당받을 수 있는 자는 누구인가요? |
| 50 | 부동산매각절차에서 배당요구를 하였다가 다시 배당요구를 철회할 수 있는지요? |
| 51 | 채권계산서 제출을 최고하는데 그 최고의 방법에 대하여 설명해주세요? |
| 52 | 배당요구의 종기까지 경매신청을 한 압류채권자에 대하여 자세히 설명해주세요? |
| 53 | 배당받을 채권자 중 저당권자의 피담보채권에 대하여 자세히 설명해주세요? |
| 54 | 근저당권자의 피담보채권에 대하여 자세히 설명해주세요? |
| 55 | 가등기담보권자의 피담보채권에 대하여 자세히 설명해주세요? |
| 56 | 담보권의 효력이 미치는 매각부동산의 범위에 대하여 자세히 설명해주세요? |
| 57 | 건물과 대지가 함께 경매되는 경우와 대지만 경매되는 경우에 배당은? |
| 58 | 신축건물에 대하여 다시 저당권이 설정된 후 임차인의 배당은? |
| 59 | 국세 및 지방세 채권의 압류 또는 교부청구제도에 대하여 설명해주세요? |
| 60 | 조세 상호간의 우열에 대한 압류선착주의는 무엇인가요? |
| 61 | 본세, 가산금, 가산세, 체납처분비의 징수순위와 배당순위에 대하여 설명해주세요? |
| 62 | 당해세의 종류와 적용방법에 대하여 설명해주세요? |
| 63 | 매각목적물이 일부 지분인 경우 배당에 대하여 설명해주세요? |
| 64 | 배당기일의 지정 및 통지에 대하여 설명해주세요? |
| 65 | 배당할 금액은 어떤 종류가 있는지요? |
| 66 | 배당단계에서 배당액을 즉시 지급하지 않고 공탁하는 경우를 설명해주세요? |
| 67 | 어떤 경우에 재배당 및 추가배당을 하는지 사례를 들어 설명해주세요? |
| 68 | 경매신청인은 취하할 수 있는 매각단계별 경매취하 방법에 대하여 설명해주세요? |
| 69 | 임의경매와 강제경매의 차이점에 대하여 설명해주세요? |
| 70 | 저당 지상의 일괄경매신청권에 대하여 설명해주세요? |

> **問1 미등기건물에도 경매신청을 할 수 있나요?**
>
> **答1** 채무자의 소유로 등기되지 아니한 부동산에 대하여는 즉시 채무자 명의로 등기할 수 있다는 것을 증명할 서류 즉, 그 건물이 채무자의 소유임을 증명할 수 있는 서류, 그 건물의 지번·구조·면적을 증명할 서류 및 그 건물에 관한 건축허가·신고 사항을 증명할 서류를 붙여서 경매신청을 할 수 있습니다.(「민사집행법」 제81조 1항 2호)

① 미등기 신축건물에 대하여 적법하게 건축허가나 건축신고를 마쳤으나, 사용승인이 나지 않은 건물에 경매신청을 할 수 있다.

② 단, 건축허가나 건축신고를 하지 않은 무허가 건물에 대하여는 무허가 건물을 양산할 수도 있고, 또한 그 소유권자를 확인하기 어렵기 때문에 인정하기 어렵다.

③ 완공되었으나 사용승인이 되지 않은 경우나 또는 완공되지 않은 경우에도 건물의 최소한의 형태를 지닌 주벽과 기둥의 공사가 이루어져 건축허가와 같은 건물로서의 외관을 갖춘 정도의 공사가 이루어진 경우에만 경매의 대상이 된다(대법2003마353).

> **問2 경매신청에서 채권의 일부청구를 한 경우에 그 매각절차가 진행 중일 때 청구금액을 확장할 수 있나요?**
>
> **答2** 매각절차를 개시한 후에는 청구금액의 확정은 허용되지 않습니다.

① 경매신청서에 청구금액으로서 원리금의 기재가 있는데 경매개시결정에는 원금만이 기재되어 있더라도 채권자는 매각대금에서 원리금의 변제를 받을 수 있다.(대법68마378)

② 집행권원에 원금 외에 이자채권이 포함되어 있는 경우에는 경매신청시 이자채권 표시가 없더라도 배당요구종기까지 채권계산서를 제출하면 배당요구의 효력이 있으므로 배당받을 수 있다.

> **問3** 경매신청을 할 때 민사집행에 필요한 비용을 채권자에게 <u>예납하라고 하는데 그 용도</u>는 무엇이며, 예납한 비용은 돌려 받을 수 있나요?
>
> **答3** 신청채권자가 미리 납부하여야 할 비용은 부동산의 감정료, 매각수수료, 현황조사비용, 송달료, 등록면허세, 지방교육세 등입니다. 그리고 예납비용은 경매낙찰 후 배당금액에서 최우선적으로 배당받습니다.

> **問4** 부동산경매에서 법률의 규정에 의하여 <u>압류가 금지되어 경매신청할 수 없는 경우</u>가 있나요?
>
> **答4** 학교법인이 학교 교육에 직접 사용하는 토지, 건물 등의 재산은 매도하거나 담보로 제공할 수 없고, 이러한 재산은 강제집행의 대상이 되지 않아 경매신청시 각하됩니다.(대법72마330)

① 그러나 주무관청의 허가가 없으면 처분할 수 없는 재산 즉, 학교법인이 매도하거나 담보로 제공할 수 없는 교지, 교사를 제외한 기본재산, 전통사찰의 보존 및 지원에 관한 법률 제9조에서 규정한 사찰소유의 부동산에 대하여는 경매개시요건이 아니라 매각허가결정을 할 때까지 주무관청의 취득허가를 제출하는 매각허가결정요건이라 보아야 할 것이다.(대법2005마578)

그러나 학교법인의 기본재산의 처분을 위하여 관할관청의 허가를 신청하는 것은 학교법인의 의사에 맡겨져 있으므로 경매입찰 전에 미리 그 가능성을 타진해보고 입찰여부를 결정하여야 할 것이다.

② 매각대상 부동산이 공장재단, 광업재단을 구성하고 있는 때는 개별집행이 금지(공장저당법 제14조)되어 있으므로 재단 전체를 대상으로 하는 경우가 아닌 개별 토지나 개별 건물 또는 기계기구 만을 경매신청하는 경우에는 각하된다.

> **問5** 매각물건명세서에 "말소되지 않을 수 있는 선순위 가등기 또는 선순위 가처분 있음"이라 쓰여 있는 경우에 이러한 권리는 인수되므로 낙찰받을 방법은 없나요?
>
> **答5** 이러한 선순위 권리는 원칙적으로 매각으로 소멸되지 않습니다. 즉, 본안소송의 결과에 따라서 낙찰자가 인수할 수도 있고, 소멸할 수도 있습니다.

(1) 선순위 가등기의 경우

선순위 가등기일지라도 담보가등기로 판명되면 저당권과 마찬가지로 경매절차가 진행되어 경매목적부동산이 매각되면 소멸된다.

담보가등기인지 확인하는 방법은 법원경매문건접수처리내역에서 가등기권자가 경매신청을 하였거나 배당요구를 하였으면 담보가등기권자이다.

또한 가등기 등기 후 10년이 경과하였다면 가등기는 소멸시효 완성을 이유로 말소 청구를 할 수 있다. (대법90다카27570)

(2) 선순위 가처분의 경우

가처분등기를 한 후 3년간 본안소송을 제기하지 않았거나 기타 사정변경을 이유로 가처분 취소를 신청할 수 있다.

> **問6** <u>중복경매신청은 언제까지 할 수 있나요?</u>
>
> **答6** 매각결정선고 후에도 선행 경매사건이 취하되거나 취소될 수도 있어서 매수인이 대금을 완납하여 소유권을 취득할 때까지는 중복경매를 신청할 수 있습니다.(대법78마285) 그러나 배당요구 종기 이후에 중복경매신청을 한 경우에는 선행의 경매사건 배당절차에서 매각대금 배당에 참가할 수 없습니다.(민집 제148조)

> **問7** 경매절차에서 <u>이해관계인</u>이란 누구이며, 이들에게 주어지는 권리는 무엇인가요?
>
> **答7** 경매절차에서 이해관계인은 경매절차로 인하여 자기의 이해에 중대한 영향을 받으므로 이들을 특별히 보호하기 위하여 열거하여 규정하고 이들에게 특별한 권리를 부여하고 있습니다.(민집 제90조)

□ 이해관계인의 범위

① **압류채권자와 집행력 있는 정본에 의한 배당요구채권자 (1호)** : 여기에서 압류채권자라 함은 경매신청을 한 채권자이다.

② **채무자 및 소유자 (2호)** : 신탁법에 따라 부동산을 신탁한 경우에 위탁자는 그 신탁계약에 의해 수탁자 앞으로 소유권이전등기를 하였다면 다시 그 부동산의 소유명의를 회복하지 않는 이상 소유자에 해당하지 않는다.(대법2009마1142)

③ **등기부에 기입된 부동산 위의 권리자 (3호)** : 전세권자. 지상권자, 임대차등기를 한 임차권자, 저당권자, 저당채권에 대한 질권자(대법99마5901), 공유지분 경매에서 다른 공유자, 그러나 신탁등기에서의 위탁자 또는 수익자는 이해관계인이 아니다.

④ **부동산 위의 권리자로서 그 권리를 증명한 자 (4호)** : 경매개시결정등기 이전에 매각부동산에 대하여 등기 없이도 제3자에게 대항할 수 있는 물권 또는 채권을 가진 자, 유치권자, 점유권자, 인도 및 주민등록을 마친 주택임차인, 사업자등록을 마친 상가건물 임차인, 법정지상권자. 다만, 「주택임대차보호법」상 대항요건을 갖춘 임차인이라 하더라도 권리신고를 하지 않은 사람은 이해관계인에 해당되지 않는다.(대법2003마44)

□ 이해관계인이 가지는 권리

① 집행에 관한 이의신청권
② 부동산에 대한 침해방지신청권
③ 경매개시결정에 대한 이의신청권
④ 배당요구 신청 또는 이중경매 신청이 있으면 법원으로부터 통지받을 권리
⑤ 매각기일과 매각결정기일을 통지받을 권리
⑥ 매각기일에 출석하여 매각기일조서에 서명날인할 권리
⑦ 최저매각가격 외의 매각조건 변경에 관하여 협의할 권리

⑧ 매각결정기일에 매각허가에 관한 의견을 진술할 권리

⑨ 매각허부 결정에 대하여 즉시항고 할 권리

⑩ 배당기일 통지를 받을 권리

⑪ 배당기일에 출석하여 배당표에 관한 의견을 진술할 권리

⑫ 배당기일에 출석하여 배당에 관한 합의를 할 권리

⑬ 경매기록 열람 및 복사신청권

※ 입찰희망자는 최고가매수인이 되기 전까지는 아무런 권리가 없다. 그러나 최고가매수인이나 차순위매수신고인은 「경매처리절차지침 제53조」에 따라 경매기록을 서류를 열람 및 복사할 권리가 발생한다.

> **問8** 배당요구의 종기일은 무엇이며, <u>입찰자가 특별히 유의하여 할 사항은 무엇인가요?</u>
>
> **答8** 배당요구 종기일이란 경매절차에서 채권자들이 배당요구를 할 수 있는 마지막 기일입니다. 따라서 배당요구는 법원에서 정한 배당요구 종기일 이내에 하여야 효력이 발생합니다. 배당요구 이후에 한 선순위 대항력 있는 임차인 등의 권리는 배당받을 수 없으므로 낙찰자가 인수해야 하므로 선순위임차인이 배당요구한 날짜를 꼭 확인해야 합니다.

① 집행법원은 압류의 효력이 발생한 때부터 1주일 내에 배당요구의 종기일을 정한다. 배당요구종기 결정일로부터 2월 이상 3월 이내의 범위 내에서 정한다. 통상 첫 매각기일의 1월 이내로 정한다.

② 이렇게 미리 배당요구 종기일을 정하여 공고하는 것은 채권자들에게 미리 알려 권리를 확보하게 함은 물론 입찰희망자에게는 매수신고 전에 권리의 인수여부를 판단하게 하고, 법원은 매각기일 전에 무잉여 여부를 판단하여 매각절차의 안정성을 꾀하기 위함이다.

③ 특별히 입찰자 입장에서 주의하여야 할 것은 선순위 대항력 있는 임차인이나 전세권자가 배당요구 종기일 이후에 배당요구를 하였을 때이다. 이들은 배당요구로서의 요건을 갖추지 못하였기 때문에 당연히 배당요구의 효력이 발생되지 않아 낙찰자로서 인수할

권리로 남아 있어 그 권리들에 대한 금액만큼 물어주어야 함을 꼭 인식하여야 한다.
④ 선순위 권리로 인수할 수 있음에도 불구하고 배당요구를 하였으니 배당받고 낙찰로 소멸된다는 도식화된 생각을 갖지 말아야 한다는 점을 강조한다.

> **問9** 집행법원은 누구에게 <u>채권신고를 하라고 최고</u>하나요?
>
> **答9** 집행법원은 「민사집행법」 제148조에 규정한 자에게 경매개시결정일로부터 3일 이내에 경매개시결정등기 전에 등기부에 기입된 부동산 위의 권리자 등에 대하여 자신의 채권의 원금, 이자, 비용, 기타 부대채권에 관한 채권계산서를 배당요구종기일까지 제출하라고 최고하여야 합니다.

※ 채권신고 최고대상(「민사집행법」 제148조)
   ① 첫 경매개시결정등기 전에 등기된 가압류채권자
   ② 저당권·전세권, 그 밖의 우선변제청구권으로서 첫 경매개시결정등기 전까지 등기되었고, 매각으로 소멸하는 것을 가진 채권자
   ③ 첫 경매개시결정등기 전에 임차권등기를 경료한 경우에도 그 임차권이 매각으로 인하여 소멸될 것 인때에는 그 임차인
   ④ **가등기담보권자** : 선순위 가등기권자가 배당요구와 채권신고를 함으로써 소유권이전청구권 가등기가 아니라 담보가등기임을 명확히 함으로써 입찰자로서 인수와 소멸 여부를 판단하는데 기회를 제공하기 위한 것이다. 즉, 선순위 가등기권자가 배당요구를 하지 않으면 소유권이전청구가등기로 파악하여 인수권리로 보면 되고, 배당요구를 하면 담보가등기로 파악하여 낙찰 후 말소되는 권리로 파악하면 된다. 이것에 대한 확인은 매각물건명세서에 기재되어 있으므로 세심한 관찰이 필요하다.
   ⑤ **공과를 주관하는 공무소** : 경매신청채권자보다 우선채권인 조세채권의 유무, 금액을 통지받아 잉여의 가망이 있는지 여부를 확인함과 동시에 주관 공무소에 대하여 조세 등에 대한 교부청구의 기회를 주기 위한 것이다.

> **問10** 집행법원이 채권신고를 하라고 최고하였음에도 불구하고 <u>채권신고를 하지 않은 경우의 효과</u>는 어떻게 되나요?
>
> **答10** 집행기록에 있는 서류와 증빙에 따라 계산합니다. 첫 경매개시결정등기 전에 등기된 가압류채권자, 저당권자, 전세권자, 그 밖의 우선변제청구권으로서 첫 경매개실결정등기 전에 등기되었고 매각으로 소멸하는 것을 가진 채권자가 채권신고를 하지 아니한 때에는 그 채권자의 채권액은 등기부등본 등 집행기록에 있는 서류와 증빙에 따라 계산합니다. 이 때에는 다시 채권액을 추가하지 못합니다.

1. **근저당권** : 근저당권자가 채권신고를 하지 않은 때에는 등기부에 적힌 채권최고액을 배당한다.

2. **배당요구 종기 전에 제출한 채권신고서에 기재한 채권액을 배당요구 종기 후에 확장 허용 여부** : 첫 경매개시결정등기 전에 등기된 가압류권자나 근저당권자의 경우에는 배당요구 종기 전에 채권신고서를 제출하였다고 하더라도 그 후 배당표가 작성될 때까지 그 금액을 보정하는 채권계산서를 제출할 수 있고 배당법원은 채권최고액 범위내에서 배당받을 채권액을 산정하여야 한다. (대법2001다11055)

3. **이자채권** : 배당요구의 종기 전에 제출된 채권신고서에 이자채권이 기재되어 있고 배당요구의 종기 이후에 추가로 배당기일까지의 이자를 계산하여 오면 그 부분 이자는 배당받을 수 있다. 하지만 이자채권을 처음부터 신고하지 않고 있다가 배당요구 종기 이후에 이자에 대한 배당을 청구하는 것은 허용되지 않는다.

4. **가등기권자** : 가등기권자가 채권신고를 하지 않은 경우에는 법원은 일단 소유권청구가등기임을 전제로 배당을 실시하고, 담보가등기 여부의 판별은 낙찰자의 부담으로 남는다.

> **問11** 최선순위 가등기가 있을 경우 낙찰자는 인수권리로 파악하여 입찰을 꺼려할 수 밖에 없습니다. 그런 일정한 경우 등기부에는 존재하지만 실질적으로 그 권리가 실효되어 매각 후 말소등기가 가능하다고 하는데 선순위가등기가 본안소송을 하였는지를 어떤 방법으로 확인이 가능할까요?
>
> **答11** 예를 들어 10년이 지난 선순위 가등기의 경우 10년의 소멸시효로 소멸합니다. 경매 입찰 희망자는 가등기권자, 소유자, 지번 등의 관련 검색어를 검색하여 이와 관련된 여러 사건들을 검색해서 당해 가등기 사건의 판결 선고 여부와 판결 전문을 검색할 수 있습니다.

① 10년이 지난 선순위 가등기의 경우 이미 상당한 기간이 지나 본안소송이 진행되고도 등기부상에 정리가 안된 경우가 종종 있다. 이러한 사실관계를 확인하려면 하급심에서 가등기에 관한 본안소송의 재판이 있었는지 그 결과는 어떻게 되었는지를 확인하여야 한다.

② 이러한 하급심 판결은 서울 대법원 도서관에서 검색이 가능하다. 이 경우 가등기의 관련 당사자가 아닌 일반인들은 관련 소송의 사건번호를 알 수 없기 때문에 당해 소송사건의 실체를 쉽게 검색하는 것은 어려울 것이다.

③ 경매 입찰의 희망자는 가등기권자, 소유자, 지번 등의 관련 검색어를 검색하여 이와 관련된 여러 사건들을 검색하다 보면 당해 가등기 사건의 판결 선고 여부와 판결 전문을 검색할 수 있을 것이다.

④ 이러한 노력을 하다 보면 선순위 가등기의 본안소송 사건뿐만 아니라 유치권 부존재확인 소송의 결과나 건물 철거 소송 등 법정지상권의 판결 결과 등 하위법원의 판결문 등을 검색할 수가 있다.

> **問12** <u>집행관현황조사</u>는 구체적으로 어떤 것을 조사하며, 매수인이 이를 활용할 수 있는 사항은 무엇인가요?
>
> **答12** 집행법원은 경매개시결정을 한 뒤에는 바로 집행관에게 부동산의 현황, 점유관계, 차임 또는 보증금의 액수, 그 밖의 현황에 관하여 조사하도록 명하여야 합니다. 이 때 인도명령신청서에 유치권자의 미점유를 추정할 수 있는 근거자료로 활용할 수 있습니다.

1. 부동산의 현황 및 점유관계
   ① 등기기록상 지목은 농지이나 현황이 농지에 해당하면 이를 기재하여 집행법원에 보고한다.
   ② 대상건물이 멸실되고 다른 건물이 신축되어 있는 경우 관계인의 진술과 신·구 건물의 동일성 상실여부에 대한 집행관의 의견을 제출한다.
   ③ 부동산의 점유자와 소유자가 다른 경우에 점유자, 점유권원, 점유기간, 점유부분을 기재하여 제출한다.
2. 인도명령신청서에의 활용 : 부동산현황조사는 경매개시결정등기가 이루어진 후 며칠 이내에 이루어진다. 그러므로 현황조사서에 소유자 또는 임차인 점유, 폐문부재, 기타 점유자가 없음 등의 기재가 있는 경우에는 인도명령신청서에 유치권신고자를 상대로 현장 미점유를 추정할 수 있는 자료로 사용할 수 있다.

> **問13** 집행법원은 감정인에게 <u>매각부동산을 평가하게</u> 하고 그 평가액을 참작하여 최저매각가격을 정하여야 한다고 합니다. 이때 평가의 대상은 구체적으로 무엇이며, 감정평가되지 않은 부분은 매각으로 취득할 수 없는 것인가요?
>
> **答13** 평가의 대상은 매각부동산 및 매수인이 그 부동산과 함께 취득할 모든 물건 및 권리에 미칩니다. 매수인이 취득할 물적 범위는 압류의 효력이 미치는 물적범위와 일치하며, 매각부동산의 구성부분, 천연과실, 종물도 평가의 대상이 됩니다.

1. **부동산 자체** : 현황과 공부상의 표시에 차이가 있는 경우 현황에 따라 평가하여야 한다. 토지는 지목이 농지라도 이미 택지화되어 있다면 택지로서의 효용을 고려하여

평가하여야 한다.

2. **부합물** : 평가의 대상이나, 타인의 권원(지상권, 지역권, 전세권, 임차권 등)에 의하여 부속된 것은 평가의 대상이 되지 않는다.
   ① **토지에의 부합** : 정원수, 정원석 등이 부합되나, 수목은 입목에 관한 법률에 의하여 등기된 입목과 명인방법을 갖춘 수목이 아닌 한 부합물로서 평가의 대상이다.
   ② **타인의 토지상에 권원 없이 식재한 수목** : 토지소유자에게 귀속하고, 권원에 의하여 식재한 경우에는 그 소유권이 식재한 자에게 있다.(대법97도3425)
   ③ **지하굴착공사에 의한 콘크리트 구조물** : 토지의 구성물로서 토지의 일부로 간주하여 평가대상에 포함한다.
   ④ **지하구조물, 유류저장탱크** : 토지의 부합물에 해당되어 평가의 대상이 된다.
   ⑤ **증축, 개축된 부분** : 독립된 구분소유권의 객체로 거래될 수 없는 경우 기존 건물에 부합된다.(대법80다2643) 건물이 증축된 경우 증축부분이 기존 건물에 부합되었는지 여부는 증축된 부분이 기존 건물과 독립한 경제적 효용을 가지고 거래상 별개의 소유권의 객체가 될 수 있는지의 여부 및 증축하여 이를 소유하는 자의 의사를 종합하여 판단하여야 한다.(대법94다53006)

3. **종물** : 종물은 평가의 대상이 된다. 압류 후나 저당권설정등기 후의 종물도 평가의 대상이 된다. 보일러시설, 지하수펌프, 주유소의 주유기, 농지에 부속한 양수시설, 화장실, 목욕탕, 창고, 정화조 등도 종물로서 평가의 대상이 된다.

4. **종된 권리**
   ① 매각허가로 인하여 건물의 매수인이 법정지상권을 취득하는 경우 그 장래의 법정지상권도 종된 권리로서 평가의 대상이 된다.
   ② 건물을 경매하는 경우 부지의 임차권은 임대인이 사전에 양도에 대한 동의를 한 경우 그 임차권도 양도성이 있는 임차권이 되어 종된 권리로서 평가의 대상이 된다.

> **問14** 대지권등기 없는 집합건물에 대하여만 경매신청이 있는 경우 대지사용권을 매각목적에 포함시켜서 평가해야 하는가요?
>
> **答14** 대지사용권은 원칙적으로 전유부분 건물의 종된 권리입니다.(집합건물법 제20조 1항) 전유부분의 소유자가 대지사용권을 취득하고 있다면 비록 그것이 등기되어 있지 않아도 그 대지사용권은 대지사용권의 분리 처분이 가능하도록 규약으로 정해져 있는 경우가 아닌 한, 종된 권리로서 당연히 경매목적물에 포함되고 경매개시결정의 효력은 대지사용권에도 미칩니다. 여기에서의 대지사용권은 지상권, 용익권, 대지소유권이 포함됩니다.(대법2001다22604)

① 전유부분과 불가분적인 일체로서 경매의 대상이 되어야 할 대지사용권의 존재가 밝혀진 때에는 이를 매각 목적물의 일부로서 경매평가에 포함시켜야 한다.(대법2004마978)

② 대지권이 있음이 밝혀진 경우 최저매각가격은 건물과 대지권을 포함한 가격으로 결정하고 부동산의 표시란에는 건물만을 기재하나 비고란에 "미등기 대지권 있음"이라고 기재하여 최저매각가격에 대지권가격이 포함되었음을 나타낸다.

③ 대지권 유무가 명백하지 아니한 경우에는 매각물건명세서에 "대지권 미등기이며 대지권 유무는 알 수 없음"이라고 기재한다.

④ 집합건물에 대지권의 표시가 없는 경우에도 저당권설정자가 대지사용권을 취득하고 있는지 여부를 조사하여 수분양자가 대지사용권까지 분양받은 경우에는 대지사용권을 평가대상 및 감정평가액에 포함시키고 이러한 취지를 평가서에 기재한다.

> **問15** 집행법원은 감정평가의 시기를 어떻게 정하며, <u>최저매각가격은 감정평가 가격으로 정하는지요?</u> 그리고 감정평가가격에 대하여 불만이 있는 경우 이의신청을 할 수 있나요?
>
> **答15** 법원은 감정인의 평가액을 참작하여 최저매각가격을 정합니다. 그러므로 감정인의 평가액을 그대로 최저매각가격으로 정하여야 한다는 것은 아닙니다. 감정인의 평가 자체에 대하여는 집행에 관한 이의를 할 수가 없습니다. 다만 법원의 최저매각가격의 결정에 대하여는 집행에 관한 이의를 신청할 수 있습니다.

① 집행법원은 평가명령을 경매개시결정일로부터 3일 내에 하여야 하며, 감정인은 평가의 결과를 기재한 서면인 평가서를 평가명령에서 정한 기일인 2주일 내에 집행법원에 제출하여야 한다.
② 최저매각가격의 결정에 대한 집행에 관한 의의를 신청할 수 있다.(민집 제16조) 집행에 관한 이의는 매각기일까지만 할 수 있고, 그 이후에는 매각허가에 대한 이의 또는 매각허가결정에 대한 항고를 하여야 한다.

---

**問16** 감정평가업자인 감정인이 법률과 규칙의 기준을 무시하고 <u>자의적인 방법에 의하여 감정평가</u>에 대하여 이해관계인은 어떠한 책임을 물을 수 있을까요?

**答16** 감정평가규칙의 기준을 무시하고 자의적인 방법에 의하여 감정평가하는 경우에는 고의 또는 중과실에 의한 부당한 감정이라 할 수 있고, 손해배상 책임을 물을 수 있습니다.

---

① 감정평가업자인 감정인이 「부동산가격 공시 및 감정평가에 관한 법률」과 「감정평가에 관한 규칙」의 기준을 무시하고 자의적인 방법에 의하여 감정평가하는 경우에는 고의 또는 이에 가까운 중과실에 의한 부당감정이라고 할 수 있다.(대법96다52427)
② 감정평가업자의 부실감정으로 인하여 손해를 입게 된 감정평가의뢰인이나 선의의 제3자는 「부동산가격 공시 및 감정평가에 관한 법률」상의 손해배상액을 물을 수 있다. (대법98다56416)
③ 감정평가는 현지에 나가지 않고 공시지가나 토지가격확인원 등 공부에 의한 형식적 감정을 하는 경우가 있는데 「감정평가에 관한 규칙」 제10조는 매각절차의 최저매각가격을 결정하기 위하여 건물의 시가를 감정평가하기 위해서는 반드시 건물의 내부까지 보아서 수리 등으로 인한 증가와 마모로 인한 감소의 정도를 평가하여야 하므로 검정인이 경매목적물의 감정평각액을 산출할 때에는 적어도 그 부동산의 현황을 육안으로 확인한 후에 하여야 하고, 그렇지 아니한 경우에는 허무한 사실에 기초하여 감정가액을 산출한 결과로 되어 그 감정은 위법하다.(대법68마798)

> **問17 감정평가업자인 감정인이 집행법원의 명령에 따라 경매감정을 할 경우 평가의 대상이 되는 물적 범위는 어떻게 되나요?**
>
> **答17** 평가의 대상은 매각부동산 및 매수인이 그 부동산과 함께 취득할 모든 물건 및 권리에 미칩니다. 즉, 매수인이 취득할 물적 범위는 압류의 효력이 미치는 물적 범위와 일치합니다.

* 감정인이 평가할 부분은 매각부동산의 구성부분, 천연과실, 종물 등도 평가의 대상이 된다.

① **부동산 자체** : 평가 당시의 현황을 기준으로 하고, 토지의 지목, 지적, 건물의 구조 등 현황과 공부상의 표시에 차이가 있는 경우는 현황을 우선시하여 평가한다. 토지는 지목이 농지라도 이미 타 용도로 변했다면 그 효용을 고려하여 평가하여야 한다. 등기기록 표시와 **실제 건물의** 동일 여부에 대한 결정 기준은 등기기록에 표시한 소재, 지번, 종류, 구조와 면적 등이 실제 건물과 사회통념상 동일성이 인정될 정도로 합치되는지의 여부에 따라 결정된다.(대법94다53006)

② 부합물

③ 종물

④ 종된 권리

⑤ 대지권 또는 대지사용권

⑥ 공동저당의 목적인 토지, 건물

⑦ 미분리의 천연과실

⑧ 법정과실

> **問18** 감정평가업자인 감정인이 집행법원의 명령에 따라 경매 감정을 할 경우 <u>토지와 건물에 부합된 부합물에 대한 평가방법</u>에 대하여 설명해주세요?
>
> **答18** 부합된 부합물은 경매감정시 평가의 대상이 됩니다. 그러나 타인의 권원(지상권, 전세권, 임차권)에 의하여 부속된 것은 평가의 대상이 되지 않습니다.

1. 토지에의 부합
   ① 정원수, 정원석 등은 부합물이다. 수목은 입목에 관한 법률에 따라 등기하거나 명인방법을 갖춘 수목이 아닌 한 부합물로서 평가의 대상이 된다.(대법98마1817)
   ② 타인의 토지상에 권원 없이 식재한 수목의 소유권은 토지소유자에게 귀속하고 권원에 의하여 식재한 경우에는 식재한 사람에게 소유권이 있다.(대법97도3425)
   ③ 지하굴착공사에 의한 콘크리트 구조물은 토지의 구성부분으로서 토지의 일부로 간주하여 평가한다.(대법93마719) 지하구조물(대법97마2157)이나 유류저장탱크(대법94다6345)는 토지의 부합물로 간주하여 평가한다.
   ④ 공유수면 바닷가에 옹벽을 쌓고 토사를 다져서 축조한 공작물이 사실상 매립지와 같은 형태를 갖춘 경우 위 공작물만이 독립한 소유권의 객체로 될 수 없다.(대법93다53801)

2. 건물에의 부합
   ① 증축된 부분이 독립된 구분소유권이 객체로 거래될 수 없는 것인 때에는 기존 건물에 부합한다.(대법80다2643)
   ② 건물이 증축된 경우 기존 건물에 부합되었는지의 여부는 증축 부분이 기존 건물에 부착된 물리적 구조, 그 용도, 기능면에서 기존 건물과 독립한 경제적 효용을 가지고 거래상 별개의 소유권의 객체가 될 수 있는지 그리고 소유자의 의사 등을 종합적으로 판단하여야 한다.(대법94다53006)

> **問19** 감정평가업자인 감정인이 집행법원의 명령에 따라 경매감정을 할 경우 종물에 대한 평가방법에 대하여 설명해주세요?
>
> **答19** 부동산경매개시결정 등기를 함으로써 압류의 효력이 발생됩니다. 압류의 효력은 종물에 대하여도 미치므로 종물도 평가의 대상이 됩니다.

① 토지에의 부합물은 압류 이후와 저당권설정등기 이후의 종물에까지도 평가의 대상이 된다.(대법71마757)

② 그러나 제3자의 소유인 종물은 평가의 대상이 되지 않는다.

③ 종물은 주물의 상용에 이바지하여야 한다. 주물의 상용에 이바지한다는 것은 주물 그 자체의 경제적 효용을 다하는 것을 말하는 것으로 주물의 소유자나 이용자의 상용에 공여되고 있더라도 주물 그 자체의 효용과 직접 관계가 없는 물건은 종물이 아니다.(대법97다3750)

④ 부동산의 종물 중 동산의 예로는 보일러시설, 주유소의 주유기, 지하수펌프, 농지에 부속된 양수시설 등이 있다.

⑤ 부동산의 종물 중 부동산은 별동으로 되어 있으나 주물의 경제적 효용을 보조하기 위하여 계속적으로 이바지되는 창고, 정화조, 화장실, 등이 있다.

⑥ 일정한 건물에 대하여 저당 물권과 별개의 등기기록이 존재하고 있더라도 저당 건물의 종물로 볼 수 있는 경우에는 그 건물도 평가의 대상이 된다.


> **問20** 감정평가업자인 감정인이 집행법원의 명령에 따라 경매감정을 할 경우 종된 권리에 대한 평가방법에 대하여 설명해주세요?
>
> **答20** 압류 및 저당권의 효력은 매각부동산의 종된 권리에도 미칩니다(대법94다12722).

① 건물에 대한 저당권의 효력은 그 건물의 소유를 목적으로 한 지상권, 건물의 소유를 목적으로 한 토지의 임차권에도 미친다.(대법92다24950)

② 평가 당시 종된 권리로서 존재하지는 아니하였지만 매각허가로 인하여 건물의 매수인이 법정지상권을 취득하게 되는 경우 그 장래의 법정지상권도 종된 권리로서 평가의

대상이 된다.

③ 건물 경매시 부지의 임차권 : 일반적으로 매수인에게 양도되는 것으로 본다. 부지의 임차권에 대한 임대인이 사전에 그 양도에 대한 동의를 한 경우 그 임차권도 양도성이 있는 임차권이 되어 종된 권리로서 평가의 대상이 된다. 임대인의 동의가 없으면 양도되지 않으므로 평가에서 제외되어야 한다.(대법92다24950)

> **問21** 감정평가업자인 감정인이 집행법원의 명령에 따라 경매감정을 할 경우 대지권 또는 대지사용권에 대한 평가방법에 대하여 설명해주세요?
>
> **答21** 전유부분의 소유자가 대지사용권을 취득하고 있다면 비록 그것이 등기되어 있지 아니하더라도 그 대지사용권은 대지사용권의 분리처분이 가능하도록 규약으로 정해져 있는 경우가 아닌 한 종된 권리로서 당연히 경매목적물에 포함되고, 경매개시결정의 효력은 대지사용권에도 미칩니다. 여기에서 대지사용권은 지상권 등 용익권 이외의 대지소유권도 포함됩니다.(대법2001다22604)

① 대지권 등기 없는 집합건물에 대하여만 경매신청이 있는 경우 대지사용권을 매각목적물에 포함되는지 여부가 문제된다.

② 전유부분의 소유자가 대지사용권을 취득하고 있다면 비록 그것이 등기되어 있지 아니하더라도 그 대지사용권은 대지사용권의 분리처분이 가능하도록 규약으로 정해져 있는 경우가 아닌 한 종된 권리로서 당연히 경매목적물에 포함되고, 경매개시결정의 효력은 대지사용권에도 미친다.

③ 전유부분과 불가분적인 일체로서 경매의 대상이 되어야 할 대지사용권의 존재가 밝혀진 때에는 이를 매각 목적물의 일부로서 경매 평가에 포함시켜 최저매각가격을 정하여야 할 뿐만 아니라 매각기일의 공고와 매각물건명세서의 작성시에도 그 존재를 표시하여야 한다.(대법2004마978)

**問22 감정평가업자인 감정인이 집행법원의 명령에 따라 경매감정을 할 경우 미분리의 천연과실과 법정과실에 대한 평가방법에 대하여 설명해주세요?**

**答22** 부동산경매와 관련된 천연과실에는 곡물, 과수의 열매, 광물, 석재 등이 있습니다. 강제경매와 임의경매에서 법률의 규정 및 성질이 다른 이유로 평가대상을 달리하고 있습니다.

1. **천연과실에 대한 강제경매에서의 평가방법** : 미분리 천연과실은 원칙적으로 토지의 구성부분이므로 명인방법을 갖추어 제3자에게 양도한 경우가 아니라면 평가의 대상이 된다. 그러나 매각허가결정 시까지 수확기에 달하여 채무자에 의하여 수취 될 것이 예상되거나 채굴이 예상되는 경우에는 평가대상에서 제외한다.(민집제83조)

2. **천연과실에 대한 임의경매에서의 평가방법** : 「민법」제358조(저당권의 효력범위) 규정에 의하여 저당권의 효력은 저당부동산에 대한 압류가 있은 후에 저당권설정자가 그 부동산으로부터 수취한 과실 또는 수취할 수 있는 과실에 미친다.고 규정되어 있으므로 항상 천연과실까지 평가를 하여야 한다.

3. **법정과실** : 법정과실이란 물건의 사용대가를 받는 금전이나 물건을 말한다. 부동산경매와 관련한 법정과실은 토지사용의 대가인 지료, 가옥사용의 대가인 집세가 있다. 압류 및 저당권의 효력이 법정과실에는 미치지 않으므로 법정과실은 평가의 대상이 되지 않는다.

---

**問23 대지권등기 없는 구분소유건물에 대한 경매시 대지사용권을 경매목적물에 포함하여 평가하는지요?**

**答23** 대지권등기가 없는 구분소유건물에 대한 경매신청이 있는 경우 집행법원은 저당권설정자가 대지사용권을 취득하고 있었는지 여부를 조사하여 저당권설정자가 대지사용권을 취득하고 있는 경우로 밝혀진 경우에는 저당권의 효력이 대지사용권에도 미치므로 대지사용권을 경매목적물에 포함시켜 감정평가액을 포함하여 최저매각가격으로 정하여야 합니다.(대법97마814)

1. **대지사용권에 대한 저당권의 효력** : 저당권설정 당시 저당권설정자가 대지사용권을 취득하고 있었으나 대지권등기만을 경료하지 않고 있어 집합건물의 전유부분에만

저당권설정등기가 경료된 경우 저당권의 효력이 대지사용권에 미침은 물론 저당권설정 이후라도 대지사용권을 취득함으로써 전유부분과 대지권이 동일 소유자의 소유에 속하게 되었다면 저당권의 효력은 그 대지사용권에까지 미친다고 할 수 있다.(대법94다12722)

2. 대지권등기 없는 구분소유건물에 대한 경매신청 : 저당권설정자가 대지사용권을 취득하고 있었는지 여부를 조사하여 저당권설정자가 대지사용권을 취득하고 있는 경우에는 경매목적물에 포함시켜 매각하여야 한다. 수분양자가 대지사용권까지 분양받은 경우에는 대지사용권을 평가대상 및 감정평가액에 포함시키고 이러한 취지를 평가서에 기재하여 제출한다.

3. 부동산의 표시란에 "미등기 대지권 있음"을 기재 : 집행법원은 대지권이 있음이 밝혀진 경우 최저매각가격은 건물과 대지권을 포함한 가격으로 결정하고 신문공고의 부동산의 표시란에는 건물만을 기재하나, 비고란에는 "미등기 대지권 있음"이라고 기재하여 최저매각가격에 대지권가격이 포함되었음을 나타낸다.

---

**問24** 감정인의 감정평가가격이 그대로 최저매각가격으로 정하여지는지요? 그리고 최저매각가격이 가끔씩 변경되는 경우가 있는데 그 이유는 무엇인가요?

**答24** 일반적으로 감정평가액을 최저매각가격으로 정하나 꼭 그러한 것은 아닙니다. 집행법원은 실무상 감정평가액과 다르게 최저매각가격을 정하거나 또는 그대로 정해집니다. 저감율을 벗어난 가격으로 정하는 경우에는 결정문을 작성하여 결정된 가격의 산정근거를 밝히고 있습니다.

1. 최저매각가격의 결정 : 집행법원은 특별한 일이 없는 한 감정평가가격을 최저매각가격으로 정한다.

2. 최저매각가격의 변경 : 경제사정이나 매각대상 부동산의 물리적 변동 등 사정변경이 발생한 경우 또는 최저매각가격의 결정 후에 그 기초가 된 평가에 잘못이 있음이 판명된 경우에는 재평가를 하여 다시 정하여야 한다.

3. 최저매각가격 결정에 대한 이의신청(민집16조) : 집행에 대한 이의신청 형식을 할 수 있다. 집행에 대한 이의는 매각기일까지만 할 수 있으므로 그 이후에는 매각허가에

대한 이의 또는 매각허가결정에 대한 항고로 다투어야 한다.
4. **감정인의 평가에 대하여는 집행에 관한 이의신청** : 이에는 의의신청을 할 수 없고, 감정평가를 토대로 최저매각가격을 결정한 집행에 대한 이의신청할 수 있다.

---

**問25 여러 개의 부동산을 동시에 매각할 경우 최저매각가격의 결정방법에 대하여 설명해주세요?**

**答25** 여러 개의 부동산을 매각하는 방법에는 개별매각과 일괄매각의 방법이 있습니다. 여러 개의 부동산을 매각할 때의 평가방법은 원칙적으로 일괄평가하고, 최저매각가격도 일괄하여 결정합니다.

1. **매각 대상 부동산의 채무자나 소유자가 다른 경우** : 매각대상 부동산의 목적물에 저당권 등 다른 권리자가 있거나 그 순위가 다른 경우 또는 과잉매각을 원인으로 여러 개의 매각 목적물 중 일부의 목적물에 대한 매각 허가를 하지 아니하는 경우 등을 판별하기 위하여 각 목적물에 매각대금이 특정되어야 한다.
2. **매각 목적물의 대금을 특정할 필요가 있는 경우의 처리** : 각 목적물에 대한 최저매각가격의 비율을 정하고 그 비율에 따라 각 목적물의 대금액을 규정하고 있다.(민집제101조) 이러한 경우에는 일괄매각을 하는 경우에는 전체의 매각 목적물에 대한 최저매각가격 외에 목적물별 최저매각가격도 정하여야 한다.

---

**問26 매각물건명세서란 무엇이며, 매각물건명세서의 기능은 무엇입니까?**

**答26** 매각물건명세서란 집행법원이 매각대상 물건에 대하여 응찰자에게 부동산의 물적부담, 향후 취득할 부합물이나 종물, 종된 권리의 범위와 최저매각가격 산출의 기초가 되는 사실을 공시하여 입찰에 대한 판단을 하기 위하여 마련한 자료의 모음이라고 할 수 있습니다.

1. **매각물건명세의 의의** : 집행법원이 작성한 것으로 부동산의 표시, 부동산의 점유자와 점유의 권원, 점유할 수 있는 기간, 차임 또는 보증금에 관한 이해관계인의 진술, 등기된 부동산에 대한 권리 또는 가처분으로서 매각으로 효력을 잃지 아니하는 것,

매각에 따라 설정된 것으로 보게 되는 지상권의 개요 등에 관한 사항을 적은 것이다.

2. **매각물건명세서의 기능** : 먼저 진행된 매각절차가 정지된 때 후행하는 매각절차에 따라 속행할 것인가의 표준이 되는 역할을 한다. 즉, 먼저 개시결정한 매각절차가 정지된 때에 그 매각절차가 취소되면 「민사집행법」 제105조 1항 3호의 기재사항(등기된 부동산에 대한 권리 또는 가처분으로서 매각으로 효력을 잃지 아니하는 것)이 바뀔 때에는 뒤의 경매개시결정에 의하여 절차를 속행하여서는 아니 된다.

3. **매각물건명세서의 하자** : 매각물건명세서의 작성에 중대한 하자가 있을 때에는 매각허가에 대한 이의 및 매각허가결정에 대한 즉시항고의 사유가 된다.

---

**問27 매각물건명세서에 매각으로 효력을 잃지 아니하는 부동산 위의 권리 또는 가처분에 대한 설명을 해주세요?**

**答27** 매각물건명세서에 매각으로 효력을 잃지 않는 권리가 있다고 기재함으로써 응찰자로 하여금 예측하지 못한 피해를 줄이기 위하여 미리 알려 주는 기능을 합니다.

* 등기된 부동산에 관한 권리 또는 가처분으로서 매각으로 그 효력을 잃지 않고 매수인에게 인수되는 것
* 말소기준권리를 기준으로 선순위 권리로 매각으로 소멸되지 않는 권리를 기재한다.

① 가처분의 경우 후순위 권리임에도 불구하고 토지소유자가 건물의 소유자를 상대로 건물을 철거하고 토지를 인도하라는 내용을 피보전권리로 하여 가처분을 하는 경우에는 그 가처분이 건물에 관한 경매개시결정등기 또는 담보설정등기 이후의 것이라도 매각으로 소멸되지 아니하므로 매각물건명세서에 기재를 하여야 한다.

② 유치권은 등기되는 권리가 아니라 유치권을 주장하는 자가 점유를 하고 있는 경우에는 유치권의 성립여부에 관계없이 점유자로서 기재를 하여야 한다.

③ 배당요구하지 아니한 최선순위 전세권

④ **최선순위 저당권설정일자** : 토지에 대하여 1순위 저당권이 설정되고, 그 후 임차인이 대항력을 갖춘 다음 건물에 1순위 저당권이 설정된 경우 건물의 매수인에게 대항할 수 있는지의 여부는 건물만을 기준으로 하고 임차인은 건물의 매수인에게 대항할 수 있다.

> **問28** 하나의 매각절차에서 여러 개의 부동산을 매각하는 경우에 어떤 경우에는 **개별매각**을 하고, 어떤 경우에는 **일괄매각**이 허용되지 않나요?
>
> **答28** 최저매각가격의 결정과 매각의 실시를 각 부동산별로 하는 방법을 개별매각이라 하고, 여러 개의 부동산 전부를 일괄하여 하는 방법을 일괄매각이라 합니다.

1. 개별매각의 원칙
   ① 「민사집행법」 제124조에서 하나의 절차에서 여러 개의 부동산을 매각하는 경우에 한 개의 부동산의 매각대금으로 모든 채권자의 채권액과 강제집행비용을 변제하기에 충분하면 다른 부동산의 매각을 허가하지 아니한다.라는 규정을 참고하면 「민사집행법」은 개별매각을 원칙으로 하고 있다.
   ② 여러 개의 부동산을 동시에 매각하는 집행법원이 일괄매각을 결정한 바가 없었다면 그 부동산들은 개별매각을 하게 되는 것이다.(대법94마1150)
   ③ 일단 정한 매각방법을 재량으로 다른 방법으로 변경할 수도 있다. 그와 같은 재량에도 한계가 있는 것이다. 집행법원의 재량권의 범위를 넘어 위법한 경우에 대한 매각허가결정에 대한 이의사유가 된다.(대법2003마803)

2. 일괄매각이 허용되지 않는 경우
   ① 과잉매각이 되는 경우 : 단, 토지와 그 위의 건물을 일괄매각하는 경우, 재산을 분리하여 매각하면 그 경제적 효용이 떨어지는 경우, 채무자의 동의가 있는 경우에는 과잉매각금지의 원칙이 적용되지 않는다.
   ② 일괄매각을 하는 것보다 개별매각을 하는 편이 좀 더 고가로 매각될 수 있으리라고 예상되는 경우에는 일괄매각을 할 수가 없고, 개별매각을 하여야 한다.

> **問29** 하나의 매각절차에서 여러 개의 부동산을 매각할 때에 어떤 경우에 일괄매각을 하는가요?
>
> **答29** 여러 개의 부동산의 위치·형태·이용관계 등을 고려하여 이를 일괄매각하게 하는 것이 알맞다고 인정하는 경우에는 직권 또는 이해관계인의 신청에 따라 일괄매각할 수 있도록 결정할 수 있습니다.(민집 제98조)

* 일괄매각을 하는 사유는 다음과 같다.

1. 매각 목적물 상호 간에 이용상의 견련성이 인정되는 경우 : 토지와 그 지상에 있는 건물, 도로에 면한 토지와 통행로가 따로 없는 인접지, 개별적으로 택지로 이용되기에 적합하지 않은 여러 필지의 좁은 토지들이 전체로서는 택지 이용에 적합한 면적인 경우
2. 소유자가 같을 필요는 없음 : 압류채권자가 다르거나 소유자가 다르더라도 일괄매각을 하는데 문제가 없다. 각 부동산마다 저당권 등의 권리자가 다르다거나 그 순위가 다른 때에는 일괄매각을 할 수 있다.
3. 과잉매각이 아닐 때
4. 이해관계인 전원 합의가 있는 경우
5. 공장 저당법에 의한 토지, 건물, 기계, 기구 등을 일괄매각을 하는 경우
6. 「민법」제365조에 의한 토지·건물을 동시에 매각하는 경우 : 「민법」제365조(저당지상의 건물에 대한 경매청구권) 토지를 목적으로 저당권을 설정한 후 그 설정자가 그 토지에 건물을 축조한 때에는 저당권자는 토지와 함께 그 건물에 대하여도 경매를 청구할 수 있다. 그러나 그 건물의 경매대가에 대하여는 우선변제를 받을 수 없다.
7. 개별매각을 하는 것보다 일괄매각을 하는 경우 현저히 고가로 매각할 수 있는 경우 : 토지와 그 지상 건물이 동시에 매각되는 경우(대법67마781)
8. 대지권등기가 되어 있는 집합건물의 대지사용권 : 대지권등기가 되어 있는 집합건물은 대지권의 분리처분이 불가능하고 전유부분 및 공용부분인 건물부분에 대한 경매개시결정의 효력이 대지사용권에도 미친다.(대법97마814)

---

**問30 남을 가망이 없는 경우의 법원의 직권 취소하는 경우에 대하여 설명해주세요?**

**答30** 집행법원은 법원이 정한 최저매각가격으로 압류채권자의 채권에 우선하는 부동산상의 모든 부담과 절차비용을 변제하면 남는 것이 없다고 인정한 때에는 이를 압류채권자에게 통지하여 압류채권자가 우선변제권을 넘는 가격으로 매수하는 자가 없는 경우에는 스스로 매수할 것을 신청하고 충분한 보증을 제공하지 않는 한 매각절차를 취소하여야 합니다.(민집 제102조)

1. 남을 가망이 없어 경매취소가 적용되는 경우
    ① 매각절차의 시초부터 최저매각가격이 우선채권 총액에 미달하는 경우
    ② 매각기일에 매수신고가 없어 새 매각을 하려고 최저매각가격을 저감한 결과 우선채권 총액에 미달하는 경우
    ③ 먼저 개시결정한 경매신청이 취하되거나 취소되어 뒤의 경매개시결정에 의하여 경매가 진행되는 경우 뒤의 경매신청인에 대한 관계에서의 우선채권 총액이 최저매각가격을 초과하는 경우
    ④ 매수인이 대금지급기한에 대금을 납부하지 아니하여 재매각을 하려고 하는데 최저매각가액과 전의 매수인이 제공한 보증금의 합계액이 우선채권 총액을 넘지 않을 경우
2. 남을 가망이 있음을 증명한 때 법원의 조치 : 통지를 받은 압류채권자가 1주일 내에 최저매각가격으로 압류채권자의 채권에 우선하는 부동산의 모든 부담과 절차비용을 변제하고 남을 것이 있다는 것을 사실을 증명한 때에는 법원은 경매절차를 속행하여야 한다.
3. 보증의 제공 : 압류채권자는 저감된 최저매각가격과 매수신청액(우선하는 부담과 비용을 변제하고 남을 가격)의 차액을 보증액으로 제공한다.

> **問31** 매각기일에 맞춰서 입찰준비를 하고 있는데 갑자기 <u>취소되거나 변경되는</u> 경우가 있는데 어떤 경우에 취소되거나 변경되는지 알려주세요?
>
> **答31** 이미 정하여진 매각기일을 집행법원은 재량에 의하여 변경할 수 있습니다. 또한 이해관계인의 신청에 의하여 매각을 진행할 수 없는 신청사유가 있는 때에는 절차를 취소하거나 변경할 수 있습니다.

1. **집행법원의 직권에 의한 취소·변경** : 경매개시결정에 대한 이의가 제기되었는데 그 사유가 상당하다고 인정되는 경우에는 매각기일을 직권으로 변경하고 채권자, 채무자에게 통지하여 심문하고 그 결과에 따라서 경매개시결정을 취소하거나 절차를 속행한다. 이해관계인에 대한 송달의 부적법, 매각물건명세서 작성의 중대한 하자, 최저매각가격 결정의 하자, 공고의 중대한 오류 등의 사유가 있다.
2. **이해관계인의 신청에 의한 취소·변경** : 수차례 매각기일과 매각결정기일을 일괄

지정하는 방식에 의하여 부동산경매절차를 진행하는 경우 부득이한 사유가 없는 한 당사자의 기일변경신청을 허가하여서는 안 된다(재민98-11). 경매신청채권자가 연기신청 한 경우에는 1회의 기간을 1~2개월 정도로 하여 2회 까지 연기를 허가하고, 채무자 또는 소유자가 연기신청 할 때에는 채권자의 동의가 없으면 연기를 허가하지 않는다.

---

**問32 매각조건의 종류는 무엇이며, 각 조건별로 특이 사항은 무엇인가요?**

**答32** 매각조건이란 법원이 부동산을 매각하여 그 소유권을 매수인에게 이전시키는데 있어서 지켜야 할 조건을 말합니다. 매각조건에는 법정매각조건과 특별매각조건 두 가지가 있습니다. 법정매각조건을 합의 또는 직권으로 변경한 매각조건을 특별매각조건이라 합니다. 그러나 현금화의 본질적인 조건은 변경하지 못합니다.

---

1. 법정매각조건 : 매매와는 달리 소유자의 의사에 반하여 진행되고, 이해관계인도 많아 예측 가능하도록 「민사집행법」과 민사집행규칙에 정하여 놓은 매각조건이다.
   ① 잉여가망성이 없을 때 법원의 경매에 대한 직권취소
   ② 최저매각가격 미만의 불허가
   ③ 매수신청인의 의무
   ④ 매수인의 대금지급의무와 그 지급시기
   ⑤ 매수인의 소유권 취득시기
   ⑥ 매수인이 인도청구를 할 수 있는 시기
   ⑦ 소유권이전등기 등의 시기, 방법
   ⑧ 부동산 위의 담보권, 용익권의 소멸, 인수
   ⑨ 공유지분매각시의 최저매각가격의 결정, 공유자우선매수권
   ⑩ 매수인의 자격

2. 특별매각조건
   (1) 이해관계인의 합의에 의한 특별매각조건
   ① 다수결로 결정하며, 배당요구의 종기일까지 할 수 있다.
   ② 매각대금의 지급방법과 지급시기, 부동산 위의 담보권·용익권의 인수·소멸에 관한 매각조건
   (2) 법원 직권에 의한 특별매각조건

① 직권으로 새로운 사항에 관한 매각조건을 설정할 수 있으나, 배당요구 종기일까지 할 수 있다.
② 매각조건의 변경에 관하여 이해관계인의 불복이 허용된다.
③ 저당권부 별도등기가 있는 집합건물에 관하여 경매신청이 있는 경우 토지(대지권)에 대한 저당권을 인수할 조건으로 매각한다는 조건을 붙이는 경우가 대표적이다.

### 問33 교회 등 비법인 사단이나 재단이 입찰할 때 유의사항에 대하여 설명해주세요?

**答33** 매수신청에는 권리능력과 행위능력이 필요합니다. 행위무능력자는 법정대리인에 의하여서만 매수신청이 가능합니다. 종중, 사찰, 교회 등은 법인 아닌 사단이나 재단으로 대표자나 관리인이 있으면 입찰에 응할 수 있습니다.

1. **구비서류** : 법인 아닌 사단이나 재단인 종중, 교회, 사찰 등이 입찰하려면 구비서류는 다음과 같다.
   ① 정관 그 밖의 규약
   ② 대표자 또는 관리인 선임을 증명하는 서면
   ③ 사원총회의 결의서
   ④ 대표자 또는 관리인의 주민등록표등본 등

2. **행정관청의 증명·허가** : 농지취득자격증명원은 매각허가결정 전까지 제출하면 된다. 외국인의 경우 경매로 토지를 취득하는 경우 별다른 제한이 없다. 사회복지법인, 전통사찰, 학교법인, 의료법인 등이 소유한 부동산은 당해 법률 규정에 따라 주무관청의 허가 없이는 매각허가 결정이 되지 않고, 설령 매각허가 결정이 확정되어 잔금을 완납했다고 하더라도 소유권을 취득할 수 없다. 그러나 담보권실행을 위한 임의경매사건에서 담보권설정 당시 관할청의 허가를 받은 경우에는 이미 담보권설정을 허가하는 처분행위가 있었으므로 다시 관할관청의 허가를 받을 필요가 없다.(대법93다2094)

3. **유의사항** : 사회복지법인과 전통사찰·학교법인·의료법인 이른바 공익법인 등이 소유한 부동산을 경매로 취득하고자 한다면 다음과 같은 사항을 유의하여야 한다.
   ① 매각조건에 주무관청의 허가 여부에 대한 사항이 기재되어 있는지 살펴본다.
   ② 특별매각조건으로 주무관청의 허가가 필요하다고 기재되어 있으면 입찰 전 주무관청의 허가여부를 문의해본다.

③ 해당 부동산에 저당권이 설정되었다면 이미 저당권설정 당시 그 부동산에 대한 처분의 주무관청의 허가가 있었으므로 별도의 주무관청의 허가가 필요 없으므로 입찰해도 된다.
④ 사찰은 전통사찰의 경우에 한하여 적용되는 것으로 종단에 전통사찰여부에 대하여 문의해보거나 종단 인터넷홈페이지에 공고되어 있으니 검색하여 참고하면 된다. 즉 개인사찰의 경우 주무관청의 허가를 요하지 않는다.

> **問34** 공유자우선매수제도는 누가, 언제, 어떻게 사용할 수 있는지에 대하여 설명해주세요?
>
> **答34** 공유자우선매수제도는 우리나라 만에 있는 특유한 제도입니다. 매각으로 인하여 새로운 사람이 공유자로 되는 것보다 기존의 공유자에게 우선권을 부여하여 기존의 공유자와 인적 유대관계를 유지할 수 있도록 그 공유지분을 매수할 수 있는 기회를 부여하는 공동체적 사고에 기인한 입법취지가 있다고 할 수 있습니다.

1. **법적 근거** : 「민사집행법」 제 140조에 규정되어 있고, 「민법」 제265조에는 공유자는 공유물 전체를 이용관리하는데 있어서 다른 공유자와 협의하여야 한다고 규정함으로써 공유자의 유대와 배려를 강조하고 있다.

2. **공유자우선매수 신청권자** : 매각부동산에 대하여 경매를 당하지 않았으나, 그 부동산의 공유지분으로 소유권을 가진 사람은 공유자우선매수 신청을 할 수 있다. 공유자는 매각기일까지 매수신청의 보증을 제공하고 최고가매수신고가격과 같은 가격으로 채무자의 지분을 우선매수하겠다는 신고를 할 수 있다.(민집제140조) 최고가매수신고가 있더라도 우선매수신고를 한 공유자에게 최고가매수신고가격으로 매각을 허가하여야 한다.

3. **다수의 공유자가 우선매수신청한 경우** : 특별한 협의가 없는 한 공유지분의 비율에 따라 채무자의 지분을 매수하게 된다.(민집113조 3항)

4. **적용 제외** : 공유물분할판결에 의하여 공유물 전부를 경매에 붙여 그 매각대금을 분배하기 위한 현금화의 경우에는 공유자우선매수제도가 적용되지 않는다.(대법91마239)

5. 우선매수권 행사 시한
   ① 집행관이 최고가매수신고인의 이름과 가격을 호창하고 매각의 종결을 고지하기 전까지 할 수 있다.
   ② 공유자는 매각기일 전에 미리 매각을 실시할 집행관 또는 집행법원에 보증을 제공하고 최고가매수신고가격과 같은 가격으로 우선매수권을 행사하겠다고 신고하여 우선매수권을 행사할 수 있다.
   ③ 우선매수신고를 하였으나 다른 매수신고인이 없을 때는 최저매각가격을 최고가매수신고가격으로 보아 우선매수를 인정한다. 그러나 매각기일 종결의 고지 전까지 보증을 제공하지 않으면 우선매수권행사의 효력이 발생하지 않는다.
   ④ 공유자는 매각기일까지 보증을 제공하고 최고가매수신고가격과 같은 가격으로 채무자의 지분을 우선매수하겠다고 신고를 한 차례만 행사할 수 있다.
6. **공유자우선매수신청 자격제한** : 매각기일 전에 미리 공유자우선매수신고를 하였으나, 입찰당일 법정에서 우선매수를 한 공유자가 보증을 제공하지 못하거나, 우선매수 포기의 의사를 한 경우에는 이후 매각절차에서 공유자우선매수의 자격을 부여하지 않고 있다.
7. **차순위매수신고인의 지위 포기** : 공유자가 우선매수신고를 하여 보증을 제공한 경우, 최고가매수신고인은 절차상 차순위매수신고인으로 취급된다. 그러나 차순위매수신고인의 지위는 자유롭게 포기할 수 있다.

---

**問35 경매정보지나 대법원경매정보를 보다 보면 새매각과 재매각이란 용어가 나오는데 어떻게 다른지 그리고 어떤 경우에 적용되는지 설명해주세요?**

**答35** 새매각이란 매각을 실시하였으나 매수인이 없어서 다시 기일을 정하여 실시하는 경매를 말하고, 재매각이란 매각허가결정이 확정되어 매수인이 결정되었음에도 불구하고 그 매수인이 대금을 지급하지 아니하여 실시되는 경매를 말합니다.

□ 새매각을 실시하여야 하는 경우 :

1. **매각기일에 허가할 매수가격의 신고가 없는 경우** : 매각기일에 법원이 최고가매수인에 대하여 매각허가를 할 수 없는 사유가 있어 매각불허가를 하거나 매각허가결정이 항고심에서 취소된 경우, 매수가격신고 후 천재지변 등으로 부동산이 현저하게 훼손되

거나 부동사에 관한 중대한 권리관계가 변동되어 최고가매수신고인이나 매수신고인의 신청에 의하여 매각불허가결정을 하거나 매각허가결정을 취소한 경우에 새매각을 실시하게 된다.

2. **매수가격의 신고가 없는 경우** : 적법하게 매각기일이 열린 경우에 적용되는 것으로 매각기일이 변경된 경우에는 최저매각가격을 낮출 수가 없고, 매각기일에 최저매각가격에 미달한 입찰이 있는 경우에는 적용되지 않는다.
3. **매각불허가를 한 경우** : 경매의 일시적 정지사유가 있어서 매각이 불허가 된 경우에는 그 사유가 해소되어야 새 매각기일을 정할 수가 있다.(민집규제56조)
4. **부동산의 훼손이나 권리변동으로 매각불허가를 한 경우** : 이러한 경우 최고가매수인은 매각허가에 대하여 이의신청을 하고, 매수인은 대금을 낼 때까지 매각허가결정을 취소신청 할 수 있다. 부동산이 훼손된 경우 법원은 다시 감정을 하여 최저매각결정부터 새로이 정하여 매각기일을 지정한다.

### 問36 매각결정기일이 변경된 경우 어떤 사유로 변경되는지 알려주세요?

**答36** 매각결정기일이란 집행법원이 매각기일의 종경 후 법원내부에서 매각허가, 불허가의 결정에 관하여 이행관계인의 진술을 듣고 직권으로 법정의 이의사유가 있는지 여부를 조사한 후 매각의 허가 또는 불허가결정을 하는 기일을 말합니다.

1. **매각결정기일** : 매각결정기일은 매각기일과 함께 공고된다. 매각결정기일은 매각기일로부터 1주 이내로 정하여야 한다. 이는 훈시규정이므로 1주 이후로 결정하여도 위법은 아니다.
2. **매각결정기일 변경 사유**
   ① 매각기일이 종료되고 최고가매수신고인이 결정되었으나 매각불허가 사유의 유무를 조사함에 있어서 심문이 필요하여 시간이 필요한 경우
   ② 농지취득자격증명을 발급받는 데 시간이 소요되어 매각결정기일까지 제출할 수 없는 때인 경우, 농지법이 개정되어 특정한 경우에는 농지심의위원회가 열려 농지취득자격증명원의 발급의 소요기간이 14일로 변경되었으므로 매수인의 신청에 의하여 매각기일 변경이 수반되는 경우이다.

> **問37** 매각허가에 대하여 이해관계인은 「민사집행법」 제121조 소정의 이의사유에 기하여 매각을 허가하여서는 아니된다는 이의신청을 할 수가 있다고 하는데 그 이의사유를 구체적으로 설명해주세요?
>
> **答37** 매각허가에 대한 이의사유는 「민사집행법」 제121조에 열거된 것에 한정됩니다. 그 외의 사유로는 이의를 제기할 수가 없습니다.

1. 매각허가에 대한 이의사유
   ① 강제집행을 허가할 수가 없을 때 집행을 계속 진행할 수가 없을 때 : 강제집행의 요건, 강제집행개시의 요건, 경매신청의 요건이 흠결이 있을 때, 부동산이 법률상 양도할 수가 없는 경우
   ② 집행을 계속 진행할 수가 없을 때 : 집행의 정지 또는 취소사유가 있을 때, 개인회생절차의 개시결정이 있을 때, 개인회생 절차상 중지금지명령이 발령된 경우, 법인파산이 선고된 경우, 매각기일을 이해관계인에게 통지하지 아니한 경우, 경매개시결정이 채무자에게 송달되지 아니한 경우(대법97마814)
   ③ 최고가매수신고인이 부동산을 매수할 능력이나 자격이 없는 때 : 미성년자, 재매각사건에서 전의 매수인, 채무자, 농지매각에서의 농지취득자격증명원을 받아서 제출하지 아니한 때
   ④ 부동산을 매수할 자격이 없는 사람이 최고가 매수신고인을 내세워 매수신고를 한 때
   ⑤ 최저매각가격의 결정, 일괄매각의 결정 또는 매각물건명세서의 작성에 중대한 흠이 있는 때
   ⑥ 천재지변, 그 밖에 자기가 책임을 질 수 없는 사유로 부동산이 현저하게 훼손된 사실 또는 부동산에 관한 중대한 권리관계가 변동된 사실이 매각절차의 진행 중에 밝혀진 경우
   ⑦ 매각절차에 중대한 잘못이 있는 경우
2. **집행법원의 처리방법** : 매각허가에 대한 이의신청은 독립한 사건이 아니므로 이의신청이 정당하지 않다고 인정되는 때에는 별도의 조치없이 매각결정기일조서에 기재하면 족하고, 이의신청 자체에 응답을 할 필요가 없으며 매각허가의 결정을 선고하면 된다.
3. **이해관계인의 대응** : 이의를 진술한 이해관계인은 이의가 받아들여지지 아니한 경우에는 매각허가 결정에 대한 즉시항고를 할 수 있을 뿐이므로 별도로 매각허가에 대한 이의가 받아들여지지 아니한 데 대한 불복항고를 할 수가 없다.(대법83그18)

> **問38** 매각불허가결정이 있으면 최고가매수인은 지금까지 진행하여 왔던 경매일정에 차질이 빚어지는데 매각불허가결정을 할 사유는 무엇이며 이러한 경우 매도인의 담보책임은 적용되나요?
>
> **答38** 매각불허가결정을 하여야 하는 경우는 이해관계인의 이의가 정당하다고 인정할 때, 집행법원이 직권으로 매각불허가할 사유가 있을 때, 부동산의 현저한 훼손 또는 권리관계의 중대한 변동이 있는 경우 등이 있습니다.

1. 매각불허가결정을 하여야 할 경우
   ① 이해관계인의 이의가 정당하다고 인정할 때
   ② 직권으로 매각불허가할 사유가 있을 때
   ③ 과잉매각을 되는 때 : 여러 개의 부동산을 매각한 경우에 한 개의 부동산의 매각대금으로 모든 채권자의 채권액과 강제집행비용을 변제하기에 충분하면 다른 부동산의 매각을 허가하여서는 아니 된다. 과잉매각의 경우에는 채무자는 그 부동산 가운데 매각할 것을 지정할 수 있다. 채무자는 매각허가결정이 선고되기 전까지 지정권을 행사하여야 한다.

2. 매도인의 담보책임의 요건 : 경매한 물건 또는 권리의 전부 또는 일부가 타인에게 속하거나 수량이 부족하거나 일부멸실, 제한물건이 있는 경우, 저당권 등이 행사된 경우 등으로 매수인이 완전한 권리를 취득할 수 없는 경우에 한하여 매도인의 담보책임이 발생한다. 매각절차는 유효하나 경매의 목적이 된 권리의 전부 또는 일부가 타인에게 속하는 등의 하자로 매수인이 완전한 소유권을 취득할 수 없거나 잃을 경우에 인정된다. 권리의 하자로 인한 담보책임에 한한다. 그러나 하자담보책임규정은 적용되지 않는다. 매수인은 계약의 해제 또는 대금감액의 청구를 할 수 있다.(「민법」제578조)

3. 절차상의 이의신청 : 목적물의 훼손이나 중대한 권리관계의 변동이 있는 경우 매각허가에 대한 이의신청, 매각허가결정에 대한 취소신청, 매각절차의 취소신청을 집행법원에 할 수 있다..

> **問39** 매각허가결정에 대한 <u>항고를 할 때에 보증의 제공</u>을 한다고 합니다. 항고보증금은 얼마를 공탁하여야 하며, 항고가 기각되거나 각하될 때 항고보증금은 돌려 받을 수 있나요?
>
> **答39** 매각허가결정에 대하여 항고를 하고자 하는 사람은 항고보증금으로 매각대금의 10분의 1에 해당하는 금전 또는 법원이 인정하는 유가증권을 공탁하여야 합니다.

1. 매각허가결정에 대한 항고보증금 공탁이유 : 무익한 항고를 제기함으로써 경매절차를 지연시키는 것을 방지하기 위하여 매각허가결정에 불복하는 모든 항고인에게 보증금을 공탁하도록 한다. 항고인이 2인 이상인 경우에는 항고인별로 각각 매각대금의 10분의 1에 해당하는 금전 또는 유가증권을 공탁하여야 한다. 단, 매각불허가결정에 대하여는 보증의 제공을 요하지 않는다.

2. 항고가 기각 또는 각하된 경우
   ① 채무자 및 소유자 : 이 때의 보증금에 대한 처리방법은 항고인은 보증으로 제공한 금전이나 유가증권을 돌려줄 것을 요구하지 못하므로 배당재단에 편입한다.
   ② 채무자 및 소유자 외의 사람 : 항고한 날로부터 항고기각결정이 확정된 날까지의 매각대금에 대한 연 2할의 금액만 돌려줄 것을 요구할 수 없다. 즉 그 금액만큼만 배당재단에 편입하고 나머지는 보증제공자에게 반환한다.

3. 항고가 인용된 경우 : 확정증명을 제출하여 바로 보증금을 회수할 수 있다.

4. 항고인이 항고를 취하한 경우 : 항고가 기각된 경우처럼 보증금의 반환이 제한된다.

> **問40 재매각 사유는 무엇이며, 재매각할 경우 제한되는 사항은 무엇이 있나요?**
>
> **答40** 재매각은 매수인 또는 차순위매수인이 매각허가를 받은 경우 대금지급기한까지 대금지급의무를 완전히 이행하지 아니하였을 때 법원이 직권으로 매각을 다시 실시하는 것을 말합니다.

1. **새 매각과의 차이** : 재매각은 매각절차를 다시 실시하는 점에서 같다. 그러나 재매각은 매각허가결정 확정 후 매수인의 대금지급의무불이행을 원인으로 함에 반하여, 새 매각은 매각허가결정에 이르지 아니하였거나 매각허가결정의 확정에 이르지 아니한 경우에 실시한다.

2. **재매각을 하는 경우**
   ① 매수인이 매각대금지급의무를 완전하게 이행하지 않은 때
   ② 매수인이 대금지급기한까지 이행하지 아니한 때
   ③ 차순위매수신고인이 없거나, 차순위매수신고인도 대금지급기한까지 대금지급 의무를 이행하지 않은 때
   ④ 재매각기일의 3일 이전까지 대금지급을 하지 않은 때

3. **매매각절차에서 전의 매수인의 지위**
   ① 재매각절차의 매수신청에 참가할 수 없다.
   ② 매수신청보증금의 반환을 요구할 수 없다.
   ③ 경매취하에 대한 동의권자에서 제외된다.(대법99마468)
   ④ 차순위매수신고인에 대한 매각허가결정 후부터 전의 매수인의 매각대금납부를 할 수 없다.

**問41** 낙찰 후 매각부동산의 소유자가 고의로 경매사건을 지연하여 채무를 변제하고 경매를 취하하기 위하여 별도의 법적 소송을 제기하며 또한 한편으로는 <u>매각부동산을 점유 사용하며 훼손할 가능성이 짙어 관리할 필요가 있을 때</u> 할 수 있는 방법이 있나요?

**答41** 부동산관리명령이란 제도가 있어요.(민집제136조) 매수인은 매각허가결정을 받은 후 대금을 지급하고 그 부동산의 인도를 받을 때까지 채무자가 그 부동산의 법률상 처분행위 또는 사실상의 행위에 의하여 그 부동산의 가치를 감소시키거나 매수인인 채권자의 이익을 해할 염려가 있을 때 활용할 수 있습니다.

1. **신청권자** : 매수인 또는 집행채권자이다.

2. **신청시기** : 매각허가결정이 난 뒤에 매각대금을 내기 전까지이다. 매각대금을 납부하고 나면 매수인은 직접 자기에게 매각부동산을 인도할 것을 신청할 수 있기 때문이다. 관리명령은 보전처분이므로 매각허가결정에 대한 즉시항고가 있더라도 가능하고, 매각허가결정이 후 매각절차가 집행정지에 의하여 정지된 경우라도 가능하다.

3. **관리인의 자격** : 법률상 제한이 없으나, 관리의 구체적 내용, 부동산의 종류, 등을 종합적으로 고려하여 선임한다. 통상 집행관이나 변호인을 관리인으로 선임한다.

4. **관리명령의 상대방** : 채무자, 소유자, 매각부동산의 점유자이다. 그러나 대항력 있는 임차인이나 점유자는 제외된다. 부동산을 점유할 정당한 권원(유치권자, 대항력 있는 선순위 임차인)이 있는 점유자를 대상으로는 인도명령에 준하는 명령을 발할 수 없다는 점은 이 제도가 가지고 있는 한계점이다.

5. **비용의 부담** : 관리인에 대한 보수 또는 관리에 소요되는 비용은 관리명령신청인이 부담하며, 예납하여야 한다.

6. **관리의 종료** : 매수인이 매각대금을 납부하고 관리인의 관리하에 있는 매각 부동산의 인도를 청구한 때에는 그 부동산을 매수인에게 인도하여야 한다. 이때에는 법원으로부터 별도의 인도명령절차를 받을 필요가 없다.

7. **제도의 활용** : 부동산을 점유할 정당한 권원이 있는 점유자를 상대로는 한계점이 있으나, 최고가매수인으로 선정되어 매각허가결정까지 받았으나, 소유자나 채무자가 고의적으로 각종의 이의제기나 소송을 제기하여 대금납부를 못하게 하며, 사건을 장기화하여 매각부동산에 대하여 수익을 하며 훼손할 가능성이 높을 때에는 부동산관리명령제도를 고려해볼 만하다.

> **問42** 낙찰 후 매각허가결정이 이루어진 다음 어느 시기에 잔금을 납부하여야 하나요? 특히 채권자가 매수인이 된 경우에는 어떤 방법으로 잔금을 납부하여야 하나요?
>
> **答42** 매각대금의 지급에 관하여 구 민사소송업에서는 대금지급기일제도를 채책하고 있었으나, 현행법은 대급지급기한제도를 채택하고 있다. 즉, 매수인은 정해진 대금지급기한까지 언제라도 매각대금을 지급하고 소유권을 취득합니다. 채권자가 낙찰을 받아 매수인이 된 경우에는 매각결정기일이 끝날 때까지 법원에 신고하고 배당받아야 할 금액을 제외한 대금을 배당기일에 낼 수 있습니다.(민집 제143조)

1. **대금지급기한 적용** : 대금지급기한은 매각허가결정이 확정된 날로부터 1월 안의 날로 정하여야 한다.

2. **대금지급기한의 변경**
   ① **매수인의 변경신청** : 여러 부동산을 매각하는데 그 중 일부가 먼저 매각되었고, 나머지는 상당한 기간이 지난 후에야 매각될 것으로 예상되며 먼저 매각된 부동산의 매각대금만으로 일부 배당절차를 실시하는 것이 적당하지 아니할 때 예외적으로 대금지급기한의 변경이 되기도 한다.
   ② **법원의 직권에 의한 변경** : 매수인이 매각허가결정 확정 후 천재지변, 그 밖에 매수인이 책임질 수 없는 사유로 부동산이 현저하게 훼손되었거나 부동산에 관한 중대한 권리관계가 변동되었다고 주장하여 매각허가결정 취소신청을 하여 그 진위 조사에 상당한 기간이 필요한 경우이다.

3. **채권자가 매수인이 된 경우** : 매각결정기일이 끝날 때까지 법원에 신고하고 배당받아야 할 금액을 제외한 대금을 배당기일에 낼 수 있다.(민집 제143조) 그러나 매수인인 저당권자의 저당권부채권이 압류 또는 가압류된 경우, 매수인의 채권이 압류, 가압류된 경우에도 차액지급은 허용되지 않는다.

> **問43** 매수인은 매각대금을 납부하고 소유권이전등기 절차를 받게 됩니다. 이 때에 언제 매각부동산에 대하여 소유권을 취득하며, <u>매수인이 취득하는 부동산에 소유권의 범위는 어떻게 되나요?</u>
>
> **答43** 매수인은 매각대금을 다 낸 때에 매각부동산의 소유권을 취득합니다. 즉, 소유권이전등기를 마쳐야 소유권을 취득하는 것이 아닙니다. 매수인이 취득하는 매각부동산 소유권의 범위는 매각허가결정서에 적힌 부동산과 동일성이 인정되는 범위 내에서 그 소유권의 효력이 미치는 범위와 같습니다.

1. 매수인이 매각으로 부동산을 취득하는 시기 : 매수인은 매각대금을 다 낸 때에 매각부동산의 소유권을 취득한다. 즉, 소유권이전등기를 마쳐야 소유권을 취득하는 것이 아니다.

2. 매수인이 취득하는 부동산의 범위

   ① **종물, 종된 권리의 취득** : 매각부동산의 구성부분, 종물 및 종된 권리는 매각허가결정서에 기재되어 있지 않더라도 매수인은 소유권을 취득한다.

   ② **구분소유자의 대지사용권** : 규약으로써 달리 정하는 특별한 사정이 없는 한 전유부분과 종속적 일체불가분성이 인정되어 전유부분에 대한 경매개시결정과 압류의 효력은 종물 또는 종된 권리가인 대지사용권에도 미치므로 구분건물의 대지권등기가 마쳐지지 않았더라도 전유부분에 대한 경매절차가 진행되어 그 경매절차에서 전유부분을 매수한 매수인은 전유부분과 함께 대지사용권을 취득한다.(대법2011다79210)

   ③ **집합건물 수분양자의 대지지분** : 수분양자가 분양대금을 납부하였거나 일부만 납부하였을 경우 우선 전유부분에만 소유권이전등기를 마쳤으나 그 후 전유부분에 관하여만 경매절차가 진행되어 제3자가 전유부분을 낙찰받은 경우에도 매수인은 대지사용권을 취득하고, 이는 분양대금을 완납한 경우는 물론 그 분양대금을 완납하지 못한 경우에도 마찬가지이다.(대법2004마58611) 다만, 대지권에 대한 이전등기는 매수인이 분양자와 동시에 신청하여야 한다.

   ④ **명의신탁약정하에 명의수탁자 명의로 낙찰** : 부동산경매에서 다른 사람과의 명의신탁약정하에 그 사람 명의로 매각허가결정을 받아 자신의 부담으로 매각대금을 납부한 경우, 명의수탁자가 소유권을 취득하고, 명의신탁약정은 부동산 실권리자명의등기에 관한 법률에 의하여 무효이므로 명의신탁자는 명의수탁자에 대하여 그 부동산 자체의 반환을 구할 수는 없고, 명의수탁자에게 제공한 매각대금에 상당하는 금액의 부당이득반환청구권을 가질 뿐이다.(대법2009마94476)

> **問44** 경매절차에서 하자가 있을 때 매수인은 소유권을 취득할 수 있는지요?
>
> **答44** 경매절차에서 하자 중대하지 않아 무효로 하지 않는 경우와 하자가 중대하여 경매절차를 무효로 하는 경우가 있습니다.

1. **경매절차를 무효로 하지 않는 하자가 있는 경우** : 경매개시결정이 채무자에게 송달되지 않은 경우와 같이 중대한 하자가 아닌 한 경매절차에 하자가 있더라도 매수인이 매각허가결정이 있고 잔금납부를 한 이상 경매절차를 무효로 주장하여 매수인의 소유권취득의 효과를 다툴 수 없다.

2. **경매절차를 무효로 하는 하자가 있는 경우**
   ① 일정한 재산을 양도하는 등 처분하기 위해 감독청의 허가를 받아야 하는 경우가 있다.(「사립학교법」,「전통사찰의 보존 및 지원에 관한 법률」,「향교재산법」,「공익법인의 설립 운영에 관한 법률」,「사회복지사업법」,「의료법」)
   ② 학교법인이 그 의사에 의하여 기본재산을 양도하는 경우 **학교법인의 기본재산**이 감독청의 허가없이 경매절차에 의하여 매각되어 매수인 명의의 소유권이전등기가 경료되었다 하더라도 그 등기는 원인무효의 등기로서 말소된다.(대법93다42993)
   ③ 「전통사찰의 보존 및 지원에 관한 법률」에서 정한 소정의 **전통사찰보존지**등이 문화체육부장관의 허가없이 경매절차에 의하여 매각된 경우 그 매각허가결정을 원인으로 하여 이루어진 소유권이전등기는 효력이 없다.(대법97다49817)
   ④ **농지**를 취득하려는 자는 농지에 대하여 소유권이전등기를 마쳤다 하더라도 농지취득자격증명을 발급받지 못한 이상 그 소유권을 취득하지 못한다.(대법2010다68060)
   ⑤ 구분소유권의 객체로서 **적법한 물리적 요건을 갖추지 못한 건물의 일부**는 건축물대장상 독립한 별개의 구분건물로 등재되고 등기기록상에도 구분소유권의 목적으로 등기되어 있더라도, 구분소유권이 성립되지 않는 것은 매각절차에서 매수하였더라도 그 등기는 무효이므로 매수인은 소유권을 취득할 수 없다.(대법2008마696)

> **問45** 매수인이 대금을 납부한 후 6월 이내에는 신청하면 소유자 등에 대하여 정식의 소송절차를 거치지 않고 부동산을 매수인에게 인도할 수 있는 <u>인도명령제도</u>라는 것이 있는데, 이 때 인도명령제도가 매수인에게 지닌 의미와 당사자 등에 대하여 설명해주세요?
>
> **答45** 인도명령제도는 매수인의 입장에서는 아주 유용한 제도입니다. 잔금납부 후 매각 부동산에 대하여 인도를 빨리 받지 못한다면 대출이자와 부동산에 대한 수익을 누리지 못하므로 손해가 발생합니다. 그러므로 잔금납부와 동시에 인도명령을 신청하여 빠른 시간 내에 인도를 받는 것은 경매사업에 중요한 일 중의 하나라 할 수 있습니다.

1. 의의 : 법원은 매수인이 매각대금을 납부한 후 6월 이내에 신청하면 소유자, 채무자 또는 부동산 점유자에 대하여 부동산을 인도하도록 명하는 간이한 재판이다. 인도명령은 즉시항고로써만 불복할 수 있는 재판이다.(민집 제136조)

2. 신청인
    ① **매수인** : 매각부동산을 제3자에게 양도하였더라도 인도명령을 구할 수 있는 권리를 가진다.
    ② **일반승계인** : 상속, 합병 등으로 매수인의 지위를 승계
    ③ 관리명령이 있은 후 **관리인**이 부동산의 점유를 취득하였으면 매수인은 대금지급 후 직접 관리인에 대하여 자기에 인도할 것을 구할 수 있으므로 별도의 인도명령을 신청할 필요가 없다.
    ④ **특별승계인** : 매수인으로부터 매각부동산을 양수한 특별승계인은 경매절차상의 권리까지 승계하는 것은 아니기 때문에 그 양수인은 인도명령을 신청할 권리를 가지지 아니한다.(대법66마713) 그러나 인도명령이 발하여진 후에 매수한 특별승계인은 승계집행문을 부여받아 인도명령의 집행을 신청할 수 있다.(민집제31조)
    ⑤ **공동매수, 다수 상속** : 공동매수인 또는 상속인 전원이 공동하여 인도명령을 신청할 수도 있고, 공유물의 보존행위에 관한 규정에 의하여 각자가 단독으로도 신청할 수 있다.

3. 상대방
    ① 채무자
    ② 소유자
    ③ 대항력 없는 임차인

④ 대항력이 없는 부동산점유자(민집제136조)
4. 인도명령의 재판
① 집행법원은 서면심리만으로도 인도명령의 허부를 결정할 수도 있고, 필요하다고 인정되면 상대방을 심문하거나 변론을 열 수도 있다.
② 채무자, 소유자는 심문없이 서류만으로 결정한다.
③ 점유자에 대하여도 매수인에게 대항할 수 있는 권원에 의하여 점유하지 않고 있음이 명백한 때에는 심문을 하지 않는다.
④ 심문기일을 정하여 진술할 기회를 주었음에도 그 점유자가 심문에 응하지 아니한 때에는 그의 진술을 듣지 않고 인도명령을 발할 수 있다.
⑤ 신청인은 상대방의 점유 사실만 소명하면 되고, 그 점유가 신청인에게 대항할 수 있는 권원에 의한 것임을 주장하는 상대방이 소명하여야 한다.(대법2012마388)

> **問46** 법원경매정보 문건처리내역을 보면 부동산매각절차에서 이해관계인이 권리신고, 배당요구, 교부청구, 채권계산서 제출을 하였다는 내역이 나오는데 이들의 차이점은 무엇인지 설명해주세요?
>
> **答46** 권리신고는 부동산 위의 권리자가 집행법원에 신고를 하고 그 권리를 증명하여 법원에 신고하는 것을 말합니다. 배당요구는 다른 채권자에 의해서 개시된 집행절차에 참가하여 동일한 재산의 매각대금에서 변제를 받으려는 행위를 말합니다. 교부청구는 국가 지방자치단체 그리고 공공기관이 배당절차에 참가하는 의사표시로서 그 성질상 배당요구와 같습니다. 채권자는 채권의 원금, 배당기일까지의 이자, 그 밖의 부대비용을 적은 채권계산서를 받은 날 배당기일 통지서를 받은 날로부터 1주 내에 제출합니다.

1. **권리신고** : 부동산점유자인 임차인이나 유치권자 등이 이미 보유하고 있는 권리를 증명하여 법원에 신고하는 행위로서, 권리신고를 함으로서 경매절차의 이해관계인이 됩니다. 권리신고는 배당요구신청과 별개의 법률행위로서, 권리신고를 하였다고 하여 배당요구의 효력까지 발생하는 것이 아닙니다.

2. **배당요구** : 배당요구라 함은 다른 채권자의 신청에 의하여 개시된 집행절차에 참가하여 동일한 채무자의 동일한 재산의 매각대금에서 변제를 받고자 하는 채권자의 집행법상의 행위를 말한다. 권리신고와 배당요구는 배당요구 종기일까지 하여야 효력이 있다.

3. **교부청구** : 교부청구는 국가기관, 지방자치단체, 공공기관은 체납자의 재산에 대하여 이미 다른 부동산경매 등의 강제환가절차가 개시되어 있는 경우에 그 집행기관에 대하여 환가대금에서 체납액에 대하여 배당을 구하는 행위를 말한다.
4. **배당기일 통지서 발송** : 매수인이 매각대금에 대한 잔금을 납부하고 나면 법원은 배당기일을 지정하고 배당을 실시한다. 배당기일은 매각대금 납부 후 4주 안에 실시한다. 그리고 법원은 이해관계인과 채권자에게 배당기일 통지서를 발송하고 이의신청할 수 있는 기회를 준다.
5. **채권계산서 제출** : 배당기일 통지서를 받은 채권자는 채권의 원금, 배당기일까지의 이자, 그 밖의 부대비용을 적은 계산서를 1주 내에 제출한다.
6. **채권계산서 제출하지 않은 경우**
   ① 임차인은 채권계산서를 제출하지 않는다.
   ② 채권자가 채권계산서를 제출하지 않는 경우 집행기록에 나와 있는 담보권, 압류, 가압류, 배당요구서, 집행력 있는 정본, 그 밖의 증빙서류를 통하여 법원은 채권액을 계산하여 작성한다.

---

### 問47 부동산매각절차에서 <u>근저당권부 질권자</u>는 직접 경매신청이 가능한지와 직접 배당신청이 가능한지요?

**答47** 질권자는 대항요건을 갖추면 근저당권자를 통하지 않고, 직접 경매신청이 가능하고, 직접 배당요구도 가능합니다.

1. **근저당권 확정 후 질권설정** : 근저당권자가 근저당거래의 존속 중에 그 근저당권에 의하여 담보되는 채권을 그 근저당권과 함께 담보로 제공하려면 그 근저당권에 의하여 담보되는 채권을 확정시켜 근저당거래를 종료시킨 후 그 담보되는 채권 전부나 일부를 확정 근저당권과 함께 채권자에게 이전시키거나 질권 설정해야 한다.(대법95다53812)
2. **질권자의 대항요건 취득** : 저당권부채권의 권리질권자로서 제3채무자에 대하여 대항하기 위해서는 질권 설정자가 제3채무자에게 질권설정 사실을 통지하거나 제3채무자가 질권설정을 승낙하여야 한다. 제3채무자 이외의 제3자에 대하여 질권의 설정을 대항하기 위해서는 통지 또는 승낙을 확정일자 있는 증서에 의하여야 한다(「민법」 349조).
3. **질권설정 부기등기** : 근저당권으로 담보한 채권을 질권의 목적으로 한때에는 그 근저당권

등기에 질권의 부기등기 경료하여야 효력이 근저당권에 미친다.(「민법」 348조)
4. 근저당권부 채권의 입질방법 : ① 근저당권을 확정한 ② 확정일자 있는 서면으로 ③ 제3채무자에게 통지나 승낙, ④ 근저당권에 부기등기 경료
5. 근저당권부 질권자의 경매신청
   ① 근저당권부 채권이 질권의 목적으로 된 경우 질권자는 질권의 행사로의 저당권의 실행을 위하여 경매 신청할 수 있다.
   ② 근저당권 등기에 질권의 부기등기가 경료되어 있는 경우 채권 양도에 관한 제3채무자에 대한 통지나 승낙의 소명자료가 있다면 임의경매신청을 할 수 있다.
6. 근저당권부 질권자의 배당
   ① 질권자가 질권 설정의 등기를 하면서 제3채무자에 대한 대항요건(통지나 승낙)을 갖추고 있다면 질권자는 배당요구를 할 수 있다. 그러나 대항요건을 갖추고 있지 못하면 배당금은 저당권자에게 지급되며 질권자는 저당권자가 배당받을 배당금에 대하여 압류, 추심명령이나 전부명령을 받아야한다.
   ② 질권자가 경매절차에서 배당금을 수령하기 위해서는 대항요건을 구비한 소명자료를 제출해야 한다.
7. 질권설정자인 근저당권자의 경매신청 : 질권자의 동의서를 첨부하여 경매를 신청할 수 있다. 「민법」제352조에 의하면 질권설정자는 질권자의 동의 없이 질권의 목적된 권리를 소멸하게 하거나 질권자의 이익을 해하는 변경을 할 수 없다. 위 규정은 강행규정으로 동 규정에 반하는 행위는 질권자와의 관계에서는 무효이다.(대법97다35375)

---

**問48 부동산매각절차에서 배당요구를 하지 않아도 당연히 배당에 참가할 수 있는 자는 누구인가요?**

**答48 배당요구를 하지 않아도 당연히 배당에 참가할 수 있는 자를 당연배당권자라 합니다.**

1. 이중경매신청인 : 선행사건에서 배당요구의 종기일 전까지 이중경매를 신청한 자는 별도의 배당요구를 하지 않아도 배당을 받는다.
2. 첫 경매개시결정등기 전에 등기된 가압류채권자(민집 제148조) : 채권계산서를 제출하지 않았다 하더라도 배당을 받는다.(대법2005다34391) 첫 경매개시결정등기 전에 등기된 가압류채권자로부터 채권을 양수한 사람은 승계집행문을 부여받지 않아도 피보전권리

가 양수하였음을 소명하면 가압류채권자의 승계인 지위에서 배당받을 수 있다.(대법2010다94090)

3. 첫 경매개시결정등기 전에 등기된 우선변제권자
   ① 저당권자, 전세권자, 임차권등기한 임차인
   ② 그러나 최선순위 전세권자는 실체법상 존속기간의 도과여부를 떠나 그 권리자가 배당요구를 하여야만 매각으로 소멸되므로 배당을 받으려면 배당요구를 하여야 한다.

4. 첫 경매개시결정등기 전에 체납처분에 의한 압류권자 : 교부청구를 하지 않더라도 당연히 그 등기로써 배당요구와 같은 효력이 발생하므로 별도의 교부청구를 하지 않아도 배당을 받을 수 있다.(대법2001다11055)

5. 종전 등기 기록상의 권리자 : 재개발, 재건축 사업시행결과로 공급된 부동산에 대하여 경매시에 종전 부동산등기기록에 기입되어 있었던 부담등기의 권리인 지상권, 전세권, 저당권, 임차권, 가압류 등은 새로이 분양받은 대지 또는 건축물에 설정된 것으로 보아 그 권리자는 배당요구를 하지 않아도 배당받을 수 있다.(도시및주거환경정비법제55조)

---

**問49** 부동산매각절차에서 <u>배당요구를 하여야만 배당받을 수 있는 자</u>는 누구인가요?

**答49** 당연배당권자를 제외한 모든 채권자들은 배당요구의 종기일까지 배당요구를 하여야 배당을 받을 수 있습니다. 집행력 있는 정본을 가진 채권자, 경매개시결정이 등기된 뒤에 가압류를 한 채권자, 「민법」 등에 의하여 우선변제청구권이 있는 채권자가 있습니다.(민집제88조)

---

1. 집행력 있는 정본을 가진 채권자
   ① 집행권원으로 판결 : 「민사집행법」 56조 각 호의 집행권이 모두 포함되며, 다음과 같다.
   ② 항고로만 불복할 수 있는 재판
   ③ 가집행의 선고가 내려진 재판
   ④ 확정된 지급명령
   ⑤ 공증인이 일정한 금액의 지급이나 대체물 또는 유가증권의 일정한 수량의 급여를

목적으로 하는 청구에 관하여 작성한 공정증서로서 채무자가 강제집행을 승낙한 취지가 적혀 있는 것

⑥ 소송상 화해, 청구의 인낙(認諾) 등 그 밖에 확정판결과 같은 효력을 가지는 것

2. 첫 경매개시결정등기 후 가압류를 한 채권자 : 집행법원은 가압류한 사실을 알 수가 없으므로 배당요구의 종기일 까지 배당요구를 하여야만 배당받을 수 있다. 여기서 단순히 가압류 결정을 받은 채권자를 말하는 것이 아니라, 당해 매각부동산에 대하여 가압류 집행을 마친 가압류채권자만을 말한다.

3. 「주택임대차보호법」, 상가건물임대차보호법상 임차권 중 등기가 안 된 우선변제청구권이 있는 채권자 : 배당요구를 하지 않으면 그 채권의 존부나 액수를 집행법원이 알 수가 없으므로 배당요구를 하여야 한다. 권리신고를 한 경우에도 이는 배당요구와는 성격이 다르므로 별도로 배당요구를 하여야만 배당을 받을 수 있다. 임차인이 보증금반환청구 소송의 확정판결 등 집행권원을 얻어 임차주택에 강제경매를 신청하였다면 별도로 배당요구를 하지 않아도 배당요구가 있는 것으로 간주된다.(대법2013다27831)

4. 저당권, 전세권, 등기된 임차권 등이 첫 경매개시결정등기 후에 그 등기가 된 경우 : 경매법원은 그 내용을 알 수가 없으므로 배당요구를 하여야만 배당받을 수 있다.

5. 조세 기타 공과금채권

6. 대위변제자의 배당요구 : 대위할 범위에 관하여 피대위자가 이미 배당요구하였거나 배당요구 없이도 당연히 배당받을 수 있는 경우에는 대위권자는 따로 배당요구를 하지 않아도 배당기일까지 대위권자임을 소명하면 된다.(대법2005다70816)

7. 배당요구할 수 있는 채권자의 채권이 압류된 경우 : 위 압류는 다른 집행법원에 대하여 신청하는 것으로, 배당채권에 대한 압류는 배당금채권을 압류한 집행채권의 변제를 위한 집행행위에 불과하다. 경매절차에서 배당요구를 하지 아니한 채권자의 채권을 압류한 채권자는 별도로 경매법원에 채권자대위권의 요건을 갖추어 배당요구를 하여야 한다.

問50 부동산매각절차에서 배당요구를 하였다가 다시 배당요구를 철회할 수 있는지요? 그리고 배당요구를 철회함으로써 매수인이 인수할 부담이 바뀌는 경우에 집행법원은 어떻게 처리하는지요?

答50 채권자는 배당요구를 자유롭게 철회할 수 있습니다. 다만, 배당요구에 따라 매수인이 인수할 부담이 바뀌는 경우 배당요구한 채권자는 배당요구의 종기일이 지난 뒤에는 철회하지 못합니다(민집제88조).

1. 매수인이 인수하여야 할 부담이 새로 생기는 경우 : 최선순위의 전세권자나 대항력과 확정일자를 갖춘 선순위 임차인이 배당요구하여 매수인이 권리를 인수할 필요가 없었는데 배당요구를 철회함으로써 선순위 임차인의 보증금을 인수하는 경우이다. 배당요구의 종기가 지난 뒤에는 철회할 수 없으며, 만약 철회를 한다면 집행법원은 배당요구가 있는 것으로 취급하여 배당을 실시하고, 매수인에게 인수의무를 지지 않게 하고 있다.

2. 매수인이 인수하여야 할 부담이 증가하는 경우 : 최선순위 대항력 있는 임차인이 배당요구를 하였는데 확정일자를 받지 않아 배당절차에서 소액보증금만을 배당받고 나머지 보증금은 매수인이 인수할 것으로 예상되었으나 임차인이 배당요구를 철회함으로써 소액보증금까지 추가로 인수하게 된다. 배당요구의 종기가 지난 뒤에는 철회할 수 없으며, 만약 철회를 한다면 집행법원은 배당요구가 있는 것으로 취급하여 배당을 실시하고, 매수인에게 인수의무를 지지 않게 하고 있다.


問51 부동산매각절차에서 배당기일이 정하여진 때에는 법원사무관등은 각 채권자에게 채권계산서 제출을 최고하는데 최고의 상대방은 누구인지, 어떤 내용을 제출하라고 하는지 구체적으로 설명해주세요?

答51 배당기일이 정하여진 때에는 각 채권자에 대하여 채권계산서를 제출하라고 최고하고, 계산서의 내용은 원금, 배당기일까지의 이자, 그 밖의 부대채권, 집행비용을 적은 계산서를 1주안에 법원에 제출할 것을 최고하여야 합니다.(민집규제81조)

1. 채권계산서 제출 최고의 상대방 : 최고를 받을 채권자는 「민사집행법」 제148조(배당받을

채권자의 범위)의 범위와 같다.
   ① 배당요구의 종기까지 경매신청을 한 압류채권자
   ② 배당요구의 종기까지 배당요구를 한 채권자
   ③ 첫 경매개시결정등기전에 등기된 가압류채권자
   ④ 저당권·전세권, 그 밖의 우선변제청구권으로서 첫 경매개시결정등기전에 등기되었고 매각으로 소멸하는 것을 가진 채권자

2. **채권계산서에 적어야 할 내용**
   ① **원금** : 채권신고서 제출 당시의 원금액 중 변제 등으로 인하여 소멸이나 감소한 것이 있으면 기재하고, 채권신고서 제출 당싱의 원금액을 초과하지 못한다.
   ② **이자** : 배당기일까지의 이자
   ③ **부대채권** : 지연손해배상채권, 소송비용액확정절차에 의하여 확정된 본안소송비용 등
   ④ **집행비용** : 매각대금에서 우선변제 받을 집행비용

3. **채권계산서 부대 자료**
   ① 압류채권자의 신청서
   ② 배당요구채권자의 배당요구서
   ③ 등기사항증명서, 채권자가 제출한 채권신고서, 기타 집행기록에 첨부된 자료

4. **채권계산서 부제출의 효과**
   ① 최고를 받고 채권계산서를 제출하여도 배당요구의 종기일 후에 제출된 것이므로 독립하여 배당요구의 효력까지 발생하는 것은 아니다.
   ② 최고를 받고도 응하지 아니한 채권자가 있는 경우에는 채권자가 채권신고를 할 때 제출한 자료 등과 집행권원의 정본, 등기사항증명서 등 기록에 있는 자료로 계산할 수 밖에 없다.
   ③ 당연히 배당받는 「민사집행법」 제148조 3호 및 4호의 채권자라고 하더라도 배당요구의 종기일 까지 채권신고를 하지 아니한 때에는 등기사항증명서 등 집행기록에 있는 서류와 증빙에 따라 계산하여야 한다.

> **問52** 부동산매각절차에서 배당받을 채권자 중 <u>배당요구의 종기까지 경매신청을 한 압류채권자</u>에 대하여 자세히 설명해주세요?
>
> **答52** 「민사집행법」제148조(배당받을 채권자의 범위)의 범위는 다음과 같습니다.
> ① 배당요구의 종기까지 경매신청을 한 압류채권자
> ② 배당요구의 종기까지 배당요구를 한 채권자
> ③ 첫 경매개시결정등기 전에 등기된 가압류채권자
> ④ 저당권·전세권, 그 밖의 우선변제청구권으로서 첫 경매개시결정등기 전에 등기되었고 매각으로 소멸하는 것을 가진 채권자

① **이중경매신청권자** : 이중경매신청이 배당요구의 종기까지 이루어진 때에는 배당받을 채권자로 취급된다. 그러나 배당요구의 종기 이후에 이중경매신청을 한 경우에는 선행사건의 배당절차에서 배당을 받을 수 없다.

② **청구금액 확장 허용여부** : 압류채권자가 배당받을 금액은 배당요구의 종기까지 적법하게 청구된 채권의 원금과 이자 및 집행비용이다. 채권 중 일부만을 청구한 경우에 청구금액의 확장이 허용되지 않는다.(대법83마393)

\* **강제경매의 경우**, 채권의 일부를 청구금액으로 하여 경매신청을 한 후 나머지 채권에 대하여 배당을 받으려면 배당요구의 종기까지 배당요구를 하면 되고, 이중경매신청을 할 필요 없이 청구채권을 확장한 채권계산서를 제출하면 된다. 즉, 채권의 일부는 압류채권으로 배당받고, 일부 확장한 채권은 배당요구채권으로 구분하여 모두 배당받을 수 있다.

\* **담보권실행을 위한 임의경매**는 채권계산서에 피담보채권을 확장하는 방법으로 나머지 피담보채권액 전체를 청구할 수가 없으므로 배당요구 종기일까지 이중압류를 하여야 한다.

③ **채권계산서를 제출하지 아니한 때** : 법원은 경매신청서에 표시된 청구금액을 기준으로 하여 배당한다. 경매신청서에 이자나 지연이자 청구가 없는 때에는 이를 배당에 계산하지 않는다.

> **問53** 부동산매각절차에서 배당받을 채권자 중 <u>저당권자의 피담보채권</u>에 대하여 자세히 설명해주세요?
>
> **答53** 「민사집행법」 제148조(배당받을 채권자의 범위)의 범위는 다음과 같습니다.
>   ① 배당요구의 종기까지 경매신청을 한 압류채권자
>   ② 배당요구의 종기까지 배당요구를 한 채권자
>   ③ 첫 경매개시결정등기전에 등기된 가압류채권자
>   ④ 저당권·전세권, 그 밖의 우선변제청구권으로서 첫 경매개시결정등기전에 등기되었고 매각으로 소멸하는 것을 가진 채권자

□ 저당권의 피담보채권 범위

① **저당권이 우선변제 받을 수 있는 범위** : 원본, 이자, 위약금, 채무불이행으로 인한 손해배상, 저당권의 실행비용(「민법」제360조)

② 원금과 변제기는 등기하여야 한다. 특약으로 이율, 발생기, 지급시기 등을 등기 할 수 있다. 만약 이자의 약정여부, 이율에 관하여 등기가 없으면 제3자(후순위권자, 제3취득자 등)에게 대항할 수 없다. 다만, 이자율의 약정에 관하여서만 등기가 있고, 이율이 기재되어 있지 않으면 법정이율인 연 5%의 범위 내에서 우선변제 받을 수 있다.(「민법」제379조)

③ **지연손해금** : 이행기일 후의 지연배상은 원본의 이행기일을 경과한 후 1년분에 한하여 우선변제를 받을 수 있다.(「민법」제360조)

④ **위약금** : 위약금에 대한 등기에 관한 규정이 없으나, 위약금 특약이 있는 경우에는 등기하여야만 담보된다고 할 수 있다.

⑤ 「**민법**」 제360조의 제한범위 초과액을 청구한 경우 : 목적부동산에 후순위권자(후순위담보권자 등) 배당요구가 없는 경우에는 저당권자는 위 초과액까지도 변제받을 수 있으나, 제3취득자가 있는 경우에는 저당권자는 매각대금으로부터 「민법」제360조의 제한범위를 초과하는 지연손해금을 변제받을 수 없다.(대법2009다12818)

> **問54** 부동산매각절차에서 배당받을 채권자 중 <u>근저당권자의 피담보채권</u>에 대하여 자세히 설명해주세요?
>
> **答54** 「민사집행법」제148조(배당받을 채권자의 범위)의 범위는 다음과 같습니다.
>
> ① 배당요구의 종기까지 경매신청을 한 압류채권자
> ② 배당요구의 종기까지 배당요구를 한 채권자
> ③ 첫 경매개시결정등기전에 등기된 가압류채권자
> ④ 저당권·전세권, 그 밖의 우선변제청구권으로서 첫 경매개시결정등기전에 등기되었고 매각으로 소멸하는 것을 가진 채권자

1. 피담보채권의 범위

    ① 등기된 채권최고액을 한도로 하여 그 결산기에 현실적으로 존재하는 채권액의 전부에 미치되 이자와 채무불이행으로 인한 손해배상 및 위약금도 채권최고액에 포함된다. 그러나 근저당권의 실행비용인 경매비용은 채권최고액은 포함되지 않는다.(대법2001다47986)

    ② 채권계산서와 증빙서류에 의하여 근저당권의 결산기에 확정된 총채권액이 최고액범위 내의 액수이면 그 액수를 기재하고, 최고액을 초과하면 그 채권최고액을 배당표에 기재한다.

    ③ 채권최고액의 정함이 있는 근저당권에 관하여 채권의 총액이 그 채권최고액을 초과하는 경우에 초과금에 대해서는 그 매각절차에서 배당을 받을 수는 없으나, 근저당권자와 채무자 겸 근저당권설정자와의 관계에서는 위 채권 전액의 변제가 있을 때까지 근저당권의 효력은 채권최고액과는 관계없이 여전히 잔존채무에 미친다.(대법2010다22774)

    ④ 위의 경우에 배당하고 남은 금액이 있을 때에는 근저당권설정자에게 반환할 것이 아니라 근저당권자의 채권최고액을 초과하는 채무의 변제에 충당하여야 한다.(대법2008다4001)

2. 피담보채권의 확정

    ① 근저당권자가 그 피담보채무의 불이행을 근거로 경매신청을 한 때에는 근저당권은 확정되고, 그 이후에 발생하는 원금채권은 그 근저당권에 의하여 담보되지 않는다.(대법87타카545)

    ② 또한 경매신청이 취하되더라도 채무확정은 번복할 수가 없다.(대법제2002다18954)

    ③ 다른 후순위담보권자나 일반채권자가 강제경매신청을 한 경우 : 선순위근저당권의

피담보채권은 그 근저당권이 소멸하는 때, 즉 매수인이 매각대금을 완납한 때에 확정된다. 그러므로 그 채권이 매각대금 지급시까지 발생한 것이면 채권최고액 범위 내에서는 배당요구의 종기 이후라도 배당표가 작성될 때까지 채권계산서의 제출하여 배당요구채권액을 확장할 수 있다.(대법2001다36696)

④ 근저당권자가 채권최고액을 초과하는 금액을 청구한 경우 : 배당하고 잔액이 있는 경우 근저당권설정자와 채무자가 동일하고, 제3취득자가 생기지 않는 경우 매각대금 중 그 채권최고액을 초과하는 금액이 있더라도 이는 근저당권설정자에게 반환할 것은 아니고, 근저당권자의 채권최고액을 초과하는 채무의 변제에 충당하여야 한다.(대법92다1896)

⑤ 채권최고액을 초과한 금액에 대한 배당방법은 배당요구를 한 담보권자가 여럿이거나 일반채권자가 있는 경우에는 채권최고액을 초과 부분에는 우선변제권이 없으므로 안분배당을 한다.(대법97다27794)

3. 실무상 우선변제 받을 근저당권자가 계산서를 제출하지 않은 경우 : 등기기록에 적힌 채권최고액(저당권인 경우에는 그 채권액)을 현실의 채권액으로 보아 배당한다.(대법2004다68427) 이자는 배당기일까지의 이자를 포함한다.

---

**問55** 부동산매각절차에서 배당받을 채권자 중 <u>가등기담보권자의 피담보채권에</u> 대하여 자세히 설명해주세요?

**答55** 「민사집행법」 제148조(배당받을 채권자의 범위)의 범위는 다음과 같습니다.

① 배당요구의 종기까지 경매신청을 한 압류채권자
② 배당요구의 종기까지 배당요구를 한 채권자
③ 첫 경매개시결정등기전에 등기된 가압류채권자
④ 저당권·전세권, 그 밖의 우선변제청구권으로서 첫 경매개시결정등기전에 등기되었고 매각으로 소멸하는 것을 가진 채권자

---

1. 가등기담보권자의 채권신고
   ① 가등기담보권자는 목적 부동산에 대하여 경매절차에 참가하여 우선변제를 받을 수 있다. 이 때 가등기담보권은 저당권으로 보고 그 담보가등기가 된 때에 그 저당권의 설정등기가 행하여진 것으로 본다.(가담제13조)
   ② 첫 경매개시결정등기 전에 등기된 것으로 매각에 의하여 소멸된 때에도 채권신고의

최고기간까지 채권신고를 한 경우에 한하여 배당받을 수 있다.(가담제16조)
③ 등기부에 소유권이전에 관한 가등기가 있는 경우 집행법원은 가등기권리자에 대하여 그 등기가 담보가등기인 경우에는 그 내용 및 채권의 존부, 원인 및 금액을 담보가등기가 아닌 경우에는 그 내용을 법원에 신고할 것을 최고하여야 한다.(가담제16조)
④ 실무에서는 법원에서 최고를 하였음에도 신고가 없는 경우에는 일단 그 가등기를 순수한 소유권이전청구권보전을 위한 가등기로 보고, 매각물건명세서에 매수인에게 인수될 수 있는 취지를 기재한다.
⑤ 최선순위여서 매각으로 소멸되지 않는다고 매각물건명세서에 기재하였더라도 그것이 후에 담보가등기였고 그에 따라 가등기에 기한 본등기 절차를 하였다 하더라도 매수인은 소유권에 기한 방해배제청구로서 직접 가등기 및 그에 기한 본등기의 말소등기를 청구할 수 있다.(대법2010다15080)

2. 가등기담보권자의 배당 : 가등기담보권자가 채권신고를 한 경우에는 「민사집행법」 84조4항의 채권신고를 제출한 효과가 있고, 그 순위에 따라 우선적으로 매각대금에서 배당받을 수 있다.

## 問56 근저당권이나 전세권 등 담보권의 효력이 미치는 매각부동산의 범위에 대하여 자세히 설명해주세요?

**答56** 집합건물의 전유부분에만 설정된 저당권·전세권자의 대지사용권의 목적인 토지의 매각대금에서도 배당을 받을지 궁금하지만, 「민법」 제358조의 규정에 의하여 저당권의 효력은 저당부동산에 부합된 물건과 종물에 미친다고 볼 수 있습니다.

1. 집합건물의 전유부분에만 설정된 저당권의 효력
    ① 집합건물의 전유부분만에 관하여 설정된 저당권의 효력은 대지사용권의 분리처분이 가능하도록 규약으로 정하는 특별한 사정이 없는 한 대지사용권에도 포함되며, 저당권자는 전체 매각대금 중 대지사용권에 대한 부분에 대하여도 다른 후순위채권자에 우선하여 변제받을 수 있다.(대법2000다62179)
    ② 구분건물의 전유부분만에 관하여 저당권설정등기가 경료된 후에 대지권등기가 경료되면서 그 저당권설정등기는 전유부분만에 관한 것이라는 취득의 부기등기가 직권으로 경료되었다고 해도 마찬가지이다.(대법2000다62179)
2. 집합건물의 전유부분에만 설정된 전세권의 효력

① 집합건물의 전유부분에 대한 전세권자는 건물부분에 대하여만 전세권설정등기를 할 수가 있고 대지사용권의 목적인 토지에 대하여는 전세권설정등기를 할 수가 없어 전세권은 건물만에 관한 것이라는 취지의 부기등기를 한다. 전세권의 경우에도 전세권의 효력은 대지사용권에 미치므로 전세권자는 대지사용권의 매각대금 중에서도 배당을 받는다.(대법2001다68389)

② 건물의 일부에 대한 전세권자는 전세권의 목적물이 아닌 나머지 건물부분에 대한 전세권에 기한 경매신청권은 없지만, 배당에 관하여는 그 부동산 전부에 대하여 후순위권리자 기타 채권자보다 우선하여 배당을 받는다.(「민법」제303조, 대법2001마212)

> **問57** 대항요건 및 확정일자를 갖춘 임차인과 소액임차인이 건물과 대지가 함께 경매되는 경우와 대지만 경매되는 경우에 <u>어떤 물건의 환가대금에서 배당받을 수 있는지</u>에 대하여 설명해주세요?
>
> **答57** 저당권 설정 후에 비로소 건물이 신축된 경우에까지 공시방법이 불완전한 소액임차인에게 우선변제권을 인정한다면 저당권자가 예측할 수 없는 손해를 입게 되는 범위가 지나치게 확대되어 부당하므로, 이러한 경우에는 소액임차인은 대지의 환가대금에 대하여 우선변제를 받을 수 없다고 보아야 합니다.(대법99다25532).(대법99다25532)

1. 임차인의 우선변제 받을 권리는 건물의 환가대금에서 변제받을 권리가 있다. 대지의 환가대금에서는 우선하여 변제받을 권리가 없다.

2. **소액보증금 적용** : 소액보증금의 범위변경에 따른 경과조치를 적용함에 있어서 신축건물에 대하여 담보물권을 취득한 때를 기준으로 소액임차인 및 소액보증금의 범위를 정하여야 한다(대법2009다101275).

3. **채무초과상태에서의 담보제공행위** : 채무자가 채무초과상태에서 채무자 소유의 유일한 주택에 대하여 임차권을 설정해준 행위는 채무초과상태에서의 담보제공행위로서 채무자의 총재산의 감소를 초래하는 행위가 되는 것이고, 그 임차권설정행위는 사해행위취소의 대상이 된다(대법2012다20222).

> **問58** 대지에 관하여 근저당권 설정 후에 비로소 건물이 신축되고 그 신축건물에 대하여 다시 저당권이 설정된 후 대지와 건물이 일괄경매된 경우 임차인의 배당여부에 대하여 설명해주세요?
>
> **答58** 확정일자를 갖춘 임차인과 소액임차인은 신축건물의 환가대금에서는 변제받을 권리가 있고, 대지의 환가대금에서는 변제받을 권리가 없습니다.

1. 임차주택과 대지의 환가대금에서도 변제받을 권리 : 대항요건 및 확정일자를 갖춘 임차인과 소액임차인은 임차주택과 그 대지가 함께 경매될 경우 뿐만아니라 임차주택과 별도로 그 대지만의 경매될 경우에도 우선변제 받을 수 있다.

2. 임대차 계약 후 임대인의 소유였던 대지를 타인에게 양도 : 임차주택과 대지의 소유자가 달라진 경우에도 그 임차인은 그 대지의 경매대금에 대하여 우선변제권을 행사할 수 있다. 대지에 관한 저당권설정 당시 이미 그 지상 건물이 존재하는 경우에만 적용될 수 있고, 저당권설정 후에 비로소 건물이 신축된 경우에는 소액임차인은 대지의 환가대금으로부터 우선변제 받을 수 없다.(대법20009다101275) 그러나 토지에 관한 근저당권설정 당시 그 지상에 건물의 규모, 종류가 외형상 예상할 수 있는 정도까지 건축이 진전된 경우에는 그 지상 건물의 소액임차인에게 대지의 매각대금에 대한 우선변제권을 인정할 수 있다.(대법2010다67159)

3. 미등기 주택 : 「주택임대차보호법」에서도 미등기주택에 대하여 달리 취급하는 특별한 규정을 두고 있지 아니하므로, 미등기주택에도 대항요건 및 확정일자를 갖춘 임차인과 소액임차인의 임차주택 대지에 대한 우선변제권에 관한 법리는 그대로 적용된다.(대판 2004다26133)

> **問59** 배당절차에서 국세 및 지방세 채권의 <u>압류 또는 교부청구제도</u>에 대하여 설명해주세요?
>
> **答59** 국세징수법과 지방세기본법에 의한 국세 등의 교부청구라 함은 과세관청이 이미 진행 중인 강제환가절차에 가입하여 체납된 조세의 배당을 구하는 것으로서 강제집행에서의 배당요구와 같은 성질이라 할 수 있습니다.(대법99다22311)

1. 조세채권자로서 첫 경매개시결정등기 전에 압류를 한 자
   ① 「민사집행법」 제148조 4호에 해당되고, 배당요구의 종기까지 새로 교부청구를 한 자는 「민사집행법」 제148조 2호에 해당된다.
   ② 압류로써 교부청구의 효력이 있으나, 이 경우에도 배당요구의 종기까지 교부청구나 그 세액을 알 수 있는 증빙서류를 제출하지 아니한 때에는 압류등기를 집행기록에 나타난 증빙서류에 준하는 것으로 취급하여 체납액을 조사하여 배당할 뿐이다.
2. 첫 경매개시결정 등기 후에 체납처분에 의한 압류등기가 마쳐진 경우 : ① 조세채권자인 국가로서 법원에 배당요구의 종기까지 배당요구를 하여야만 배당을 받을 수 있다.(대법 2002다22212)
3. 조세채권 우선의 원칙 : 국세, 지방세, 관세 및 그 가산금과 체납처분비는 다른 공과금 기타 채권에 우선하여 징수한다.


> **問60** 배당절차에서 조세 상호간의 우열에 대한 <u>압류선착주의</u>라는 것이 있는데 어떤 내용인지 설명해주세요?
>
> **答60** 국세상호간, 지방세상호간, 국세와 지방세 상호간에는 먼저 압류한 조세가 나중에 압류하거나 교부청구한 조세보다 우선한다는 원칙을 말합니다.

1. 압류선착주의의 개념
   ① 국세상호간, 지방세상호간, 국세와 지방세 상호간에는 먼저 압류한 조세가 나중에 압류하거나 교부청구한 조세보다 우선한다는 원칙을 말합니다.(국세기제36조, 지방세기 제101조)
   ② 대법원판례는 압류선착주의를 인정하는 입장이다. 즉, 다른 조세채권자보다 조세채무자의 자산상태에 주의를 기울이고, 조세징수에 열의를 가지고 있는 징수권자에게

우선선권을 부여하는 것으로 「민사집행법」에 의한 절차를 통하여 징수되는 경우에도 적용되어야 한다.(대법2001다83777)

2. 압류선착주의 적용

   ① 압류가 먼저 된 대로 우선한다는 것이 아니라 압류와 교부청구 사이에서는 압류가 우선한다는 것이다.
   ② 1순위, 2순위, 3순위 압류가 있는 경우 1순위 압류는 우선권이 있으나, 2순위와 3순위는 서로 교부청구로서 동순위로 안분배당하여야 한다.
   ③ 즉, 1,2,3 순위 압류가 차례로 있는 경우 1, 2, 3의 압류순서대로 우선권이 있다는 뜻이 아니라, 1순위 압류권자만이 진정한 압류권자로서 참가압류권자이자 교부청구권자에 불과한 2, 3순위 압류권자에게 우선권이 있다는 말이다.

3. 압류선착주의와 당해세와의 관계

   ① 압류선착주의는 부동산 자체에 대하여 부과된 조세와 가산금(당해세)에 대하여는 적용되지 않는다.(대법2007두2197)
   ② 당해세가 아닌 조세채권 사이의 우선순위를 정하는데 적용할 수 있다.

---

**問61** 배당절차에서 본세, 가산금, 가산세, 체납처분비의 징수순위와 배당순위에 대하여 설명해주세요?

**答61** 가산금이란 국세 등을 납부기한까지 납부하지 아니한 때 가산하여 징수하는 것이고, 가산세란 납세의무자가 정당한 사유 없이 세법에 의한 신고의무, 보고의무, 징수의무를 이행하지 아니한 때 부과하는 것이고, 체납처분비는 체납처분의 집행에 소요되는 비용을 말합니다.

1. 가산금

   ① 국세 등을 납부기한까지 납부하지 아니한 때 고지세액에 가산하여 징수하는 금액(가산금)과 납부기한 경과 후 일정기한까지 납부하지 아니한 때에 그 금액에 다시 가산하여 징수하는 금액(중가산금)이 있다.
   ② 가산금의 법정기일은 가산금 자체의 납세의무가 확정된 때 즉 납부고지서에서 고지된 납부기한을 도과한 때로 보아야 한다.(대법2010다70605)
   ③ 특정의 조세채권에 관하여 조세의 본세와 가산금 및 체납처분비 전부를 충당하기에 부족한 경우에는 체납처분비, 국세 또는 지방세, 가산금의 순으로 징수한다.

2. 가산세
    ① 납세의무자가 정당한 사유없이 세법에 의한 신고의무, 보고의무, 징수의무를 이행하지 아니하거나 위반하는 경우에 행정벌적인 성격으로 부과되는 것으로 본세의 산출세액에 가산하여 본세의 명목으로 징수한다.(대법2008두2330)
    ② 취득세의 신고납부의무 불이행으로 부과되는 가산세의 법정기일은 납세고지서의 발송일이다.(대법2001다10076)
3. 조세채권의 체납처분비 : 부동산강제집행절차에 참가하여 배당을 받는 경우에는 조세 자체가 저당권에 우선하더라도 체납처분비는 저당권 등에 우선하지 못하고 공과금 기타 채권에 우선하여 배당을 받을 뿐이다.

---

**問62** 배당절차에서 당해세우선의 원칙이 있다는데, 이러한 <u>당해세의 종류와 적용방법</u>에 대하여 설명해주세요?

**答62** 당해세란 매각부동산 자체에 대하여 부과된 조세와 가산금으로서 그 법정기일 전에 설정된 저당권 등으로 담보된 채권보다 우선하는 것을 말합니다. 이러한 당해세는 국세와 지방세가 있습니다.

1. 당해세의 입법취지
    ① 공시를 수반하는 담보물권의 거래의 안전을 보장하는 사법적 요청과 조세채권의 실현을 목적으로 하는 공익적 목적을 조화시키려는데 목적이 있다.
    ② 담보물권을 취득하는 사람이 장래 그 재산에 대하여 부과될 것을 상당한 정도로 예측할 수 있는 것으로 당해 재산을 소유하고 있는 것 자체에 담세력을 인정하여 부과되는 세금이다.
2. 신탁재산에서의 당해세
    ① 신탁재산에 대하여 강제집행 또는 경매를 할 수 있다고 규정하고 있는데 수탁자를 채무자로 하는 것만이 포함되며, 위탁자를 채무자로 하는 것은 포함되지 않는다.(대법2011두686).
    ② 신탁재산에 대하여 위탁자에게 부과된 당해세인 재산세와 가산금 채권이라 하더라도 신탁재산에 대한 경매절차에서 배당받을 수 없다.(대법2010다67593)
3. 당해세의 종류
    1) 국세 : 증여세, 상속세, 종합부동산세

① **증여세** : 부동산을 매수한 후 소유권이전등기를 하지 않은 채 수증자 앞으로 직접 소유권이전등기를 한 것은 과세대상으로 부과된 증여세는 당해세이다.(대법99다6135) 그러나 매각재산의 취득자금을 증여받은 것으로 추정하여 그 재산의 취득자금에 대하여 부과하는 증여세는 당해세라 할 수가 없다.(대법95다47831)

② **상속세** : 저당권설정자에게 부과된 세금에 한하여 우선할 수 있고 양수인에게 부과된 증여세라든가 설정자의 사망으로 인하여 그 상속인에게 부과된 상속세와 같은 당해세는 기존의 저당권자에게 우선하여 징수할 수 없다.(대법94다11835)

③ **종합부동산세**

2) **지방세** : 지방세기본법 제99조5항의 규정에 의하면 당해세는 ① 재산세, ② 자동차세(자동차 소유에 대한 자동차세만 해당), ③ 지역자원시설세(특정부동산에 대한 지역자원시설세만), ④ 지방교육세(재산세와 자동차세에 부가되는 지방교육세만)

4. **당해세의 개정 사항** : 당해세의 법정기일보다 빠른 확정일자부임차권이 있을 때 당해세의 배당액 한도 내에서 먼저 배당한다.(2023.04 개정) 즉, 대항력 있는 임차인의 우선변제권이 당해세의 법정기일보다 빠른 경우에는 당해세가 배분되는 한도에 대하여는 주택임차보증금이 우선 변제받게 된다.

---

**問63 매각목적물이 일부 지분인 경우 전체에 관한 선순위 권리자에 대한 배당에 대하여 설명해주세요?**

**答63** 법원실무에서는 근저당권이나 가압류를 매수인이 인수하도록 특별매각조건을 정하거나 또는 선순위 권리자로부터 근저당권의 채권최고액이나 가압류의 청구금액 중 매각지분에 상응한 비율로 안분한 금액만을 배당받고 매각지분에 해당하는 권리를 일부말소하는데 동의를 받고 매각합니다.

1. **일부지분 매각, 전체 선순위권리자 배당** : 법원실무에서는 근저당권이나 가압류를 매수인이 인수하도록 특별매각조건을 정하거나 또는 선순위권리자로부터 근저당권의 채권최고액이나 가압류의 청구금액 중 매각지분에 상응한 비율로 안분한 금액만을 배당받고 매각지분에 해당하는 권리를 일부말소하는데 동의를 받고 매각한다.

2. **집합건물만 매각**
    ① 집합건물이 매각대상인 경우에 그 집합건물의 대지권의 목적인 토지 전체에 관한 별도등기에 대하여도 위와 같이 마찬가지로 적용된다.(대법2005다15048)

② 「민사집행법」 제91조에 의하면 매각부동산 위의 모든 근저당권은 매각으로 소멸한다고 규정하고 있다. 집합건물의 전유부분과 함께 그 대지사용권은 토지공유지분이 일체로서 매각되고 그 대금이 완납되면 설사 대지권 성립 전부터 토지만에 관하여 별도등기로 설정되어 있던 근저당권이라도 경매과정에서 이를 존속시켜 매수인이 인수하게 한다는 취지의 특별매각조건이 있지 않았던 이상 토지공유지분에 대한 범위에서는 매각부동산 위의 저당권에 해당하여 소멸한다.

---

**問64** 매수인이 매각대금을 납부하면 집행법원은 배당에 관하여 진술 및 배당을 실시할 기일을 지정하여야 합니다. 이러한 <u>배당기일의 지정 및 통지</u>에 대하여 설명해주세요?

**答64** 매수인이 매각대금을 납부하면 3일 안에 배당기일을 지정하되, 배당기일은 대금납부 후 4주 안의 날로 지정합니다. 배당기일통지는 각 채권자와 채무자에게 늦어도 배당기일 3일 전에 도달할 수 있도록 통지하여야 합니다.

1. 배당기일의 지정
   ① 매수인이 매각대금을 납부하면 3일 안에 배당기일을 지정하되, 배당기일은 대금납부 후 4주 안의 날로 지정한다.
   ② 매수인이 적법하게 채무인수신청을 하였거나 또는 차액지급신청을 한 경우에는 대금지급기일을 정할 필요가 없으므로 바로 배당기일을 정하면 된다.
   ③ 재매각을 명하였다가 대금의 지급이 있어 재매각절차를 취소한 경우에는 바로 배당기일을 지정한다.

2. 배당기일의 통지
   ① 집행법원은 배당기일을 정하고 이해관계인과 배당을 요구한 채권자에게 배당기일을 통지하여야 한다.
   ② 배당기일통지는 각 채권자와 채무자에게 늦어도 배당기일 3일 전에 도달할 수 있도록 통지하여야 한다.
   ③ 배당기일 통지를 받을 상대방은 압류채권자와 「민사집행법」 제148조 각 호의 배당받을 채권자의 범위에 해당하는 채권자가 모두 포함된다.
   ④ 청구이의 소, 제3자 이의의 소, 집행문부여에 대한 이의의 소의 피고로서 집행의 일시정지명령을 받은 채권자에게도 통지를 한다.

> **問65** 매수인이 매각대금을 납부하면 집행법원은 배당기일을 지정하고 배당받을 채권자들에게 통지를 합니다. 이때 <u>배당할 금액은 어떤 종류</u>가 있는지요?
>
> **答65** 배당할 금액을 실무상 배당재단이라 합니다. 여기에 배당할 금액은 「민사집행법」에서 정해진 금액들의 합계액입니다.

1. 매각대금(민집 제147조) : 매수신청의 보증으로 금전에 제공된 경우 그 금전은 매각대금에 편입된다.
2. 대금지급기한이 지난 뒤부터 대금의 지급 및 충당까지의 지연이자 : 재매각명령이 있은 후 전의 매수인이 매각대금과 지연이자 및 절차비용을 지급하여 재매각절차가 취소된 경우
3. 채무자 및 소유자가 한 매각허가결정에 대한 항고가 기각 또는 각하되거나 항고가 취하된 때에는 항고인이 보증금으로 제공한 금전이나 유가증권
4. 「민사집행법」 제147조 1항 4호 채무자 및 소유자 외의 사람이 한 매각허가결정에 대한 항고가 기각 또는 각하되거나 항고가 취하된 때에는 연2할의 금액
5. 「민사집행법」 제 138조 4항의 규정에 의하여 매수인이 돌려줄 것을 요구할 수 없는 보증금액, 즉 대금납부를 하지 못할 시 몰수되는 입찰보증금액
6. 차순위매수신고인에 대한 매각허가결정이 있는 경우 매수인이 매수신청의 보증으로 제공한 금전
7. 위 각 금액에 대한 배당기일까지의 발생한 보관금이자

> **問66** 부동산매각절차의 배당단계에서 <u>배당액을 채권자에게 즉시 지급하지 않고 공탁하여야 하는 경우</u>가 있다는데 어떤 경우인지 사례를 들어 설명해주세요?
>
> **答66** 「민사집행법」 등의 규정에 의한 다음의 각 채권에 대한 배당액은 즉시 채권자에게 지급할 수 없거나 지급하는 것이 적당하지 아니하므로 법원사무관등은 그 채권자에게 배당액을 직접 지급하지 않고 공탁합니다.

1. 채권에 정지조건 또는 불확정기한이 붙어 있는 때 : 매각으로 소멸하는 저당권 또는

가등기담보권의 피담보채권이 정지조건이나 불확정기한에 걸려 있는 경우, 우선변제권이 인정되는 임대차보증금의 경우 임차인이 임차목적물을 매수인에게 인도를 증명하는 서류를 제출하지 않은 경우, 전세권자도 매수인에게 인도확인서를 제출하지 않은 경우.

2. **조건의 불성취가 확정된 경우** : 그 채권자에 대한 배당을 실시할 수가 없으므로, 추가배당을 받을 채권자가 있을 때에는 추가배당절차를 실시하고, 나머지가 있으면 강제경매는 채무자에게, 임의경매는 소유자에게 지급한다.

3. **가압류채권자의 채권**
   ① 본안소송에서 가압류채권자가 승소하여 집행력 있는 종국판결을 취득한 때, 그에 준하는 화해조서 등을 제출하면 그 채권자에게 배당액을 지급한다.
   ② 가압류채권자에 대한 배당액이 공탁된 후 가압류집행이 취소되거나 본안소송에서 패소확정판결을 받는 경우, 공탁금은 채무자에게 교부하지 않고 다른 채권자들에게 추가로 배당한다.(대법2011다75478)

4. 「민사집행법」 규정에 의하여 강제집행의 **일시정지**를 명한 취지를 적은 재판의 **정본** 및 담보권실행을 **일시정지**하도록 명한 재판의 **정본의 문서가 제출되어 있는 때**

5. **저당권설정의 가등기가 마쳐진 때**(「민사집행법」제160조) : 압류의 효력이 발생하기전에 저당권설정이 가등기가 있는 경우 그 가등기권리자는 후일 본등기를 하면 우선변제를 받을 수 있는 지위가 발생하므로 가압류의 경우에 준하여 가등기권리자가 본등기를 하였다고 가정하고 그에게 배당할 금액을 정하여 공탁한다.

6. **배당이의 소가 제기된 때** : 배당이의 소가 확정된 때, 그 소가 취하 또는 취하간주된 때에 공탁금을 배당한다.

7. 저당권자가 저당권의 목적부동산이 아닌 다른 부동산에 관한 배당절차에서 배당을 받는 경우 다른 채권자가 그 배당금의 공탁청구를 한 때

8. 배당기일에 출석하지 아니한 채권자의 배당액

9. 저당권자의 저당권부채권이 압류 또는 가압류된 경우

10. 저당권부채권에 대한 채권담보권의 등기가 된 경우

11. 저당권에 처분금지가처분이 된 경우

12. 배당금 또는 잉여금수령채권에 대하여 가압류, 압류, 전부명령, 추심명령이 발령된 경우
    ① 질권의 목적이 된 채권이 금전채권인 때에는 질권자는 자기채권의 한도에서 질권의

목적이 된 채권을 직접 청구하여 자기채권의 변제에 충당할 수 있다(대법2003다40668)
   ② 저당권부채권의 질권자가 부기등기를 하면 그 효력이 저당권에도 미치므로 질권자는 배당법원에 배당금의 지급을 청구하거나, 배당 전에 저당권자가 배당받을 금원에 대하여 채권압류 및 추심명령을 받아야 한다.
   ③ 저당채권에 대한 질권자도 등기기록에 기입된 부동산의 권리자(「민사집행법」제90조3)에 해당되므로 질권자가 배당법원에 직접 청구하지 않거나 압류가 없는 경우라도 질권자 앞으로 배당하여 유보공탁한다.(「민사집행법」제160조2항)
13. 채권자에게 배당하기 위한 배당금에 대하여 처분금지가처분 또는 지급금지가처분이 된 채권

---

**問67** 부동산매각절차의 배당단계에서 일단 작성된 배당표를 후에 변경하거나 다시 작성하여 배당을 실시하는 절차를 <u>재배당 및 추가배당</u>이라고 하는데 어떤 경우에 재배당 및 추가배당을 하는지 사례를 들어 설명해주세요?

**答67** 추가배당하는 사유는 「민사집행법」제161조 2항, 3항에 열거하고 있습니다.

1. 개념
   ① **재배당**이란 배당이의 소의 결과 배당이의의 소의 원고와 피고 사이에만 다시 배당하는 것을 말한다.
   ② **추가배당**이란 종전 배당표상 배당받는 것으로 기재된 채권자에 대한 배당액의 전부 또는 일부를 당해 채권자가 배당받지 못하는 것으로 확정된 경우에 그 채권자를 대상으로 배당순위에 따라 추가로 배당하는 절차이다.

2. **추가배당사유**(「민사집행법」제161조 2항, 3항)
   ① 정지조건부채권의 조건의 불성취가 확정된 경우, 가압류채권자가 본안에서 전부 또는 일부 패소한 경우(대법2011다75478) 등 채권의 채권자에게 배당을 실시할 수 없게 된 때
   ② 채무자가 제기한 배당이의 소에서 채권자가 패소한 때
   ③ 저당권 등의 담보권자가 담보목적물 이외의 재산에서 배당받은 금액에 대하여 다른 채권자가 공탁을 청구한 후 그 담보권자가 담보목적물의 매각대가에서 배당을 받게 된 때
   ④ 채권자가 법원에 공탁금의 수령을 포기하는 의사표시를 한 때

⑤ 조세채권으로 배당받은 후 조세부과처분이 취소된 경우
⑥ 근저당권설정계약이 사해행위로 취소된 경우
⑦ 배당표상의 채권자를 상대로 제기한 청구이의의 소의 원고승소의 확정판결이 있는 경우

> **問68** 부동산매각절차가 진행중인데 경매신청인은 취하할 수 있다고 들었는데 <u>매각단계별 경매취하 방법</u>에 대하여 설명해주세요?
>
> **答68** 경매신청후 매수신고가 있기 전까지 취하, 매수신고가 있은 후 취하, 재매각명령이 있은 후 취하 각 단계별로 경매신청인은 경매를 취하할 수 있습니다.

1. **매각절차 단계별 취하**
   (1) **매수신고가 있기 전까지의 취하** : 경매신청 후 매수신고가 있기 전까지는 경매신청인은 자유롭게 경매신청을 취하할 수 있다.
   (2) **매수신고가 있은 후의 취하**
   ① 최고가매수신고인 또는 매수인 그리고 차순위매수신고인의 동의를 받아야 한다. 최고가매수신고인은 매각기일의 절차에서 집행관에 의하여 이름과 가격일 불린 사람을 말하고, 매수인은 매각허가결정이 확정된 사람을 말한다.
   ② 이중경매개시결정이 있는 때는 선행사건의 압류채권자가 신청을 취하하여도 후행사건에 따라 절차가 계속 진행된다.(「민사집행법」제87조)
   (3) **재매각명령 후의 취하** : 경매취하는 가능하다. 원래의 대금납부기한까지 그 의무를 이행하지 아니하여 재매각절차를 야기한 전 매수인은 경매신청 취하에 대한 동의는 필요없다.
   (4) **매각대금 납부 후의 취하** : 부동산의 소유권이 매수인에게 이전되었으므로 경매취하는 허용되지 않는다.

2. **최고가매수인, 매수인 등이 동의를 하지 않는 경우**
   (1) **임의경매** : 소유자는 등기부등본상의 근저당권설정을 말소 시킨 후에 근저당권설정이 말소된 등기부등본을 첨부하여 경매개시결정의 이의와 집행정지 신청을 경매계에 제출한다.
   (2) **강제경매** : 청구이의소를 제기하며, 강제집행 정지신청으로 강제경매정지 결정문을 받아 경매계에 제출한다. 시간이 걸리면 공탁을 걸고 진행하면 된다.

**問69** 임의경매와 강제경매의 차이점에 대하여 설명해주세요?

**答69** 현행「민사집행법」은 부동산 강제경매에 관하여 먼저 규정하고 그에 관하여 담보권의 실행을 위한 부동산에 관한 경매절차를 준용하도록 하고 있습니다. 즉, 담보권의 실행을 위한 부동산에 대한 경매도 원칙적으로 압류에서 배당에 이르기까지 강제경매와 동일한 절차에 의하여 실시하도록 규정하고 있습니다.

그러나 어떠한 부분에서는 임의경매와 강제경매의 차이점이 존재한다.

1. **집행권원의 요부** : 강제경매는 집행권원의 존재를 요하며 그 정본에 집행문을 부여한 집행력 있는 정본에 기하여 실시된다. 임의경매는 피담보채권의 변제를 받기 위하여 신청하는 것으로 집행권을 필요로 하지 않는다. 다만 담보권의 존재를 증명하는 서류를 첨부하면 된다.

2. **공신적 효과 유무** : 강제경매는 집행력 있는 정본이 존재한 경우에 한하여 실시되므로 일단 유효한 집행력 있는 정본에 기하여 매각절차가 완결된 때에는 후일 집행권원이 폐기된 경우라도 매각절차가 유효한 한 매수인은 유효하게 목적물의 소유권을 취득한다.(대판90다16177) 임의경매는 국가기관이 담보권자의 실행을 대행하는 것에 불과하므로 담보권 및 피담보권의 부존재, 무효 등 하자가 있으면 경매개시결정 및 절차가 무효나 취소로 할 수가 있다.(대법2011다68012)

3. **경매 취하 절차의 상이** : 강제경매는 청구이의소를 제기하며, 강제집행 정지신청으로 강제경매정지 결정문을 받아 경매계에 제출한다. 시간이 걸리면 공탁을 걸고 진행하면 된다. 임의경매는 소유자는 등기부등본상의 근저당권설정을 말소시킨 후에 근저당권설정이 말소된 등기부를 첨부하여 경매개시결정의 이의와 집행정지 신청을 경매계에 제출한다.

> **問70** 「민법」 제365조에 규정된 <u>저당지상의 일괄경매청구권</u>에 대하여 어떠한 경우에 적용되는지 설명해주세요?
>
> **答70** 나대지를 목적으로 저당권을 설정한 후 그 설정자가 그 토지상에 건물을 축조한 때에는 저당권자는 그 토지와 함께 건물에 대하여도 경매신청이 가능합니다.(「민법」제365조)

① 「민법」 제365조(저당지상의 건물에 대한 경매청구권) 토지를 목적으로 저당권을 설정한 후 그 설정자가 그 토지에 건물을 축조한 때에는 저당권자는 토지와 함께 그 건물에 대하여도 경매를 청구할 수 있다. 그러나 그 건물의 경매대가에 대하여는 우선변제를 받을 권리가 없다.

② 저당권설정자로부터 저당 토지에 대한 용익권을 설정받은 자가 그 토지에 건물을 축조한 경우라도 그 후 저당권설정자가 그 건물의 소유권을 취득한 경우에는 저당권자는 토지와 함께 그 건물에 대하여도 경매를 청구할 수 있다.(대법2003다3850)

③ 나대지에 근저당권이 설정된 후 건축된 건물의 일부가 인접한 다른 대지에 걸쳐 있는 경우에 건물의 상당 부분이 근저당권이 설정된 대지 위에 건립되어 있고 그 건물 전체가 불가분의 일체로서 소유권의 객체를 이루고 있다면 위 대지의 근저당권자는 건물 전부에 대하여 경매청구권을 행사할 수 있다.(대법85다카246)

④ 동일인 소유의 토지와 지상 건물에 공동저당권이 설정된 후 건물이 철거되고 새로 건물이 신축된 경우 신축건물에 토지의 저당권과 동일한 순위의 공동저당권이 설정되지 않는 한 채권자는 위 신축건물에 대하여 일괄경매신청을 할 수 있다.(대법2011다54587)

⑤ 토지의 저당권자가 토지에 대하여 강제경매를 신청한 후에도 그 토지상의 건물에 대하여 매각기일공고시까지는 일괄매각의 추가신청을 할 수 있고 집행법원은 두 개의 경매사건을 병합하여 일괄매각절차를 진행함이 상당하다.(대법2002마1632)

⑥ 일괄경매신청한 건물이 미등기일 때에는 그 건물의 표시는 경매신청서에 첨부한 부동산소유증명서의 표시와 부합하도록 표시하여야 한다.

자신을 믿어라.
자신의 능력에 대한 확신이 성공의 비결이다.
- 데일카네기 -

# 제5편

# 부록

- 민사집행법
- 부동산등에 대한 경매절차 처리지침
- 부동산경매 관련 서식

## 「민사집행법」

[시행 2022. 1. 4.] [법률 제18671호, 2022. 1. 4., 일부개정] 법무부(법무심의관실) 02-2110-3164

### 제1편 총칙

제1조(목적) 이 법은 강제집행, 담보권 실행을 위한 경매, 「민법」·상법, 그 밖의 법률의 규정에 의한 경매(이하 "민사집행"이라 한다) 및 보전처분의 절차를 규정함을 목적으로 한다.

제2조(집행실시자) 민사집행은 이 법에 특별한 규정이 없으면 집행관이 실시한다.

제3조(집행법원) ①이 법에서 규정한 집행행위에 관한 법원의 처분이나 그 행위에 관한 법원의 협력사항을 관할하는 집행법원은 법률에 특별히 지정되어 있지 아니하면 집행절차를 실시할 곳이나 실시한 곳을 관할하는 지방법원이 된다.

②집행법원의 재판은 변론 없이 할 수 있다.

제4조(집행신청의 방식) 민사집행의 신청은 서면으로 하여야 한다.

제5조(집행관의 강제력 사용) ①집행관은 집행을 하기 위하여 필요한 경우에는 채무자의 주거·창고 그 밖의 장소를 수색하고, 잠근 문과 기구를 여는 등 적절한 조치를 할 수 있다.

②제1항의 경우에 저항을 받으면 집행관은 경찰 또는 국군의 원조를 요청할 수 있다.

③제2항의 국군의 원조는 법원에 신청하여야 하며, 법원이 국군의 원조를 요청하는 절차는 대법원규칙으로 정한다.

제6조(참여자) 집행관은 집행하는 데 저항을 받거나 채무자의 주거에서 집행을 실시하려는데 채무자나 사리를 분별할 지능이 있는 그 친족·고용인을 만나지 못한 때에는 성년 두 사람이나 특별시·광역시의 구 또는 동 직원, 시·읍·면 직원(도농복합형태의 시의 경우 동지역에서는 시 직원, 읍·면지역에서는 읍·면 직원) 또는 경찰공무원중 한 사람을 증인으로 참여하게 하여야 한다.

제7조(집행관에 대한 원조요구) ①집행관 외의 사람으로서 법원의 명령에 의하여 민사집행에 관한 직무를 행하는 사람은 그 신분 또는 자격을 증명하는 문서를 지니고

있다가 관계인이 신청할 때에는 이를 내보여야 한다.

②제1항의 사람이 그 직무를 집행하는 데 저항을 받으면 집행관에게 원조를 요구할 수 있다.

③제2항의 원조요구를 받은 집행관은 제5조 및 제6조에 규정된 권한을 행사할 수 있다.

제8조(공휴일·야간의 집행) ①공휴일과 야간에는 법원의 허가가 있어야 집행행위를 할 수 있다.

②제1항의 허가명령은 민사집행을 실시할 때에 내보여야 한다.

제9조(기록열람·등본부여) 집행관은 이해관계 있는 사람이 신청하면 집행기록을 볼 수 있도록 허가하고, 기록에 있는 서류의 등본을 교부하여야 한다.

제10조(집행조서) ①집행관은 집행조서(執行調書)를 작성하여야 한다.

②제1항의 조서(調書)에는 다음 각호의 사항을 밝혀야 한다.
  1. 집행한 날짜와 장소
  2. 집행의 목적물과 그 중요한 사정의 개요
  3. 집행참여자의 표시
  4. 집행참여자의 서명날인
  5. 집행참여자에게 조서를 읽어 주거나 보여 주고, 그가 이를 승인하고 서명날인한 사실
  6. 집행관의 기명날인 또는 서명

③제2항제4호 및 제5호의 규정에 따라 서명날인할 수 없는 경우에는 그 이유를 적어야 한다.

제11조(집행행위에 속한 최고, 그 밖의 통지) ①집행행위에 속한 최고(催告) 그 밖의 통지는 집행관이 말로 하고 이를 조서에 적어야 한다.

②말로 최고나 통지를 할 수 없는 경우에는 민사소송법 제181조·제182조 및 제187조의 규정을 준용하여 그 조서의 등본을 송달한다. 이 경우 송달증서를 작성하지 아니한 때에는 조서에 송달한 사유를 적어야 한다.

③집행하는 곳과 법원의 관할구역안에서 제2항의 송달을 할 수 없는 경우에는 최고나 통지를 받을 사람에게 대법원규칙이 정하는 방법으로 조서의 등본을 발송하고 그 사유를 조서에 적어야 한다.

제12조(송달·통지의 생략) 채무자가 외국에 있거나 있는 곳이 분명하지 아니한 때에는 집행행위에 속한 송달이나 통지를 하지 아니하여도 된다.

제13조(외국송달의 특례) ①집행절차에서 외국으로 송달이나 통지를 하는 경우에는 송달이나 통지와 함께 대한민국안에 송달이나 통지를 받을 장소와 영수인을 정하여 상당한 기간 이내에 신고하도록 명할 수 있다.

②제1항의 기간 이내에 신고가 없는 경우에는 그 이후의 송달이나 통지를 하지 아니할 수 있다.

제14조(주소 등이 바뀐 경우의 신고의무) ①집행에 관하여 법원에 신청이나 신고를 한 사람 또는 법원으로부터 서류를 송달받은 사람이 송달받을 장소를 바꾼 때에는 그 취지를 법원에 바로 신고하여야 한다.

②제1항의 신고를 하지 아니한 사람에 대한 송달은 달리 송달할 장소를 알 수 없는 경우에는 법원에 신고된 장소 또는 종전에 송달을 받던 장소에 대법원규칙이 정하는 방법으로 발송할 수 있다.

③제2항의 규정에 따라 서류를 발송한 경우에는 발송한 때에 송달된 것으로 본다.

제15조(즉시항고) ①집행절차에 관한 집행법원의 재판에 대하여는 특별한 규정이 있어야만 즉시항고(卽時抗告)를 할 수 있다.

②항고인(抗告人)은 재판을 고지받은 날부터 1주의 불변기간 이내에 항고장(抗告狀)을 원심법원에 제출하여야 한다.

③항고장에 항고이유를 적지 아니한 때에는 항고인은 항고장을 제출한 날부터 10일 이내에 항고이유서를 원심법원에 제출하여야 한다.

④항고이유는 대법원규칙이 정하는 바에 따라 적어야 한다.

⑤항고인이 제3항의 규정에 따른 항고이유서를 제출하지 아니하거나 항고이유가 제4항의 규정에 위반한 때 또는 항고가 부적법하고 이를 보정(補正)할 수 없음이 분명한 때에는 원심법원은 결정으로 그 즉시항고를 각하하여야 한다.

⑥제1항의 즉시항고는 집행정지의 효력을 가지지 아니한다. 다만, 항고법원(재판기록이 원심법원에 남아 있는 때에는 원심법원)은 즉시항고에 대한 결정이 있을 때까지 담보를 제공하게 하거나 담보를 제공하게 하지 아니하고 원심재판의 집행을 정지하거나 집행절차의 전부 또는 일부를 정지하도록 명할 수 있고, 담보를 제공하게 하고 그 집행을 계속하도록 명할 수 있다.

⑦항고법원은 항고장 또는 항고이유서에 적힌 이유에 대하여서만 조사한다. 다만, 원심재판에 영향을 미칠 수 있는 법령위반 또는 사실오인이 있는지에 대하여 직권으로 조사할 수 있다.

⑧제5항의 결정에 대하여는 즉시항고를 할 수 있다.

⑨제6항 단서의 규정에 따른 결정에 대하여는 불복할 수 없다.

⑩제1항의 즉시항고에 대하여는 이 법에 특별한 규정이 있는 경우를 제외하고는 민사소송법 제3편 제3장중 즉시항고에 관한 규정을 준용한다.

제16조(집행에 관한 이의신청) ①집행법원의 집행절차에 관한 재판으로서 즉시항고를 할 수 없는 것과, 집행관의 집행처분, 그 밖에 집행관이 지킬 집행절차에 대하여서는 법원에 이의를 신청할 수 있다.

②법원은 제1항의 이의신청에 대한 재판에 앞서, 채무자에게 담보를 제공하게 하거나 제공하게 하지 아니하고 집행을 일시정지하도록 명하거나, 채권자에게 담보를 제공하게 하고 그 집행을 계속하도록 명하는 등 잠정처분(暫定處分)을 할 수 있다.

③집행관이 집행을 위임받기를 거부하거나 집행행위를 지체하는 경우 또는 집행관이 계산한 수수료에 대하여 다툼이 있는 경우에는 법원에 이의를 신청할 수 있다.

제17조(취소결정의 효력) ①집행절차를 취소하는 결정, 집행절차를 취소한 집행관의 처분에 대한 이의신청을 기각·각하하는 결정 또는 집행관에게 집행절차의 취소를 명하는 결정에 대하여는 즉시항고를 할 수 있다.

②제1항의 결정은 확정되어야 효력을 가진다.

제18조(집행비용의 예납 등) ①민사집행의 신청을 하는 때에는 채권자는 민사집행에 필요한 비용으로서 법원이 정하는 금액을 미리 내야 한다. 법원이 부족한 비용을 미리 내라고 명하는 때에도 또한 같다.

②채권자가 제1항의 비용을 미리 내지 아니한 때에는 법원은 결정으로 신청을 각하하거나 집행절차를 취소할 수 있다.

③제2항의 규정에 따른 결정에 대하여는 즉시항고를 할 수 있다.

제19조(담보제공·공탁 법원) ①이 법의 규정에 의한 담보의 제공이나 공탁은 채권자나 채무자의 보통재판적(普通裁判籍)이 있는 곳의 지방법원 또는 집행법원에 할 수 있다.

②당사자가 담보를 제공하거나 공탁을 한 때에는, 법원은 그의 신청에 따라 증명서

를 주어야 한다.

③이 법에 규정된 담보에는 특별한 규정이 있는 경우를 제외하고는 민사소송법 제122조·제123조·제125조 및 제126조의 규정을 준용한다.

제20조(공공기관의 원조) 법원은 집행을 하기 위하여 필요하면 공공기관에 원조를 요청할 수 있다.

제21조(재판적) 이 법에 정한 재판적(裁判籍)은 전속관할(專屬管轄)로 한다.

제22조(시·군법원의 관할에 대한 특례) 다음 사건은 시·군법원이 있는 곳을 관할하는 지방법원 또는 지방법원지원이 관할한다.

  1. 시·군법원에서 성립된 화해·조정(민사조정법 제34조제4항의 규정에 따라 재판상의 화해와 동일한 효력이 있는 결정을 포함한다. 이하 같다) 또는 확정된 지급명령에 관한 집행문부여의 소, 청구에 관한 이의의 소 또는 집행문부여에 대한 이의의 소로서 그 집행권원에서 인정된 권리가 소액사건심판법의 적용대상이 아닌 사건

  2. 시·군법원에서 한 보전처분의 집행에 대한 제3자이의의 소

  3. 시·군법원에서 성립된 화해·조정에 기초한 대체집행 또는 간접강제

  4. 소액사건심판법의 적용대상이 아닌 사건을 본안으로 하는 보전처분

제23조(민사소송법의 준용 등) ①이 법에 특별한 규정이 있는 경우를 제외하고는 민사집행 및 보전처분의 절차에 관하여는 민사소송법의 규정을 준용한다.

②이 법에 정한 것 외에 민사집행 및 보전처분의 절차에 관하여 필요한 사항은 대법원규칙으로 정한다.


## 제2편 강제집행

## 제1장 총칙

제24조(강제집행과 종국판결) 강제집행은 확정된 종국판결(終局判決)이나 가집행의 선고가 있는 종국판결에 기초하여 한다.

제25조(집행력의 주관적 범위) ①판결이 그 판결에 표시된 당사자 외의 사람에게 효력이 미치는 때에는 그 사람에 대하여 집행하거나 그 사람을 위하여 집행할 수 있다.

다만, 민사소송법 제71조의 규정에 따른 참가인에 대하여는 그러하지 아니하다.

②제1항의 집행을 위한 집행문(執行文)을 내어 주는데 대하여는 제31조 내지 제33조의 규정을 준용한다.

제26조(외국재판의 강제집행) ①외국법원의 확정판결 또는 이와 동일한 효력이 인정되는 재판(이하 "확정재판등"이라 한다)에 기초한 강제집행은 대한민국 법원에서 집행판결로 그 강제집행을 허가하여야 할 수 있다. 〈개정 2014. 5. 20.〉

②집행판결을 청구하는 소(訴)는 채무자의 보통재판적이 있는 곳의 지방법원이 관할하며, 보통재판적이 없는 때에는 민사소송법 제11조의 규정에 따라 채무자에 대한 소를 관할하는 법원이 관할한다.

제27조(집행판결) ①집행판결은 재판의 옳고 그름을 조사하지 아니하고 하여야한다.

②집행판결을 청구하는 소는 다음 각호 가운데 어느 하나에 해당하면 각하하여야 한다. 〈개정 2014. 5. 20.〉

1. 외국법원의 확정재판등이 확정된 것을 증명하지 아니한 때
2. 외국법원의 확정재판등이 민사소송법 제217조의 조건을 갖추지 아니한 때

제28조(집행력 있는 정본) ①강제집행은 집행문이 있는 판결정본(이하 "집행력 있는 정본"이라 한다)이 있어야 할 수 있다.

②집행문은 신청에 따라 제1심 법원의 법원서기관·법원사무관·법원주사 또는 법원주사보(이하 "법원사무관등"이라 한다)가 내어 주며, 소송기록이 상급심에 있는 때에는 그 법원의 법원사무관등이 내어 준다.

③집행문을 내어 달라는 신청은 말로 할 수 있다.

제29조(집행문) ①집행문은 판결정본의 끝에 덧붙여 적는다.

②집행문에는 "이 정본은 피고 아무개 또는 원고 아무개에 대한 강제집행을 실시하기 위하여 원고 아무개 또는 피고 아무개에게 준다."라고 적고 법원사무관등이 기명날인하여야 한다.

제30조(집행문부여) ①집행문은 판결이 확정되거나 가집행의 선고가 있는 때에만 내어 준다.

②판결을 집행하는 데에 조건이 붙어 있어 그 조건이 성취되었음을 채권자가 증명하여야 하는 때에는 이를 증명하는 서류를 제출하여야만 집행문을 내어 준다. 다만, 판결의 집행이 담보의 제공을 조건으로 하는 때에는 그러하지 아니하다.

제31조(승계집행문) ①집행문은 판결에 표시된 채권자의 승계인을 위하여 내어 주거나 판결에 표시된 채무자의 승계인에 대한 집행을 위하여 내어 줄 수 있다. 다만, 그 승계가 법원에 명백한 사실이거나, 증명서로 승계를 증명한 때에 한한다.

②제1항의 승계가 법원에 명백한 사실인 때에는 이를 집행문에 적어야 한다.

제32조(재판장의 명령) ①재판을 집행하는 데에 조건을 붙인 경우와 제31조의 경우에는 집행문은 재판장(합의부의 재판장 또는 단독판사를 말한다. 이하 같다)의 명령이 있어야 내어 준다.

②재판장은 그 명령에 앞서 서면이나 말로 채무자를 심문(審問) 할 수 있다.

③제1항의 명령은 집행문에 적어야 한다.

제33조(집행문부여의 소) 제30조제2항 및 제31조의 규정에 따라 필요한 증명을 할 수 없는 때에는 채권자는 집행문을 내어 달라는 소를 제1심 법원에 제기할 수 있다.

제34조(집행문부여 등에 관한 이의신청) ①집행문을 내어 달라는 신청에 관한 법원사무관 등의 처분에 대하여 이의신청이 있는 경우에는 그 법원사무관등이 속한 법원이 결정으로 재판한다.

②집행문부여에 대한 이의신청이 있는 경우에는 법원은 제16조제2항의 처분에 준하는 결정을 할 수 있다.

제35조(여러 통의 집행문의 부여) ①채권자가 여러 통의 집행문을 신청하거나 전에 내어 준 집행문을 돌려주지 아니하고 다시 집행문을 신청한 때에는 재판장의 명령이 있어야만 이를 내어 준다.

②재판장은 그 명령에 앞서 서면이나 말로 채무자를 심문할 수 있으며, 채무자를 심문하지 아니하고 여러 통의 집행문을 내어 주거나 다시 집행문을 내어 준 때에는 채무자에게 그 사유를 통지하여야 한다.

③여러 통의 집행문을 내어 주거나 다시 집행문을 내어 주는 때에는 그 사유를 원본과 집행문에 적어야 한다.

제36조(판결원본에의 기재) 집행문을 내어 주는 경우에는 판결원본 또는 상소심 판결정본에 원고 또는 피고에게 이를 내어 준다는 취지와 그 날짜를 적어야 한다.

제37조(집행력 있는 정본의 효력) 집행력 있는 정본의 효력은 전국 법원의 관할구역에 미친다.

제38조(여러 통의 집행력 있는 정본에 의한 동시집행) 채권자가 한 지역에서 또는 한

가지 방법으로 강제집행을 하여도 모두 변제를 받을 수 없는 때에는 여러 통의 집행력 있는 정본에 의하여 여러 지역에서 또는 여러 가지 방법으로 동시에 강제집행을 할 수 있다.

제39조(집행개시의 요건) ①강제집행은 이를 신청한 사람과 집행을 받을 사람의 성명이 판결이나 이에 덧붙여 적은 집행문에 표시되어 있고 판결을 이미 송달하였거나 동시에 송달한 때에만 개시할 수 있다.

②판결의 집행이 그 취지에 따라 채권자가 증명할 사실에 매인 때 또는 판결에 표시된 채권자의 승계인을 위하여 하는 것이거나 판결에 표시된 채무자의 승계인에 대하여 하는 것일 때에는 집행할 판결 외에, 이에 덧붙여 적은 집행문을 강제집행을 개시하기 전에 채무자의 승계인에게 송달하여야 한다.

③증명서에 의하여 집행문을 내어 준 때에는 그 증명서의 등본을 강제집행을 개시하기 전에 채무자에게 송달하거나 강제집행과 동시에 송달하여야 한다.

제40조(집행개시의 요건) ①집행을 받을 사람이 일정한 시일에 이르러야 그 채무를 이행하게 되어 있는 때에는 그 시일이 지난 뒤에 강제집행을 개시할 수 있다.

②집행이 채권자의 담보제공에 매인 때에는 채권자는 담보를 제공한 증명서류를 제출하여야 한다. 이 경우의 집행은 그 증명서류의 등본을 채무자에게 이미 송달하였거나 동시에 송달하는 때에만 개시할 수 있다.

제41조(집행개시의 요건) ①반대의무의 이행과 동시에 집행할 수 있다는 것을 내용으로 하는 집행권원의 집행은 채권자가 반대의무의 이행 또는 이행의 제공을 하였다는 것을 증명하여야만 개시할 수 있다.

②다른 의무의 집행이 불가능한 때에 그에 갈음하여 집행할 수 있다는 것을 내용으로 하는 집행권원의 집행은 채권자가 그 집행이 불가능하다는 것을 증명하여야만 개시할 수 있다.

제42조(집행관에 의한 영수증의 작성·교부) ①채권자가 집행관에게 집행력 있는 정본을 교부하고 강제집행을 위임한 때에는 집행관은 특별한 권한을 받지 못하였더라도 지급이나 그 밖의 이행을 받고 그에 대한 영수증서를 작성하고 교부할 수 있다. 집행관은 채무자가 그 의무를 완전히 이행한 때에는 집행력 있는 정본을 채무자에게 교부하여야 한다.

②채무자가 그 의무의 일부를 이행한 때에는 집행관은 집행력 있는 정본에 그 사유

를 덧붙여 적고 영수증서를 채무자에게 교부하여야 한다.

③채무자의 채권자에 대한 영수증 청구는 제2항의 규정에 의하여 영향을 받지 아니한다.

제43조(집행관의 권한) ①집행관은 집행력 있는 정본을 가지고 있으면 채무자와 제3자에 대하여 강제집행을 하고 제42조에 규정된 행위를 할 수 있는 권한을 가지며, 채권자는 그에 대하여 위임의 흠이나 제한을 주장하지 못한다.

②집행관은 집행력 있는 정본을 가지고 있다가 관계인이 요청할 때에는 그 자격을 증명하기 위하여 이를 내보여야 한다.

제44조(청구에 관한 이의의 소) ①채무자가 판결에 따라 확정된 청구에 관하여 이의하려면 제1심 판결법원에 청구에 관한 이의의 소를 제기하여야 한다.

②제1항의 이의는 그 이유가 변론이 종결된 뒤(변론 없이 한 판결의 경우에는 판결이 선고된 뒤)에 생긴 것이어야 한다.

③이의이유가 여러 가지인 때에는 동시에 주장하여야 한다.

제45조(집행문부여에 대한 이의의 소) 제30조제2항과 제31조의 경우에 채무자가 집행문부여에 관하여 증명된 사실에 의한 판결의 집행력을 다투거나, 인정된 승계에 의한 판결의 집행력을 다투는 때에는 제44조의 규정을 준용한다. 다만, 이 경우에도 제34조의 규정에 따라 집행문부여에 대하여 이의를 신청할 수 있는 채무자의 권한은 영향을 받지 아니한다.

제46조(이의의 소와 잠정처분) ①제44조 및 제45조의 이의의 소는 강제집행을 계속하여 진행하는 데에는 영향을 미치지 아니한다.

②제1항의 이의를 주장한 사유가 법률상 정당한 이유가 있다고 인정되고, 사실에 대한 소명(疎明)이 있을 때에는 수소법원(受訴法院)은 당사자의 신청에 따라 판결이 있을 때까지 담보를 제공하게 하거나 담보를 제공하게 하지 아니하고 강제집행을 정지하도록 명할 수 있으며, 담보를 제공하게 하고 그 집행을 계속하도록 명하거나 실시한 집행처분을 취소하도록 명할 수 있다.

③제2항의 재판은 변론 없이 하며 급박한 경우에는 재판장이 할 수 있다.

④급박한 경우에는 집행법원이 제2항의 권한을 행사할 수 있다. 이 경우 집행법원은 상당한 기간 이내에 제2항에 따른 수소법원의 재판서를 제출하도록 명하여야 한다.

⑤제4항 후단의 기간을 넘긴 때에는 채권자의 신청에 따라 강제집행을 계속하여 진행한다.

제47조(이의의 재판과 잠정처분) ①수소법원은 이의의 소의 판결에서 제46조의 명령을 내리고 이미 내린 명령을 취소·변경 또는 인가할 수 있다.

②판결중 제1항에 규정된 사항에 대하여는 직권으로 가집행의 선고를 하여야 한다.

③제2항의 재판에 대하여는 불복할 수 없다.

제48조(제3자이의의 소) ①제3자가 강제집행의 목적물에 대하여 소유권이 있다고 주장하거나 목적물의 양도나 인도를 막을 수 있는 권리가 있다고 주장하는 때에는 채권자를 상대로 그 강제집행에 대한 이의의 소를 제기할 수 있다. 다만, 채무자가 그 이의를 다투는 때에는 채무자를 공동피고로 할 수 있다.

②제1항의 소는 집행법원이 관할한다. 다만, 소송물이 단독판사의 관할에 속하지 아니할 때에는 집행법원이 있는 곳을 관할하는 지방법원의 합의부가 이를 관할한다.

③강제집행의 정지와 이미 실시한 집행처분의 취소에 대하여는 제46조 및 제47조의 규정을 준용한다. 다만, 집행처분을 취소할 때에는 담보를 제공하게 하지 아니할 수 있다.

제49조(집행의 필수적 정지·제한) 강제집행은 다음 각호 가운데 어느 하나에 해당하는 서류를 제출한 경우에 정지하거나 제한하여야 한다.

 1. 집행할 판결 또는 그 가집행을 취소하는 취지나, 강제집행을 허가하지 아니하거나 그 정지를 명하는 취지 또는 집행처분의 취소를 명한 취지를 적은 집행력 있는 재판의 정본

 2. 강제집행의 일시정지를 명한 취지를 적은 재판의 정본

 3. 집행을 면하기 위하여 담보를 제공한 증명서류

 4. 집행할 판결이 있은 뒤에 채권자가 변제를 받았거나, 의무이행을 미루도록 승낙한 취지를 적은 증서

 5. 집행할 판결, 그 밖의 재판이 소의 취하 등의 사유로 효력을 잃었다는 것을 증명하는 조서등본 또는 법원사무관등이 작성한 증서

 6. 강제집행을 하지 아니한다거나 강제집행의 신청이나 위임을 취하한다는 취지를 적은 화해조서(和解調書)의 정본 또는 공정증서(公正證書)의 정본

제50조(집행처분의 취소·일시유지) ①제49조제1호·제3호·제5호 및 제6호의 경우에

는 이미 실시한 집행처분을 취소하여야 하며, 같은 조 제2호 및 제4호의 경우에는 이미 실시한 집행처분을 일시적으로 유지하게 하여야 한다.

②제1항에 따라 집행처분을 취소하는 경우에는 제17조의 규정을 적용하지 아니한다.

제51조(변제증서 등의 제출에 의한 집행정지의 제한) ①제49조제4호의 증서 가운데 변제를 받았다는 취지를 적은 증서를 제출하여 강제집행이 정지되는 경우 그 정지기간은 2월로 한다.

②제49조제4호의 증서 가운데 의무이행을 미루도록 승낙하였다는 취지를 적은 증서를 제출하여 강제집행이 정지되는 경우 그 정지는 2회에 한하며 통산하여 6월을 넘길 수 없다.

제52조(집행을 개시한 뒤 채무자가 죽은 경우) ①강제집행을 개시한 뒤에 채무자가 죽은 때에는 상속재산에 대하여 강제집행을 계속하여 진행한다.

②채무자에게 알려야 할 집행행위를 실시할 경우에 상속인이 없거나 상속인이 있는 곳이 분명하지 아니하면 집행법원은 채권자의 신청에 따라 상속재산 또는 상속인을 위하여 특별대리인을 선임하여야 한다.

③제2항의 특별대리인에 관하여는 「민사소송법」 제62조제2항부터 제5항까지의 규정을 준용한다. 〈개정 2016. 2. 3.〉

제53조(집행비용의 부담) ①강제집행에 필요한 비용은 채무자가 부담하고 그 집행에 의하여 우선적으로 변상을 받는다.

②강제집행의 기초가 된 판결이 파기된 때에는 채권자는 제1항의 비용을 채무자에게 변상하여야 한다.

제54조(군인·군무원에 대한 강제집행) ①군인·군무원에 대하여 병영·군사용 청사 또는 군용 선박에서 강제집행을 할 경우 법원은 채권자의 신청에 따라 군판사 또는 부대장(部隊長)이나 선장에게 촉탁하여 이를 행한다.

②촉탁에 따라 압류한 물건은 채권자가 위임한 집행관에게 교부하여야 한다.

제55조(외국에서 할 집행) ①외국에서 강제집행을 할 경우에 그 외국 공공기관의 법률상 공조를 받을 수 있는 때에는 제1심 법원이 채권자의 신청에 따라 외국 공공기관에 이를 촉탁하여야 한다.

②외국에 머물고 있는 대한민국 영사(領事)에 의하여 강제집행을 할 수 있는 때에는

제1심 법원은 그 영사에게 이를 촉탁하여야 한다.

제56조(그 밖의 집행권원) 강제집행은 다음 가운데 어느 하나에 기초하여서도 실시할 수 있다.

1. 항고로만 불복할 수 있는 재판
2. 가집행의 선고가 내려진 재판
3. 확정된 지급명령
4. 공증인이 일정한 금액의 지급이나 대체물 또는 유가증권의 일정한 수량의 급여를 목적으로 하는 청구에 관하여 작성한 공정증서로서 채무자가 강제집행을 승낙한 취지가 적혀 있는 것
5. 소송상 화해, 청구의 인낙(認諾) 등 그 밖에 확정판결과 같은 효력을 가지는 것

제57조(준용규정) 제56조의 집행권원에 기초한 강제집행에 대하여는 제58조 및 제59조에서 규정하는 바를 제외하고는 제28조 내지 제55조의 규정을 준용한다.

제58조(지급명령과 집행) ①확정된 지급명령에 기한 강제집행은 집행문을 부여받을 필요 없이 지급명령 정본에 의하여 행한다. 다만, 다음 각호 가운데 어느 하나에 해당하는 경우에는 그러하지 아니하다.

1. 지급명령의 집행에 조건을 붙인 경우
2. 당사자의 승계인을 위하여 강제집행을 하는 경우
3. 당사자의 승계인에 대하여 강제집행을 하는 경우

②채권자가 여러 통의 지급명령 정본을 신청하거나, 전에 내어준 지급명령 정본을 돌려주지 아니하고 다시 지급명령 정본을 신청한 때에는 법원사무관등이 이를 부여한다. 이 경우 그 사유를 원본과 정본에 적어야 한다.

③청구에 관한 이의의 주장에 대하여는 제44조제2항의 규정을 적용하지 아니한다.

④집행문부여의 소, 청구에 관한 이의의 소 또는 집행문부여에 대한 이의의 소는 지급명령을 내린 지방법원이 관할한다.

⑤제4항의 경우에 그 청구가 합의사건인 때에는 그 법원이 있는 곳을 관할하는 지방법원의 합의부에서 재판한다.

제59조(공정증서와 집행) ①공증인이 작성한 증서의 집행문은 그 증서를 보존하는 공증인이 내어 준다.

②집행문을 내어 달라는 신청에 관한 공증인의 처분에 대하여 이의신청이 있는 때에는 그 공증인의 사무소가 있는 곳을 관할하는 지방법원 단독판사가 결정으로

재판한다.

③청구에 관한 이의의 주장에 대하여는 제44조제2항의 규정을 적용하지 아니한다.

④집행문부여의 소, 청구에 관한 이의의 소 또는 집행문부여에 대한 이의의 소는 채무자의 보통재판적이 있는 곳의 법원이 관할한다. 다만, 그러한 법원이 없는 때에는 민사소송법 제11조의 규정에 따라 채무자에 대하여 소를 제기할 수 있는 법원이 관할한다.

제60조(과태료의 집행) ①과태료의 재판은 검사의 명령으로 집행한다.

②제1항의 명령은 집행력 있는 집행권원과 같은 효력을 가진다.

## 제2장 금전채권에 기초한 강제집행

### 제1절 재산명시절차 등

제61조(재산명시신청) ①금전의 지급을 목적으로 하는 집행권원에 기초하여 강제집행을 개시할 수 있는 채권자는 채무자의 보통재판적이 있는 곳의 법원에 채무자의 재산명시를 요구하는 신청을 할 수 있다. 다만, 민사소송법 제213조에 따른 가집행의 선고가 붙은 판결 또는 같은 조의 준용에 따른 가집행의 선고가 붙어 집행력을 가지는 집행권원의 경우에는 그러하지 아니하다.

②제1항의 신청에는 집행력 있는 정본과 강제집행을 개시하는데 필요한 문서를 붙여야 한다.

제62조(재산명시신청에 대한 재판) ①재산명시신청에 정당한 이유가 있는 때에는 법원은 채무자에게 재산상태를 명시한 재산목록을 제출하도록 명할 수 있다.

②재산명시신청에 정당한 이유가 없거나, 채무자의 재산을 쉽게 찾을 수 있다고 인정한 때에는 법원은 결정으로 이를 기각하여야 한다.

③제1항 및 제2항의 재판은 채무자를 심문하지 아니하고 한다.

④제1항의 결정은 신청한 채권자 및 채무자에게 송달하여야 하고, 채무자에 대한 송달에서는 결정에 따르지 아니할 경우 제68조에 규정된 제재를 받을 수 있음을 함께 고지하여야 한다.

⑤제4항의 규정에 따라 채무자에게 하는 송달은 민사소송법 제187조 및 제194조에

의한 방법으로는 할 수 없다.

⑥제1항의 결정이 채무자에게 송달되지 아니한 때에는 법원은 채권자에게 상당한 기간을 정하여 그 기간 이내에 채무자의 주소를 보정하도록 명하여야 한다.

⑦채권자가 제6항의 명령을 받고도 이를 이행하지 아니한 때에는 법원은 제1항의 결정을 취소하고 재산명시신청을 각하하여야 한다.

⑧제2항 및 제7항의 결정에 대하여는 즉시항고를 할 수 있다.

⑨채무자는 제1항의 결정을 송달받은 뒤 송달장소를 바꾼 때에는 그 취지를 법원에 바로 신고하여야 하며, 그러한 신고를 하지 아니한 경우에는 민사소송법 제185조제2항 및 제189조의 규정을 준용한다.

제63조(재산명시명령에 대한 이의신청) ①채무자는 재산명시명령을 송달받은 날부터 1주 이내에 이의신청을 할 수 있다.

②채무자가 제1항에 따라 이의신청을 한 때에는 법원은 이의신청사유를 조사할 기일을 정하고 채권자와 채무자에게 이를 통지하여야 한다.

③이의신청에 정당한 이유가 있는 때에는 법원은 결정으로 재산명시명령을 취소하여야 한다.

④이의신청에 정당한 이유가 없거나 채무자가 정당한 사유 없이 기일에 출석하지 아니한 때에는 법원은 결정으로 이의신청을 기각하여야 한다.

⑤제3항 및 제4항의 결정에 대하여는 즉시항고를 할 수 있다.

제64조(재산명시기일의 실시) ①재산명시명령에 대하여 채무자의 이의신청이 없거나 이를 기각한 때에는 법원은 재산명시를 위한 기일을 정하여 채무자에게 출석하도록 요구하여야 한다. 이 기일은 채권자에게도 통지하여야 한다.

②채무자는 제1항의 기일에 강제집행의 대상이 되는 재산과 다음 각호의 사항을 명시한 재산목록을 제출하여야 한다.

1. 재산명시명령이 송달되기 전 1년 이내에 채무자가 한 부동산의 유상양도(有償讓渡)
2. 재산명시명령이 송달되기 전 1년 이내에 채무자가 배우자, 직계혈족 및 4촌 이내의 방계혈족과 그 배우자, 배우자의 직계혈족과 형제자매에게 한 부동산 외의 재산의 유상양도
3. 재산명시명령이 송달되기 전 2년 이내에 채무자가 한 재산상 무상처분(無償處分). 다만, 의례적인 선물은 제외한다.

③재산목록에 적을 사항과 범위는 대법원규칙으로 정한다.

④제1항의 기일에 출석한 채무자가 3월 이내에 변제할 수 있음을 소명한 때에는 법원은 그 기일을 3월의 범위내에서 연기할 수 있으며, 채무자가 새 기일에 채무액의 3분의 2 이상을 변제하였음을 증명하는 서류를 제출한 때에는 다시 1월의 범위내에서 연기할 수 있다.

제65조(선서) ①채무자는 재산명시기일에 재산목록이 진실하다는 것을 선서하여야한다.

②제1항의 선서에 관하여는 민사소송법 제320조 및 제321조의 규정을 준용한다. 이 경우 선서서(宣誓書)에는 다음과 같이 적어야 한다.

"양심에 따라 사실대로 재산목록을 작성하여 제출하였으며, 만일 숨긴 것이나 거짓 작성한 것이 있으면 처벌을 받기로 맹세합니다."

제66조(재산목록의 정정) ①채무자는 명시기일에 제출한 재산목록에 형식적인 흠이 있거나 불명확한 점이 있는 때에는 제65조의 규정에 의한 선서를 한 뒤라도 법원의 허가를 얻어 이미 제출한 재산목록을 정정할 수 있다.

②제1항의 허가에 관한 결정에 대하여는 즉시항고를 할 수 있다.

제67조(재산목록의 열람·복사) 채무자에 대하여 강제집행을 개시할 수 있는 채권자는 재산목록을 보거나 복사할 것을 신청할 수 있다.

제68조(채무자의 감치 및 벌칙) ①채무자가 정당한 사유 없이 다음 각호 가운데 어느 하나에 해당하는 행위를 한 경우에는 법원은 결정으로 20일 이내의 감치(監置)에 처한다.

1. 명시기일 불출석
2. 재산목록 제출 거부
3. 선서 거부

②채무자가 법인 또는 민사소송법 제52조의 사단이나 재단인 때에는 그 대표자 또는 관리인을 감치에 처한다.

③법원은 감치재판기일에 채무자를 소환하여 제1항 각호의 위반행위에 대하여 정당한 사유가 있는지 여부를 심리하여야 한다.

④제1항의 결정에 대하여는 즉시항고를 할 수 있다.

⑤채무자가 감치의 집행중에 재산명시명령을 이행하겠다고 신청한 때에는 법원은 바로 명시기일을 열어야 한다.

⑥채무자가 제5항의 명시기일에 출석하여 재산목록을 내고 선서하거나 신청채권자에 대한 채무를 변제하고 이를 증명하는 서면을 낸 때에는 법원은 바로 감치결정을 취소하고 그 채무자를 석방하도록 명하여야 한다.

⑦제5항의 명시기일은 신청채권자에게 통지하지 아니하고도 실시할 수 있다. 이 경우 제6항의 사실을 채권자에게 통지하여야 한다.

⑧제1항 내지 제7항의 규정에 따른 재판절차 및 그 집행 그 밖에 필요한 사항은 대법원규칙으로 정한다.

⑨채무자가 거짓의 재산목록을 낸 때에는 3년 이하의 징역 또는 500만원 이하의 벌금에 처한다.

⑩채무자가 법인 또는 민사소송법 제52조의 사단이나 재단인 때에는 그 대표자 또는 관리인을 제9항의 규정에 따라 처벌하고, 채무자는 제9항의 벌금에 처한다.

제69조(명시신청의 재신청) 재산명시신청이 기각·각하된 경우에는 그 명시신청을 한 채권자는 기각·각하사유를 보완하지 아니하고서는 같은 집행권원으로 다시 재산명시신청을 할 수 없다.

제70조(채무불이행자명부 등재신청) ①채무자가 다음 각호 가운데 어느 하나에 해당하면 채권자는 그 채무자를 채무불이행자명부(債務不履行者名簿)에 올리도록 신청할 수 있다.

    1. 금전의 지급을 명한 집행권원이 확정된 후 또는 집행권원을 작성한 후 6월 이내에 채무를 이행하지 아니하는 때. 다만, 제61조제1항 단서에 규정된 집행권원의 경우를 제외한다.

    2. 제68조제1항 각호의 사유 또는 같은 조제9항의 사유 가운데 어느 하나에 해당하는 때

②제1항의 신청을 할 때에는 그 사유를 소명하여야 한다.

③제1항의 신청에 대한 재판은 제1항제1호의 경우에는 채무자의 보통재판적이 있는 곳의 법원이 관할하고, 제1항제2호의 경우에는 재산명시절차를 실시한 법원이 관할한다.

제71조(등재신청에 대한 재판) ①제70조의 신청에 정당한 이유가 있는 때에는 법원은 채무자를 채무불이행자명부에 올리는 결정을 하여야 한다.

②등재신청에 정당한 이유가 없거나 쉽게 강제집행할 수 있다고 인정할 만한 명백한

사유가 있는 때에는 법원은 결정으로 이를 기각하여야 한다.

③제1항 및 제2항의 재판에 대하여는 즉시항고를 할 수 있다. 이 경우 민사소송법 제447조의 규정은 준용하지 아니한다.

제72조(명부의 비치) ①채무불이행자명부는 등재결정을 한 법원에 비치한다.

②법원은 채무불이행자명부의 부본을 채무자의 주소지(채무자가 법인인 경우에는 주된 사무소가 있는 곳) 시(구가 설치되지 아니한 시를 말한다. 이하 같다)·구·읍·면의 장(도농복합형태의 시의 경우 동지역은 시·구의 장, 읍·면지역은 읍·면의 장으로 한다. 이하 같다)에게 보내야 한다.

③법원은 채무불이행자명부의 부본을 대법원규칙이 정하는 바에 따라 일정한 금융기관의 장이나 금융기관 관련단체의 장에게 보내어 채무자에 대한 신용정보로 활용하게 할 수 있다.

④채무불이행자명부나 그 부본은 누구든지 보거나 복사할 것을 신청할 수 있다.

⑤채무불이행자명부는 인쇄물 등으로 공표되어서는 아니된다.

제73조(명부등재의 말소) ①변제, 그 밖의 사유로 채무가 소멸되었다는 것이 증명된 때에는 법원은 채무자의 신청에 따라 채무불이행자명부에서 그 이름을 말소하는 결정을 하여야 한다.

②채권자는 제1항의 결정에 대하여 즉시항고를 할 수 있다. 이 경우 민사소송법 제447조의 규정은 준용하지 아니한다.

③채무불이행자명부에 오른 다음 해부터 10년이 지난 때에는 법원은 직권으로 그 명부에 오른 이름을 말소하는 결정을 하여야 한다.

④제1항과 제3항의 결정을 한 때에는 그 취지를 채무자의 주소지(채무자가 법인인 경우에는 주된 사무소가 있는 곳) 시·구·읍·면의 장 및 제72조제3항의 규정에 따라 채무불이행자명부의 부본을 보낸 금융기관 등의 장에게 통지하여야 한다.

⑤제4항의 통지를 받은 시·구·읍·면의 장 및 금융기관 등의 장은 그 명부의 부본에 오른 이름을 말소하여야 한다.

제74조(재산조회) ①재산명시절차의 관할 법원은 다음 각호의 어느 하나에 해당하는 경우에는 그 재산명시를 신청한 채권자의 신청에 따라 개인의 재산 및 신용에 관한 전산망을 관리하는 공공기관·금융기관·단체 등에 채무자명의의 재산에 관하여 조회할 수 있다. 〈개정 2005. 1. 27.〉

1. 재산명시절차에서 채권자가 제62조제6항의 규정에 의한 주소보정명령을 받고도 민사소송법 제194조제1항의 규정에 의한 사유로 인하여 채권자가 이를 이행할 수 없었던 것으로 인정되는 경우
2. 재산명시절차에서 채무자가 제출한 재산목록의 재산만으로는 집행채권의 만족을 얻기에 부족한 경우
3. 재산명시절차에서 제68조제1항 각호의 사유 또는 동조제9항의 사유가 있는 경우

②채권자가 제1항의 신청을 할 경우에는 조회할 기관·단체를 특정하여야 하며 조회에 드는 비용을 미리 내야 한다.

③법원이 제1항의 규정에 따라 조회할 경우에는 채무자의 인적 사항을 적은 문서에 의하여 해당 기관·단체의 장에게 채무자의 재산 및 신용에 관하여 그 기관·단체가 보유하고 있는 자료를 한꺼번에 모아 제출하도록 요구할 수 있다.

④공공기관·금융기관·단체 등은 정당한 사유 없이 제1항 및 제3항의 조회를 거부하지 못한다.

제75조(재산조회의 결과 등) ①법원은 제74조제1항 및 제3항의 규정에 따라 조회한 결과를 채무자의 재산목록에 준하여 관리하여야 한다.

②제74조제1항 및 제3항의 조회를 받은 기관·단체의 장이 정당한 사유 없이 거짓 자료를 제출하거나 자료를 제출할 것을 거부한 때에는 결정으로 500만원 이하의 과태료에 처한다.

③제2항의 결정에 대하여는 즉시항고를 할 수 있다.

제76조(벌칙) ①누구든지 재산조회의 결과를 강제집행 외의 목적으로 사용하여서는 아니된다.

②제1항의 규정에 위반한 사람은 2년 이하의 징역 또는 500만원 이하의 벌금에 처한다.

제77조(대법원규칙) 제74조제1항 및 제3항의 규정에 따라 조회를 할 공공기관·금융기관·단체 등의 범위 및 조회절차, 제74조제2항의 규정에 따라 채권자가 내야 할 비용, 제75조제1항의 규정에 따른 조회결과의 관리에 관한 사항, 제75조제2항의 규정에 의한 과태료의 부과절차 등은 대법원규칙으로 정한다.

## 제2절 부동산에 대한 강제집행

### 제1관 통칙

제78조(집행방법) ①부동산에 대한 강제집행은 채권자의 신청에 따라 법원이 한다.

②강제집행은 다음 각호의 방법으로 한다.

1. 강제경매
2. 강제관리

③채권자는 자기의 선택에 의하여 제2항 각호 가운데 어느 한 가지 방법으로 집행하게 하거나 두 가지 방법을 함께 사용하여 집행하게 할 수 있다.

④강제관리는 가압류를 집행할 때에도 할 수 있다.

제79조(집행법원) ①부동산에 대한 강제집행은 그 부동산이 있는 곳의 지방법원이 관할한다.

②부동산이 여러 지방법원의 관할구역에 있는 때에는 각 지방법원에 관할권이 있다. 이 경우 법원이 필요하다고 인정한 때에는 사건을 다른 관할 지방법원으로 이송할 수 있다.


### 제2관 강제경매

제80조(강제경매신청서) 강제경매신청서에는 다음 각호의 사항을 적어야 한다.

1. 채권자·채무자와 법원의 표시
2. 부동산의 표시
3. 경매의 이유가 된 일정한 채권과 집행할 수 있는 일정한 집행권원

제81조(첨부서류) ①강제경매신청서에는 집행력 있는 정본 외에 다음 각호 가운데 어느 하나에 해당하는 서류를 붙여야 한다.

1. 채무자의 소유로 등기된 부동산에 대하여는 등기사항증명서
2. 채무자의 소유로 등기되지 아니한 부동산에 대하여는 즉시 채무자명의로 등기할 수 있다는 것을 증명할 서류. 다만, 그 부동산이 등기되지 아니한 건물인 경우에는 그 건물이 채무자의 소유임을 증명할 서류, 그 건물의 지번·구조·면적을 증명할 서류 및 그 건물에 관한 건축허가 또는 건축신고를 증명할 서류

②채권자는 공적 장부를 주관하는 공공기관에 제1항제2호 단서의 사항들을 증명하

여 줄 것을 청구할 수 있다.

③제1항제2호 단서의 경우에 건물의 지번·구조·면적을 증명하지 못한 때에는, 채권자는 경매신청과 동시에 그 조사를 집행법원에 신청할 수 있다.

④제3항의 경우에 법원은 집행관에게 그 조사를 하게 하여야 한다.

⑤강제관리를 하기 위하여 이미 부동산을 압류한 경우에 그 집행기록에 제1항 각호 가운데 어느 하나에 해당하는 서류가 붙어 있으면 다시 그 서류를 붙이지 아니할 수 있다.

제82조(집행관의 권한) ①집행관은 제81조제4항의 조사를 위하여 건물에 출입할 수 있고, 채무자 또는 건물을 점유하는 제3자에게 질문하거나 문서를 제시하도록 요구할 수 있다.

②집행관은 제1항의 규정에 따라 건물에 출입하기 위하여 필요한 때에는 잠긴 문을 여는 등 적절한 처분을 할 수 있다.

제83조(경매개시결정 등) ①경매절차를 개시하는 결정에는 동시에 그 부동산의 압류를 명하여야 한다.

②압류는 부동산에 대한 채무자의 관리·이용에 영향을 미치지 아니한다.

③경매절차를 개시하는 결정을 한 뒤에는 법원은 직권으로 또는 이해관계인의 신청에 따라 부동산에 대한 침해행위를 방지하기 위하여 필요한 조치를 할 수 있다.

④압류는 채무자에게 그 결정이 송달된 때 또는 제94조의 규정에 따른 등기가 된 때에 효력이 생긴다.

⑤강제경매신청을 기각하거나 각하하는 재판에 대하여는 즉시항고를 할 수 있다.

제84조(배당요구의 종기결정 및 공고) ①경매개시결정에 따른 압류의 효력이 생긴 때(그 경매개시결정전에 다른 경매개시결정이 있는 경우를 제외한다)에는 집행법원은 절차에 필요한 기간을 고려하여 배당요구를 할 수 있는 종기(終期)를 첫 매각기일 이전으로 정한다.

②배당요구의 종기가 정하여진 때에는 법원은 경매개시결정을 한 취지 및 배당요구의 종기를 공고하고, 제91조제4항 단서의 전세권자 및 법원에 알려진 제88조제1항의 채권자에게 이를 고지하여야 한다.

③제1항의 배당요구의 종기결정 및 제2항의 공고는 경매개시결정에 따른 압류의 효력이 생긴 때부터 1주 이내에 하여야 한다.

④법원사무관등은 제148조제3호 및 제4호의 채권자 및 조세, 그 밖의 공과금을 주관하는 공공기관에 대하여 채권의 유무, 그 원인 및 액수(원금·이자·비용, 그 밖의 부대채권(附帶債權)을 포함한다)를 배당요구의 종기까지 법원에 신고하도록 최고하여야 한다.

⑤제148조제3호 및 제4호의 채권자가 제4항의 최고에 대한 신고를 하지 아니한 때에는 그 채권자의 채권액은 등기사항증명서 등 집행기록에 있는 서류와 증빙(證憑)에 따라 계산한다. 이 경우 다시 채권액을 추가하지 못한다. 〈개정 2011. 4. 12.〉

⑥법원은 특별히 필요하다고 인정하는 경우에는 배당요구의 종기를 연기할 수 있다.

⑦제6항의 경우에는 제2항 및 제4항의 규정을 준용한다. 다만, 이미 배당요구 또는 채권신고를 한 사람에 대하여는 같은 항의 고지 또는 최고를 하지 아니한다.

제85조(현황조사) ①법원은 경매개시결정을 한 뒤에 바로 집행관에게 부동산의 현상, 점유관계, 차임(借賃) 또는 보증금의 액수, 그 밖의 현황에 관하여 조사하도록 명하여야 한다.

②집행관이 제1항의 규정에 따라 부동산을 조사할 때에는 그 부동산에 대하여 제82조에 규정된 조치를 할 수 있다.

제86조(경매개시결정에 대한 이의신청) ①이해관계인은 매각대금이 모두 지급될 때까지 법원에 경매개시결정에 대한 이의신청을 할 수 있다.

②제1항의 신청을 받은 법원은 제16조제2항에 준하는 결정을 할 수 있다.

③제1항의 신청에 관한 재판에 대하여 이해관계인은 즉시항고를 할 수 있다.

제87조(압류의 경합) ①강제경매절차 또는 담보권 실행을 위한 경매절차를 개시하는 결정을 한 부동산에 대하여 다른 강제경매의 신청이 있는 때에는 법원은 다시 경매개시결정을 하고, 먼저 경매개시결정을 한 집행절차에 따라 경매한다.

②먼저 경매개시결정을 한 경매신청이 취하되거나 그 절차가 취소된 때에는 법원은 제91조제1항의 규정에 어긋나지 아니하는 한도 안에서 뒤의 경매개시결정에 따라 절차를 계속 진행하여야 한다.

③제2항의 경우에 뒤의 경매개시결정이 배당요구의 종기 이후의 신청에 의한 것인 때에는 집행법원은 새로이 배당요구를 할 수 있는 종기를 정하여야 한다. 이 경우 이미 제84조제2항 또는 제4항의 규정에 따라 배당요구 또는 채권신고를 한 사람

에 대하여는 같은 항의 고지 또는 최고를 하지 아니한다.

④먼저 경매개시결정을 한 경매절차가 정지된 때에는 법원은 신청에 따라 결정으로 뒤의 경매개시결정(배당요구의 종기까지 행하여진 신청에 의한 것에 한한다)에 기초하여 절차를 계속하여 진행할 수 있다. 다만, 먼저 경매개시결정을 한 경매절차가 취소되는 경우 제105조제1항제3호의 기재사항이 바뀔 때에는 그러하지 아니하다.

⑤제4항의 신청에 대한 재판에 대하여는 즉시항고를 할 수 있다.

제88조(배당요구) ①집행력 있는 정본을 가진 채권자, 경매개시결정이 등기된 뒤에 가압류를 한 채권자, 「민법」·상법, 그 밖의 법률에 의하여 우선변제청구권이 있는 채권자는 배당요구를 할 수 있다.

②배당요구에 따라 매수인이 인수하여야 할 부담이 바뀌는 경우 배당요구를 한 채권자는 배당요구의 종기가 지난 뒤에 이를 철회하지 못한다.

제89조(이중경매신청 등의 통지) 법원은 제87조제1항 및 제88조제1항의 신청이 있는 때에는 그 사유를 이해관계인에게 통지하여야 한다.

제90조(경매절차의 이해관계인) 경매절차의 이해관계인은 다음 각호의 사람으로한다.
  1. 압류채권자와 집행력 있는 정본에 의하여 배당을 요구한 채권자
  2. 채무자 및 소유자
  3. 등기부에 기입된 부동산 위의 권리자
  4. 부동산 위의 권리자로서 그 권리를 증명한 사람

제91조(인수주의와 잉여주의의 선택 등) ①압류채권자의 채권에 우선하는 채권에 관한 부동산의 부담을 매수인에게 인수하게 하거나, 매각대금으로 그 부담을 변제하는 데 부족하지 아니하다는 것이 인정된 경우가 아니면 그 부동산을 매각하지못한다.

②매각부동산 위의 모든 저당권은 매각으로 소멸된다.

③지상권·지역권·전세권 및 등기된 임차권은 저당권·압류채권·가압류채권에 대항할 수 없는 경우에는 매각으로 소멸된다.

④제3항의 경우 외의 지상권·지역권·전세권 및 등기된 임차권은 매수인이 인수한다. 다만, 그중 전세권의 경우에는 전세권자가 제88조에 따라 배당요구를 하면 매각으로 소멸된다.

⑤매수인은 유치권자(留置權者)에게 그 유치권(留置權)으로 담보하는 채권을 변제할

책임이 있다.

제92조(제3자와 압류의 효력) ①제3자는 권리를 취득할 때에 경매신청 또는 압류가 있다는 것을 알았을 경우에는 압류에 대항하지 못한다.

②부동산이 압류채권을 위하여 의무를 진 경우에는 압류한 뒤 소유권을 취득한 제3자가 소유권을 취득할 때에 경매신청 또는 압류가 있다는 것을 알지 못하였더라도 경매절차를 계속하여 진행하여야 한다.

제93조(경매신청의 취하) ①경매신청이 취하되면 압류의 효력은 소멸된다.

②매수신고가 있은 뒤 경매신청을 취하하는 경우에는 최고가매수신고인 또는 매수인과 제114조의 차순위매수신고인의 동의를 받아야 그 효력이 생긴다.

③제49조제3호 또는 제6호의 서류를 제출하는 경우에는 제1항 및 제2항의 규정을, 제49조제4호의 서류를 제출하는 경우에는 제2항의 규정을 준용한다.

제94조(경매개시결정의 등기) ①법원이 경매개시결정을 하면 법원사무관등은 즉시 그 사유를 등기부에 기입하도록 등기관(登記官)에게 촉탁하여야 한다.

②등기관은 제1항의 촉탁에 따라 경매개시결정사유를 기입하여야 한다.

제95조(등기사항증명서의 송부) 등기관은 제94조에 따라 경매개시결정사유를 등기부에 기입한 뒤 그 등기사항증명서를 법원에 보내야 한다.

제96조(부동산의 멸실 등으로 말미암은 경매취소) ①부동산이 없어지거나 매각 등으로 말미암아 권리를 이전할 수 없는 사정이 명백하게 된 때에는 법원은 강제경매의 절차를 취소하여야 한다.

②제1항의 취소결정에 대하여는 즉시항고를 할 수 있다.

제97조(부동산의 평가와 최저매각가격의 결정) ①법원은 감정인(鑑定人)에게 부동산을 평가하게 하고 그 평가액을 참작하여 최저매각가격을 정하여야 한다.

②감정인은 제1항의 평가를 위하여 필요하면 제82조제1항에 규정된 조치를 할 수 있다.

③감정인은 제7조의 규정에 따라 집행관의 원조를 요구하는 때에는 법원의 허가를 얻어야 한다.

제98조(일괄매각결정) ①법원은 여러 개의 부동산의 위치·형태·이용관계 등을 고려하여 이를 일괄매수하게 하는 것이 알맞다고 인정하는 경우에는 직권으로 또는 이해관계인의 신청에 따라 일괄매각하도록 결정할 수 있다.

②법원은 부동산을 매각할 경우에 그 위치ㆍ형태ㆍ이용관계 등을 고려하여 다른 종류의 재산(금전채권을 제외한다)을 그 부동산과 함께 일괄매수하게 하는 것이 알맞다고 인정하는 때에는 직권으로 또는 이해관계인의 신청에 따라 일괄매각하도록 결정할 수 있다.

③제1항 및 제2항의 결정은 그 목적물에 대한 매각기일 이전까지 할 수 있다.

제99조(일괄매각사건의 병합) ①법원은 각각 경매신청된 여러 개의 재산 또는 다른 법원이나 집행관에 계속된 경매사건의 목적물에 대하여 제98조제1항 또는 제2항의 결정을 할 수 있다.

②다른 법원이나 집행관에 계속된 경매사건의 목적물의 경우에 그 다른 법원 또는 집행관은 그 목적물에 대한 경매사건을 제1항의 결정을 한 법원에 이송한다.

③제1항 및 제2항의 경우에 법원은 그 경매사건들을 병합한다.

제100조(일괄매각사건의 관할) 제98조 및 제99조의 경우에는 민사소송법 제31조에 불구하고 같은 법 제25조의 규정을 준용한다. 다만, 등기할 수 있는 선박에 관한 경매사건에 대하여서는 그러하지 아니하다.

제101조(일괄매각절차) ①제98조 및 제99조의 일괄매각결정에 따른 매각절차는 이 관의 규정에 따라 행한다. 다만, 부동산 외의 재산의 압류는 그 재산의 종류에 따라 해당되는 규정에서 정하는 방법으로 행하고, 그 중에서 집행관의 압류에 따르는 재산의 압류는 집행법원이 집행관에게 이를 압류하도록 명하는 방법으로 행한다.

②제1항의 매각절차에서 각 재산의 대금액을 특정할 필요가 있는 경우에는 각 재산에 대한 최저매각가격의 비율을 정하여야 하며, 각 재산의 대금액은 총대금액을 각 재산의 최저매각가격비율에 따라 나눈 금액으로 한다. 각 재산이 부담할 집행비용액을 특정할 필요가 있는 경우에도 또한 같다.

③여러 개의 재산을 일괄매각하는 경우에 그 가운데 일부의 매각대금으로 모든 채권자의 채권액과 강제집행비용을 변제하기에 충분하면 다른 재산의 매각을 허가하지 아니한다. 다만, 토지와 그 위의 건물을 일괄매각하는 경우나 재산을 분리하여 매각하면 그 경제적 효용이 현저하게 떨어지는 경우 또는 채무자의 동의가 있는 경우에는 그러하지 아니하다.

④제3항 본문의 경우에 채무자는 그 재산 가운데 매각할 것을 지정할 수 있다.

⑤일괄매각절차에 관하여 이 법에서 정한 사항을 제외하고는 대법원규칙으로 정한

다.

제102조(남을 가망이 없을 경우의 경매취소) ①법원은 최저매각가격으로 압류채권자의 채권에 우선하는 부동산의 모든 부담과 절차비용을 변제하면 남을 것이 없겠다고 인정한 때에는 압류채권자에게 이를 통지하여야 한다.

②압류채권자가 제1항의 통지를 받은 날부터 1주 이내에 제1항의 부담과 비용을 변제하고 남을 만한 가격을 정하여 그 가격에 맞는 매수신고가 없을 때에는 자기가 그 가격으로 매수하겠다고 신청하면서 충분한 보증을 제공하지 아니하면, 법원은 경매절차를 취소하여야 한다.

③제2항의 취소 결정에 대하여는 즉시항고를 할 수 있다.

제103조(강제경매의 매각방법) ①부동산의 매각은 집행법원이 정한 매각방법에 따른다.

②부동산의 매각은 매각기일에 하는 호가경매(呼價競賣), 매각기일에 입찰 및 개찰하게 하는 기일입찰 또는 입찰기간 이내에 입찰하게 하여 매각기일에 개찰하는 기간입찰의 세가지 방법으로 한다.

③부동산의 매각절차에 관하여 필요한 사항은 대법원규칙으로 정한다.

제104조(매각기일과 매각결정기일 등의 지정) ①법원은 최저매각가격으로 제102조제1항의 부담과 비용을 변제하고도 남을 것이 있다고 인정하거나 압류채권자가 제102조제2항의 신청을 하고 충분한 보증을 제공한 때에는 직권으로 매각기일과 매각결정기일을 정하여 대법원규칙이 정하는 방법으로 공고한다.

②법원은 매각기일과 매각결정기일을 이해관계인에게 통지하여야 한다.

③제2항의 통지는 집행기록에 표시된 이해관계인의 주소에 대법원규칙이 정하는 방법으로 발송할 수 있다.

④기간입찰의 방법으로 매각할 경우에는 입찰기간에 관하여도 제1항 내지 제3항의 규정을 적용한다.

제105조(매각물건명세서 등) ①법원은 다음 각호의 사항을 적은 매각물건명세서를 작성하여야 한다.

1. 부동산의 표시
2. 부동산의 점유자와 점유의 권원, 점유할 수 있는 기간, 차임 또는 보증금에 관한 관계인의 진술
3. 등기된 부동산에 대한 권리 또는 가처분으로서 매각으로 효력을 잃지 아니하는

것
    4. 매각에 따라 설정된 것으로 보게 되는 지상권의 개요
  ②법원은 매각물건명세서·현황조사보고서 및 평가서의 사본을 법원에 비치하여 누구든지 볼 수 있도록 하여야 한다.

제106조(매각기일의 공고내용) 매각기일의 공고내용에는 다음 각호의 사항을 적어야 한다.
    1. 부동산의 표시
    2. 강제집행으로 매각한다는 취지와 그 매각방법
    3. 부동산의 점유자, 점유의 권원, 점유하여 사용할 수 있는 기간, 차임 또는 보증금약정 및 그 액수
    4. 매각기일의 일시·장소, 매각기일을 진행할 집행관의 성명 및 기간입찰의 방법으로 매각할 경우에는 입찰기간·장소
    5. 최저매각가격
    6. 매각결정기일의 일시·장소
    7. 매각물건명세서·현황조사보고서 및 평가서의 사본을 매각기일 전에 법원에 비치하여 누구든지 볼 수 있도록 제공한다는 취지
    8. 등기부에 기입할 필요가 없는 부동산에 대한 권리를 가진 사람은 채권을 신고하여야 한다는 취지
    9. 이해관계인은 매각기일에 출석할 수 있다는 취지

제107조(매각장소) 매각기일은 법원안에서 진행하여야 한다. 다만, 집행관은 법원의 허가를 얻어 다른 장소에서 매각기일을 진행할 수 있다.

제108조(매각장소의 질서유지) 집행관은 다음 각호 가운데 어느 하나에 해당한다고 인정되는 사람에 대하여 매각장소에 들어오지 못하도록 하거나 매각장소에서 내보내거나 매수의 신청을 하지 못하도록 할 수 있다.
    1. 다른 사람의 매수신청을 방해한 사람
    2. 부당하게 다른 사람과 담합하거나 그 밖에 매각의 적정한 실시를 방해한 사람
    3. 제1호 또는 제2호의 행위를 교사(敎唆)한 사람
    4. 민사집행절차에서의 매각에 관하여 형법 제136조·제137조·제140조·제140조의2·제142조·제315조 및 제323조 내지 제327조에 규정된 죄로 유죄판결을 받고 그 판결확정일부터 2년이 지나지 아니한 사람

제109조(매각결정기일) ①매각결정기일은 매각기일부터 1주 이내로 정하여야 한다.

②매각결정절차는 법원안에서 진행하여야 한다.

제110조(합의에 의한 매각조건의 변경) ①최저매각가격 외의 매각조건은 법원이 이해관계인의 합의에 따라 바꿀 수 있다.

②이해관계인은 배당요구의 종기까지 제1항의 합의를 할 수 있다.

제111조(직권에 의한 매각조건의 변경) ①거래의 실상을 반영하거나 경매절차를 효율적으로 진행하기 위하여 필요한 경우에 법원은 배당요구의 종기까지 매각조건을 바꾸거나 새로운 매각조건을 설정할 수 있다.

②이해관계인은 제1항의 재판에 대하여 즉시항고를 할 수 있다.

③제1항의 경우에 법원은 집행관에게 부동산에 대하여 필요한 조사를 하게 할 수 있다.

제112조(매각기일의 진행) 집행관은 기일입찰 또는 호가경매의 방법에 의한 매각기일에는 매각물건명세서·현황조사보고서 및 평가서의 사본을 볼 수 있게 하고, 특별한 매각조건이 있는 때에는 이를 고지하며, 법원이 정한 매각방법에 따라 매수가격을 신고하도록 최고하여야 한다.

제113조(매수신청의 보증) 매수신청인은 대법원규칙이 정하는 바에 따라 집행법원이 정하는 금액과 방법에 맞는 보증을 집행관에게 제공하여야 한다.

제114조(차순위매수신고) ①최고가매수신고인 외의 매수신고인은 매각기일을 마칠 때까지 집행관에게 최고가매수신고인이 대금지급기한까지 그 의무를 이행하지 아니하면 자기의 매수신고에 대하여 매각을 허가하여 달라는 취지의 신고(이하 "차순위매수신고"라 한다)를 할 수 있다.

②차순위매수신고는 그 신고액이 최고가매수신고액에서 그 보증액을 뺀 금액을 넘는 때에만 할 수 있다.

제115조(매각기일의 종결) ①집행관은 최고가매수신고인의 성명과 그 가격을 부르고 차순위매수신고를 최고한 뒤, 적법한 차순위매수신고가 있으면 차순위매수신고인을 정하여 그 성명과 가격을 부른 다음 매각기일을 종결한다고 고지하여야 한다.

②차순위매수신고를 한 사람이 둘 이상인 때에는 신고한 매수가격이 높은 사람을 차순위매수신고인으로 정한다. 신고한 매수가격이 같은 때에는 추첨으로 차순위매수신고인을 정한다.

③최고가매수신고인과 차순위매수신고인을 제외한 다른 매수신고인은 제1항의 고

지에 따라 매수의 책임을 벗게 되고, 즉시 매수신청의 보증을 돌려 줄 것을 신청할 수 있다.

④기일입찰 또는 호가경매의 방법에 의한 매각기일에서 매각기일을 마감할 때까지 허가할 매수가격의 신고가 없는 때에는 집행관은 즉시 매각기일의 마감을 취소하고 같은 방법으로 매수가격을 신고하도록 최고할 수 있다.

⑤제4항의 최고에 대하여 매수가격의 신고가 없어 매각기일을 마감하는 때에는 매각기일의 마감을 다시 취소하지 못한다.

제116조(매각기일조서) ①매각기일조서에는 다음 각호의 사항을 적어야 한다.
  1. 부동산의 표시
  2. 압류채권자의 표시
  3. 매각물건명세서·현황조사보고서 및 평가서의 사본을 볼 수 있게 한 일
  4. 특별한 매각조건이 있는 때에는 이를 고지한 일
  5. 매수가격의 신고를 최고한 일
  6. 모든 매수신고가격과 그 신고인의 성명·주소 또는 허가할 매수가격의 신고가 없는 일
  7. 매각기일을 마감할 때까지 허가할 매수가격의 신고가 없어 매각기일의 마감을 취소하고 다시 매수가격의 신고를 최고한 일
  8. 최종적으로 매각기일의 종결을 고지한 일시
  9. 매수하기 위하여 보증을 제공한 일 또는 보증을 제공하지 아니하므로 그 매수를 허가하지 아니한 일
  10. 최고가매수신고인과 차순위매수신고인의 성명과 그 가격을 부른 일

②최고가매수신고인 및 차순위매수신고인과 출석한 이해관계인은 조서에 서명날인 하여야 한다. 그들이 서명날인할 수 없을 때에는 집행관이 그 사유를 적어야 한다.

③집행관이 매수신청의 보증을 돌려 준 때에는 영수증을 받아 조서에 붙여야 한다.

제117조(조서와 금전의 인도) 집행관은 매각기일조서와 매수신청의 보증으로 받아 돌려주지 아니한 것을 매각기일부터 3일 이내에 법원사무관등에게 인도하여야 한다.

제118조(최고가매수신고인 등의 송달영수인신고) ①최고가매수신고인과 차순위매수신고인은 대한민국안에 주소·거소와 사무소가 없는 때에는 대한민국안에 송달이나 통지를 받을 장소와 영수인을 정하여 법원에 신고하여야 한다.

②최고가매수신고인이나 차순위매수신고인이 제1항의 신고를 하지 아니한 때에는

법원은 그에 대한 송달이나 통지를 하지 아니할 수 있다.

③제1항의 신고는 집행관에게 말로 할 수 있다. 이 경우 집행관은 조서에 이를 적어야 한다.

제119조(새 매각기일) 허가할 매수가격의 신고가 없이 매각기일이 최종적으로 마감된 때에는 제91조제1항의 규정에 어긋나지 아니하는 한도에서 법원은 최저매각가격을 상당히 낮추고 새 매각기일을 정하여야 한다. 그 기일에 허가할 매수가격의 신고가 없는 때에도 또한 같다.

제120조(매각결정기일에서의 진술) ①법원은 매각결정기일에 출석한 이해관계인에게 매각허가에 관한 의견을 진술하게 하여야 한다.

②매각허가에 관한 이의는 매각허가가 있을 때까지 신청하여야 한다. 이미 신청한 이의에 대한 진술도 또한 같다.

제121조(매각허가에 대한 이의신청사유) 매각허가에 관한 이의는 다음 각호 가운데 어느 하나에 해당하는 이유가 있어야 신청할 수 있다.

    1. 강제집행을 허가할 수 없거나 집행을 계속 진행할 수 없을 때
    2. 최고가매수신고인이 부동산을 매수할 능력이나 자격이 없는 때
    3. 부동산을 매수할 자격이 없는 사람이 최고가매수신고인을 내세워 매수신고를 한 때
    4. 최고가매수신고인, 그 대리인 또는 최고가매수신고인을 내세워 매수신고를 한 사람이 제108조 각호 가운데 어느 하나에 해당되는 때
    5. 최저매각가격의 결정, 일괄매각의 결정 또는 매각물건명세서의 작성에 중대한 흠이 있는 때
    6. 천재지변, 그 밖에 자기가 책임을 질 수 없는 사유로 부동산이 현저하게 훼손된 사실 또는 부동산에 관한 중대한 권리관계가 변동된 사실이 경매절차의 진행중에 밝혀진 때
    7. 경매절차에 그 밖의 중대한 잘못이 있는 때

제122조(이의신청의 제한) 이의는 다른 이해관계인의 권리에 관한 이유로 신청하지못한다.

제123조(매각의 불허) ①법원은 이의신청이 정당하다고 인정한 때에는 매각을 허가하지 아니한다.

②제121조에 규정한 사유가 있는 때에는 직권으로 매각을 허가하지 아니한다. 다

만, 같은 조 제2호 또는 제3호의 경우에는 능력 또는 자격의 흠이 제거되지 아니한 때에 한한다.

제124조(과잉매각되는 경우의 매각불허가) ①여러 개의 부동산을 매각하는 경우에 한 개의 부동산의 매각대금으로 모든 채권자의 채권액과 강제집행비용을 변제하기에 충분하면 다른 부동산의 매각을 허가하지 아니한다. 다만, 제101조제3항 단서에 따른 일괄매각의 경우에는 그러하지 아니하다.

②제1항 본문의 경우에 채무자는 그 부동산 가운데 매각할 것을 지정할 수 있다.

제125조(매각을 허가하지 아니할 경우의 새 매각기일) ①제121조와 제123조의 규정에 따라 매각을 허가하지 아니하고 다시 매각을 명하는 때에는 직권으로 새 매각기일을 정하여야 한다.

②제121조제6호의 사유로 제1항의 새 매각기일을 열게 된 때에는 제97조 내지 제105조의 규정을 준용한다.

제126조(매각허가여부의 결정선고) ①매각을 허가하거나 허가하지 아니하는 결정은 선고하여야 한다.

②매각결정기일조서에는 민사소송법 제152조 내지 제154조와 제156조 내지 제158조 및 제164조의 규정을 준용한다.

③제1항의 결정은 확정되어야 효력을 가진다.

제127조(매각허가결정의 취소신청) ①제121조제6호에서 규정한 사실이 매각허가결정의 확정 뒤에 밝혀진 경우에는 매수인은 대금을 낼 때까지 매각허가결정의 취소신청을 할 수 있다.

②제1항의 신청에 관한 결정에 대하여는 즉시항고를 할 수 있다.

제128조(매각허가결정) ①매각허가결정에는 매각한 부동산, 매수인과 매각가격을 적고 특별한 매각조건으로 매각한 때에는 그 조건을 적어야 한다.

②제1항의 결정은 선고하는 외에 대법원규칙이 정하는 바에 따라 공고하여야 한다.

제129조(이해관계인 등의 즉시항고) ①이해관계인은 매각허가여부의 결정에 따라 손해를 볼 경우에만 그 결정에 대하여 즉시항고를 할 수 있다.

②매각허가에 정당한 이유가 없거나 결정에 적은 것 외의 조건으로 허가하여야 한다고 주장하는 매수인 또는 매각허가를 주장하는 매수신고인도 즉시항고를 할 수 있다.

③제1항 및 제2항의 경우에 매각허가를 주장하는 매수신고인은 그 신청한 가격에 대하여 구속을 받는다.

제130조(매각허가여부에 대한 항고) ①매각허가결정에 대한 항고는 이 법에 규정한 매각허가에 대한 이의신청사유가 있다거나, 그 결정절차에 중대한 잘못이 있다는 것을 이유로 드는 때에만 할 수 있다.

②민사소송법 제451조제1항 각호의 사유는 제1항의 규정에 불구하고 매각허가 또는 불허가결정에 대한 항고의 이유로 삼을 수 있다.

③매각허가결정에 대하여 항고를 하고자 하는 사람은 보증으로 매각대금의 10분의 1에 해당하는 금전 또는 법원이 인정한 유가증권을 공탁하여야 한다.

④항고를 제기하면서 항고장에 제3항의 보증을 제공하였음을 증명하는 서류를 붙이지 아니한 때에는 원심법원은 항고장을 받은 날부터 1주 이내에 결정으로 이를 각하하여야 한다.

⑤제4항의 결정에 대하여는 즉시항고를 할 수 있다.

⑥채무자 및 소유자가 한 제3항의 항고가 기각된 때에는 항고인은 보증으로 제공한 금전이나 유가증권을 돌려 줄 것을 요구하지 못한다.

⑦채무자 및 소유자 외의 사람이 한 제3항의 항고가 기각된 때에는 항고인은 보증으로 제공한 금전이나, 유가증권을 현금화한 금액 가운데 항고를 한 날부터 항고기각결정이 확정된 날까지의 매각대금에 대한 대법원규칙이 정하는 이율에 의한 금액(보증으로 제공한 금전이나, 유가증권을 현금화한 금액을 한도로 한다)에 대하여는 돌려 줄 것을 요구할 수 없다. 다만, 보증으로 제공한 유가증권을 현금화하기 전에 위의 금액을 항고인이 지급한 때에는 그 유가증권을 돌려 줄 것을 요구할 수 있다.

⑧항고인이 항고를 취하한 경우에는 제6항 또는 제7항의 규정을 준용한다.

제131조(항고심의 절차) ①항고법원은 필요한 경우에 반대진술을 하게 하기 위하여 항고인의 상대방을 정할 수 있다.

②한 개의 결정에 대한 여러 개의 항고는 병합한다.

③항고심에는 제122조의 규정을 준용한다.

제132조(항고법원의 재판과 매각허가여부결정) 항고법원이 집행법원의 결정을 취소하는 경우에 그 매각허가여부의 결정은 집행법원이 한다.

제133조(매각을 허가하지 아니하는 결정의 효력) 매각을 허가하지 아니한 결정이 확정된 때에는 매수인과 매각허가를 주장한 매수신고인은 매수에 관한 책임이 면제된다.

제134조(최저매각가격의 결정부터 새로할 경우) 제127조의 규정에 따라 매각허가결정을 취소한 경우에는 제97조 내지 제105조의 규정을 준용한다.

제135조(소유권의 취득시기) 매수인은 매각대금을 다 낸 때에 매각의 목적인 권리를 취득한다.

제136조(부동산의 인도명령 등) ①법원은 매수인이 대금을 낸 뒤 6월 이내에 신청하면 채무자·소유자 또는 부동산 점유자에 대하여 부동산을 매수인에게 인도하도록 명할 수 있다. 다만, 점유자가 매수인에게 대항할 수 있는 권원에 의하여 점유하고 있는 것으로 인정되는 경우에는 그러하지 아니하다.

②법원은 매수인 또는 채권자가 신청하면 매각허가가 결정된 뒤 인도할 때까지 관리인에게 부동산을 관리하게 할 것을 명할 수 있다.

③제2항의 경우 부동산의 관리를 위하여 필요하면 법원은 매수인 또는 채권자의 신청에 따라 담보를 제공하게 하거나 제공하게 하지 아니하고 제1항의 규정에 준하는 명령을 할 수 있다.

④법원이 채무자 및 소유자 외의 점유자에 대하여 제1항 또는 제3항의 규정에 따른 인도명령을 하려면 그 점유자를 심문하여야 한다. 다만, 그 점유자가 매수인에게 대항할 수 있는 권원에 의하여 점유하고 있지 아니함이 명백한 때 또는 이미 그 점유자를 심문한 때에는 그러하지 아니하다.

⑤제1항 내지 제3항의 신청에 관한 결정에 대하여는 즉시항고를 할 수 있다.

⑥채무자·소유자 또는 점유자가 제1항과 제3항의 인도명령에 따르지 아니할 때에는 매수인 또는 채권자는 집행관에게 그 집행을 위임할 수 있다.

제137조(차순위매수신고인에 대한 매각허가여부결정) ①차순위매수신고인이 있는 경우에 매수인이 대금지급기한까지 그 의무를 이행하지 아니한 때에는 차순위매수신고인에게 매각을 허가할 것인지를 결정하여야 한다. 다만, 제142조제4항의 경우에는 그러하지 아니하다.

②차순위매수신고인에 대한 매각허가결정이 있는 때에는 매수인은 매수신청의 보증을 돌려 줄 것을 요구하지 못한다.

제138조(재매각) ①매수인이 대금지급기한 또는 제142조제4항의 다시 정한 기한까지

그 의무를 완전히 이행하지 아니하였고, 차순위매수신고인이 없는 때에는 법원은 직권으로 부동산의 재매각을 명하여야 한다.

②재매각절차에도 종전에 정한 최저매각가격, 그 밖의 매각조건을 적용한다.

③매수인이 재매각기일의 3일 이전까지 대금, 그 지급기한이 지난 뒤부터 지급일까지의 대금에 대한 대법원규칙이 정하는 이율에 따른 지연이자와 절차비용을 지급한 때에는 재매각절차를 취소하여야 한다. 이 경우 차순위매수신고인이 매각허가결정을 받았던 때에는 위 금액을 먼저 지급한 매수인이 매매목적물의 권리를 취득한다.

④재매각절차에서는 전의 매수인은 매수신청을 할 수 없으며 매수신청의 보증을 돌려 줄 것을 요구하지 못한다.

제139조(공유물지분에 대한 경매) ① 공유물지분을 경매하는 경우에는 채권자의 채권을 위하여 채무자의 지분에 대한 경매개시결정이 있음을 등기부에 기입하고 다른 공유자에게 그 경매개시결정이 있다는 것을 통지하여야 한다. 다만, 상당한 이유가 있는 때에는 통지하지 아니할 수 있다.

②최저매각가격은 공유물 전부의 평가액을 기본으로 채무자의 지분에 관하여 정하여야 한다. 다만, 그와 같은 방법으로 정확한 가치를 평가하기 어렵거나 그 평가에 부당하게 많은 비용이 드는 등 특별한 사정이 있는 경우에는 그러하지 아니하다.

제140조(공유자의 우선매수권) ①공유자는 매각기일까지 제113조에 따른 보증을 제공하고 최고매수신고가격과 같은 가격으로 채무자의 지분을 우선매수하겠다는 신고를 할 수 있다.

②제1항의 경우에 법원은 최고가매수신고가 있더라도 그 공유자에게 매각을 허가하여야 한다.

③여러 사람의 공유자가 우선매수하겠다는 신고를 하고 제2항의 절차를 마친 때에는 특별한 협의가 없으면 공유지분의 비율에 따라 채무자의 지분을 매수하게 한다.

④제1항의 규정에 따라 공유자가 우선매수신고를 한 경우에는 최고가매수신고인을 제114조의 차순위매수신고인으로 본다.

제141조(경매개시결정등기의 말소) 경매신청이 매각허가 없이 마쳐진 때에는 법원사무관등은 제94조와 제139조제1항의 규정에 따른 기입을 말소하도록 등기관에게 촉탁

하여야 한다.

제142조(대금의 지급) ①매각허가결정이 확정되면 법원은 대금의 지급기한을 정하고, 이를 매수인과 차순위매수신고인에게 통지하여야 한다.

②매수인은 제1항의 대금지급기한까지 매각대금을 지급하여야 한다.

③매수신청의 보증으로 금전이 제공된 경우에 그 금전은 매각대금에 넣는다.

④매수신청의 보증으로 금전 외의 것이 제공된 경우로서 매수인이 매각대금중 보증액을 뺀 나머지 금액만을 낸 때에는, 법원은 보증을 현금화하여 그 비용을 뺀 금액을 보증액에 해당하는 매각대금 및 이에 대한 지연이자에 충당하고, 모자라는 금액이 있으면 다시 대금지급기한을 정하여 매수인으로 하여금 내게 한다.

⑤제4항의 지연이자에 대하여는 제138조제3항의 규정을 준용한다.

⑥차순위매수신고인은 매수인이 대금을 모두 지급한 때 매수의 책임을 벗게 되고 즉시 매수신청의 보증을 돌려 줄 것을 요구할 수 있다.

제143조(특별한 지급방법) ①매수인은 매각조건에 따라 부동산의 부담을 인수하는 외에 배당표(配當表)의 실시에 관하여 매각대금의 한도에서 관계채권자의 승낙이 있으면 대금의 지급에 갈음하여 채무를 인수할 수 있다.

②채권자가 매수인인 경우에는 매각결정기일이 끝날 때까지 법원에 신고하고 배당받아야 할 금액을 제외한 대금을 배당기일에 낼 수 있다.

③제1항 및 제2항의 경우에 매수인이 인수한 채무나 배당받아야 할 금액에 대하여 이의가 제기된 때에는 매수인은 배당기일이 끝날 때까지 이에 해당하는 대금을 내야 한다.

제144조(매각대금 지급 뒤의 조치) ①매각대금이 지급되면 법원사무관등은 매각허가결정의 등본을 붙여 다음 각호의 등기를 촉탁하여야 한다.

1. 매수인 앞으로 소유권을 이전하는 등기
2. 매수인이 인수하지 아니한 부동산의 부담에 관한 기입을 말소하는 등기
3. 제94조 및 제139조제1항의 규정에 따른 경매개시결정등기를 말소하는 등기

② 매각대금을 지급할 때까지 매수인과 부동산을 담보로 제공받으려고 하는 사람이 대법원규칙으로 정하는 바에 따라 공동으로 신청한 경우, 제1항의 촉탁은 등기신청의 대리를 업으로 할 수 있는 사람으로서 신청인이 지정하는 사람에게 촉탁서를 교부하여 등기소에 제출하도록 하는 방법으로 하여야 한다. 이 경우 신청인이

지정하는 사람은 지체 없이 그 촉탁서를 등기소에 제출하여야 한다. 〈신설 2010. 7. 23.〉

③제1항의 등기에 드는 비용은 매수인이 부담한다. 〈개정 2010. 7. 23.〉

제145조(매각대금의 배당) ①매각대금이 지급되면 법원은 배당절차를 밟아야 한다.

②매각대금으로 배당에 참가한 모든 채권자를 만족하게 할 수 없는 때에는 법원은 「민법」·상법, 그 밖의 법률에 의한 우선순위에 따라 배당하여야 한다.

제146조(배당기일) 매수인이 매각대금을 지급하면 법원은 배당에 관한 진술 및 배당을 실시할 기일을 정하고 이해관계인과 배당을 요구한 채권자에게 이를 통지하여야 한다. 다만, 채무자가 외국에 있거나 있는 곳이 분명하지 아니한 때에는 통지하지 아니한다.

제147조(배당할 금액 등) ①배당할 금액은 다음 각호에 규정한 금액으로 한다.
  1. 대금
  2. 제138조제3항 및 제142조제4항의 경우에는 대금지급기한이 지난 뒤부터 대금의 지급·충당까지의 지연이자
  3. 제130조제6항의 보증(제130조제8항에 따라 준용되는 경우를 포함한다.)
  4. 제130조제7항 본문의 보증 가운데 항고인이 돌려 줄 것을 요구하지 못하는 금액 또는 제130조제7항 단서의 규정에 따라 항고인이 낸 금액(각각 제130조제8항에 따라 준용되는 경우를 포함한다.)
  5. 제138조제4항의 규정에 의하여 매수인이 돌려줄 것을 요구할 수 없는 보증(보증이 금전 외의 방법으로 제공되어 있는 때에는 보증을 현금화하여 그 대금에서 비용을 뺀 금액)

②제1항의 금액 가운데 채권자에게 배당하고 남은 금액이 있으면, 제1항제4호의 금액의 범위안에서 제1항제4호의 보증 등을 제공한 사람에게 돌려준다.

③제1항의 금액 가운데 채권자에게 배당하고 남은 금액으로 제1항제4호의 보증 등을 돌려주기 부족한 경우로서 그 보증 등을 제공한 사람이 여럿인 때에는 제1항제4호의 보증 등의 비율에 따라 나누어 준다.

제148조(배당받을 채권자의 범위) 제147조제1항에 규정한 금액을 배당받을 채권자는 다음 각호에 규정된 사람으로 한다.
  1. 배당요구의 종기까지 경매신청을 한 압류채권자
  2. 배당요구의 종기까지 배당요구를 한 채권자

3. 첫 경매개시결정등기전에 등기된 가압류채권자
4. 저당권·전세권, 그 밖의 우선변제청구권으로서 첫 경매개시결정등기전에 등기되었고 매각으로 소멸하는 것을 가진 채권자

제149조(배당표의 확정) ①법원은 채권자와 채무자에게 보여 주기 위하여 배당기일의 3일전에 배당표원안(配當表原案)을 작성하여 법원에 비치하여야 한다.

②법원은 출석한 이해관계인과 배당을 요구한 채권자를 심문하여 배당표를 확정하여야 한다.

제150조(배당표의 기재 등) ①배당표에는 매각대금, 채권자의 채권의 원금, 이자, 비용, 배당의 순위와 배당의 비율을 적어야 한다.

②출석한 이해관계인과 배당을 요구한 채권자가 합의한 때에는 이에 따라 배당표를 작성하여야 한다.

제151조(배당표에 대한 이의) ①기일에 출석한 채무자는 채권자의 채권 또는 그 채권의 순위에 대하여 이의할 수 있다.

②제1항의 규정에 불구하고 채무자는 제149조제1항에 따라 법원에 배당표원안이 비치된 이후 배당기일이 끝날 때까지 채권자의 채권 또는 그 채권의 순위에 대하여 서면으로 이의할 수 있다.

③기일에 출석한 채권자는 자기의 이해에 관계되는 범위 안에서는 다른 채권자를 상대로 그의 채권 또는 그 채권의 순위에 대하여 이의할 수 있다.

제152조(이의의 완결) ①제151조의 이의에 관계된 채권자는 이에 대하여 진술하여야 한다.

②관계인이 제151조의 이의를 정당하다고 인정하거나 다른 방법으로 합의한 때에는 이에 따라 배당표를 경정(更正)하여 배당을 실시하여야 한다.

③제151조의 이의가 완결되지 아니한 때에는 이의가 없는 부분에 한하여 배당을 실시하여야 한다.

제153조(불출석한 채권자) ①기일에 출석하지 아니한 채권자는 배당표와 같이 배당을 실시하는 데에 동의한 것으로 본다.

②기일에 출석하지 아니한 채권자가 다른 채권자가 제기한 이의에 관계된 때에는 그 채권자는 이의를 정당하다고 인정하지 아니한 것으로 본다.

제154조(배당이의의 소 등) ①집행력 있는 집행권원의 정본을 가지지 아니한 채권자(가압

류채권자를 제외한다)에 대하여 이의한 채무자와 다른 채권자에 대하여 이의한 채권자는 배당이의의 소를 제기하여야 한다.

②집행력 있는 집행권원의 정본을 가진 채권자에 대하여 이의한 채무자는 청구이의의 소를 제기하여야 한다.

③이의한 채권자나 채무자가 배당기일부터 1주 이내에 집행법원에 대하여 제1항의 소를 제기한 사실을 증명하는 서류를 제출하지 아니한 때 또는 제2항의 소를 제기한 사실을 증명하는 서류와 그 소에 관한 집행정지재판의 정본을 제출하지 아니한 때에는 이의가 취하된 것으로 본다.

제155조(이의한 사람 등의 우선권 주장) 이의한 채권자가 제154조제3항의 기간을 지키지 아니한 경우에도 배당표에 따른 배당을 받은 채권자에 대하여 소로 우선권 및 그 밖의 권리를 행사하는 데 영향을 미치지 아니한다.

제156조(배당이의의 소의 관할) ①제154조제1항의 배당이의의 소는 배당을 실시한 집행법원이 속한 지방법원의 관할로 한다. 다만, 소송물이 단독판사의 관할에 속하지 아니할 경우에는 지방법원의 합의부가 이를 관할한다.

②여러 개의 배당이의의 소가 제기된 경우에 한 개의 소를 합의부가 관할하는 때에는 그 밖의 소도 함께 관할한다.

③이의한 사람과 상대방이 이의에 관하여 단독판사의 재판을 받을 것을 합의한 경우에는 제1항 단서와 제2항의 규정을 적용하지 아니한다.

제157조(배당이의의 소의 판결) 배당이의의 소에 대한 판결에서는 배당액에 대한 다툼이 있는 부분에 관하여 배당을 받을 채권자와 그 액수를 정하여야 한다. 이를 정하는 것이 적당하지 아니하다고 인정한 때에는 판결에서 배당표를 다시 만들고 다른 배당절차를 밟도록 명하여야 한다.

제158조(배당이의의 소의 취하간주) 이의한 사람이 배당이의의 소의 첫 변론기일에 출석하지 아니한 때에는 소를 취하한 것으로 본다.

제159조(배당실시절차·배당조서) ①법원은 배당표에 따라 제2항 및 제3항에 규정된 절차에 의하여 배당을 실시하여야 한다.

②채권 전부의 배당을 받을 채권자에게는 배당액지급증을 교부하는 동시에 그가 가진 집행력 있는 정본 또는 채권증서를 받아 채무자에게 교부하여야 한다.

③채권 일부의 배당을 받을 채권자에게는 집행력 있는 정본 또는 채권증서를 제출하

게 한 뒤 배당액을 적어서 돌려주고 배당액지급증을 교부하는 동시에 영수증을 받아 채무자에게 교부하여야 한다.

④제1항 내지 제3항의 배당실시절차는 조서에 명확히 적어야 한다.

제160조(배당금액의 공탁) ①배당을 받아야 할 채권자의 채권에 대하여 다음 각호 가운데 어느 하나의 사유가 있으면 그에 대한 배당액을 공탁하여야 한다.

1. 채권에 정지조건 또는 불확정기한이 붙어 있는 때
2. 가압류채권자의 채권인 때
3. 제49조제2호 및 제266조제1항제5호에 규정된 문서가 제출되어 있는 때
4. 저당권설정의 가등기가 마쳐져 있는 때
5. 제154조제1항에 의한 배당이의의 소가 제기된 때
6. 「민법」 제340조제2항 및 같은 법 제370조에 따른 배당금액의 공탁청구가 있는 때

②채권자가 배당기일에 출석하지 아니한 때에는 그에 대한 배당액을 공탁하여야 한다.

제161조(공탁금에 대한 배당의 실시) ①법원이 제160조제1항의 규정에 따라 채권자에 대한 배당액을 공탁한 뒤 공탁의 사유가 소멸한 때에는 법원은 공탁금을 지급하거나 공탁금에 대한 배당을 실시하여야 한다.

②제1항에 따라 배당을 실시함에 있어서 다음 각호 가운데 어느 하나에 해당하는 때에는 법원은 배당에 대하여 이의하지 아니한 채권자를 위하여서도 배당표를 바꾸어야 한다.

1. 제160조제1항제1호 내지 제4호의 사유에 따른 공탁에 관련된 채권자에 대하여 배당을 실시할 수 없게 된 때
2. 제160조제1항제5호의 공탁에 관련된 채권자가 채무자로부터 제기당한 배당이의의 소에서 진 때
3. 제160조제1항제6호의 공탁에 관련된 채권자가 저당물의 매각대가로부터 배당을 받은 때

③제160조제2항의 채권자가 법원에 대하여 공탁금의 수령을 포기하는 의사를 표시한 때에는 그 채권자의 채권이 존재하지 아니하는 것으로 보고 배당표를 바꾸어야 한다.

④제2항 및 제3항의 배당표변경에 따른 추가 배당기일에 제151조의 규정에 따라

이의할 때에는 종전의 배당기일에서 주장할 수 없었던 사유만을 주장할 수 있다.

제162조(공동경매) 여러 압류채권자를 위하여 동시에 실시하는 부동산의 경매절차에는 제80조 내지 제161조의 규정을 준용한다.

### 제3관 강제관리

제163조(강제경매규정의 준용) 강제관리에는 제80조 내지 제82조, 제83조제1항·제3항 내지 제5항, 제85조 내지 제89조 및 제94조 내지 제96조의 규정을 준용한다.

제164조(강제관리개시결정) ①강제관리를 개시하는 결정에는 채무자에게는 관리사무에 간섭하여서는 아니되고 부동산의 수익을 처분하여서도 아니된다고 명하여야 하며, 수익을 채무자에게 지급할 제3자에게는 관리인에게 이를 지급하도록 명하여야 한다.

②수확하였거나 수확할 과실(果實)과, 이행기에 이르렀거나 이르게 될 과실은 제1항의 수익에 속한다.

③강제관리개시결정은 제3자에게는 결정서를 송달하여야 효력이 생긴다.

④강제관리신청을 기각하거나 각하하는 재판에 대하여는 즉시항고를 할 수 있다.

제165조(강제관리개시결정 등의 통지) 법원은 강제관리를 개시하는 결정을 한 부동산에 대하여 다시 강제관리의 개시결정을 하거나 배당요구의 신청이 있는 때에는 관리인에게 이를 통지하여야 한다.

제166조(관리인의 임명 등) ①관리인은 법원이 임명한다. 다만, 채권자는 적당한 사람을 관리인으로 추천할 수 있다.

②관리인은 관리와 수익을 하기 위하여 부동산을 점유할 수 있다. 이 경우 저항을 받으면 집행관에게 원조를 요구할 수 있다.

③관리인은 제3자가 채무자에게 지급할 수익을 추심(推尋)할 권한이 있다.

제167조(법원의 지휘·감독) ①법원은 관리에 필요한 사항과 관리인의 보수를 정하고, 관리인을 지휘·감독한다.

②법원은 관리인에게 보증을 제공하도록 명할 수 있다.

③관리인에게 관리를 계속할 수 없는 사유가 생긴 경우에는 법원은 직권으로 또는 이해관계인의 신청에 따라 관리인을 해임할 수 있다. 이 경우 관리인을 심문하여

야 한다.

제168조(준용규정) 제3자가 부동산에 대한 강제관리를 막을 권리가 있다고 주장하는 경우에는 제48조의 규정을 준용한다.

제169조(수익의 처리) ①관리인은 부동산수익에서 그 부동산이 부담하는 조세, 그 밖의 공과금을 뺀 뒤에 관리비용을 변제하고, 그 나머지 금액을 채권자에게 지급한다.

②제1항의 경우 모든 채권자를 만족하게 할 수 없는 때에는 관리인은 채권자 사이의 배당협의에 따라 배당을 실시하여야 한다.

③채권자 사이에 배당협의가 이루어지지 못한 경우에 관리인은 그 사유를 법원에 신고하여야 한다.

④제3항의 신고가 있는 경우에는 제145조ㆍ제146조 및 제148조 내지 제161조의 규정을 준용하여 배당표를 작성하고 이에 따라 관리인으로 하여금 채권자에게 지급하게 하여야 한다.

제170조(관리인의 계산보고) ①관리인은 매년 채권자ㆍ채무자와 법원에 계산서를 제출하여야 한다. 그 업무를 마친 뒤에도 또한 같다.

②채권자와 채무자는 계산서를 송달받은 날부터 1주 이내에 집행법원에 이에 대한 이의신청을 할 수 있다.

③제2항의 기간 이내에 이의신청이 없는 때에는 관리인의 책임이 면제된 것으로 본다.

④제2항의 기간 이내에 이의신청이 있는 때에는 관리인을 심문한 뒤 결정으로 재판하여야 한다. 신청한 이의를 매듭 지은 때에는 법원은 관리인의 책임을 면제한다.

제171조(강제관리의 취소) ①강제관리의 취소는 법원이 결정으로 한다.

②채권자들이 부동산수익으로 전부 변제를 받았을 때에는 법원은 직권으로 제1항의 취소결정을 한다.

③제1항 및 제2항의 결정에 대하여는 즉시항고를 할 수 있다.

④강제관리의 취소결정이 확정된 때에는 법원사무관등은 강제관리에 관한 기입등기를 말소하도록 촉탁하여야 한다.

## 제3절 선박 등에 대한 강제집행

제172조(선박에 대한 강제집행) 등기할 수 있는 선박에 대한 강제집행은 부동산의 강제경매에 관한 규정에 따른다. 다만, 사물의 성질에 따른 차이가 있거나 특별한 규정이 있는 경우에는 그러하지 아니하다.

제173조(관할법원) 선박에 대한 강제집행의 집행법원은 압류 당시에 그 선박이 있는 곳을 관할하는 지방법원으로 한다.

제174조(선박국적증서 등의 제출) ①법원은 경매개시결정을 한 때에는 집행관에게 선박국적증서 그 밖에 선박운행에 필요한 문서(이하 "선박국적증서등"이라 한다)를 선장으로부터 받아 법원에 제출하도록 명하여야 한다.

②경매개시결정이 송달 또는 등기되기 전에 집행관이 선박국적증서등을 받은 경우에는 그 때에 압류의 효력이 생긴다.

제175조(선박집행신청전의 선박국적증서등의 인도명령) ①선박에 대한 집행의 신청전에 선박국적증서등을 받지 아니하면 집행이 매우 곤란할 염려가 있을 경우에는 선적(船籍)이 있는 곳을 관할하는 지방법원(선적이 없는 때에는 대법원규칙이 정하는 법원)은 신청에 따라 채무자에게 선박국적증서등을 집행관에게 인도하도록 명할 수 있다. 급박한 경우에는 선박이 있는 곳을 관할하는 지방법원도 이 명령을 할 수 있다.

②집행관은 선박국적증서등을 인도받은 날부터 5일 이내에 채권자로부터 선박집행을 신청하였음을 증명하는 문서를 제출받지 못한 때에는 그 선박국적증서등을 돌려 주어야 한다.

③제1항의 규정에 따른 재판에 대하여는 즉시항고를 할 수 있다.

④제1항의 규정에 따른 재판에는 제292조제2항 및 제3항의 규정을 준용한다.

제176조(압류선박의 정박) ①법원은 집행절차를 행하는 동안 선박이 압류 당시의 장소에 계속 머무르도록 명하여야 한다.

②법원은 영업상의 필요, 그 밖에 상당한 이유가 있다고 인정할 경우에는 채무자의 신청에 따라 선박의 운행을 허가할 수 있다. 이 경우 채권자·최고가매수신고인·차순위매수신고인 및 매수인의 동의가 있어야 한다.

③제2항의 선박운행허가결정에 대하여는 즉시항고를 할 수 있다.

④제2항의 선박운행허가결정은 확정되어야 효력이 생긴다.

제177조(경매신청의 첨부서류) ①강제경매신청을 할 때에는 다음 각호의 서류를 내야 한다.

1. 채무자가 소유자인 경우에는 소유자로서 선박을 점유하고 있다는 것을, 선장인 경우에는 선장으로서 선박을 지휘하고 있다는 것을 소명할 수 있는 증서
2. 선박에 관한 등기사항을 포함한 등기부의 초본 또는 등본

②채권자는 공적 장부를 주관하는 공공기관이 멀리 떨어진 곳에 있는 때에는 제1항제2호의 초본 또는 등본을 보내주도록 법원에 신청할 수 있다.

제178조(감수ㆍ보존처분) ①법원은 채권자의 신청에 따라 선박을 감수(監守)하고 보존하기 위하여 필요한 처분을 할 수 있다.

②제1항의 처분을 한 때에는 경매개시결정이 송달되기 전에도 압류의 효력이 생긴다.

제179조(선장에 대한 판결의 집행) ①선장에 대한 판결로 선박채권자를 위하여 선박을 압류하면 그 압류는 소유자에 대하여도 효력이 미친다. 이 경우 소유자도 이해관계인으로 본다.

②압류한 뒤에 소유자나 선장이 바뀌더라도 집행절차에는 영향을 미치지 아니한다.

③압류한 뒤에 선장이 바뀐 때에는 바뀐 선장만이 이해관계인이 된다.

제180조(관할위반으로 말미암은 절차의 취소) 압류 당시 선박이 그 법원의 관할안에 없었음이 판명된 때에는 그 절차를 취소하여야 한다.

제181조(보증의 제공에 의한 강제경매절차의 취소) ①채무자가 제49조제2호 또는 제4호의 서류를 제출하고 압류채권자 및 배당을 요구한 채권자의 채권과 집행비용에 해당하는 보증을 매수신고전에 제공한 때에는 법원은 신청에 따라 배당절차 외의 절차를 취소하여야 한다.

②제1항에 규정한 서류를 제출함에 따른 집행정지가 효력을 잃은 때에는 법원은 제1항의 보증금을 배당하여야 한다.

③제1항의 신청을 기각한 재판에 대하여는 즉시항고를 할 수 있다.

④제1항의 규정에 따른 집행취소결정에는 제17조제2항의 규정을 적용하지 아니한다.

⑤제1항의 보증의 제공에 관하여 필요한 사항은 대법원규칙으로 정한다.

제182조(사건의 이송) ①압류된 선박이 관할구역 밖으로 떠난 때에는 집행법원은 선박이 있는 곳을 관할하는 법원으로 사건을 이송할 수 있다.

②제1항의 규정에 따른 결정에 대하여는 불복할 수 없다.

제183조(선박국적증서등을 넘겨받지 못한 경우의 경매절차취소) 경매개시결정이 있은 날부터 2월이 지나기까지 집행관이 선박국적증서등을 넘겨받지 못하고, 선박이 있는 곳이 분명하지 아니한 때에는 법원은 강제경매절차를 취소할 수 있다.

제184조(매각기일의 공고) 매각기일의 공고에는 선박의 표시와 그 정박한 장소를 적어야 한다.

제185조(선박지분의 압류명령) ①선박의 지분에 대한 강제집행은 제251조에서 규정한 강제집행의 예에 따른다.

②채권자가 선박의 지분에 대하여 강제집행신청을 하기 위하여서는 채무자가 선박의 지분을 소유하고 있다는 사실을 증명할 수 있는 선박등기부의 등본이나 그 밖의 증명서를 내야 한다.

③압류명령은 채무자 외에 「상법」 제764조에 의하여 선임된 선박관리인(이하 이 조에서 "선박관리인"이라 한다)에게도 송달하여야 한다. 〈개정 2007. 8. 3.〉

④압류명령은 선박관리인에게 송달되면 채무자에게 송달된 것과 같은 효력을 가진다.

제186조(외국선박의 압류) 외국선박에 대한 강제집행에는 등기부에 기입할 절차에 관한 규정을 적용하지 아니한다.

제187조(자동차 등에 대한 강제집행) 자동차·건설기계·소형선박(「자동차 등 특정동산 저당법」 제3조제2호에 따른 소형선박을 말한다) 및 항공기(「자동차 등 특정동산 저당법」 제3조제4호에 따른 항공기 및 경량항공기를 말한다)에 대한 강제집행절차는 제2편제2장제2절부터 제4절까지의 규정에 준하여 대법원규칙으로 정한다. 〈개정 2007. 8. 3., 2009. 3. 25., 2015. 5. 18.〉

### 제4절 동산에 대한 강제집행

### 제1관 통칙

제188조(집행방법, 압류의 범위) ①동산에 대한 강제집행은 압류에 의하여 개시한다.

②압류는 집행력 있는 정본에 적은 청구금액의 변제와 집행비용의 변상에 필요한 한도안에서 하여야 한다.

③압류물을 현금화하여도 집행비용 외에 남을 것이 없는 경우에는 집행하지 못한다.

### 제2관 유체동산에 대한 강제집행

제189조(채무자가 점유하고 있는 물건의 압류) ①채무자가 점유하고 있는 유체동산의 압류는 집행관이 그 물건을 점유함으로써 한다. 다만, 채권자의 승낙이 있거나 운반이 곤란한 때에는 봉인(封印), 그 밖의 방법으로 압류물임을 명확히 하여 채무자에게 보관시킬 수 있다.

②다음 각호 가운데 어느 하나에 해당하는 물건은 이 법에서 유체동산으로 본다.
1. 등기할 수 없는 토지의 정착물로서 독립하여 거래의 객체가 될 수 있는 것
2. 토지에서 분리하기 전의 과실로서 1월 이내에 수확할 수 있는 것
3. 유가증권으로서 배서가 금지되지 아니한 것

③집행관은 채무자에게 압류의 사유를 통지하여야 한다.

제190조(부부공유 유체동산의 압류) 채무자와 그 배우자의 공유로서 채무자가 점유하거나 그 배우자와 공동으로 점유하고 있는 유체동산은 제189조의 규정에 따라 압류할 수 있다.

제191조(채무자 외의 사람이 점유하고 있는 물건의 압류) 채권자 또는 물건의 제출을 거부하지 아니하는 제3자가 점유하고 있는 물건은 제189조의 규정을 준용하여 압류할 수 있다.

제192조(국고금의 압류) 국가에 대한 강제집행은 국고금을 압류함으로써 한다.

제193조(압류물의 인도) ①압류물을 제3자가 점유하게 된 경우에는 법원은 채권자의 신청에 따라 그 제3자에 대하여 그 물건을 집행관에게 인도하도록 명할 수 있다.

②제1항의 신청은 압류물을 제3자가 점유하고 있는 것을 안 날부터 1주 이내에 하여야 한다.

③제1항의 재판은 상대방에게 송달되기 전에도 집행할 수 있다.

④제1항의 재판은 신청인에게 고지된 날부터 2주가 지난 때에는 집행할 수 없다.

⑤제1항의 재판에 대하여는 즉시항고를 할 수 있다.

제194조(압류의 효력) 압류의 효력은 압류물에서 생기는 천연물에도 미친다.

제195조(압류가 금지되는 물건) 다음 각호의 물건은 압류하지 못한다.

1. 채무자 및 그와 같이 사는 친족(사실상 관계에 따른 친족을 포함한다. 이하 이 조에서 "채무자등"이라 한다)의 생활에 필요한 의복·침구·가구·부엌기구, 그 밖의 생활필수품
2. 채무자등의 생활에 필요한 2월간의 식료품·연료 및 조명재료
3. 채무자등의 생활에 필요한 1월간의 생계비로서 대통령령이 정하는 액수의 금전
4. 주로 자기 노동력으로 농업을 하는 사람에게 없어서는 아니될 농기구·비료·가축·사료·종자, 그 밖에 이에 준하는 물건
5. 주로 자기의 노동력으로 어업을 하는 사람에게 없어서는 아니될 고기잡이 도구·어망·미끼·새끼고기, 그 밖에 이에 준하는 물건
6. 전문직 종사자·기술자·노무자, 그 밖에 주로 자기의 정신적 또는 육체적 노동으로 직업 또는 영업에 종사하는 사람에게 없어서는 아니 될 제복·도구, 그 밖에 이에 준하는 물건
7. 채무자 또는 그 친족이 받은 훈장·포장·기장, 그 밖에 이에 준하는 명예증표
8. 위패·영정·묘비, 그 밖에 상례·제사 또는 예배에 필요한 물건
9. 족보·집안의 역사적인 기록·사진첩, 그 밖에 선조숭배에 필요한 물건
10. 채무자의 생활 또는 직무에 없어서는 아니 될 도장·문패·간판, 그 밖에 이에 준하는 물건
11. 채무자의 생활 또는 직업에 없어서는 아니 될 일기장·상업장부, 그 밖에 이에 준하는 물건
12. 공표되지 아니한 저작 또는 발명에 관한 물건
13. 채무자등이 학교·교회·사찰, 그 밖의 교육기관 또는 종교단체에서 사용하는 교과서·교리서·학습용구, 그 밖에 이에 준하는 물건
14. 채무자등의 일상생활에 필요한 안경·보청기·의치·의수족·지팡이·장애보조용 바퀴의자, 그 밖에 이에 준하는 신체보조기구
15. 채무자등의 일상생활에 필요한 자동차로서 자동차관리법이 정하는 바에 따른 장애인용 경형자동차
16. 재해의 방지 또는 보안을 위하여 법령의 규정에 따라 설비하여야 하는 소방설비·경보기구·피난시설, 그 밖에 이에 준하는 물건

제196조(압류금지 물건을 정하는 재판) ①법원은 당사자가 신청하면 채권자와 채무자의 생활형편, 그 밖의 사정을 고려하여 유체동산의 전부 또는 일부에 대한 압류를 취소하도록 명하거나 제195조의 유체동산을 압류하도록 명할 수 있다.

②제1항의 결정이 있은 뒤에 그 이유가 소멸되거나 사정이 바뀐 때에는 법원은

직권으로 또는 당사자의 신청에 따라 그 결정을 취소하거나 바꿀 수 있다.

③제1항 및 제2항의 경우에 법원은 제16조제2항에 준하는 결정을 할 수 있다.

④제1항 및 제2항의 결정에 대하여는 즉시항고를 할 수 있다.

⑤제3항의 결정에 대하여는 불복할 수 없다.

제197조(일괄매각) ①집행관은 여러 개의 유체동산의 형태, 이용관계 등을 고려하여 일괄매수하게 하는 것이 알맞다고 인정하는 때에는 직권으로 또는 이해관계인의 신청에 따라 일괄하여 매각할 수 있다.

②제1항의 경우에는 제98조제3항, 제99조, 제100조, 제101조제2항 내지 제5항의 규정을 준용한다.

제198조(압류물의 보존) ①압류물을 보존하기 위하여 필요한 때에는 집행관은 적당한 처분을 하여야 한다.

②제1항의 경우에 비용이 필요한 때에는 채권자로 하여금 이를 미리 내게 하여야 한다. 채권자가 여럿인 때에는 요구하는 액수에 비례하여 미리 내게 한다.

③제49조제2호 또는 제4호의 문서가 제출된 경우에 압류물을 즉시 매각하지 아니하면 값이 크게 내릴 염려가 있거나, 보관에 지나치게 많은 비용이 드는 때에는 집행관은 그 물건을 매각할 수 있다.

④집행관은 제3항의 규정에 따라 압류물을 매각하였을 때에는 그 대금을 공탁하여야 한다.

제199조(압류물의 매각) 집행관은 압류를 실시한 뒤 입찰 또는 호가경매의 방법으로 압류물을 매각하여야 한다.

제200조(값비싼 물건의 평가) 매각할 물건 가운데 값이 비싼 물건이 있는 때에는 집행관은 적당한 감정인에게 이를 평가하게 하여야 한다.

제201조(압류금전) ①압류한 금전은 채권자에게 인도하여야 한다.

②집행관이 금전을 추심한 때에는 채무자가 지급한 것으로 본다. 다만, 담보를 제공하거나 공탁을 하여 집행에서 벗어날 수 있도록 채무자에게 허가한 때에는 그러하지 아니하다.

제202조(매각일) 압류일과 매각일 사이에는 1주 이상 기간을 두어야 한다. 다만, 압류물을 보관하는 데 지나치게 많은 비용이 들거나, 시일이 지나면 그 물건의 값이 크게 내릴 염려가 있는 때에는 그러하지 아니하다.

제203조(매각장소) ①매각은 압류한 유체동산이 있는 시·구·읍·면(도농복합형태의 시의 경우 동지역은 시·구, 읍·면지역은 읍·면)에서 진행한다. 다만, 압류채권자와 채무자가 합의하면 합의된 장소에서 진행한다.

②매각일자와 장소는 대법원규칙이 정하는 방법으로 공고한다. 공고에는 매각할 물건을 표시하여야 한다.

제204조(준용규정) 매각장소의 질서유지에 관하여는 제108조의 규정을 준용한다.

제205조(매각·재매각) ①집행관은 최고가매수신고인의 성명과 가격을 말한 뒤 매각을 허가한다.

②매각물은 대금과 서로 맞바꾸어 인도하여야 한다.

③매수인이 매각조건에 정한 지급기일에 대금의 지급과 물건의 인도청구를 게을리 한 때에는 재매각을 하여야 한다. 지급기일을 정하지 아니한 경우로서 매각기일의 마감에 앞서 대금의 지급과 물건의 인도청구를 게을리 한 때에도 또한 같다.

④제3항의 경우에는 전의 매수인은 재매각절차에 참가하지 못하며, 뒤의 매각대금이 처음의 매각대금보다 적은 때에는 그 부족한 액수를 부담하여야 한다.

제206조(배우자의 우선매수권) ①제190조의 규정에 따라 압류한 유체동산을 매각하는 경우에 배우자는 매각기일에 출석하여 우선매수할 것을 신고할 수 있다.

②제1항의 우선매수신고에는 제140조제1항 및 제2항의 규정을 준용한다.

제207조(매각의 한도) 매각은 매각대금으로 채권자에게 변제하고 강제집행비용을 지급하기에 충분하게 되면 즉시 중지하여야 한다. 다만, 제197조제2항 및 제101조제3항 단서에 따른 일괄매각의 경우에는 그러하지 아니하다.

제208조(집행관이 매각대금을 영수한 효과) 집행관이 매각대금을 영수한 때에는 채무자가 지급한 것으로 본다. 다만, 담보를 제공하거나 공탁을 하여 집행에서 벗어날 수 있도록 채무자에게 허가한 때에는 그러하지 아니하다.

제209조(금·은붙이의 현금화) 금·은붙이는 그 금·은의 시장가격 이상의 금액으로 일반 현금화의 규정에 따라 매각하여야 한다. 시장가격 이상의 금액으로 매수하는 사람이 없는 때에는 집행관은 그 시장가격에 따라 적당한 방법으로 매각할 수 있다.

제210조(유가증권의 현금화) 집행관이 유가증권을 압류한 때에는 시장가격이 있는 것은 매각하는 날의 시장가격에 따라 적당한 방법으로 매각하고 그 시장가격이 형성되지 아니한 것은 일반 현금화의 규정에 따라 매각하여야 한다.

제211조(기명유가증권의 명의개서) 유가증권이 기명식인 때에는 집행관은 매수인을 위하여 채무자에 갈음하여 배서 또는 명의개서에 필요한 행위를 할 수 있다.

제212조(어음 등의 제시의무) ①집행관은 어음·수표 그 밖의 금전의 지급을 목적으로 하는 유가증권(이하 "어음등"이라 한다)으로서 일정한 기간 안에 인수 또는 지급을 위한 제시 또는 지급의 청구를 필요로 하는 것을 압류하였을 경우에 그 기간이 개시되면 채무자에 갈음하여 필요한 행위를 하여야 한다.

②집행관은 미완성 어음등을 압류한 경우에 채무자에게 기한을 정하여 어음등에 적을 사항을 보충하도록 최고하여야 한다.

제213조(미분리과실의 매각) ①토지에서 분리되기 전에 압류한 과실은 충분히 익은 다음에 매각하여야 한다.

②집행관은 매각하기 위하여 수확을 하게 할 수 있다.

제214조(특별한 현금화 방법) ①법원은 필요하다고 인정하면 직권으로 또는 압류채권자, 배당을 요구한 채권자 또는 채무자의 신청에 따라 일반 현금화의 규정에 의하지 아니하고 다른 방법이나 다른 장소에서 압류물을 매각하게 할 수 있다. 또한 집행관에게 위임하지 아니하고 다른 사람으로 하여금 매각하게 하도록 명할 수 있다.

②제1항의 재판에 대하여는 불복할 수 없다.

제215조(압류의 경합) ①유체동산을 압류하거나 가압류한 뒤 매각기일에 이르기 전에 다른 강제집행이 신청된 때에는 집행관은 집행신청서를 먼저 압류한 집행관에게 교부하여야 한다. 이 경우 더 압류할 물건이 있으면 이를 압류한 뒤에 추가압류조서를 교부하여야 한다.

②제1항의 경우에 집행에 관한 채권자의 위임은 먼저 압류한 집행관에게 이전된다.

③제1항의 경우에 각 압류한 물건은 강제집행을 신청한 모든 채권자를 위하여 압류한 것으로 본다.

④제1항의 경우에 먼저 압류한 집행관은 뒤에 강제집행을 신청한 채권자를 위하여 다시 압류한다는 취지를 덧붙여 그 압류조서에 적어야 한다.

제216조(채권자의 매각최고) ①상당한 기간이 지나도 집행관이 매각하지 아니하는 때에는 압류채권자는 집행관에게 일정한 기간 이내에 매각하도록 최고할 수 있다.

②집행관이 제1항의 최고에 따르지 아니하는 때에는 압류채권자는 법원에 필요한 명령을 신청할 수 있다.

제217조(우선권자의 배당요구) 「민법」·상법, 그 밖의 법률에 따라 우선변제청구권이 있는 채권자는 매각대금의 배당을 요구할 수 있다.

제218조(배당요구의 절차) 제217조의 배당요구는 이유를 밝혀 집행관에게 하여야 한다.

제219조(배당요구 등의 통지) 제215조제1항 및 제218조의 경우에는 집행관은 그 사유를 배당에 참가한 채권자와 채무자에게 통지하여야 한다.

제220조(배당요구의 시기) ①배당요구는 다음 각호의 시기까지 할 수 있다.
　　1. 집행관이 금전을 압류한 때 또는 매각대금을 영수한 때
　　2. 집행관이 어음·수표 그 밖의 금전의 지급을 목적으로 한 유가증권에 대하여 그 금전을 지급받은 때
②제198조제4항에 따라 공탁된 매각대금에 대하여는 동산집행을 계속하여 진행할 수 있게 된 때까지, 제296조제5항 단서에 따라 공탁된 매각대금에 대하여는 압류의 신청을 한 때까지 배당요구를 할 수 있다.

제221조(배우자의 지급요구) ①제190조의 규정에 따라 압류한 유체동산에 대하여 공유지분을 주장하는 배우자는 매각대금을 지급하여 줄 것을 요구할 수 있다.
②제1항의 지급요구에는 제218조 내지 제220조의 규정을 준용한다.
③제219조의 통지를 받은 채권자가 배우자의 공유주장에 대하여 이의가 있는 때에는 배우자를 상대로 소를 제기하여 공유가 아니라는 것을 확정하여야 한다.
④제3항의 소에는 제154조제3항, 제155조 내지 제158조, 제160조제1항제5호 및 제161조제1항·제2항·제4항의 규정을 준용한다.

제222조(매각대금의 공탁) ①매각대금으로 배당에 참가한 모든 채권자를 만족하게 할 수 없고 매각허가된 날부터 2주 이내에 채권자 사이에 배당협의가 이루어지지 아니한 때에는 매각대금을 공탁하여야 한다.
②여러 채권자를 위하여 동시에 금전을 압류한 경우에도 제1항과 같다.
③제1항 및 제2항의 경우에 집행관은 집행절차에 관한 서류를 붙여 그 사유를 법원에 신고하여야 한다.


**제3관 채권과 그 밖의 재산권에 대한 강제집행**

제223조(채권의 압류명령) 제3자에 대한 채무자의 금전채권 또는 유가증권, 그 밖의 유체

물의 권리이전이나 인도를 목적으로 한 채권에 대한 강제집행은 집행법원의 압류명령에 의하여 개시한다.

제224조(집행법원) ①제223조의 집행법원은 채무자의 보통재판적이 있는 곳의 지방법원으로 한다.

②제1항의 지방법원이 없는 경우 집행법원은 압류한 채권의 채무자(이하 "제3채무자"라 한다)의 보통재판적이 있는 곳의 지방법원으로 한다. 다만, 이 경우에 물건의 인도를 목적으로 하는 채권과 물적 담보권 있는 채권에 대한 집행법원은 그 물건이 있는 곳의 지방법원으로 한다.

③가압류에서 이전되는 채권압류의 경우에 제223조의 집행법원은 가압류를 명한 법원이 있는 곳을 관할하는 지방법원으로 한다.

제225조(압류명령의 신청) 채권자는 압류명령신청에 압류할 채권의 종류와 액수를 밝혀야 한다.

제226조(심문의 생략) 압류명령은 제3채무자와 채무자를 심문하지 아니하고 한다.

제227조(금전채권의 압류) ①금전채권을 압류할 때에는 법원은 제3채무자에게 채무자에 대한 지급을 금지하고 채무자에게 채권의 처분과 영수를 금지하여야 한다.

②압류명령은 제3채무자와 채무자에게 송달하여야 한다.

③압류명령이 제3채무자에게 송달되면 압류의 효력이 생긴다.

④압류명령의 신청에 관한 재판에 대하여는 즉시항고를 할 수 있다.

제228조(저당권이 있는 채권의 압류) ①저당권이 있는 채권을 압류할 경우 채권자는 채권압류사실을 등기부에 기입하여 줄 것을 법원사무관등에게 신청할 수 있다. 이 신청은 채무자의 승낙 없이 법원에 대한 압류명령의 신청과 함께 할 수 있다.

②법원사무관등은 의무를 지는 부동산 소유자에게 압류명령이 송달된 뒤에 제1항의 신청에 따른 등기를 촉탁하여야 한다.

제229조(금전채권의 현금화방법) ①압류한 금전채권에 대하여 압류채권자는 추심명령(推尋命令)이나 전부명령(轉付命令)을 신청할 수 있다.

②추심명령이 있는 때에는 압류채권자는 대위절차(代位節次) 없이 압류채권을 추심할 수 있다.

③전부명령이 있는 때에는 압류된 채권은 지급에 갈음하여 압류채권자에게 이전된다.

④추심명령에 대하여는 제227조제2항 및 제3항의 규정을, 전부명령에 대하여는 제227조제2항의 규정을 각각 준용한다.

⑤전부명령이 제3채무자에게 송달될 때까지 그 금전채권에 관하여 다른 채권자가 압류·가압류 또는 배당요구를 한 경우에는 전부명령은 효력을 가지지 아니한다.

⑥제1항의 신청에 관한 재판에 대하여는 즉시항고를 할 수 있다.

⑦전부명령은 확정되어야 효력을 가진다.

⑧전부명령이 있은 뒤에 제49조제2호 또는 제4호의 서류를 제출한 것을 이유로 전부명령에 대한 즉시항고가 제기된 경우에는 항고법원은 다른 이유로 전부명령을 취소하는 경우를 제외하고는 항고에 관한 재판을 정지하여야 한다.

제230조(저당권이 있는 채권의 이전) 저당권이 있는 채권에 관하여 전부명령이 있는 경우에는 제228조의 규정을 준용한다.

제231조(전부명령의 효과) 전부명령이 확정된 경우에는 전부명령이 제3채무자에게 송달된 때에 채무자가 채무를 변제한 것으로 본다. 다만, 이전된 채권이 존재하지 아니한 때에는 그러하지 아니하다.

제232조(추심명령의 효과) ①추심명령은 그 채권전액에 미친다. 다만, 법원은 채무자의 신청에 따라 압류채권자를 심문하여 압류액수를 그 채권자의 요구액수로 제한하고 채무자에게 그 초과된 액수의 처분과 영수를 허가할 수 있다.

②제1항 단서의 제한부분에 대하여 다른 채권자는 배당요구를 할 수 없다.

③제1항의 허가는 제3채무자와 채권자에게 통지하여야 한다.

제233조(지시채권의 압류) 어음·수표 그 밖에 배서로 이전할 수 있는 증권으로서 배서가 금지된 증권채권의 압류는 법원의 압류명령으로 집행관이 그 증권을 점유하여 한다.

제234조(채권증서) ①채무자는 채권에 관한 증서가 있으면 압류채권자에게 인도하여야 한다.

②채권자는 압류명령에 의하여 강제집행의 방법으로 그 증서를 인도받을 수 있다.

제235조(압류의 경합) ①채권 일부가 압류된 뒤에 그 나머지 부분을 초과하여 다시 압류명령이 내려진 때에는 각 압류의 효력은 그 채권 전부에 미친다.

②채권 전부가 압류된 뒤에 그 채권 일부에 대하여 다시 압류명령이 내려진 때 그 압류의 효력도 제1항과 같다.

제236조(추심의 신고) ①채권자는 추심한 채권액을 법원에 신고하여야 한다.

②제1항의 신고전에 다른 압류·가압류 또는 배당요구가 있었을 때에는 채권자는 추심한 금액을 바로 공탁하고 그 사유를 신고하여야 한다.

제237조(제3채무자의 진술의무) ①압류채권자는 제3채무자로 하여금 압류명령을 송달받은 날부터 1주 이내에 서면으로 다음 각호의 사항을 진술하게 하도록 법원에 신청할 수 있다.

   1. 채권을 인정하는지의 여부 및 인정한다면 그 한도
   2. 채권에 대하여 지급할 의사가 있는지의 여부 및 의사가 있다면 그 한도
   3. 채권에 대하여 다른 사람으로부터 청구가 있는지의 여부 및 청구가 있다면 그 종류
   4. 다른 채권자에게 채권을 압류당한 사실이 있는지의 여부 및 그 사실이 있다면 그 청구의 종류

②법원은 제1항의 진술을 명하는 서면을 제3채무자에게 송달하여야 한다.

③제3채무자가 진술을 게을리 한 때에는 법원은 제3채무자에게 제1항의 사항을 심문할 수 있다.

제238조(추심의 소제기) 채권자가 명령의 취지에 따라 제3채무자를 상대로 소를 제기할 때에는 일반규정에 의한 관할법원에 제기하고 채무자에게 그 소를 고지하여야 한다. 다만, 채무자가 외국에 있거나 있는 곳이 분명하지 아니한 때에는 고지할 필요가 없다.

제239조(추심의 소홀) 채권자가 추심할 채권의 행사를 게을리 한 때에는 이로써 생긴 채무자의 손해를 부담한다.

제240조(추심권의 포기) ①채권자는 추심명령에 따라 얻은 권리를 포기할 수 있다. 다만, 기본채권에는 영향이 없다.

②제1항의 포기는 법원에 서면으로 신고하여야 한다. 법원사무관등은 그 등본을 제3채무자와 채무자에게 송달하여야 한다.

제241조(특별한 현금화방법) ①압류된 채권이 조건 또는 기한이 있거나, 반대의무의 이행과 관련되어 있거나 그 밖의 이유로 추심하기 곤란할 때에는 법원은 채권자의 신청에 따라 다음 각호의 명령을 할 수 있다.

   1. 채권을 법원이 정한 값으로 지급함에 갈음하여 압류채권자에게 양도하는 양도명령
   2. 추심에 갈음하여 법원이 정한 방법으로 그 채권을 매각하도록 집행관에게 명하는

매각명령

3. 관리인을 선임하여 그 채권의 관리를 명하는 관리명령

4. 그 밖에 적당한 방법으로 현금화하도록 하는 명령

②법원은 제1항의 경우 그 신청을 허가하는 결정을 하기 전에 채무자를 심문하여야 한다. 다만, 채무자가 외국에 있거나 있는 곳이 분명하지 아니한 때에는 심문할 필요가 없다.

③제1항의 결정에 대하여는 즉시항고를 할 수 있다.

④제1항의 결정은 확정되어야 효력을 가진다.

⑤압류된 채권을 매각한 경우에는 집행관은 채무자를 대신하여 제3채무자에게 서면으로 양도의 통지를 하여야 한다.

⑥양도명령에는 제227조제2항·제229조제5항·제230조 및 제231조의 규정을, 매각명령에 의한 집행관의 매각에는 제108조의 규정을, 관리명령에는 제227조제2항의 규정을, 관리명령에 의한 관리에는 제167조, 제169조 내지 제171조, 제222조제2항·제3항의 규정을 각각 준용한다.

제242조(유체물인도청구권 등에 대한 집행) 부동산·유체동산·선박·자동차·건설기계·항공기·경량항공기 등 유체물의 인도나 권리이전의 청구권에 대한 강제집행에 대하여는 제243조부터 제245조까지의 규정을 우선적용하는 것을 제외하고는 제227조부터 제240조까지의 규정을 준용한다. 〈개정 2015. 5. 18.〉

제243조(유체동산에 관한 청구권의 압류) ①유체동산에 관한 청구권을 압류하는 경우에는 법원이 제3채무자에 대하여 그 동산을 채권자의 위임을 받은 집행관에게 인도하도록 명한다.

②채권자는 제3채무자에 대하여 제1항의 명령의 이행을 구하기 위하여 법원에 추심명령을 신청할 수 있다.

③제1항의 동산의 현금화에 대하여는 압류한 유체동산의 현금화에 관한 규정을 적용한다.

제244조(부동산청구권에 대한 압류) ①부동산에 관한 인도청구권의 압류에 대하여는 그 부동산소재지의 지방법원은 채권자 또는 제3채무자의 신청에 의하여 보관인을 정하고 제3채무자에 대하여 그 부동산을 보관인에게 인도할 것을 명하여야 한다.

②부동산에 관한 권리이전청구권의 압류에 대하여는 그 부동산소재지의 지방법원

은 채권자 또는 제3채무자의 신청에 의하여 보관인을 정하고 제3채무자에 대하여 그 부동산에 관한 채무자명의의 권리이전등기절차를 보관인에게 이행할 것을 명하여야 한다.

③제2항의 경우에 보관인은 채무자명의의 권리이전등기신청에 관하여 채무자의 대리인이 된다.

④채권자는 제3채무자에 대하여 제1항 또는 제2항의 명령의 이행을 구하기 위하여 법원에 추심명령을 신청할 수 있다.

제245조(전부명령 제외) 유체물의 인도나 권리이전의 청구권에 대하여는 전부명령을 하지 못한다.

제246조(압류금지채권) ①다음 각호의 채권은 압류하지 못한다.
1. 법령에 규정된 부양료 및 유족부조료(遺族扶助料)
2. 채무자가 구호사업이나 제3자의 도움으로 계속 받는 수입
3. 병사의 급료
4. 급료·연금·봉급·상여금·퇴직연금, 그 밖에 이와 비슷한 성질을 가진 급여채권의 2분의 1에 해당하는 금액. 다만, 그 금액이 국민기초생활보장법에 의한 최저생계비를 고려하여 대통령령이 정하는 금액에 미치지 못하는 경우 또는 표준적인 가구의 생계비를 고려하여 대통령령이 정하는 금액을 초과하는 경우에는 각각 당해 대통령령이 정하는 금액으로 한다.
5. 퇴직금 그 밖에 이와 비슷한 성질을 가진 급여채권의 2분의 1에 해당하는 금액
6. 「주택임대차보호법」 제8조, 같은 법 시행령의 규정에 따라 우선변제를 받을 수 있는 금액
7. 생명, 상해, 질병, 사고 등을 원인으로 채무자가 지급받는 보장성보험의 보험금(해약환급 및 만기환급금을 포함한다). 다만, 압류금지의 범위는 생계유지, 치료 및 장애 회복에 소요될 것으로 예상되는 비용 등을 고려하여 대통령령으로 정한다.
8. 채무자의 1월간 생계유지에 필요한 예금(적금·부금·예탁금과 우편대체를 포함한다). 다만, 그 금액은 「국민기초생활 보장법」에 따른 최저생계비, 제195조제3호에서 정한 금액 등을 고려하여 대통령령으로 정한다.

② 법원은 제1항제1호부터 제7호까지에 규정된 종류의 금원이 금융기관에 개설된 채무자의 계좌에 이체되는 경우 채무자의 신청에 따라 그에 해당하는 부분의 압류명령을 취소하여야 한다.

③법원은 당사자가 신청하면 채권자와 채무자의 생활형편, 그 밖의 사정을 고려하여

압류명령의 전부 또는 일부를 취소하거나 제1항의 압류금지채권에 대하여 압류명령을 할 수 있다.

④제3항의 경우에는 제196조제2항 내지 제5항의 규정을 준용한다.

제247조(배당요구) ①「민법」·상법, 그 밖의 법률에 의하여 우선변제청구권이 있는 채권자와 집행력 있는 정본을 가진 채권자는 다음 각호의 시기까지 법원에 배당요구를 할 수 있다.

   1. 제3채무자가 제248조제4항에 따른 공탁의 신고를 한 때
   2. 채권자가 제236조에 따른 추심의 신고를 한 때
   3. 집행관이 현금화한 금전을 법원에 제출한 때

②전부명령이 제3채무자에게 송달된 뒤에는 배당요구를 하지 못한다.

③제1항의 배당요구에는 제218조 및 제219조의 규정을 준용한다.

④제1항의 배당요구는 제3채무자에게 통지하여야 한다.

제248조(제3채무자의 채무액의 공탁) ①제3채무자는 압류에 관련된 금전채권의 전액을 공탁할 수 있다.

②금전채권에 관하여 배당요구서를 송달받은 제3채무자는 배당에 참가한 채권자의 청구가 있으면 압류된 부분에 해당하는 금액을 공탁하여야 한다.

③금전채권중 압류되지 아니한 부분을 초과하여 거듭 압류명령 또는 가압류명령이 내려진 경우에 그 명령을 송달받은 제3채무자는 압류 또는 가압류채권자의 청구가 있으면 그 채권의 전액에 해당하는 금액을 공탁하여야 한다.

④제3채무자가 채무액을 공탁한 때에는 그 사유를 법원에 신고하여야 한다. 다만, 상당한 기간 이내에 신고가 없는 때에는 압류채권자, 가압류채권자, 배당에 참가한 채권자, 채무자, 그 밖의 이해관계인이 그 사유를 법원에 신고할 수 있다.

제249조(추심의 소) ①제3채무자가 추심절차에 대하여 의무를 이행하지 아니하는 때에는 압류채권자는 소로써 그 이행을 청구할 수 있다.

②집행력 있는 정본을 가진 모든 채권자는 공동소송인으로 원고 쪽에 참가할 권리가 있다.

③소를 제기당한 제3채무자는 제2항의 채권자를 공동소송인으로 원고 쪽에 참가하도록 명할 것을 첫 변론기일까지 신청할 수 있다.

④소에 대한 재판은 제3항의 명령을 받은 채권자에 대하여 효력이 미친다.

제250조(채권자의 추심최고) 압류채권자가 추심절차를 게을리 한 때에는 집행력 있는 정본으로 배당을 요구한 채권자는 일정한 기간내에 추심하도록 최고하고, 최고에 따르지 아니한 때에는 법원의 허가를 얻어 직접 추심할 수 있다.

제251조(그 밖의 재산권에 대한 집행) ①앞의 여러 조문에 규정된 재산권 외에 부동산을 목적으로 하지 아니한 재산권에 대한 강제집행은 이 관의 규정 및 제98조 내지 제101조의 규정을 준용한다.

②제3채무자가 없는 경우에 압류는 채무자에게 권리처분을 금지하는 명령을 송달한 때에 효력이 생긴다.

## 제4관 배당절차

제252조(배당절차의 개시) 법원은 다음 각호 가운데 어느 하나에 해당하는 경우에는 배당절차를 개시한다.

1. 제222조의 규정에 따라 집행관이 공탁한 때
2. 제236조의 규정에 따라 추심채권자가 공탁하거나 제248조의 규정에 따라 제3채무자가 공탁한 때
3. 제241조의 규정에 따라 현금화된 금전을 법원에 제출한 때

제253조(계산서 제출의 최고) 법원은 채권자들에게 1주 이내에 원금·이자·비용, 그 밖의 부대채권의 계산서를 제출하도록 최고하여야 한다.

제254조(배당표의 작성) ①제253조의 기간이 끝난 뒤에 법원은 배당표를 작성하여야 한다.

②제1항의 기간을 지키지 아니한 채권자의 채권은 배당요구서와 사유신고서의 취지 및 그 증빙서류에 따라 계산한다. 이 경우 다시 채권액을 추가하지 못한다.

제255조(배당기일의 준비) 법원은 배당을 실시할 기일을 지정하고 채권자와 채무자에게 이를 통지하여야 한다. 다만, 채무자가 외국에 있거나 있는 곳이 분명하지 아니한 때에는 통지하지 아니한다.

제256조(배당표의 작성과 실시) 배당표의 작성, 배당표에 대한 이의 및 그 완결과 배당표의 실시에 대하여는 제149조 내지 제161조의 규정을 준용한다.

## 제3장 금전채권 외의 채권에 기초한 강제집행

제257조(동산인도청구의 집행) 채무자가 특정한 동산이나 대체물의 일정한 수량을 인도하여야 할 때에는 집행관은 이를 채무자로부터 빼앗아 채권자에게 인도하여야 한다.

제258조(부동산 등의 인도청구의 집행) ①채무자가 부동산이나 선박을 인도하여야 할 때에는 집행관은 채무자로부터 점유를 빼앗아 채권자에게 인도하여야 한다.

②제1항의 강제집행은 채권자나 그 대리인이 인도받기 위하여 출석한 때에만 한다.

③강제집행의 목적물이 아닌 동산은 집행관이 제거하여 채무자에게 인도하여야 한다.

④제3항의 경우 채무자가 없는 때에는 집행관은 채무자와 같이 사는 사리를 분별할 지능이 있는 친족 또는 채무자의 대리인이나 고용인에게 그 동산을 인도하여야 한다.

⑤채무자와 제4항에 적은 사람이 없는 때에는 집행관은 그 동산을 채무자의 비용으로 보관하여야 한다.

⑥채무자가 그 동산의 수취를 게을리 한 때에는 집행관은 집행법원의 허가를 받아 동산에 대한 강제집행의 매각절차에 관한 규정에 따라 그 동산을 매각하고 비용을 뺀 뒤에 나머지 대금을 공탁하여야 한다.

제259조(목적물을 제3자가 점유하는 경우) 인도할 물건을 제3자가 점유하고 있는 때에는 채권자의 신청에 따라 금전채권의 압류에 관한 규정에 따라 채무자의 제3자에 대한 인도청구권을 채권자에게 넘겨야 한다.

제260조(대체집행) ①「민법」 제389조제2항 후단과 제3항의 경우에는 제1심 법원은 채권자의 신청에 따라 「민법」의 규정에 의한 결정을 하여야 한다.

②채권자는 제1항의 행위에 필요한 비용을 미리 지급할 것을 채무자에게 명하는 결정을 신청할 수 있다. 다만, 뒷날 그 초과비용을 청구할 권리는 영향을 받지 아니한다.

③제1항과 제2항의 신청에 관한 재판에 대하여는 즉시항고를 할 수 있다.

제261조(간접강제) ①채무의 성질이 간접강제를 할 수 있는 경우에 제1심 법원은 채권자의 신청에 따라 간접강제를 명하는 결정을 한다. 그 결정에는 채무의 이행의무 및

상당한 이행기간을 밝히고, 채무자가 그 기간 이내에 이행을 하지 아니하는 때에는 늦어진 기간에 따라 일정한 배상을 하도록 명하거나 즉시 손해배상을 하도록 명할 수 있다.

②제1항의 신청에 관한 재판에 대하여는 즉시항고를 할 수 있다.

제262조(채무자의 심문) 제260조 및 제261조의 결정은 변론 없이 할 수 있다. 다만, 결정하기 전에 채무자를 심문하여야 한다.

제263조(의사표시의무의 집행) ①채무자가 권리관계의 성립을 인낙한 때에는 그 조서로, 의사의 진술을 명한 판결이 확정된 때에는 그 판결로 권리관계의 성립을 인낙하거나 의사를 진술한 것으로 본다.

②반대의무가 이행된 뒤에 권리관계의 성립을 인낙하거나 의사를 진술할 것인 경우에는 제30조와 제32조의 규정에 따라 집행문을 내어 준 때에 그 효력이 생긴다.


## 제3편 담보권 실행 등을 위한 경매

제264조(부동산에 대한 경매신청) ①부동산을 목적으로 하는 담보권을 실행하기 위한 경매신청을 함에는 담보권이 있다는 것을 증명하는 서류를 내야 한다.

②담보권을 승계한 경우에는 승계를 증명하는 서류를 내야 한다.

③부동산 소유자에게 경매개시결정을 송달할 때에는 제2항의 규정에 따라 제출된 서류의 등본을 붙여야 한다.

제265조(경매개시결정에 대한 이의신청사유) 경매절차의 개시결정에 대한 이의신청사유로 담보권이 없다는 것 또는 소멸되었다는 것을 주장할 수 있다.

제266조(경매절차의 정지) ①다음 각호 가운데 어느 하나에 해당하는 문서가 경매법원에 제출되면 경매절차를 정지하여야 한다. 〈개정 2011. 4. 12.〉

　1. 담보권의 등기가 말소된 등기사항증명서
　2. 담보권 등기를 말소하도록 명한 확정판결의 정본
　3. 담보권이 없거나 소멸되었다는 취지의 확정판결의 정본
　4. 채권자가 담보권을 실행하지 아니하기로 하거나 경매신청을 취하하겠다는 취지 또는 피담보채권을 변제받았거나 그 변제를 미루도록 승낙한다는 취지를 적은 서류
　5. 담보권 실행을 일시정지하도록 명한 재판의 정본

②제1항제1호 내지 제3호의 경우와 제4호의 서류가 화해조서의 정본 또는 공정증서의 정본인 경우에는 경매법원은 이미 실시한 경매절차를 취소하여야 하며, 제5호의 경우에는 그 재판에 따라 경매절차를 취소하지 아니한 때에만 이미 실시한 경매절차를 일시적으로 유지하게 하여야 한다.

③제2항의 규정에 따라 경매절차를 취소하는 경우에는 제17조의 규정을 적용하지 아니한다.

제267조(대금완납에 따른 부동산취득의 효과) 매수인의 부동산 취득은 담보권 소멸로 영향을 받지 아니한다.

제268조(준용규정) 부동산을 목적으로 하는 담보권 실행을 위한 경매절차에는 제79조 내지 제162조의 규정을 준용한다.

제269조(선박에 대한 경매) 선박을 목적으로 하는 담보권 실행을 위한 경매절차에는 제172조 내지 제186조, 제264조 내지 제268조의 규정을 준용한다.

제270조(자동차 등에 대한 경매) 자동차·건설기계·소형선박(「자동차 등 특정동산 저당법」 제3조제2호에 따른 소형선박을 말한다) 및 항공기(「자동차 등 특정동산 저당법」 제3조제4호에 따른 항공기 및 경량항공기를 말한다)를 목적으로 하는 담보권 실행을 위한 경매절차는 제264조부터 제269조까지, 제271조 및 제272조의 규정에 준하여 대법원규칙으로 정한다. 〈개정 2007. 8. 3., 2009. 3. 25., 2015. 5. 18.〉

제271조(유체동산에 대한 경매) 유체동산을 목적으로 하는 담보권 실행을 위한 경매는 채권자가 그 목적물을 제출하거나, 그 목적물의 점유자가 압류를 승낙한 때에 개시한다.

제272조(준용규정) 제271조의 경매절차에는 제2편 제2장 제4절 제2관의 규정과 제265조 및 제266조의 규정을 준용한다.

제273조(채권과 그 밖의 재산권에 대한 담보권의 실행) ①채권, 그 밖의 재산권을 목적으로 하는 담보권의 실행은 담보권의 존재를 증명하는 서류(권리의 이전에 관하여 등기나 등록을 필요로 하는 경우에는 그 등기사항증명서 또는 등록원부의 등본)가 제출된 때에 개시한다. 〈개정 2011. 4. 12.〉

②「민법」 제342조에 따라 담보권설정자가 받을 금전, 그 밖의 물건에 대하여 권리를 행사하는 경우에도 제1항과 같다.

③제1항과 제2항의 권리실행절차에는 제2편 제2장 제4절 제3관의 규정을 준용한

다.

제274조(유치권 등에 의한 경매) ①유치권에 의한 경매와 「민법」·상법, 그 밖의 법률이 규정하는 바에 따른 경매(이하 "유치권등에 의한 경매"라 한다)는 담보권 실행을 위한 경매의 예에 따라 실시한다.

②유치권 등에 의한 경매절차는 목적물에 대하여 강제경매 또는 담보권 실행을 위한 경매절차가 개시된 경우에는 이를 정지하고, 채권자 또는 담보권자를 위하여 그 절차를 계속하여 진행한다.

③제2항의 경우에 강제경매 또는 담보권 실행을 위한 경매가 취소되면 유치권 등에 의한 경매절차를 계속하여 진행하여야 한다.

제275조(준용규정) 이 편에 규정한 경매 등 절차에는 제42조 내지 제44조 및 제46조 내지 제53조의 규정을 준용한다.


## 제4편 보전처분

제276조(가압류의 목적) ①가압류는 금전채권이나 금전으로 환산할 수 있는 채권에 대하여 동산 또는 부동산에 대한 강제집행을 보전하기 위하여 할 수 있다.

②제1항의 채권이 조건이 붙어 있는 것이거나 기한이 차지 아니한 것인 경우에도 가압류를 할 수 있다.

제277조(보전의 필요) 가압류는 이를 하지 아니하면 판결을 집행할 수 없거나 판결을 집행하는 것이 매우 곤란할 염려가 있을 경우에 할 수 있다.

제278조(가압류법원) 가압류는 가압류할 물건이 있는 곳을 관할하는 지방법원이나 본안의 관할법원이 관할한다.

제279조(가압류신청) ①가압류신청에는 다음 각호의 사항을 적어야 한다.
1. 청구채권의 표시, 그 청구채권이 일정한 금액이 아닌 때에는 금전으로 환산한 금액
2. 제277조의 규정에 따라 가압류의 이유가 될 사실의 표시

②청구채권과 가압류의 이유는 소명하여야 한다.

제280조(가압류명령) ①가압류신청에 대한 재판은 변론 없이 할 수 있다.

②청구채권이나 가압류의 이유를 소명하지 아니한 때에도 가압류로 생길 수 있는

채무자의 손해에 대하여 법원이 정한 담보를 제공한 때에는 법원은 가압류를 명할 수 있다.

③청구채권과 가압류의 이유를 소명한 때에도 법원은 담보를 제공하게 하고 가압류를 명할 수 있다.

④담보를 제공한 때에는 그 담보의 제공과 담보제공의 방법을 가압류명령에 적어야 한다.

제281조(재판의 형식) ①가압류신청에 대한 재판은 결정으로 한다. 〈개정 2005. 1. 27.〉

②채권자는 가압류신청을 기각하거나 각하하는 결정에 대하여 즉시항고를 할 수 있다.

③담보를 제공하게 하는 재판, 가압류신청을 기각하거나 각하하는 재판과 제2항의 즉시항고를 기각하거나 각하하는 재판은 채무자에게 고지할 필요가 없다.

제282조(가압류해방금액) 가압류명령에는 가압류의 집행을 정지시키거나 집행한 가압류를 취소시키기 위하여 채무자가 공탁할 금액을 적어야 한다.

제283조(가압류결정에 대한 채무자의 이의신청) ①채무자는 가압류결정에 대하여 이의를 신청할 수 있다.

②제1항의 이의신청에는 가압류의 취소나 변경을 신청하는 이유를 밝혀야 한다.

③이의신청은 가압류의 집행을 정지하지 아니한다.

제284조(가압류이의신청사건의 이송) 법원은 가압류이의신청사건에 관하여 현저한 손해 또는 지연을 피하기 위한 필요가 있는 때에는 직권으로 또는 당사자의 신청에 따라 결정으로 그 가압류사건의 관할권이 있는 다른 법원에 사건을 이송할 수 있다. 다만, 그 법원이 심급을 달리하는 경우에는 그러하지 아니하다.

제285조(가압류이의신청의 취하) ①채무자는 가압류이의신청에 대한 재판이 있기 전까지 가압류이의신청을 취하할 수 있다.

②제1항의 취하에는 채권자의 동의를 필요로 하지 아니한다.

③가압류이의신청의 취하는 서면으로 하여야 한다. 다만, 변론기일 또는 심문기일에서는 말로 할 수 있다.

④가압류이의신청서를 송달한 뒤에는 취하의 서면을 채권자에게 송달하여야 한다.

⑤제3항 단서의 경우에 채권자가 변론기일 또는 심문기일에 출석하지 아니한 때에는 그 기일의 조서등본을 송달하여야 한다.

제286조(이의신청에 대한 심리와 재판) ①이의신청이 있는 때에는 법원은 변론기일 또는 당사자 쌍방이 참여할 수 있는 심문기일을 정하고 당사자에게 이를 통지하여야 한다.

②법원은 심리를 종결하고자 하는 경우에는 상당한 유예기간을 두고 심리를 종결할 기일을 정하여 이를 당사자에게 고지하여야 한다. 다만, 변론기일 또는 당사자 쌍방이 참여할 수 있는 심문기일에는 즉시 심리를 종결할 수 있다.

③이의신청에 대한 재판은 결정으로 한다.

④제3항의 규정에 의한 결정에는 이유를 적어야 한다. 다만, 변론을 거치지 아니한 경우에는 이유의 요지만을 적을 수 있다.

⑤법원은 제3항의 규정에 의한 결정으로 가압류의 전부나 일부를 인가·변경 또는 취소할 수 있다. 이 경우 법원은 적당한 담보를 제공하도록 명할 수 있다.

⑥법원은 제3항의 규정에 의하여 가압류를 취소하는 결정을 하는 경우에는 채권자가 그 고지를 받은 날부터 2주를 넘지 아니하는 범위 안에서 상당하다고 인정하는 기간이 경과하여야 그 결정의 효력이 생긴다는 뜻을 선언할 수 있다.

⑦제3항의 규정에 의한 결정에 대하여는 즉시항고를 할 수 있다. 이 경우 민사소송법 제447조의 규정을 준용하지 아니한다.

제287조(본안의 제소명령) ①가압류법원은 채무자의 신청에 따라 변론 없이 채권자에게 상당한 기간 이내에 본안의 소를 제기하여 이를 증명하는 서류를 제출하거나 이미 소를 제기하였으면 소송계속사실을 증명하는 서류를 제출하도록 명하여야 한다.

②제1항의 기간은 2주 이상으로 정하여야 한다.

③채권자가 제1항의 기간 이내에 제1항의 서류를 제출하지 아니한 때에는 법원은 채무자의 신청에 따라 결정으로 가압류를 취소하여야 한다.

④제1항의 서류를 제출한 뒤에 본안의 소가 취하되거나 각하된 경우에는 그 서류를 제출하지 아니한 것으로 본다.

⑤제3항의 신청에 관한 결정에 대하여는 즉시항고를 할 수 있다. 이 경우 민사소송법 제447조의 규정은 준용하지 아니한다.

제288조(사정변경 등에 따른 가압류취소) ①채무자는 다음 각호의 어느 하나에 해당하는 사유가 있는 경우에는 가압류가 인가된 뒤에도 그 취소를 신청할 수 있다. 제3호에 해당하는 경우에는 이해관계인도 신청할 수 있다.

1. 가압류이유가 소멸되거나 그 밖에 사정이 바뀐 때
2. 법원이 정한 담보를 제공한 때
3. 가압류가 집행된 뒤에 3년간 본안의 소를 제기하지 아니한 때

②제1항의 규정에 의한 신청에 대한 재판은 가압류를 명한 법원이 한다. 다만, 본안이 이미 계속된 때에는 본안법원이 한다.

③제1항의 규정에 의한 신청에 대한 재판에는 제286조제1항 내지 제4항·제6항 및 제7항을 준용한다.

제289조(가압류취소결정의 효력정지) ①가압류를 취소하는 결정에 대하여 즉시항고가 있는 경우에, 불복의 이유로 주장한 사유가 법률상 정당한 사유가 있다고 인정되고 사실에 대한 소명이 있으며, 그 가압류를 취소함으로 인하여 회복할 수 없는 손해가 생길 위험이 있다는 사정에 대한 소명이 있는 때에는, 법원은 당사자의 신청에 따라 담보를 제공하게 하거나 담보를 제공하지 아니하게 하고 가압류취소결정의 효력을 정지시킬 수 있다.

②제1항의 규정에 의한 소명은 보증금을 공탁하거나 주장이 진실함을 선서하는 방법으로 대신할 수 없다.

③재판기록이 원심법원에 있는 때에는 원심법원이 제1항의 규정에 의한 재판을 한다.

④항고법원은 항고에 대한 재판에서 제1항의 규정에 의한 재판을 인가·변경 또는 취소하여야 한다.

⑤제1항 및 제4항의 규정에 의한 재판에 대하여는 불복할 수 없다.

제290조(가압류 이의신청규정의 준용) ①제287조제3항, 제288조제1항에 따른 재판의 경우에는 제284조의 규정을 준용한다.〈개정 2005. 1. 27.〉

②제287조제1항·제3항 및 제288조제1항에 따른 신청의 취하에는 제285조의 규정을 준용한다. 〈개정 2005. 1. 27.〉

제291조(가압류집행에 대한 본집행의 준용) 가압류의 집행에 대하여는 강제집행에 관한 규정을 준용한다. 다만, 아래의 여러 조문과 같이 차이가 나는 경우에는 그러하지 아니하다.

제292조(집행개시의 요건) ①가압류에 대한 재판이 있은 뒤에 채권자나 채무자의 승계가 이루어진 경우에 가압류의 재판을 집행하려면 집행문을 덧붙여야 한다.

②가압류에 대한 재판의 집행은 채권자에게 재판을 고지한 날부터 2주를 넘긴 때에는 하지 못한다. 〈개정 2005. 1. 27.〉

③제2항의 집행은 채무자에게 재판을 송달하기 전에도 할 수 있다.

제293조(부동산가압류집행) ①부동산에 대한 가압류의 집행은 가압류재판에 관한 사항을 등기부에 기입하여야 한다.

②제1항의 집행법원은 가압류재판을 한 법원으로 한다.

③가압류등기는 법원사무관등이 촉탁한다.

제294조(가압류를 위한 강제관리) 가압류의 집행으로 강제관리를 하는 경우에는 관리인이 청구채권액에 해당하는 금액을 지급받아 공탁하여야 한다.

제295조(선박가압류집행) ①등기할 수 있는 선박에 대한 가압류를 집행하는 경우에는 가압류등기를 하는 방법이나 집행관에게 선박국적증서등을 선장으로부터 받아 집행법원에 제출하도록 명하는 방법으로 한다. 이들 방법은 함께 사용할 수 있다.

②가압류등기를 하는 방법에 의한 가압류집행은 가압류명령을 한 법원이, 선박국적증서등을 받아 제출하도록 명하는 방법에 의한 가압류집행은 선박이 정박하여 있는 곳을 관할하는 지방법원이 집행법원으로서 관할한다.

③가압류등기를 하는 방법에 의한 가압류의 집행에는 제293조제3항의 규정을 준용한다.

제296조(동산가압류집행) ①동산에 대한 가압류의 집행은 압류와 같은 원칙에 따라야 한다.

②채권가압류의 집행법원은 가압류명령을 한 법원으로 한다.

③채권의 가압류에는 제3채무자에 대하여 채무자에게 지급하여서는 아니 된다는 명령만을 하여야 한다.

④가압류한 금전은 공탁하여야 한다.

⑤가압류물은 현금화를 하지 못한다. 다만, 가압류물을 즉시 매각하지 아니하면 값이 크게 떨어질 염려가 있거나 그 보관에 지나치게 많은 비용이 드는 경우에는 집행관은 그 물건을 매각하여 매각대금을 공탁하여야 한다.

제297조(제3채무자의 공탁) 제3채무자가 가압류 집행된 금전채권액을 공탁한 경우에는 그 가압류의 효력은 그 청구채권액에 해당하는 공탁금액에 대한 채무자의 출급청구권에 대하여 존속한다.

제298조(가압류취소결정의 취소와 집행) ①가압류의 취소결정을 상소법원이 취소한 경우로서 법원이 그 가압류의 집행기관이 되는 때에는 그 취소의 재판을 한 상소법원이 직권으로 가압류를 집행한다. 〈개정 2005. 1. 27.〉

②제1항의 경우에 그 취소의 재판을 한 상소법원이 대법원인 때에는 채권자의 신청에 따라 제1심 법원이 가압류를 집행한다.

제299조(가압류집행의 취소) ①가압류명령에 정한 금액을 공탁한 때에는 법원은 결정으로 집행한 가압류를 취소하여야 한다. 〈개정 2005. 1. 27.〉

② 삭제 〈2005. 1. 27.〉

③제1항의 취소결정에 대하여는 즉시항고를 할 수 있다.

④제1항의 취소결정에 대하여는 제17조제2항의 규정을 준용하지 아니한다.

제300조(가처분의 목적) ①다툼의 대상에 관한 가처분은 현상이 바뀌면 당사자가 권리를 실행하지 못하거나 이를 실행하는 것이 매우 곤란할 염려가 있을 경우에 한다.

②가처분은 다툼이 있는 권리관계에 대하여 임시의 지위를 정하기 위하여도 할 수 있다. 이 경우 가처분은 특히 계속하는 권리관계에 끼칠 현저한 손해를 피하거나 급박한 위험을 막기 위하여, 또는 그 밖의 필요한 이유가 있을 경우에 하여야 한다.

제301조(가압류절차의 준용) 가처분절차에는 가압류절차에 관한 규정을 준용한다. 다만, 아래의 여러 조문과 같이 차이가 나는 경우에는 그러하지 아니하다.

제302조 삭제 〈2005. 1. 27.〉

제303조(관할법원) 가처분의 재판은 본안의 관할법원 또는 다툼의 대상이 있는 곳을 관할하는 지방법원이 관할한다.

제304조(임시의 지위를 정하기 위한 가처분) 제300조제2항의 규정에 의한 가처분의 재판에는 변론기일 또는 채무자가 참석할 수 있는 심문기일을 열어야 한다. 다만, 그 기일을 열어 심리하면 가처분의 목적을 달성할 수 없는 사정이 있는 때에는 그러하지 아니하다.

제305조(가처분의 방법) ①법원은 신청목적을 이루는 데 필요한 처분을 직권으로 정한다.

②가처분으로 보관인을 정하거나, 상대방에게 어떠한 행위를 하거나 하지 말도록, 또는 급여를 지급하도록 명할 수 있다.

③가처분으로 부동산의 양도나 저당을 금지한 때에는 법원은 제293조의 규정을 준용하여 등기부에 그 금지한 사실을 기입하게 하여야 한다.

제306조(법인임원의 직무집행정지 등 가처분의 등기촉탁) 법원사무관등은 법원이 법인의 대표자 그 밖의 임원으로 등기된 사람에 대하여 직무의 집행을 정지하거나 그 직무를 대행할 사람을 선임하는 가처분을 하거나 그 가처분을 변경·취소한 때에는, 법인의 주사무소 및 분사무소 또는 본점 및 지점이 있는 곳의 등기소에 그 등기를 촉탁하여야 한다. 다만, 이 사항이 등기하여야 할 사항이 아닌 경우에는 그러하지 아니하다.

제307조(가처분의 취소) ①특별한 사정이 있는 때에는 담보를 제공하게 하고 가처분을 취소할 수 있다.

②제1항의 경우에는 제284조, 제285조 및 제286조제1항 내지 제4항·제6항·제7항의 규정을 준용한다. 〈개정 2005. 1. 27.〉

제308조(원상회복재판) 가처분을 명한 재판에 기초하여 채권자가 물건을 인도받거나, 금전을 지급받거나 또는 물건을 사용·보관하고 있는 경우에는, 법원은 가처분을 취소하는 재판에서 채무자의 신청에 따라 채권자에 대하여 그 물건이나 금전을 반환하도록 명할 수 있다.

제309조(가처분의 집행정지) ①소송물인 권리 또는 법률관계가 이행되는 것과 같은 내용의 가처분을 명한 재판에 대하여 이의신청이 있는 경우에, 이의신청으로 주장한 사유가 법률상 정당한 사유가 있다고 인정되고 주장사실에 대한 소명이 있으며, 그 집행에 의하여 회복할 수 없는 손해가 생길 위험이 있다는 사정에 대한 소명이 있는 때에는, 법원은 당사자의 신청에 따라 담보를 제공하게 하거나 담보를 제공하게 하지 아니하고 가처분의 집행을 정지하도록 명할 수 있고, 담보를 제공하게 하고 집행한 처분을 취소하도록 명할 수 있다.

②제1항에서 규정한 소명은 보증금을 공탁하거나 주장이 진실함을 선서하는 방법으로 대신할 수 없다.

③재판기록이 원심법원에 있는 때에는 원심법원이 제1항의 규정에 의한 재판을 한다.

④법원은 이의신청에 대한 결정에서 제1항의 규정에 의한 명령을 인가·변경 또는 취소하여야 한다.

⑤제1항·제3항 또는 제4항의 규정에 의한 재판에 대하여는 불복할 수 없다.

제310조(준용규정) 제301조에 따라 준용되는 제287조제3항, 제288조제1항 또는 제307조의 규정에 따른 가처분취소신청이 있는 경우에는 제309조의 규정을 준용한다.

제311조(본안의 관할법원) 이 편에 규정한 본안법원은 제1심 법원으로 한다. 다만, 본안이 제2심에 계속된 때에는 그 계속된 법원으로 한다.

제312조(재판장의 권한) 급박한 경우에 재판장은 이 편의 신청에 대한 재판을 할 수 있다.

부칙 〈제18671호, 2022. 1. 4.〉

이 법은 공포한 날부터 시행한다.

# 「부동산등에 대한 경매절차 처리지침」(재민 2004-3)

개정 2023. 6. 29. [재판예규 제1853호, 시행 2023. 6. 29.]

## 제1장 총 칙

제1조 (목적) 이 예규는 부동산에 대한 강제경매절차와 담보권실행을 위한 경매절차를 정함을 목적으로 한다.

제2조 (용어의 정의) 이 예규에서 사용하는 용어의 정의는 다음과 같다.

1. "보증서"라 함은 민사집행규칙 제64조 제3호, 제70조 제2호의 규정에 따라 은행 등과 지급보증위탁계약을 체결한 문서(경매보증보험증권)를 말한다.
2. "입금증명서"라 함은 법원보관금취급규칙 제9조 제9항에 따라 법원보관금취급규칙의 별지 제3호 서식(법원보관금영수필통지서)이 첨부된 법원보관금취급규칙의 별지 제7-1호 서식을 말한다.
3. "입찰기간등"이라 함은 기간입찰에서의 입찰기간과 매각기일을 말한다.
4. "집행관등"이라 함은 집행관 또는 그 사무원을 말한다.
5. "법원사무관등"이라 함은 법원서기관·법원사무관·법원주사 또는 법원주사보를 말한다.
6. "보증금"이라 함은 지급보증위탁계약에 따라 은행 등이 지급하기로 표시한 금액(보험금액)을 말한다.

제3조 (부동산의 매각방법)

① 부동산은 기일입찰 또는 기간입찰의 방법으로 매각하는 것을 원칙으로 한다.

② 부동산의 호가경매에 관하여 필요한 사항 중「민사집행법」과 민사집행규칙에 정하여지지 아니한 사항은 따로 대법원예규로 정한다.

제4조 (선박등에 대한 경매절차에서의 준용)

선박·항공기·자동차·건설기계 및 소형선박에 대한 강제집행절차와 담보권실행을 위한 경매절차에는 그 성질에 어긋나지 아니하는 범위 안에서 제2장 내지 제6장의 규정을 준용한다.

## 제2장 매각의 준비

제5조 (미등기건물의 조사)

① 미등기건물의 조사명령을 받은 집행관은 채무자 또는 제3자가 보관하는 관계 자료를 열람·복사하거나 제시하게 할 수 있다.

② 집행관은 건물의 지번·구조·면적을 실측하기 위하여 필요한 때에는 감정인, 그 밖에 필요한 사람으로부터 조력을 받을 수 있다.

③ 제1항과 제2항의 조사를 위하여 필요한 비용은 집행비용으로 하며, 집행관이 조사를 마친 때에는 그 비용 내역을 바로 법원에 신고하여야 한다.

제6조 (배당요구의 종기 결정 등)

① 배당요구의 종기는 특별한 사정이 없는 한 배당요구종기결정일부터 2월 이상 3월 이하의 범위 안에서 정하여야 한다. 다만, 자동차나 건설기계의 경우에는 1월 이상 2월 이하의 범위 안에서 정할 수 있다.

② 배당요구의 종기는 인터넷 법원경매공고란(www.courtauction.go.kr ; 이하 같다) 또는 법원게시판에 게시하는 방법으로 공고한다.

③ 법 제84조 제2항 후단에 규정된 전세권자 및 채권자에 대한 고지는 기록에 표시된 주소에 등기우편으로 발송하는 방법으로 한다.

④ 「민사집행법」 제84조제4항에 따라 최고하여야 할 조세, 그 밖의 공과금을 주관하는 공공기관은 다음 각 호와 같다.

    1. 소유자의 주소지를 관할하는 세무서
    2. 부동산 소재지의 시(자치구가 없는 경우), 자치구, 군, 읍, 면
    3. 관세청 {공장저당법상 저당권자의 신청에 의한 담보권 실행을 위한 경매사건인 경우, 그 밖의 사건에 있어서 채무자(담보권 실행을 위한 경매에 있어서는 소유자)가 회사인 경우}
    4. 소유자의 주소지를 관할하는 국민건강보험공단

⑤ 배당요구의 종기가 정하여진 때에는 법령에 정하여진 경우(예 : 법 제87조 제3항)나 특별한 사정이 있는 경우(예 : 채무자에 대하여 경매개시결정이 송달되지 아니하는 경우, 감정평가나 현황조사가 예상보다 늦어지는 경우 등)가 아니면 배당요구의 종기를 새로 정하거나 정하여진 종기를 연기하여서는 아니 된다. 이 경우 배당요구의 종기를 연기하는 때에는 배당요구의 종기를 최초의 배당요구종기결정일부터 6월 이후로 연기하여서는 아니 된다.

⑥ 배당요구의 종기를 새로 정하거나 정하여진 종기를 연기한 경우에는 제1항 내지

제3항의 규정을 준용한다. 다만, 이미 배당요구 또는 채권신고를 한 사람에 대하여는 새로 정하여지거나 연기된 배당요구의 종기를 고지할 필요가 없다.

제7조 (매각기일 또는 입찰기간등의 공고)

① 매각기일 또는 입찰기간등의 공고는 제6조 제2항의 방법으로 한다. 이 경우 법원사무관등은 이와 별도로 매각기일공고문을 집행과 사무실에 비치된 컴퓨터 단말기를 통해 열람할 수 있도록 한다.

② 첫 매각기일 또는 입찰기간등을 공고하는 때에는 제1항의 공고와는 별도로 공고사항의 요지를 신문에 게재하여야 하며, 그 게재방식과 게재절차는 다음의 기준을 따라야 한다. 다만, 「신문공고에 관한 예규(재일 2002-7)」제3조에 따른 대행기관을 통하여 신문공고 업무를 처리할 수 없는 등 신문공고를 할 수 없는 부득이한 사유가 있는 경우에는 신문에 게재하지 않을 수 있다.

    가. 기일입찰의 신문공고 내용은 [전산양식 A3356]에 따라, 기간입찰의 신문공고 내용은 [ 전산양식 A3390]에 따라 알아보기 쉽게 작성하여야 한다.

    나. 매각기일 또는 입찰기간등의 공고문은 아파트, 다세대주택, 단독주택, 상가, 대지, 전·답, 임야 등 용도별로 구분하여 작성하고, 감정평가액과 최저매각가격을 함께 표시하여야 하며, 아파트·상가 등의 경우에는 면적란에 등기부상의 면적과 함께 모델명(평형 등)을 표시할 수 있다.

    다. 매각기일 또는 입찰기간등의 공고문에는 그 매각기일에 진행할 사건 중 첫 매각기일 또는 입찰기간등으로 진행되는 사건만을 신문으로 공고하며, 속행사건에 대하여는 인터넷 법원경매공고란에 게시되어 있다는 사실을 밝혀야 한다.

    라. 신문공고비용은 공고비용 총액을 각 부동산이 차지하는 공고지면의 비율에 따라 나누어 각 사건의 경매예납금 중에서 지출하여야 한다.

③ 법원사무관등은 제1항과 제2항에 규정된 절차와는 별도로 공고사항의 요지를 매각기일 또는 입찰기간 개시일의 2주 전까지 인터넷 법원경매공고란에 게시하여야 한다.

제8조 (매각물건명세서의 작성·비치 등)

① 매각물건명세서는 매 매각기일 또는 입찰기간 개시일 1주 전까지 작성하여 그 원본을 경매기록에 가철하여야 하고, 이 경우 다른 문서의 내용을 인용하는 방법(예컨대, 현황조사보고서 기재와 같음)으로 작성하여서는 아니된다.

② 인수 여부가 불분명한 임차권에 관한 주장이 제기된 경우에는 매각물건명세서의 임대차 기재란에 그 임차권의 내용을 적고 비고란에 ○○○가 주장하는 임차권은 존부(또는 대항력 유무)가 불분명함이라고 적는다.

③ 매각물건명세서에는 최저매각가격과 함께 매각목적물의 감정평가액을 표시하여야 한다.

④ 매각물건명세서·현황조사보고서 및 감정평가서의 사본은 일괄 편철하여 매각기일 또는 입찰기간 개시일 1주 전까지 사건별·기일별로 구분한 후 집행과 사무실 등에 비치하여 매수희망자가 손쉽게 열람할 수 있게 하여야 한다. 다만, 현황조사보고서에 첨부한 주민등록 등·초본은 비치하지 아니한다.

⑤ 법원은 전자적으로 작성되거나 제출된 매각물건명세서·현황조사보고서 및 감정평가서의 기재내용을 전자통신매체로 열람하게 하거나 그 출력물을 비치함으로써 그 사본의 비치에 갈음할 수 있다.

제9조 (매각물건명세서의 정정·변경 등)

① 매각물건명세서의 사본을 비치한 이후에 그 기재 내용을 정정·변경하는 경우에 판사(사법보좌관)는 정정·변경된 부분에 날인하고 비고란에 "200○.○.○. 정정·변경"이라고 적는다. 권리관계의 변동이 발생하여 매각물건명세서를 재작성하는 때에는 기존의 매각물건명세서에 "200○.○.○. 변경전", 재작성된 매각물건명세서에 "200○.○.○. 변경 후"라고 적는다. 다만, 전자화된 매각물건명세서의 경우에는 새로 작성하는 매각물건명세서의 비고란에 정정·변경된 내용을 기재하고 "200○.○.○. 정정·변경"이라고 적고 날인은 사법전자서명으로 한다.

② 매각물건명세서의 정정·변경이 그 사본을 비치한 이후에 이루어진 경우에 정정·변경된 내용이 매수신청에 영향을 미칠 수 있는 사항(예컨대, 대항력 있는 임차인의 추가)이면 매각기일 또는 입찰기간등을 변경하여야 한다.

③ 매각물건명세서의 정정·변경이 매각물건명세서의 사본을 비치하기 전에 이루어져 당초 통지·공고된 매각기일에 매각을 실시하는 경우에 다음 각호와 같이 처리한다.
  1. 기일입찰에서는 집행관이 매각기일에 매각을 실시하기 전에 그 정정·변경된 내용을 고지한다.
  2. 기간입찰에서는 법원사무관등이 집행과 및 집행관 사무실 게시판에 그 정정·변경된 내용을 게시한다.

제10조 (사건목록 등의 작성)

① 법원사무관등은 매각기일이 지정된 때에는 매각할 사건의 사건번호를 적은 사건목록을 3부 작성하여, 1부는 제7조 제1항의 규정에 따른 공고시에 법원게시판에 게시하고(게시판에 게시하는 사건목록에는 공고일자를 적어야 한다), 1부는 담임법관(사법보좌관)

에게, 나머지 1부는 집행관에게 보내야 한다.

② 법원사무관등은 기간입찰의 공고후 즉시 입찰기간 개시일 전까지 법원보관금 취급점(이하 "취급점"이라고 한다)에 매각물건의 표시 및 매각조건등에 관한 사항을 전송하여야 한다.

제11조 (경매사건기록의 인계)

① 매각기일이 지정되면 법원사무관등은 경매사건기록을 검토하여 매각기일을 여는데 지장이 없는 사건기록은 매각기일 전날 일괄하여 집행관에게 인계하고 매각기일부(전산양식 A3355)의 기록인수란에 영수인을 받아야 한다. 다만, 기간입찰의 경우 법원사무관등은 입찰기간 개시일 이전에 매각명령의 사본을 집행관에게 송부하고 매각명령 영수증(전산양식 A3343)에 영수인을 받아 기록에 편철한다.

② 법원사무관등은 매각기일이 지정된 사건 중 제1항의 규정에 따라 집행관에게 인계된 사건기록 외의 사건기록은 즉시 담임법관(사법보좌관)에게 인계하고 그 사유를 보고한 뒤 담임법관(사법보좌관)의 지시에 따라 처리하여야 한다.

③ 전자기록사건에 있어서는 매각기일이 지정된 사건기록에 대하여 집행관은 매각기일 전날부터 5일간 열람할 수 있으며, 이 열람으로 경매사건기록의 집행관 인계에 갈음한다. 이 기간 이외에는 집행관은 일반 열람신청의 방법에 의하여 경매사건기록을 열람할 수 있다.

제12조 (매각명령의 확인)

집행관은 법원으로부터 인계받은 기록에 매각명령이 붙어 있는지를 확인한다. 기일입찰의 경우 기록에 매각명령이 붙어 있지 아니한 때에는 법원에 매각절차를 진행할지 여부를 확인하여야 한다.

제13조 (기일입찰에서의 매각사건목록과 매각물건명세서 비치)

① 집행관은 매각기일에 [전산양식 A3357]에 따라 매각사건목록을 작성하여 매각물건명세서·현황조사보고서 및 평가서의 사본과 함께 경매법정, 그 밖에 매각을 실시하는 장소(이하 "경매법정등"이라고 한다)에 비치 또는 게시하여야 한다.

② 제1항의 규정에 따라 비치하는 매각물건명세서·현황조사보고서 및 평가서의 사본은 사건 단위로 분책하여야 한다. 다만, 매각물건명세서·현황조사보고서 및 감정평가서의 기재내용을 전자통신매체로 열람하게 함으로써 그 사본의 비치에 갈음하는 경우에는 사건 단위로 열람할 수 있도록 한다.

제14조 (입찰표등의 비치)

① 기일입찰의 경우 집행과 사무실과 경매법정등에는 기일입찰표(전산양식 A3360), 매수신청보증봉투(전산양식 A3361), 기일입찰봉투(전산양식 A3362, A3363), 공동입찰신고서(전산양식 A3364), 공동입찰자목록(전산양식 A3365)을 비치하여야 한다.

② 기간입찰의 경우 집행과 및 집행관 사무실에 기간입찰표(전산양식 A3392), 기간입찰봉투(전산양식 A3393, A3394), 법원보관금취급규칙의 별지 제7-1호 서식(입금증명서), 공동입찰신고서(전산양식 A3364), 공동입찰자목록(전산양식 A3365)을 비치하여야 한다.

③ 기간입찰의 경우 집행과 및 집행관 사무실에 주의사항(전산양식 A3400)과 필요사항을 적은 기간입찰표 견본을 비치하여야 한다.

제15조 (기일입찰에서의 기일입찰표 견본과 주의사항 게시)

기일입찰을 실시함에 있어서는 경매법정등의 후면에 제31조 제2호 내지 제13호의 주의사항을 게시하고, 기일입찰표 기재 장소에 필요사항을 적은 기일입찰표 견본을 비치하여야 한다.

## 제3장 기간입찰에서의 입찰등

제16조 (매수신청보증)

① 기간입찰에서 매수신청보증의 제공은 입금증명서 또는 보증서에 의한다.

② 기간입찰봉투가 입찰함에 투입된 후에는 매수신청보증의 변경, 취소가 허용되지 않는다.

제17조 (매각기일의 연기)

매각기일의 연기는 허용되지 않는다. 다만, 연기신청이 입찰공고전까지 이루어지고, 특별한 사정이 있는 경우에 한하여 그러하지 아니하다.

제18조 (매수신청)

매수신청은 기간입찰표를 입금증명서 또는 보증서와 함께 기간입찰봉투에 넣어 봉인한 다음 집행관에게 직접 또는 등기우편으로 부치는 방식으로 제출되어야 한다.

제19조 (매수신청인의 자격증명등)

① 매수신청인의 자격 증명은 개인이 입찰하는 경우 주민등록표등·초본, 법인의 대표자 등이 입찰하는 경우 법인등기사항증명서, 법정대리인이 입찰하는 경우 가족관계증명서, 임의대리인이 입찰하는 경우 대리위임장, 인감증명서(「본인서명사실 확인 등에 관한 법률」에 따라「인감증명법」에 의한 인감증명을 갈음하여 사용할 수 있는 본인서명

사실확인서와 전자본인서명확인서의 발급증을 포함한다. 이하 같다), 2인 이상이 공동입찰하는 경우 공동입찰신고서 및 공동입찰자목록으로 한다. 다만, 변호사·법무사가 임의대리인으로 입찰하는 경우에는 인감증명서의 첨부를 생략할 수 있다.

② 제1항의 서류등은 기간입찰봉투에 기간입찰표와 함께 넣어 제출되어야 한다.

제19조의2 (매수신청시 대리권을 증명하는 서면에 첨부되는 서면으로 전자본인서명확인서의 발급증이 제출된 경우의 특칙)

① 집행관이 제19조제1항에 따라 전자본인서명확인서의 발급증을 제출받았을 때에는 전자본인서명확인서 발급시스템에 발급번호를 입력하고 전자본인서명확인서를 확인하여야 한다.

② 전자본인서명확인서 발급시스템의 장애 등으로 인하여 집행관이 전자본인서명확인서를 확인할 수 없는 경우에는 해당입찰표를 개찰에 포함하여 매각절차를 진행하고, 매수신청인에게 매각기일의 다음날까지 인감증명서 또는 본인서명사실확인서를 제출할 것을 요구할 수 있다. 이 경우 매수신청인은 이미 제출된 위임장 등을 인감증명서 또는 본인서명사실확인서에 맞게 보정하여야 한다. 다만, 매각기일의 다음날까지 장애가 제거된 경우에는 제1항에 따른다.

③ 집행관 외의 기관, 법인 또는 단체에서 전자본인서명확인서를 열람한 사실이 확인된 경우에는 제2항에 따른다.

④ 매수신청인이 제2항에 따른 인감증명서 또는 본인서명사실확인서 제출 등을 이행하지 아니하는 경우에는 해당입찰표는 무효로 본다. 이 경우, 매수신청보증의 처리는 제5장(입찰절차 종결 후의 처리)에 따른다.

제19조의3 (준용규정)

본인서명사실확인서 또는 전자본인서명확인서의 발급증이 첨부된 소송서류 기타 사건관계서류가 제출된 경우의 처리절차는 이 예규에서 특별한 규정이 있는 경우를 제외하고는 그 성질에 반하지 아니하는 한「본인서명사실 확인 등에 관한 법률에 따른 재판사무 등 처리지침(재일 2012-2)」의 규정을 준용한다.

제20조 (직접 제출)

① 집행관에 대한 직접 제출의 경우에는 입찰기간 중의 평일 09:00부터 12:00까지, 13:00부터 18:00까지 사이에 집행관 사무실에 접수하여야 한다.

② 입찰기간의 개시전 또는 종료 후에 제출된 경우 집행관등은 이를 수령하여서는 안된다.

③ 집행관등은 기간입찰봉투에 매각기일의 기재 여부를 확인하고, 기간입찰봉투의 앞면

여백에 접수일시가 명시된 접수인을 날인한 후 접수번호를 기재한다. 그후 집행관등은 기간입찰 접수부(전산양식 A3395)에 전산등록하고, 기간입찰봉투를 입찰함에 투입한다.

④ 집행관등은 제출자에게 입찰봉투접수증(전산양식 A3396)을 작성하여 교부한다.

⑤ 매수신청인이 제1항의 접수시간 이외에는 기간입찰봉투를 당직근무자에게 제출할 수 있다. 이때 당직근무자는 주민등록증등으로 제출자를 확인한 다음, 기간입찰봉투에 매각기일의 기재 여부, 기간입찰봉투를 봉한 후 소정의 위치에 날인한 여부를 확인한 후 기간입찰봉투 앞면 여백에 제출자의 이름을 기재하고, 접수일시가 명시된 접수인을 날인한 후 문건으로 접수한다.

⑥ 당직근무자는 즉시 제출자에게 접수증( 전산양식 A1173)을 교부하고, 다음 날 근무시작 전 집행관사무실에 기간입찰봉투를 인계하고 법원재판사무처리규칙의 별지 제2호 서식(문서사송부) 수령인란에 집행관등의 영수인을 받는다.

제21조 (우편 제출)

① 우편 제출의 경우 입찰기간 개시일 00:00시부터 종료일 24:00까지 접수되어야 한다.

② 집행관등은 기간입찰봉투에 매각기일의 기재 여부를 확인하고, 기간입찰봉투의 앞면 여백에 접수일시가 명시된 접수인을 날인한 후 접수번호를 기재한다. 그후 집행관등은 기간입찰접수부에 전산등록하고, 기간입찰봉투를 입찰함에 투입한다.

제22조 (입찰의 철회등)

기간입찰봉투가 입찰함에 투입된 후에는 입찰의 철회, 입찰표의 정정·변경등이 허용되지 않는다.

제23조 (기간입찰봉투등의 흠에 대한 처리)

① 집행관등은 기간입찰봉투와 첨부서류에 흠이 있는 경우 별지 1, 2 처리기준에 의하여 처리한다.

② 집행관등은 흠이 있는 경우 기간입찰봉투 앞면에 빨간색 펜으로 그 취지를 간략히 표기(기간도과, 밀봉안됨, 매각기일 미기재, 미등기우편, 집행관등이외의 자에 제출등) 한 후 입찰함에 투입한다.

제24조 (기간입찰봉투의 보관)

① 집행관은 개찰기일별로 구분하여, 잠금장치가 되어 있는 입찰함에 기간입찰봉투를 넣어 보관하여야 한다. 잠금장치에는 봉인을 하고, 입찰기간의 종료후에는 투입구도 봉인한다.

② 집행관은 매각기일까지 입찰함의 봉인과 잠금상태를 유지하고, 입찰함을 캐비닛식 보관용기에 넣어 보관하여야 한다.

③ 집행관등은 입찰상황이 외부에 알려지지 않도록 주의하여야 한다.

제25조 (경매신청 취하등)

① 경매신청의 취하 또는 경매절차의 취소, 집행정지등의 서면이 제출된 경우 법원사무관등은 즉시 집행관에게 이를 교부하고, 인터넷 법원경매공고란에 그 사실을 게시하여야 한다.

② 집행관은 제1항에 관한 사건번호, 물건번호, 매각기일등을 집행관 사무실의 게시판에 게시하여야 한다.

## 제4장 매각기일의 절차

### 제1절 총칙

제26조 (매각기일의 진행)

① 매각기일은 법원이 정한 매각방법에 따라 집행관이 진행한다.

② 집행관은 그 기일에 실시할 사건의 처리에 필요한 적절한 인원의 집행관등을 미리 경매법정등에 배치하여 매각절차의 진행과 질서유지에 지장이 없도록 하여야 한다.

③ 법원은 매각절차의 감독과 질서유지를 위하여 법원사무관등으로 하여금 경매법정등에 참여하도록 할 수 있다.

제27조 (매각실시방법의 개요 설명)

집행관은 매각기일에 매각절차를 개시하기 전에 매각실시 방법의 개요를 설명하여야 한다.

### 제2절 기일입찰

제28조 (매수신청보증)

기일입찰에서 매수신청보증의 제공은 현금·자기앞수표 또는 보증서에 의한다.

제29조 (매각실시전 고지)

집행관은 특별매각조건이 있는 때에는 매수신고의 최고 전에 그 내용을 명확하게 고지하여야 한다.

제30조 (매수신청인의 자격 등)

① 집행관은 주민등록증, 그 밖의 신분을 증명하는 서면이나 대리권을 증명하는 서면에 의하여 매수신청인이 본인인지 여부, 행위능력 또는 정당한 대리권이 있는지 여부를 확인함으로써 매수신청인의 자격흠결로 인한 분쟁이 생기지 않도록 하여야 한다.

② 법인이 매수신청을 하는 때에는 제1항의 예에 따라 매수신청을 하는 사람의 자격을 확인하여야 한다.

③ 집행관은 채무자와 재매각절차에서 전의 매수인은 매수신청을 할 수 없음을 알려야 한다.

제30조의2 (준용규정)

기일입찰에서 매수신청시 대리권을 증명하는 서면에 첨부되는 서면으로 전자본인서명확인서의 발급증이 제출된 경우에는 제19조의2 및 제19조의3을 준용한다.

제31조 (입찰사항·입찰방법 및 주의사항 등의 고지)

집행관은 매각기일에 입찰을 개시하기 전에 참가자들에게 다음 각 호의 사항을 고지하여야 한다.

1. 매각사건의 번호, 사건명, 당사자(채권자, 채무자, 소유자), 매각물건의 개요 및 최저매각가격
2. 일괄매각결정이 있는 사건의 경우에는 일괄매각한다는 취지와 각 물건의 합계액
3. 매각사건목록 및 매각물건명세서의 비치 또는 게시장소
4. 기일입찰표의 기재방법 및 기일입찰표는 입찰표 기재대, 그 밖에 다른 사람이 엿보지 못하는 장소에서 적으라는 것
5. 현금(또는 자기앞수표)에 의한 매수신청보증은 매수신청보증봉투(흰색 작은 봉투)에 넣어 1차로 봉하고 날인한 다음 필요사항을 적은 기일입찰표와 함께 기일입찰봉투(황색 큰 봉투)에 넣어 다시 봉하여 날인한 후 입찰자용 수취증 절취선상에 집행관의 날인을 받고 집행관의 면전에서 입찰자용 수취증을 떼어 내 따로 보관하고 기일입찰봉투를 입찰함에 투입하라는 것, 보증서에 의한 매수신청보증은 보증서를 매수신청보증봉투(흰색 작은 봉투)에 넣지 않고 기일입찰표와 함께 기일입찰봉투(황색 큰 봉투)에 함께 넣어 봉하여 날인한 후 입찰자용 수취증 절취선상에 집행관의 날인을 받고 집행관의 면전에서 입찰자용 수취증을 떼어 내 따로 보관하고 기일입찰봉투를 입찰함에 투입하라는 것 및 매수신청보증은 법원이 달리 정하지 아니한 이상 최저매각가격의 1/10에 해당하는 금전, 은행법의 규정에 따른 금융기관이 발행한 자기앞수표로서 지급제시기간이 끝나는 날까지 5일 이상의 기간이 남아 있는 것, 은행등이 매수신청을 하려는 사람을 위하여 일정액의 금전을 법원의 최고에 따라 지급한다는

취지의 기한의 정함이 없는 지급보증위탁계약이 매수신청을 하려는 사람과 은행등 사이에 맺어진 사실을 증명하는 문서이어야 한다는 것
6. 기일입찰표의 취소, 변경, 교환은 허용되지 아니한다는 것
7. 입찰자는 같은 물건에 관하여 동시에 다른 입찰자의 대리인이 될 수 없으며, 한 사람이 공동입찰자의 대리인이 되는 경우 외에는 두 사람 이상의 다른 입찰자의 대리인으로 될 수 없다는 것 및 이에 위반한 입찰은 무효라는 것
8. 공동입찰을 하는 때에는 기일입찰표에 각자의 지분을 분명하게 표시하여야 한다는 것
9. 입찰을 마감한 후에는 매수신청을 받지 않는다는 것
10. 개찰할 때에는 입찰자가 참석하여야 하며, 참석하지 아니한 경우에는 법원사무관등 상당하다고 인정되는 사람을 대신 참석하게 하고 개찰한다는 것
11. 제34조에 규정된 최고가매수신고인등의 결정절차의 요지
12. 공유자는 집행관이 매각기일을 종결한다는 고지를 하기 전까지 매수신청보증을 제공하고 우선매수신고를 할 수 있으며, 우선매수신고에 따라 차순위매수인으로 간주되는 최고가매수신고인은 매각기일이 종결되기 전까지 그 지위를 포기할 수 있다는 것
13. 최고가매수신고인 및 차순위매수신고인 외의 입찰자에게는 입찰절차의 종료 즉시 매수신청보증을 반환하므로 입찰자용수취증과 주민등록증을 갖고 반환신청 하라는 것
14. 이상의 주의사항을 장내에 게재하여 놓았으므로 잘 읽고 부주의로 인한 불이익을 받지 말라는 것

제32조 (입찰의 시작 및 마감)

① 입찰은 입찰의 개시를 알리는 종을 울린 후 집행관이 입찰표의 제출을 최고하고 입찰마감시각과 개찰시각을 고지함으로써 시작한다.

② 입찰은 입찰의 마감을 알리는 종을 울린 후 집행관이 이를 선언함으로써 마감한다. 다만, 입찰표의 제출을 최고한 후 1시간이 지나지 아니하면 입찰을 마감하지 못한다.

제33조 (개찰)

① 개찰은 입찰마감시각으로부터 10분 안에 시작하여야 한다.

② 개찰할 때에 입찰자가 한 사람도 출석하지 아니한 경우에는 법원사무관등 상당하다고 인정되는 사람을 참여하게 한다.

③ 개찰을 함에 있어서는 입찰자의 면전에서 먼저 기일입찰봉투만 개봉하여 기일입찰표에

의하여 사건번호(필요시에는 물건번호 포함), 입찰목적물, 입찰자의 이름 및 입찰가격을 부른다.

④ 집행관은 제출된 기일입찰표의 기재에 흠이 있는 경우에 별지 3 처리기준에 의하여 기일입찰표의 유·무효를 판단한다.

⑤ 현금·자기앞수표로 매수신청보증을 제공한 경우 매수신청보증봉투는 최고의 가격으로 입찰한 사람의 것만 개봉하여 정하여진 보증금액에 해당하는 여부를 확인한다. 매수신청보증이 정하여진 보증금액에 미달하는 경우에는 그 입찰자의 입찰을 무효로 하고, 차순위의 가격으로 입찰한 사람의 매수신청보증을 확인한다.

⑥ 보증서로 매수신청보증을 제공한 경우 보증서는 최고의 가격으로 입찰한 사람의 것만 정하여진 보증금액에 해당하는 여부를 확인한다. 보증서가 별지 5 무효사유에 해당하는 경우에는 그 입찰자의 입찰을 무효로 하고, 차순위 가격으로 입찰한 사람의 매수신청보증을 확인한다.

제34조 (최고가매수신고인등의 결정)

① 최고의 가격으로 입찰한 사람을 최고가매수신고인으로 한다. 다만, 최고의 가격으로 입찰한 사람이 두 사람 이상일 경우에는 그 입찰자들만을 상대로 추가입찰을 실시한다.

② 제1항 단서의 경우에는 입찰의 실시에 앞서 기일입찰표의 기재는 최초의 입찰표 기재방식과 같다.

③ 제1항 단서의 경우에 추가입찰의 자격이 있는 사람 모두가 추가입찰에 응하지 아니하거나 또는 종전 입찰가격보다 낮은 가격으로 입찰한 때에는 그들 중에서 추첨에 의하여 최고가매수신고인을 정하며, 두 사람 이상이 다시 최고의 가격으로 입찰한 때에는 그들 중에서 추첨에 의하여 최고가매수신고인을 정한다. 이 때 입찰자 중 출석하지 아니한 사람 또는 추첨을 하지 아니한 사람이 있는 경우에는 법원사무관등 상당하다고 인정되는 사람으로 하여금 대신 추첨하게 된다.

④ 최고가매수신고액에서 매수신청보증을 뺀 금액을 넘는 금액으로 매수신고를 한 사람으로서 법 제114조의 규정에 따라 차순위매수신고를 한 사람을 차순위매수신고인으로 한다. 차순위매수신고를 한 사람이 두 사람 이상인 때에는 매수신고가격이 높은 사람을 차순위매수신고인으로 정하고, 신고한 매수가격이 같을 때에는 추첨으로 차순위매수신고인을 정한다.

제35조 (종결)

① 최고가매수신고인을 결정하고 입찰을 종결하는 때에는 집행관은 "○○○호 사건에

관한 최고가매수신고인은 매수가격 ○○○원을 신고한 ○○(주소)에 사는 ○○○(이름)입니다. 차순위매수신고를 할 사람은 신고하십시오"하고 차순위매수신고를 최고한 후, 차순위매수신고가 있으면 차순위매수신고인을 정하여 "차순위매수신고인은 매수가격 ○○○원을 신고한 ○○(주소)에 사는 ○○○(이름)입니다"라고 한 다음, "이로써 ○○○호 사건의 입찰절차가 종결되었습니다"라고 고지한다.

② 입찰을 마감할 때까지 허가할 매수가격의 신고가 없는 때에는 집행관은 즉시 매각기일의 마감을 취소하고 같은 방법으로 매수가격을 신고하도록 최고할 수 있다.

③ 매수가격의 신고가 없어 바로 매각기일을 마감하거나 제2항의 최고에 대하여 매수가격의 신고가 없어 매각기일을 최종적으로 종결하는 때에는 사건은 입찰불능으로 처리하고 "○○○호 사건은 입찰자가 없으므로 입찰절차를 종결합니다"라고 고지한다.

## 제3절 기간입찰

제36조 (입금내역통지)

취급점은 집행관의 요청에 따라 매각기일 전날 입금내역서( 전산양식 A3397)를 출력하여 집행관에게 송부하여야 한다.

제37조 (개찰)

① 집행관은 매각기일에 입찰함을 경매법정에 옮긴 후, 입찰자의 면전에서 개함한다. 다만, 개찰할 때에 입찰자가 한 사람도 출석하지 아니한 경우에는 법원사무관등 상당하다고 인정되는 사람을 참여하게 한다.

② 집행관은 개찰하기에 앞서 차순위매수신청인의 자격 및 신청절차를 설명한다. 개찰을 함에 있어서는 입찰자의 면전에서 먼저 기간입찰봉투를 개봉하여 기간입찰표에 의하여 사건번호(필요시에는 물건번호 포함), 입찰목적물, 입찰자의 이름 및 입찰가격을 부른다.

③ 집행관은 기간입찰표의 기재나 첨부서류에 흠이 있는 경우에는 별지 2, 4 처리기준에 의하여 기간입찰표의 유·무효를 판단한다.

④ 매수신청보증은 최고의 가격으로 입찰한 사람의 것만 정하여진 보증금액에 해당하는 여부를 확인한다. 입금증명서상 입금액이 정하여진 보증금액에 미달하거나 보증서가 별지 5 무효사유에 해당하는 경우에는 그 입찰자의 입찰을 무효로 하고, 차순위의 가격으로 입찰한 사람의 매수신청보증을 확인한다.

⑤ 집행관은 제23조에 의하여 입찰에 포함시키지 않는 기간입찰봉투도 개봉하여 그

입찰가액이 최고가 또는 차순위 가액인 경우 부적법 사유를 고지한다.

제38조 (최고가매수신고인등의 결정)

① 최고의 가격으로 입찰한 사람을 최고가매수신고인으로 한다. 다만, 최고의 가격으로 입찰한 사람이 두 사람 이상일 경우에는 그 입찰자들만을 상대로 기일입찰의 방법으로 추가입찰을 실시한다.

② 매각기일에 출석하지 아니한 사람에게는 추가입찰 자격을 부여하지 아니한다. 집행관은 출석한 사람들로 하여금 제1항 단서의 방법으로 입찰하게 하고, 출석한 사람이 1인인 경우 그 사람에 대하여만 추가입찰을 실시한다.

③ 제34조 제3항 및 제4항은 이를 준용한다.

제39조 (종결)

① 제35조 제1항은 이를 준용한다.

② 매수가격의 신고가 없는 경우 집행관은 매각기일을 마감하고, "○○○호 사건은 입찰자가 없으므로 입찰절차를 종결합니다"라고 고지한다.

## 제5장 입찰절차 종결 후의 처리

### 제1절 현금 · 자기앞수표인 매수신청보증의 처리

제40조 (반환절차)

① 입찰절차의종결을 고지한 때에는 최고가매수신고인 및 차순위매수신고인 외의 입찰자로부터 입찰자용 수취증을 교부받아 기일입찰봉투의 연결번호 및 간인과의 일치여부를 대조하고, 아울러주민등록증을 제시받아 보증제출자 본인인지 여부를 확인한 후 그 입찰자에게 매수신청보증을 즉시 반환하고 기일입찰표 하단의 영수증란에서명 또는 날인을 받아 매각조서에 첨부한다.

② 법원이 정한 보증금액을 초과하여 매수신청보증이 제공된 경우 집행관과 법원사무관등은 다음 각 호와 같이 처리한다.

1. 집행관은 매각기일에 즉시 제1항의 규정에 따라 매수신청보증 중 초과금액을 반환하고 기일입찰표 하단 영수증란에 반환한 금액을 기재한다. 그러나 즉시 반환할 수 없는 경우(예컨대, 자기앞수표로 제출되어 즉시 반환할 수 없는 경우)에는 집행기록의 앞면 오른쪽 위에 "초과금반환필요"라고 기재한 부전지를 붙인다.

2. 법원사무관등은 매수인이 매각대금을 납부하지 않아 재매각되거나, 최고가매수신고인, 차순위매수신고인 또는 매수인이 매각대금 납부 전까지 반환을 요구한 때에는

취급점에 매수신청보증 중 초과금액을 분리하도록 분리요청을 전송하여야 한다.

제40조의2 (기간입찰에서의 반환절차)

① 매각기일에 매수신청인이 반환을 요구하는 때에는 집행관은 주민등록증등으로 본인인지 여부를 확인한 후 매수신청인에게 매수신청보증을 즉시 반환하고, 기간입찰표 하단의 보증의 제공방법란에 빨간색 펜등으로 "현금 또는 자기앞수표 제출"이라고 기재한 후 기간입찰표 하단의 영수인란에 서명 또는 날인을 받아 매각기일조서에 첨부한다.

② 매각기일에 매수신청인이 반환을 요구하지 아니한 때에는 집행관은 매각기일 당일 법원보관금취급규칙의 별지 1-4호 서식(법원보관금납부서)을 이용하여 "납부당사자 사용란"에 매수신청인의 이름·주민등록번호 등을 기재한 후 "납부당사자 기명날인란"에 대리인 집행관 ○○○라고 기명날인하고, 이를 제출된 현금 또는 자기앞수표와 함께 보관금 취급점에 제출한다.

제41조 (납부)

집행관은 입찰절차를 종결한 때에는 최고가매수신고인 및 차순위매수신고인이 제출한 매수신청보증을 즉시 취급점에 납부한다.

## 제2절 입금증명서인 매수신청보증의 처리

제42조 (반환절차)

① 집행관은 입찰절차의 종결 후 즉시 최고가매수신고인과 차순위매수신고인을 제외한 다른 매수신고인의 입금증명서 중 확인란을 기재하여 세입세출외현금출납공무원(이하 출납공무원이라고 한다)에게 송부한다.

② 입금증명서를 제출하지 아니한 사람은 입금증명서를 작성한 후 법원사무관등에게 제출하고, 법원사무관등은 확인란을 기재하여 출납공무원에게 송부한다.

③ 입금증명서가 제출되지 아니한 경우 법원사무관등은 담임법관(사법보좌관)으로부터 법원보관금취급규칙의 별지 제7호 서식의 법원보관금출급명령서를 발부받아 출납공무원에게 송부한다.

④ 입금증명서에 법원이 정한 보증금액을 초과하여 매수신청보증이 제공된 경우 집행관과 법원사무관등은 제40조제2항의 규정에 따라 매수신청보증 중 초과금액을 처리한다.

제43조 (통지)

집행관은 입찰절차를 종결한 때에는 매각통지서( 전산양식 A3398)를 작성하여 취급점에 통지하여야 한다.

## 제3절 보증서인 매수신청보증의 처리

제44조 (반환절차)

① 최고가매수신고인과 차순위매수신고인을 제외한 다른 매수신고인이 입찰절차 종결후 경매법정에서 보증서의 반환을 신청하는 경우 집행관은 다음 각호와 같이 처리한다.
   1. 기일입찰에서는 신청인으로부터 입찰자용 수취증을 교부받아 기일입찰봉투의 연결번호 및 간인과의 일치 여부를 대조하고 아울러 주민등록증을 제시받아 보증의 제출자 본인인지 여부를 확인한 후 그 입찰자에게 보증서를 즉시 반환하고 기일입찰표 하단의 영수증란에 서명 또는 날인을 받아 매각조서에 첨부한다.
   2. 기간입찰에서는 주민등록증을 제시받아 보증의 제출자 본인인지 여부를 확인한 후 그 입찰자에게 보증서를 즉시 반환하고 기간입찰표 하단의 영수증란에 서명 또는 날인을 받아 매각조서에 첨부한다.

② 최고가매수신고인과 차순위매수신고인을 제외한 다른 매수신고인이 기록이 법원에 송부된 후 보증서의 반환을 신청하는 경우 법원사무관등은 신청인으로부터 주민등록증을 제시받아 보증서의 제출자 본인인지 여부를 확인한 다음, 입찰표 하단의 영수증란에 서명 또는 날인을 받고, 그 입찰자에게 보증서를 반환한다.

제45조 (보증료 환급을 위한 확인)

다음 각호의 경우 입찰자로 하여금 보증료(보험료)의 전부 또는 일부를 환급받을 수 있도록, 기록이 집행관에 있는 때에는 집행관이, 법원에 있는 때에는 법원사무관등이 제출된 보증서 뒷면의 법원확인란 중 해당 항목에 √ 표시 및 기명날인을 한 다음 원본을 입찰자에게 교부하고, 그 사본을 기록에 편철한다.
   1. 입찰에 참가하지 않은 경우
   2. 매각기일전 경매신청의 취하 또는 경매절차의 취소가 있었던 경우
   3. 별지 5 보증서의 무효사유에 해당하는 경우

제46조 (보증금의 납부최고)

① 법원은 다음 각호의 사유가 발생한 경우 보증금납부최고서( 전산양식 A3399)를 작성한 다음 보증서 사본과 함께 보증서를 발급한 은행등에 보증금의 납부를 등기우편으로 최고하고, 그 사본을 작성하여 기록에 편철한다.
   1. 매수인이 대금지급기한까지 그 매각대금 전액을 납입하지 아니하고, 차순위매수신고인에 대한 매각허가결정이 있는 경우

2. 차순위매수신고인이 없는 상태에서 매수인이 재매각기일 3일전까지 매각대금 전액을 납입하지 아니한 경우
　　3. 매각조건불이행으로 매각불허가결정이 확정된 경우
　② 매수인이 차액지급신고( 전산양식 A3427) 또는 채무인수신고( 전산양식 A3428)를 하고, 배당기일에 그 차액을 지급하지 아니하는 경우에 매수인이 납입해야 될 금액이 보증금의 한도내에 있을 때에는 배당기일을 연기하고, 법원은 즉시 보증금납부최고서를 작성한 다음 보증서의 사본과 함께 보증서를 발급한 은행등에 보증금의 납부를 등기우편으로 최고하고, 그 사본을 작성하여 기록에 편철한다.

제47조 (통지)
　법원사무관등은 최고가매수신고인이 매각대금을 납입한 때에는 매각통지서( 전산양식 A3398)를 작성하여 취급점에 통지하여야 한다.

제48조 (보증금의 반환통지)
　은행등의 보증금 납입 후 경매신청의 취하 또는 경매절차의 취소(이중경매사건에서는 후행사건도 취하 또는 취소되어야 한다)가 있는 경우 법원사무관등은 은행등에 보증금의 반환을 통지한다.

## 제6장 보칙

제49조 (기록인계등)
　① 집행관은 매각절차를 종결한 때에는 최고가매수신고인 및 차순위매수신고인에 대한 정보를 전산으로 입력·전송한 후 사건기록을 정리하여 법원에 보내야 한다.
　② 집행관은 전자기록사건에 있어서 매각절차를 종결한 때에는 최고가매수신고인 및 차순위매수신고인에 대한 정보를 전산으로 입력·전송하고, 입찰표, 입찰조서를 전자화하여 대한민국법원 전자소송시스템을 통하여 제출한다. 이 경우 전자화한 입찰표 원본도 정리하여 함께 법원에 보내야 한다.

제50조 (매각허가결정의 공고방법)
　매각허가결정은 법원게시판에 게시하는 방법으로 공고하여야 한다.

제51조 (매각불허가결정의 이유 기재)
　매각불허가결정에는 불허가의 이유를 적어야 한다.

제52조 (소유권이전등기의 촉탁)
　① 매수인이 매각대금을 모두 낸 후 법원사무관등이 매수인 앞으로 소유권이전등기를

촉탁하는 경우 그 등기촉탁서상의 등기원인은 강제경매(임의경매)로 인한 매각으로, 등기원인일자는 매각대금을 모두 낸 날로 적어야 한다[기재 예시 : 200○.○.○. 강제경매(임의경매)로 인한 매각].

② 등기촉탁서에는 매각허가결정 등본을 붙여야 한다.

제52조의2 (등기필증 우편송부신청)

① 매수인은 우편에 의하여 등기필정보를 송부받기 위해서는 등기필정보 우편송부신청서(전산양식 A3429)를 작성하여 등기촉탁신청서와 함께 법원에 제출하여야 한다.

② 매수인이 수인인 경우에는 매수인 중 1인을 등기필정보 수령인으로 지정하고, 나머지 매수인들의 위임장 및 인감증명서를 제출하여야 한다.

③ 법원사무관등은 등기촉탁서 오른쪽 상단에 "등기필정보 우편송부신청"이라는 표시를 하고, 등기촉탁서에 등기필정보 송부용 주소안내문, 송달통지서와 우표처리송달부를 첨부한다.

④ 법원사무관등은 등기필정보 우편송부신청서, 송달실시기관으로부터 수령한 송달통지서를 기록에 편철하여야 한다.

제53조 (경매기록의 열람·복사)

① 경매절차상의 이해관계인(「민사집행법」 제90조, 제268조) 외의 사람으로서 경매기록에 대한 열람·복사를 신청할 수 있는 이해관계인의 범위는 다음과 같다.

1. 파산관재인이 집행당사자가 된 경우의 파산자인 채무자와 소유자
2. 최고가매수신고인과 차순위매수신고인, 매수인, 자기가 적법한 최고가 매수신고인 또는 차순위매수신고인임을 주장하는 사람으로서 매수신고시 제공한 보증을 찾아가지 아니한 매수신고인
3. 「민법」·상법, 그 밖의 법률에 의하여 우선변제청구권이 있는 배당요구채권자
4. 대항요건을 구비하지 못한 임차인으로서 현황조사보고서에 표시되어 있는 사람
5. 건물을 매각하는 경우의 그 대지 소유자, 대지를 매각하는 경우의 그 지상 건물 소유자
6. 가압류채권자, 가처분채권자(점유이전금지가처분 채권자를 포함한다)
7. 「부도공공건설임대주택 임차인 보호를 위한 특별법」의 규정에 의하여 부도임대주택의 임차인대표회의 또는 임차인 등으로부터 부도임대주택의 매입을 요청받은 주택매입사업시행자

② 경매기록에 대한 열람·복사를 신청하는 사람은 제1항 각호에 규정된 이해관계인에 해당된다는 사실을 소명하여야 한다. 다만, 이해관계인에 해당한다는 사실이 기록상

분명한 때에는 그러하지 아니하다.

③ 경매기록에 대한 복사청구를 하는 때에는 경매기록 전체에 대한 복사청구를 하여서는 아니되고 경매기록 중 복사할 부분을 특정하여야 한다.

제54조 (등기촉탁서의 송부방법)

① 경매절차에서 등기촉탁서를 등기소로 송부하는 때에는 민사소송법에 규정된 송달의 방법으로 하여야 한다. 다만, 청사 내의 등기과로 송부할 때에는 법원직원에게 하도록 할 수 있으나, 이 경우에도 이해관계인이나 법무사 등에게 촉탁서를 교부하여 송달하도록 하여서는 아니 된다.

② 매수인과 부동산을 담보로 제공 받으려고 하는 사람이 등기촉탁공동신청 및 지정서[전산양식 A3430]를 제출한 때에는 법원사무관등은 피지정자에게 등기촉탁서 및 피지정자임을 증명할 수 있는 확인서[전산양식 A3431]를 교부하고 피지정자로부터 영수증[전산양식 A3432]을 제출받는다.

③ 등기과(소)에서 촉탁서를 접수할 때에는 제2항의 피지정자임을 증명할 수 있는 확인서를 제출받는다.

제54조의2 (경매개시결정등기촉탁서 작성시 유의사항)

① 부동산가압류채권자가 동일 채권에 기한 집행권원을 얻어 강제경매신청을 한 때에는 법원사무관등은 경매개시결정등기촉탁서 등기목적란에 '강제경매개시결정등기(○번 가압류의 본압류로의 이행)'이라고 기재한다.

② 부동산가압류채권자의 승계인이 강제경매를 신청하는 때에도 제1항의 규정을 준용하되, 괄호 안에 '○번 가압류 채권의 승계'라고 기재한다.

제55조 (매수신고 대리인 명단의 작성)

집행관은 매월 5일까지 전월 1개월간 실시된 매각기일에 매수신청의 대리를 한 사람의 성명, 주민등록번호, 주소, 직업, 본인과의 관계, 본인의 성명, 주민등록번호, 매수신청 대리를 한 횟수 등을 적은 매수신청대리인 명단(전산양식 A3370)을 작성하여 법원에 제출하여야 한다.

제56조 (지배인 등이 타인에게 경매배당금 수령을 위임한 경우 대리권 증명서면)

지배인 또는 이에 준하는 법률상 대리인으로부터 경매배당금 등의 수령을 위임받은 사람은 다음과 같은 서류를 제출하여야 한다.

1. 위임장
2. 법인등기사항증명서(지배인 또는 법률상 대리인에 관한 사항이 나타나야 함)

3. 「상업등기법」제11조에 따라 발행한 인감증명서

제57조 (전자기록사건에서의 배당실시절차)

채권자가 민사소송등에서의 전자문서 이용 등에 관한 규칙 제44조제1항에 따라 집행권원이나 그 집행력 있는 정본(이하 "집행권원 등"이라 한다)을 전자문서로 변환하여 제출한 경우에도 「민사집행법」제159조의 배당을 실시할 때에는 채권자에게 집행권원 등을 전자문서가 아닌 본래의 형태로 제출하게 하여야 한다.

제58조 (전자기록사건에서 기계기구목록 등 영구보존문서의 편철)

① 전자소송 동의를 한 부동산경매신청인은 전산정보처리조직에 의하여 등기소에서 영구보존하는 문서 중 도면, 신탁원부, 공동담보목록(공동전세목록을 포함한다), 「공장 및 광업재단 저당법」제6조에 따른 목록, 공장(광업)재단목록(이하 "영구보존문서"라 한다)을 첨부문서로 제출하는 것에 갈음하여 해당 영구보존문서의 번호를 경매신청서에 기재할 수 있다.

② 부동산경매신청인이 영구보존문서의 번호를 기재하여 경매신청서를 제출한 경우 법원사무관등은 부동산등기시스템으로부터 해당 영구보존문서를 전송받은 후 기록에 편철할 수 있다.

## 부 칙

제1조(시행시기) 이 예규는 2002. 7. 1.부터 시행한다.

제2조(구 예규의 폐지) 경매절차개선을 위한 사무처리지침( 재민 83-5)( 재민 84-1), 부동산등의경매지침( 재민 84-12), 부동산등에 대한 입찰실시에 관한 처리지침( 재민 93-2), 경매 · 입찰 물건명세서의 작성 및 비치시 유의사항( 재민 97-9) 및 경락대금 완납후 소유권이전등기의 촉탁시 유의사항( 재민 97-12)을 폐지한다. 다만, 「민사집행법」부칙과 민사집행규칙 부칙의 규정에 따라 구민사소송법과 구민사소송규칙이 적용되는 집행사건에 대하여는 위 각 예규(재민 93-2 제2조 제1항 제외)를 적용한다.

* (출처: 부동산등에 대한 경매절차 처리지침(재민 2004-3) 개정 2023. 6. 29. [재판예규 제1853호, 시행 2023. 6. 29.] 〉 종합법률정보 규칙)

# 부동산경매 관련 서식

| | |
|---|---|
| 01. 부동산강제경매 신청서 | 21. 채무인수신고서 |
| 02. 부동산임의경매 신청서 | 22. 매각허가에 대한 이의신청서 |
| 03. 부동산일괄매각 신청서 | 23. 매각결정취소 신청서 |
| 04. 부동산경매개시결정에 대한 이의신청서 | 24. 항고장 |
| 05. 강제경매개시결정에 대한 이의신청서 | 25. 매각대금납입 신청서 |
| 06. 보정서 | 26. 매각대금완납증명원 |
| 07. 채권계산서 | 27. 부동산소유권이전등기 촉탁신청서 |
| 08. 배당요구 신청서 | 28. 부동산인도명령 신청서 |
| 09. 권리신고 겸 배당요구 신청서 | 29. 부동산인도명령에 대한 즉시항고장 |
| 10. 매각기일연기 신청서 | 30. 명도확인서 |
| 11. 경매취하서 | 31. 배당이의 신청서 |
| 12. 경매취하동의서 | 32. 배당액 영수증 |
| 13. 집행관송달 신청서 | 33. 부기 및 환부신청서 |
| 14. 기일입찰표 및 위임장 | |
| 15. 기간입찰표 및 위임장 | ■ 인도명령신청서 (실무사례) |
| 16. 공동입찰신고서 및 공동입찰자목록 | ■ 인도명령결정 정본 (실무사례) |
| 17. 공유자 우선매수신고서 | ■ 송달증명원 (실무사례) |
| 18. 임대주택법에 따른 임차인 우선매수신고서 | ■ 집행문 (실무사례) |
| 19. 채권상계신청서 | ■ 강제집행신청서 (실무사례) |
| 20. 차액지급신고서 | ■ 집행비용 예납 (실무사례) |

# 부동산강제경매 신청서

채 권 자 (이름)　　　　　　　　　(주민등록번호　　　-　　　)
　　　　(주소)
　　　　(연락처)


채 무 자 (이름)　　　　　　　　　(등록번호 또는 사업자등록번호　　-　　)
　　　　(주소)


청구금액　　금　　　　원 및 이에 대한 20　.　.　.부터 20　.　.　.까지
　　　　　연　% 의 비율에 의한 지연손해금
집행권원의 표시　채권자의 채무자에 대한　　　지방법원 20　.　.　.선고
　　　　　20가단(합) 대여금 청구사건의 집행력 있는 판결정본

## 신 청 취 지

별지 목록 기재 부동산에 대하여 경매절차를 개시하고 채권자를 위하여 이를 압류한다 라는 재판을 구합니다.

## 신 청 이 유

채무자는 채권자에게 위 집행권원에 따라 위 청구금액을 변제하여야 하는데, 이를 이행하지 아니하므로 채무자 소유의 위 부동산에 대하여 강제경매를 신청합니다.

## 첨 부 서 류

1. 집행력 있는 정본　　　　1통
2. 집행권원의 송달증명원　　1통
3. 부동산등기사항전부증명서 1통
4. 부동산 목록　　　　　　 10통

2024. 6.　.

채권자　　　　　　　(날인 또는 서명)


○○지방법원 귀중

## 유 의 사 항

1. 채권자는 연락처란에 언제든지 연락 가능한 전화번호나 휴대전화번호(팩스번호, 이메일 주소 등도 포함)를 기재하기 바랍니다.
2. 채무자가 개인이면 주민등록번호를, 법인이면 사업자등록번호를 기재하시기 바랍니다.
3. 이 신청서를 접수할 때에는 (신청서상의 이해관계인의 수+3)×10회분의 송달료와 집행비용(구체적인 액수는 접수담당자에게 확인바람)을 현금으로 예납하여야 합니다.
4. 경매신청인은 채권금액의 1000분의2에 해당하는 등록세와 그 등록세의 100분의20에 해당하는 지방교육세를 납부하여야 하고, 부동산 1필지당 2,000원 상당의 등기수입증지를 제출하여야 합니다.


<예시>　　　　　　　　　　　부동산의 표시


1. 서울서 서초구 방배동 100　:　대 120㎡
2. 위 지상 :　벽돌조 경사슬래브위 기와지붕
　　　2층 주택
　　　1층 60.58㎡
　　　2층 58.50㎡
　　　지하층 60.58㎡ 끝.

# 부동산임의경매신청서

채 권 자    (이름)           (주민등록번호         -         )
           (주소)
           (연락처)

채 무 자    (이름)           (주민등록번호 또는 사업자등록번호    -         )
           (주소)


청구금액    금           원 및 이에 대한 20  .  .  .부터 20  .  .  .까지
           연    %의 비율에 의한 지연손해금

## 신 청 취 지
별지 목록 기재 부동산에 대하여 경매절차를 개시하고 채권자를 위하여 이를 압류한다 라는 재판을 구합니다.

## 신 청 이 유
채권자는 채무자에게 20  .  .  . 금          원을, 이자는 연    %, 변제기는 20  .  .  . 로 정하여 대여하였고, 위 채무의 담보로 채무자 소유의 별지 기재 부동산에 대하여     지방법원 20  .  .  . 접수 제      호로 근저당권설정등기를 마쳤는데, 채무자는 변제기가 경과하여도 변제하지 아니하므로, 위 청구금액의 변제에 충당하기 위하여 위 부동산에 대하여 담보권실행을 위한 경매절차를 개시하여 주시기 바랍니다.

## 첨 부 서 류
1. 부동산등기사항전부증명서    1통
2. 부동산 목록              10통

2024. 06.  .

채권자                (날인 또는 서명)

○○지방법원 귀중

# 유 의 사 항

1. 채권자는 연락처란에 언제든지 연락 가능한 전화번호나 휴대전화번호(팩스번호, 이메일 주소 등도 포함)를 기재하기 바랍니다.
2. 채무자가 개인이면 주민등록번호를, 법인이면 사업자등록번호를 기재하시기 바랍니다.
3. 이 신청서를 접수할 때에는 (신청서상의 이해관계인의 수+3)×10회분의 송달료와 집행비용(구체적인 액수는 접수담당자에게 확인바람)을 현금으로 예납하여야 합니다.
4. 경매신청인은 채권금액의 1000분의2에 해당하는 등록세와 그 등록세의 100분의20에 해당하는 지방교육세를 납부하여야 하고, 부동산 1필지당 2,000원 상당의 등기수입증지를 제출하여야 합니다.

〈예시〉  부동산의 표시

1. 서울서 서초구 방배동 100
   대 120㎡
2. 위 지상
   벽돌조 경사슬래브위 기와지붕
   2층 주택
   1층 60.58㎡
   2층 58.50㎡
   지하층 60.58㎡ 끝.

# 부동산 일괄매각 신청서

사 건 번 호

채 권 자

채 무 자

  위 사건에 관하여 매각 목적 부동산들은 모두가 일단을 이루고 있는 부동산으로서 이들을 모두 동일인에게 매수시키는 것이 경제적 효용가치가 높을 뿐 아니라, 이들이 분할 매각 됨으로써 장차 복잡한 법률관계의 야기를 사전에 예방하기 위하여 이를 일괄 매각 하여 주시기 바랍니다.


                    2024년   06월   일


채 권 자                                             (인)
연락처(☎)


○○지방법원 귀중

# 부동산경매개시결정에 대한 이의신청서

사건번호   ○○타경 ○○○○ 부동산강제경매

신청인(채무자 겸 소유자)

피신청인(채권자)

### 신 청 취 지

1. ○ ○지방법원    년 월 일자로 별지목록기재 부동산에 대한 매각허가결정을 취소하고, 이 사건 경매신청을 기각한다.
라는 재판을 구함.

### 신 청 이 유

1. 신청인이 피신청인으로부터   년 월 일 채권 최고액 금     원의 근저당권설정계약을 체결하여 피신청인 청구금액의 금원채무를 신청인이 부담하고 있는 사실 및 위 채무불이행으로 인하여 피신청인이 경매를 신청하여   년 월 일자 경매개시결정된 사실은 인정한다.
2. 위 부동산의 경매개시결정된 후 신청인은 변제를 위하여 최선을 다하였으나 매각허가결정 후에야 피신청인에게 원금     원에다    년 월 일부터    년 월 일(완제일)까지 연   %의 지연이자     원 및 경매비용     원 합계금     원정을 변제하고 위 경매신청을 취하하였습니다.
3. 그러나 매수인은 위 경매신청 취하에 동의치 않으므로 부득이 본 이의신청으로 신청취지와 같은 재판을 구합니다.

### 첨 부 서 류

1. 경매취하서                              1통
1. 변제증서                                1통

2024년   06월   일
위 신청인            (인)
연락처(☎)

○○지방법원 귀중

# 강제경매개시결정에 대한 이의신청서

사건번호 ○○타경 ○○○○
신청인(채무자)
피신청인(채권자)

### 신 청 취 지

위 사건에 관하여   년  월  일 귀원이 행한 강제경매개시결정은 이를 취소한다.
피신청인의 본건 강제경매신청은 이를 기각한다.
라는 재판을 구함.

### 신 청 이 유

1. 채권자인 피신청인은 채무자인 신청인과의 사이의 ○ ○지방법원 ○ 호 ○ ○ 청구사건의 집행력 있는 판결정본에 기하여 ○○○○년 ○월 ○일 귀원에 강제경매신청을 하여, ○○○○년 ○월 ○일 위 개시결정이 되어, 이 결정이 ○○○○년 ○월 ○일 채무자인 신청인에게 송달되었습니다.
2. 그런데 위 강제집행의 전제인 위 채무명의는 신청인에게는 송달되지 않은 것으로서 그 송달 전에 위 개시결정을 한 것은 집행개시 요건의 흠결이 있음에도 불구하고 행한 위법한 것이므로 본건 이의를 신청하는 바입니다.

2024년   06월   일

위 신청인(채무자)                    (인)

연락처(☎)

○○지방법원 귀중

# 보 정 서

사건번호

채 권 자

채 무 자

　귀원의 보정명령에 대하여 다음과 같이 보정합니다.

다　음

1.
2.
3.

2024년　06월　일

신청인　　　　　　　　　　(인)
연락처()

○○지방법원 귀중

# 채 권 계 산 서

사건번호

채 권 자

채 무 자

  위 사건에 관하여 배당요구채권자 ○○○는 아래와 같이 채권계산서를 제출합니다.

## 아 래

1. 원금　　　　　원정

　　(단　　년 ○월 ○일자 대여금)

1. 이자　　　　　원정

　　(단　　년 ○월 ○일부터　　년 ○월 ○일까지의 연 ○푼의 이율에 의한 이자금)

1. 기타(집행비용 등 필요할 경우 기재)

합계 금　　　　원정

2024년　06월　일

　　　채권자(배당요구채권자)　　　　　　　　　　(인)

　　　　　연락처(☎)

○○지방법원 귀중

# 배 당 요 구 신 청 서

사건번호  ○○타경○○○○호  부동산강제(임의)경매
채 권 자
채 무 자
배당요구채권자


배당요구채권

1. 금          원정

　　○ ○ 법원   가단(합) ○ ○호  ○ ○청구사건의 집행력 있는 판결정본에

　　기한 채권 금        원의 변제금

1. 위 원금에 대한   년 ○ 월 ○ 일 이후 완제일까지 연 ○ 푼의 지연손해금


## 신 청 원 인

　위 채권자 채무자 간의 귀원    ○○타경 ○○○○호 부동산강제경매사건에 관하여 채권자는 채무자에 대하여 전기 집행력 있는 정본에 기한 채권을 가지고 있으므로 위 매각대금에 관하여 배당요구를 합니다.

2024년   06월    일

　　위 배당요구채권자                      (인)
　　　연락처(☎)

○○지방법원 귀중

# 권리신고 겸 배당요구 신청서

사건번호    ○○타경○○○○호  부동산강제(임의)경매
채 권 자
채 무 자
소 유 자

　본인은 이 사건 경매절차에서 임대보증금을 우선변제받기 위하여 아래와 같이 권리신고 겸 배당요구를 하오니 매각대금에서 우선배당을 하여 주시기 바랍니다.

## 아　래

1. 계 약 일 :　　　．　．
2. 계약당사자 : 임대인(소유자) ○　　○　　○
　　　　　　　　임　차　인　○　　○　　○
3. 임대차기간 :　　．　．　．부터　　．　．　．까지(　년　간)
4. 임대보증금 : 전세　　　　　　　원
　　　　　　　보증금　　　　원에 월세
5. 임차 부분 : 전부(방　칸), 일부(　층 방　칸)
　(※ 뒷면에 임차부분을 특정한 내부구조도를 그려주시기 바랍니다)
6. 주택인도일(입주한 날) :　　．　．
7. 주민등록전입신고일　　:　　．　．
8. 확 정 일 자 유무 : □ 유(　．　．　．), □ 무
9. 전세권(주택임차권)등기 유무 : □ 유(　．　．　．), □ 무

[첨부서류]
1. 임대차계약서 사본　1통
2. 주민등록등본　　　1통

　　　　　　　　2024　　06월　　일

　　권리신고 겸 배당요구자　　　　　　　　(인)
　　　연락처(☎)

○○지방법원 귀중

# 매각기일연기신청서


채 권 자　　　　　　　○○타경 ○○○○호

채 무 자


　위 사건에 관하여　　　. 　. 　. 　:　로 매각기일이 지정되었음을 통지받았는바　　　　　　　　　　사정으로 그 변경(연기)을 요청하오니 조치하여 주시기 바랍니다.


2024년　　06월　　　일


채 권 자　　　　　　　　　　　　(인)
　연락처(☎)


○○지방법원 귀중

# 경 매 취 하 서

사건번호    ○○타경 ○○○○호

채 권 자

채 무 자

 위 사건의 채권자는 채무자로부터 채권전액을 변제(또는 합의가 되었으므로)받았으므로 별지목록기재 부동산에 대한 경매신청을 취하합니다.

## 첨 부 서 류

1. 취하서부본(소유자와 같은 수)                1통
1. 등록세 영수필확인서(경매기입등기말소등기용)    1통

2016년    8월    일

채권자                            (인)
연락처(☎)


(최고가 매수신고인 또는 낙찰인의 동의를 표시하는 경우)
위 경매신청취하에 동의함.
2024년  06월    일


위 동의자(최고가 매수신고인 또는 낙찰인)   (인)
연락처(☎)


○○지방법원 귀중

# 경 매 취 하 동 의 서

사건번호
채 권 자
채 무 자
소 유 자

 위 사건에 관하여 매수인은 채권자가 위 경매신청을 취하하는데 대하여 동의합니다.

## 첨 부 서 류

1. 매수인 인감증명                              1부

2024년  06월    일

매 수 인                                    (인)
연락처(☎)

○○지방법원 귀중

# 집행관 송달신청서

사건번호
채 권 자
채 무 자
소 유 자

  위 사건에 관하여 소유자는 경매신청서에 기재된 주소지에 거주하고 있으면서 고의로 송달을 불능시키고 있으니 귀원 집행관으로 하여금 송달토록 하여 주시기 바랍니다.

## 첨 부 서 류

1. 주민등록등본                                      1통

2024년 06월    일

채 권 자                                 (인)
    연락처(☎)

○○지방법원 귀중

(앞면)

# 기 일 입 찰 표

지방법원 집행관 귀하  입찰기일 :  년  월  일

| 사건번호 | 타 경 | 호 | 물건번호 | ※물건번호가 여러개 있는 경우에는 꼭 기재 |
|---|---|---|---|---|

| 입찰자 | 본인 | 성 명 | | 전화번호 | |
| | | 주민(사업자)등록번호 | | 법인등록번호 | |
| | | 주 소 | | | |
| | 대리인 | 성 명 | | 본인과의 관계 | |
| | | 주민등록번호 | | 전화번호 | – |
| | | 주 소 | | | |

| 입찰가격 | 천억 | 백억 | 십억 | 억 | 천만 | 백만 | 십만 | 만 | 천 | 백 | 십 | 일 | 원 | 보증금액 | 백억 | 십억 | 억 | 천만 | 백만 | 십만 | 만 | 천 | 백 | 십 | 일 | 원 |
|---|---|---|---|---|---|---|---|---|---|---|---|---|---|---|---|---|---|---|---|---|---|---|---|---|---|---|

| 보증의 제공방법 | ☐ 현금·자기앞수표  ☐ 보증서 | 보증을 반환 받았습니다.  입찰자 |
|---|---|---|

주의사항.

1. 입찰표는 물건마다 별도의 용지를 사용하십시오, 다만, 일괄입찰시에는 1매의 용지를 사용하십시오.
2. 한 사건에서 입찰물건이 여러개 있고 그 물건들이 개별적으로 입찰에 부쳐진 경우에는 사건번호외에 물건번호를 기재하십시오.
3. 입찰자가 법인인 경우에는 본인의 성명란에 법인의 명칭과 대표자의 지위 및 성명을, 주민등록란에는 입찰자가 개인인 경우에는 주민등록번호를, 법인인 경우에는 사업자등록번호를 기재하고, 대표자의 자격을 증명하는 서면(법인의 등기사항증명서)을 제출하여야 합니다.
4. 주소는 주민등록상의 주소를, 법인은 등기기록상의 본점소재지를 기재하시고, 신분확인상 필요하오니 주민등록증을 꼭 지참하십시오.

5. 입찰가격은 수정할 수 없으므로, 수정을 요하는 때에는 새 용지를 사용하십시오.
6. 대리인이 입찰하는 때에는 입찰자란에 본인과 대리인의 인적사항 및 본인과의 관계 등을 모두 기재하는 외에 본인의 위임장(입찰표 뒷면을 사용)과 인감증명을 제출하십시오.
7. 위임장, 인감증명 및 자격증명서는 이 입찰표에 첨부하십시오.
8. 일단 제출된 입찰표는 취소, 변경이나 교환이 불가능합니다.
9. 공동으로 입찰하는 경우에는 공동입찰신고서를 입찰표와 함께 제출하되, 입찰표의 본인란에는 "별첨 공동입찰자목록 기재와 같음"이라고 기재한 다음, 입찰표와 공동입찰신고서 사이에는 공동입찰자 전원이 간인 하십시오.
10. 입찰자 본인 또는 대리인 누구나 보증을 반환 받을 수 있습니다.
11. 보증의 제공방법(현금 · 자기앞수표 또는 보증서)중 하나를 선택하여 ☑표를 기재하십시오.

(뒷면)

## 위 임 장

| 대리인 | 성  명 |  | 직업 |  |
|---|---|---|---|---|
|  | 주민등록번호 | － | 전화번호 |  |
|  | 주   소 |  |  |  |

위 사람을 대리인으로 정하고 다음 사항을 위임함.

다    음

　　　지방법원　　　　　타경　　　　　호 부동산

경매사건에 관한 입찰행위 일체

| 본인 1 | 성 명 | (인감) | 직 업 | |
|---|---|---|---|---|
| | 주민등록번호 | - | 전 화 번 호 | |
| | 주 소 | | | |
| 본인 2 | 성 명 | (인감) | 직 업 | |
| | 주민등록번호 | - | 전 화 번 호 | |
| | 주 소 | | | |
| 본인 3 | 성 명 | (인감) | 직 업 | |
| | 주민등록번호 | - | 전 화 번 호 | |
| | 주 소 | | | |

* 본인의 인감 증명서 첨부
* 본인이 법인인 경우에는 주민등록번호란에 사업자등록번호를 기재

○○지방법원 귀중

부동산경매 관련 서식

(앞면)

# 기 간 입 찰 표

지방법원  집행관  귀하                    매각(개찰)기일 :   년   월   일

| 사건번호 | | 타 경 | | 호 | 물건번호 | ※물건번호가 여러개 있는 경우에는 꼭 기재 |
|---|---|---|---|---|---|---|
| 입찰자 | 본인 | 성 명 | | | 전화번호 | |
| | | 주민(사업자)등록번호 | | | 법인등록번호 | |
| | | 주 소 | | | | |
| | 대리인 | 성 명 | | | 본인과의 관 계 | |
| | | 주민등록번호 | | | 전화번호 | - |
| | | 주 소 | | | | |

| 입찰가격 | 천억 | 백억 | 십억 | 천만 | 백만 | 십만 | 만 | 천 | 백 | 십 | 일 | 원 | 보증금액 | 백억 | 십억 | 억 | 천만 | 백만 | 십만 | 만 | 천 | 백 | 십 | 일 | 원 |
|---|---|---|---|---|---|---|---|---|---|---|---|---|---|---|---|---|---|---|---|---|---|---|---|---|---|

| 보증의 제공방법 | ☐ 입금증명서<br>☐ 보증서 | 보증을 반환 받았습니다.<br><br>　　　　　　　　　입찰자 |
|---|---|---|

주의사항.

1. 입찰표는 물건마다 별도의 용지를 사용하십시오, 다만, 일괄입찰시에는 1매의 용지를 사용하십시오.
2. 한 사건에서 입찰물건이 여러개 있고 그 물건들이 개별적으로 입찰에 부쳐진 경우에는 사건번호외에 물건번호를 기재하십시오.
3. 입찰자가 법인인 경우에는 본인의 성명란에 법인의 명칭과 대표자의 지위 및 성명을, 주민등록란에는 입찰자가 개인인 경우에는 주민등록번호를, 법인인 경우에는 사업자등록번호를 기재하고, 대표자의 자격을 증명하는 서면(법인의 등기사항증명서)을 제출하여야 합니다.
4. 주소는 주민등록상의 주소를, 법인은 등기기록상의 본점소재지를 기재하시고, 신분확인상 필요하오니 주민등록등본이나 법인등기사항전부증명서를 동봉하십시오.
5. 입찰가격은 수정할 수 없으므로, 수정을 요하는 때에는 새 용지를 사용하십시오.
6. 대리인이 입찰하는 때에는 입찰자란에 본인과 대리인의 인적사항 및 본인과의 관계 등을

모두 기재하는 외에 본인의 위임장(입찰표 뒷면을 사용)과 인감증명을 제출하십시오.
7. 위임장, 인감증명 및 자격증명서는 이 입찰표에 첨부하십시오.
8. 입찰함에 투입된 후에는 입찰표의 취소, 변경이나 교환이 불가능합니다.
9. 공동으로 입찰하는 경우에는 공동입찰신고서를 입찰표와 함께 제출하되, 입찰표의 본인란에는 "별첨 공동입찰자목록 기재와 같음"이라고 기재한 다음, 입찰표와 공동입찰신고서 사이에는 공동입찰자 전원이 간인하십시오.
10. 입찰자 본인 또는 대리인 누구나 보증을 반환 받을 수 있습니다(입금증명서에 의한 보증은 예금계좌로 반환됩니다).
11. 보증의 제공방법(입금증명서 또는 보증서)중 하나를 선택하여 ☑표를 기재 하십시오.

(뒷면)

## 위 임 장

| 대리인 | 성 명 | | 직 업 | |
|---|---|---|---|---|
| | 주민등록번호 | — | 전화번호 | |
| | 주 소 | | | |

위 사람을 대리인으로 정하고 다음 사항을 위임함.

## 다 음

  지방법원          타경          호 부동산

경매사건에 관한 입찰행위 일체

| 본인 1 | 성 명 | (인감인) | 직 업 | |
|---|---|---|---|---|
| | 주민등록번호 | — | 전 화 번 호 | |
| | 주 소 | | | |
| 본인 2 | 성 명 | (인감인) | 직 업 | |
| | 주민등록번호 | — | 전 화 번 호 | |
| | 주 소 | | | |
| 본인 3 | 성 명 | (인감인) | 직 업 | |
| | 주민등록번호 | — | 전 화 번 호 | |
| | 주 소 | | | |

\* 본인의 인감 증명서 첨부

\* 본인이 법인인 경우에는 주민등록번호란에 사업자등록번호를 기재


○○지방법원 귀중

# 공 동 입 찰 신 고 서

법원 집행관    귀하

사건번호    ○○타경 ○○○○호
물건번호
공동입찰자    별지 목록과 같음

위 사건에 관하여 공동입찰을 신고합니다.

2024년    06월    일

신청인    외  인 (별지목록 기재와 같음)

※ 1. 공동입찰을 하는 때에는 <u>입찰표에 각자의 지분을 분명하게 표시하여야 합니다.</u>
   2. 별지 공동입찰자 목록과 사이에 <u>공동입찰자 전원이 간인</u>하십시오.

## 공 동 입 찰 자 목 록

| 번호 | 성 명 | 주 소 | | 지분 |
|---|---|---|---|---|
| | | 주민등록번호 | 전화번호 | |
| | (인) | － | | |
| | (인) | － | | |
| | (인) | － | | |
| | (인) | － | | |
| | (인) | － | | |
| | (인) | － | | |
| | (인) | － | | |
| | (인) | － | | |
| | (인) | － | | |
| | (인) | － | | |

# 공유자 우선매수신고서

사 건　　　○○타경○○○○○ 부동산강제(임의)경매
채 권 자
채무자 (소유자)
공 유 자

매각기일　2024년　06월　일
부동산의 표시 : 별지와 같음

　공유자는 「민사집행법」 제140조 제1항의 규정에 의하여 매각기일까지(집행관이 「민사집행법」 제115조 제1항에 따라 최고가매수신고인의 성명과 가격을 부르고 매각기일을 종결한다고 고지하기 전까지) 「민사집행법」 제113조에 따른 매수신청보증을 제공하고 최고매수신고가격과 같은 가격으로 채무자의 지분을 우선매수하겠다는 신고를 합니다.

## 첨 부 서 류

1. 공유자의 주민등록표 등본 또는 초본 1통
2. 기타(　　　　　　　　)

　　　　　　　　　　　　　　2024.　06.　.

　　　　　　우선매수신고인(공유자)　　　　㊞
　　　　　　　(연락처 :　　　　　　　　　　)

## ○○지방법원 귀중

# 임대주택법에 따른 임차인 우선매수신고서

사 건      20○○타경○○○○○ 부동산강제(임의)경매

채권자

채무자(소유자)

■ 매각기일   20○○. ○. ○. 00:00

부동산의 표시 : 별지와 같음

 임차인은 임대주택법 제15조의2 제1항의 규정에 의하여 매각기일까지(집행관이 「민사집행법」 제115조 제1항에 따라 최고가매수신고인의 성명과 가격을 부르고 매각기일을 종결한다고 고지하기 전까지) **「민사집행법」 제113조에 따른 매수신청보증을 제공하고** 최고매수신고가격과 같은 가격으로 채무자인 임대사업자의 임대주택을 우선매수하겠다는 신고를 합니다.

첨부서류

1. 임차인의 주민등록표 등본 또는 초본 1통
2. 기타(                )

2024. 06. .

우선매수신고인(임차인)               ㊞

(연락처 :                         )

○○지방법원 경매○계 귀중

# 채권상계신청서

사건번호      타경      호
채 권 자
채 무 자

위 사건에 관하여 매수인이 납부할 매각대금을 「민사집행법」 제143조 제2항에 의하여 매수인이 채권자로서 배당받을 금액 한도로 상계하여 주시기 바랍니다.

2024. 06.   .

매수인 겸 채권자                    (인)
연락처(☎)

○○지방법원 귀중

# 차액지급신고서

사　　건　　○○타경○○○○ 부동산임의(강제)경매
채 권 자　　○○○
채 무 자　　○○○
소 유 자　　○○○


　매수인은, 위 사건 부동산의 채권자(근저당권자)인바, 「민사집행법」 제143조 제2항의 규정에 따라 매수인이 배당기일에 실제로 배당받을 수 있는 금액을 제외한 나머지 매각대금을 배당기일에 낼 것을 신고합니다. 만일, 매수인이 배당받아야 할 금액에 대하여 이의가 제기된 때에는 매수인은 배당기일에 이에 해당하는 금액을 내겠습니다.



2024. 06.   .


신고인(매수인) ○○○ (날인 또는 서명)
전화번호 :


**○○지방법원 귀중**

# 채무인수신고서

사　　건　　○○타경○○○○ 부동산임의(강제)경매
채 권 자　　○○○
채 무 자　　○○○
소 유 자　　○○○

　매수인은, 다음과 같이 관계채권자(근저당권자)의 승낙을 얻었으므로 동 채권자에 대한 채무자의 채무를 매각대금의 지급에 갈음하여 인수하고 그 배당액상당의 매각대금의 지급 의무를 면제받기 위하여 「민사집행법」 제143조 제1항의 규정에 따라 신고합니다. 만일, 매수인이 인수한 채무에 대하여 이의가 제기된 때에는 매수인은 배당기일에 이에 해당하는 금액을 납부하겠습니다.

다　음

근저당권자 ○○○
　　　　　서울시 서초구 방배동 100
첨부　1. 채무인수 승낙서 1부.
　　　2. 관계채권자의 인감증명서 1부.

2024. 06.　.

신고인(매수인) ○○○ (날인 또는 서명)
전화번호 :

○○지방법원 귀중

# 매각허가에 대한 이의신청서

사건번호 ○○타경○○○○ 부동산임의(강제)경매

채무자(이의신청인)

채권자(상대방)


위 사건에 관하여 다음과 같이 이의 신청합니다.

### 신 청 취 지

별지목록 기재 부동산에 대한 매각은 이를 불허한다.
라는 재판을 구함.

### 신 청 이 유

1.
2.


2024. 06.    .

신고인(매수인) ○○○ (날인 또는 서명)

전화번호 :

## ○○지방법원 귀중

# 매각결정취소 신청서

사건번호 ○○타경○○○○ 부동산임의(강제)경매

매수인

부동산표시

매수인이 매수한 위 부동산에는 아래와 같은 사유가 있으므로 위 사건에 관한 매각허가결정을 취소하여 주시기 바랍니다.

아 래

2024. 06.   .

신고인(매수인) ○○○ (날인 또는 서명)
전화번호 :

○○지방법원 귀중

# 항 고 장

사　　건　　　○○타경 ○○○○호　　부동산임의(강제)경매
항고인(채무자)　○　○　○
　　　　　　　주소

위 사건에 관하여 귀원이 　년 　월 　일에 한 결정은 　년 　월 　일에 그 송달을 받았으나, 전부 불복이므로 항고를 제기합니다.
원결정의 표시

### 항 고 취 지
원결정을 취소하고 다시 상당한 재판을 구함.

### 항 고 이 유
1.
2.

### 첨 부 서 류
1.
2.

2024.　06.　　.

위 항고인
연락처(☎)

## ○○지방법원 귀중

# 매각대금납입 신청서

사건번호   ○○타경 ○○○○호
채 권 자
채 무 자
소 유 자
매 수 인

위 사건에 관하여 매수인은   년   월   일에 대금지급기일 지정을 받았으나 사정에 의하여 지정일에 납입하지 못하였으므로 다음과 같이 매수잔대금, 지연이자 및 진행된 경매절차의 비용을 합산하여 대금납입을 신청합니다.

매수금액 :
보 증 금 :
잔 대 금 :
지연이자 : ( 잔대금×경과일수/365×25% )

2024.  06.  .

신고인(매수인) ○○○ (날인 또는 서명)
전화번호 :

○○지방법원 귀중

# 매 각 대 금 완 납 증 명 원

사　　건　　　○○타경 ○○○○호

채 권 자
채 무 자
소 유 자
매 수 인

　위 사건의 별지목록기재 부동산을 금　　　　　원에 낙찰받아　 .  .  . 에 그 대금전액을 납부하였음을 증명하여 주시기 바랍니다.

2024. 06. .

신고인(매수인) ○○○ (날인 또는 서명)
전화번호 :

○○지방법원 귀중

# 부동산소유권이전등기 촉탁신청서

사건번호   ○○타경 ○○○○호  부동산강제(임의)경매

채 권 자

채 무 자(소유자)

매 수 인

위 사건에 관하여 매수인          는(은) 귀원으로부터 매각허가결정을 받고    년  월  일 대금전액을 완납하였으므로 별지목록기재 부동산에 대하여 소유권이전 및 말소등기를 촉탁하여 주시기 바랍니다.

첨부서류

1. 부동산목록                4통
1. 부동산등기사항전부증명서    1통
1. 토지대장등본              1통
1. 건축물대장등본            1통
1. 주민등록등본              1통
1. 취득세 영수증(이전)
1. 등록면허세 영수증(말소)
1. 대법원수입증지-이전 15,000원,  말소 1건당 3,000원(토지, 건물 각각임)
1. 말소할 사항(말소할 각 등기를 특정할 수 있도록 접수일자와 접수번호) 4부

2024. 06. .

신고인(매수인) ○○○ (날인 또는 서명)

전화번호 :

**○○지방법원 귀중**

# 부동산인도명령 신청

사건번호   ○○타경 ○○○○호  부동산강제(임의)경매

신청인(매수인)

피신청인(임차인)


 위 사건에 관하여 매수인은     .   .   . 에 낙찰대금을 완납한 후 채무자(소유자, 부동산점유자)에게 별지 매수부동산의 인도를 청구하였으나 채무자가 불응하고 있으므로, 귀원 소속 집행관으로 하여금 채무자의 위 부동산에 대한 점유를 풀고 이를 매수인에게 인도하도록 하는 명령을 발령하여 주시기 바랍니다.


2024. 06.  .

신고인(매수인) ○○○ (날인 또는 서명)

전화번호 :


○○지방법원 귀중

# 부동산인도명령에 대한 즉시항고장

즉시항고인(피신청인)
주소

○○지방법원 ○○타경○○호 부동산인도명령사건에 대하여 귀원이 별지기재 부동산에 대하여 2016년 8월 ○일에 부동산인도명령을 발하는 결정을 하였는바 이에 즉시항고인은 위 결정에 불복하고 민사소송법 제647조 제5항에 의거하여 즉시항고를 제기합니다.

### 원 결정의 표시

주문 : 피신청인은 신청인에게 별지목록 기재 부동산을 인도하라.
신청인이 원 결정을 송달받은 날 : 2016. 08. ○○

### 항고취지

원 결정은 취소한다. 신청인의 이 사건 부동산인도명령신청을 기각한다.

### 항고이유

1. 인도명령신청자의 자격, 신청기한, 대상자의 범위
2. 인도명령 심리절차상의 하자
3. 인도를 거부할 수 있는 점유권원의 존재 등

첨부서류
1. 부동산목록 1부
2. 임대차계약서(임차인) 1부
3. 주민등록표등본 1부
4. 송달료납부서 1부

2024년 06월 일

즉시항고인(피신청인)          (인)

## ○○지방법원 귀중

# 명 도 확 인 서

사건번호 : ○○타경 ○○○○호  부동산강제(임의)경매

이   름 :
주   소 :

  위 사건에서 위 임차인은 임차보증금에 따른 배당금을 받기 위해 매수인에게 목적부동산을 명도하였음을 확인합니다.

첨부서류 : 매수인 명도확인용 인감증명서 1통

2024. 06.   .

신고인(매수인) ○○○ (날인 또는 서명)<br>전화번호 :

○○지방법원 귀중

# 배당이의 신청서

사건번호 : ○○타경 ○○○○호  부동산강제(임의)경매

채신청인(배당요구채권자)

피신청인(압류채권자)


  위 당사자간 귀원 ○○타경 ○○○○호 배당절차사건에서 다음과 같이 동 법원에서 작성한 배당표 중 배당자 ○○○의 배당액을 취소하고 법률이 정한 우선변제의 순위에 따른 배당을 청구합니다.

## 다 음

1. ○○지방법원 사건에 대하여 ○○○는 위 경매매득금에서 금○○원을 우선변제권을 주장한 바, 이를 인정한 귀원은 금 ○○을 ○○○에게 배당하는 배당표를 작성하였습니다.
2. 그러나 신청인 ○○○의 위 채권의 존재자체를 부인하므로 이 건 배당에 대한 이의를 제기합니다.


2024. 06.  .

위 신청인  ○○○   (인)


○○지방법원 귀중

# 배당액 영수증

사건번호 : ○○타경 ○○○○호   부동산강제(임의)경매

채 권 자

채 무 자


위 사건에 관하여 집행력 있는 정본에 기한 집행채권액          원 중 그 일부인
          원을 배당액으로서 정히 영수함.




2024.  06.    .

위 영수인 채권자(배당요구채권자)                              (인)

　연락처(☎)


○○지방법원   귀중

# 부기 및 환부 신청서

사건번호 : ○○타경 ○○○○호  부동산강제(임의)경매

채 권 자

채 무 자

위 당사자간의 위 사건에 관하여 귀원에서 배당을 실시하고 채권중 아직 나머지 잔액이 있으므로 후일을 위하여 채권원인 증서에 배당액을 부기하여 채권원인증서를 환부하여 주시기 바랍니다.

첨    부 : 영수증


2024.  06.   .

위 채권자                    (인)

연락처(☎)


## ○○지방법원  귀중

☞유의사항

채권원인증서 사본이 있을 경우에는 지참하시기 바랍니다.

■ 인도명령신청서 (실무사례)

# 부동산인도명령신청

사건번호  의정부지방법원 고양지원 2015타경6544

신청인(매수인) 대한예수교장로회□□교회 대표자 김○○
주   소   경기도 고양시 덕양구 덕은동 ○○○
연락처    ○○○-○○○○

피신청인(채무자) 김○○
주   소   경기도 고양시 일산동구 중산동 ○○○
연락처    ○○○-○○○○

### 신 청 취 지

의정부지방법원 고양지원 2015타경6544호 부동산임의경매사건에 관하여 피신청인은 신청인에게 부동산의 표시목록 기재 부동산을 인도하라.
라는 재판을 구합니다.

### 신 청 이 유

1. 신청인은 의정부지방법원 2015타경6544호 부동산임의경매사건의 경매절차에서 부동산의 표시목록 기재 부동산을 매수한 매수인으로서 2016년 4월 6일에 매각허가결정을 받았고, 2016년 5월 17일에 매각대금을 전부 납부하여 소유권을 취득하였습니다.
2. 그렇다면 위 경매사건의 채무자인 피신청인은 부동산의 표시목록 기재 부동산을 신청인에게 인도하여야 할 의무가 있음에도 불구하고 신청인의 부동산의 표시목록 기재 부동산 인도청구에 응하지 않고 있습니다.
3. 따라서 신청인은 매각대금 납부로부터 6월이 지나지 않았으므로 피신청인으로부터 부동산의 표시목록 기재 부동산을 인도 받기 위하여 이 사건 인도명령을 신청합니다.

### 첨 부 서 류

1. 부동산의 표시목록 1부
1. 무상임대차확인서 부
1. 송달료납부서 1부

2016년  6월  7일

위 신청인(매수인) 대한예수교장로회□□교회 (서명 또는 날인)

의정부지방법원 고양지원 귀중

■ 인도명령결정 정본 (실무사례)

## 의정부지방법원 고양지원
## 결          정

정본입니다.
2016.06.28
법원주사보 정은실

사   건   2016타인5   부동산인도명령
신 청 인   대한예수교장로회   교회 (   24-   15)
         고양시 덕양구 덕은동
         대표자 김

피신청인
         고양시 일산동구           층 (중산동)

주   문

피신청인은 신청인에게 별지 목록 기재 부동산을 인도하라.

이   유

 이 법원 2015타경6544 부동산임의경매사건에 관하여 신청인의 인도명령 신청이 이유 있다고 인정되므로 주문과 같이 결정한다.

2016. 6. 28.

판   사   박 강 균

※ 각 법원 민원실에 설치된 사건검색 컴퓨터의 발급번호조회 메뉴를 이용하거나, 담당 재판부에 대한 문의를 통하여 이 문서 하단에 표시된 발급번호를 조회하시면, 문서의 위, 변조 여부를 확인하실 수 있습니다.

2016-0072461191-9608D

# ■ 송달증명원 (실무사례)

## 의정부지방법원 고양지원
### 결            정

정본입니다.
2016.06.28
법원주사보 정은실

사    건   2016타인5   부동산인도명령
신 청 인   대한예수교장로회    교회 (    24-
          고양시 덕양구 덕은동                 15)
          대표자 김

피신청인
          고양시 일산동구              층 (중산동)

### 주          문
피신청인은 신청인에게 별지 목록 기재 부동산을 인도하라.

### 이      유
이 법원 2015타경6544 부동산임의경매사건에 관하여 신청인의 인도명령 신청이 이유 있다고 인정되므로 주문과 같이 결정한다.

2016.  6.  28.

판    사    박 강 균

※ 각 법원 민원실에 설치된 사건검색 컴퓨터의 발급번호조회 메뉴를 이용하거나, 담당 재판부에 대한 문의를 통하여 이 문서 하단에 표시된 발급번호를 조회하시면, 문서의 위, 변조 여부를 확인하실 수 있습니다.

2016-0072461191-9608D                  위변조 방지용 바코드 입니다.

■ 집행문 (실무사례)

# 집 행 문

사　　　건 : 의정부지방법원 고양지원　2016타인5　부동산인도명령

이 정본은 피신청인 김　　에 대한 강제집행을 실시하기 위하여 신청인 대한예수교 장로회　　교회에게 내어 준다.

2016. 7. 18.

의정부지방법원 고양지원

법원주사보　　　이　재　섭

◇ 유 의 사 항 ◇

1. 이 집행문은 판결(결정)정본과 분리하여서는 사용할 수 없습니다.
2. 집행문을 분실하여 다시 집행문을 신청한 때에는 재판장(사법보좌관)의 명령이 있어야만 이를 내어줍니다(민사집행법 제35조 제1항, 법원조직법 제54조 제2항). 이 경우 분실사유의 소명이 필요하고 비용이 소요되니 유의하시기 바랍니다.
3. 집행문을 사용한 후 다시 집행문을 신청한 때에는 재판장(사법보좌관)의 명령이 있어야만 이를 내어줍니다(민사집행법 제35조 제1항, 법원조직법 제54조 제2항). 이 경우 집행권원에 대한 사용증명원이 필요하고 비용이 소요되니 유의하시기 바랍니다.
4. 집행권원에 채권자·채무자의 주민등록번호(주민등록번호가 없는 사람의 경우에는 여권번호 또는 등록번호, 법인 또는 법인 아닌 사단이나 재단의 경우에는 사업자등록번호·납세번호 또는 고유번호를 말함. 이하 '주민등록번호등'이라 함)가 적혀 있지 않은 경우에는 채권자·채무자의 주민등록번호등을 기재합니다.

## ■ 강제집행신청서 (실무사례)

<table>
<tr><td colspan="6" align="center">강제집행신청서</td></tr>
<tr><td colspan="6">의정부지방법원 고양지원 집행사무소 집행관 귀하</td></tr>
<tr><td rowspan="3">채권자</td><td>성명</td><td>대한예수교장로회 OO교회</td><td>주민등록번호<br>(사업자등록번호)</td><td>고유번호</td><td>전화번호 02-<br>우편번호 □□□-□□□</td></tr>
<tr><td>주소</td><td colspan="4">경기도 고양시 덕양구 덕은동</td></tr>
<tr><td>대리인</td><td>최OO</td><td></td><td>전화번호</td><td>010-</td></tr>
<tr><td rowspan="2">채무자</td><td>성명</td><td>기독교대한감리회 OO교회</td><td>주민등록번호<br>(사업자등록번호)</td><td></td><td>전화번호 031-<br>우편번호 □□□-□□□</td></tr>
<tr><td>주소</td><td colspan="4">경기도 고양시 일산동구</td></tr>
<tr><td colspan="2">집행목적물<br>소재지</td><td colspan="4">□ 채무자의 주소지와 같음<br>□ 채무자의 주소지와 다른 같음<br>소재지 :</td></tr>
<tr><td colspan="2">집행권원</td><td colspan="4">2016타인558 부동산인도명령</td></tr>
<tr><td colspan="2">집행의 목적물 및<br>집 행 방 법</td><td colspan="4">□ 동산가압류 □ 동산가처분 □부동산점유이전금지가처분<br>□ 건물명도 □ 철거 □ 부동산인도 □ 자동차인도<br>□ 금전압류 □ 기타( )</td></tr>
<tr><td colspan="2">청구금액</td><td colspan="4" align="center">원(내역은 뒷면과 같음)</td></tr>
</table>

위 집행권원에 기한 집행을 하여 주시기 바랍니다.

※ 첨부서류
1. 집행권원  1통
2. 송달증명서  1통
3. 위임장  1통

20 . .

채권자 대한예수교장로회 OO교회 (인)
대리인 최OO (인)

※ 특약사항
1. 본인이 수령할 예납금잔액을 본인의 비용부담하에
   오른쪽에 표시한 예금계좌에 입금하여 주실 것을 신청합니다.

| 예금계좌 | 개설은행 | |
|---|---|---|
| | 예금주 | 대한예수교장로회OO교회 |
| | 계좌번호 | |

채권자 대한예수교장로회 OO교회 (인)

2. 집행관이 계산한 수수료 기타 비용의 예납통지 또는 강제집행 속행의사 유무를 확인 촉구를 2회 이상 받고도 채권자가 상당한 기간 내에 그 예납 또는 속행의 의사표시를 하지 아니한 때에는 본 건 강제집행 위임을 취하한 것으로 보고 완결처분해도 이의 없음.

채권자 대한예수교장로회 OO교회 (인)

부동산경매 관련 서식

## ■ 집행비용 예납 (실무사례)

집행관사무소

### 접 수 증 (집행비용 예납 안내)

| 사건번호 | | 사 건 명 | 부동산인도 |
|---|---|---|---|
| 구 분 | 신규 예납 | 담 당 부 | 6부 |
| 채권자 | 성 명 | 대한예수교장로회 교회 | 주민등록번호<br>(사업자등록번호) | 128-82-***** |
| | 주 소 | 경기도 고양시 덕양구 덕은동 ***** | | |
| 채무자 | 성 명 | 김 | 주민등록번호<br>(사업자등록번호) | |
| | 주 소 | 경기도 고양시 일산동구 약산길 *****(중산동) | | |
| 대리인 | 성 명 | 최 | 주민등록번호<br>(사업자등록번호) | 700520-******* |
| | 주 소 | 서울특별시 은평구 통일로 *****(불광동,미성아파트) | | |
| | 사무원 | | | |
| 납부금액 | | 106,650 원 | | |
| 납부항목 | 금액 | 납부항목 | 금액 |
| 수수료 | 36,000 원 | 송달수수료 | 원 |
| 여비 | 60,000 원 | 우편료 | 10,650 원 |
| 숙박비 | 원 | | 원 |
| 노무비 | 원 | 기 타 | 원 |
| 감정료 | 원 | | |
| 납부장소 | | 신한은행 | |

위 당사자간    부동산인도    사건에 대해 당일   신규 예납   접수되었으므로 위 금액을 지정 취급점에 납부하시기 바랍니다.

2016 년 07 월 18 일

의정부지방법원 고양지원 집행관사무소

집 행 관    양

문의전화 : 집행관사무소 031-901-6795 (6부)070-4912-9206
담당자    : 허         010-

법원경매정보(http://www.courtauction.go.kr)에서 회원 가입 후 "나의경매 > 나의동산집행정보" 에서 비밀번호 1233 를(을) 이용하여 추가하시면, 자세한 사건내용을 조회하실 수 있습니다.

※ 납부금액을 당일내에 납부하지 않을 경우, 접수된 사건은 취소될 수도 있습니다.
※ 예납금은 위 납부장소에서만 납부할 수 있습니다.(단, 신한은행은 인터넷뱅킹 납부가능)
　 신한은행 로그인 > 공과금/법원 > 법원 > 보관금 > 집행관보관금 납부
※ 채권자의 주소가 변동될 때에는 2주 이내에 반드시 신고하여야 합니다.
※ 집행권원 : 의정부지방법원 고양지원

나는 죽을 때까지 재미있게 살고 싶다.
- 이 근 후 이화여대 명예교수 -

편저자 **박 종 근**

행정학박사

· 공인중개사, · 부동산공경매사

[약력]
- 한국부동산경영연구소 소장
- 삼육대학교 평생교육원 경매과정 담임교수
- 세종대학교 도시부동산대학원 겸임교수
- 세종대학교 산업대학원 부동산학과 겸임교수
- (사)대한부동산학회 산업부회장
- 아세아합동법률사무소 부동산연구소 소장
- ㈜제이엔씨레드 대표이사
- ㈜알앤비뱅크 대표이사
- ㈜투피엠 대표이사
- ㈜에즈워드디엔씨 대표이사
- ㈜동우투자개발 대표이사
- 국가직 공무원

[저서]
- 더 스마트한 부동산경매와 NPL, 부연사, 2016.08.31
- 토지공개념의 제도사적 고찰 (토지제도의 변이와 토지공개념의 도입과정을 중심으로), 한국동북아논총, 제21권 제3호 통권80집, 2016년 9월
- 부동산정책 변동요인에 관한 연구 (종합부동산세법 개정 과정에서의 행위자네트워크 분석), 박사학위 논문, 2017년2월22일
- 경매하는 사람들, 에이원커뮤니케이션, 2024.02.10.
- 부동산경매 실전테마 15선, 업앤업, 2024.07.15

## 부동산경매 실전테마 15선

초판 발행   2024년 7월 15일

편저자   박 종 근
출판사   **업앤업**

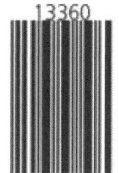

주 소   경기도 고양시 일산동구 정발산로 43-20, 703호(센트럴프라자, 장항동)
전 화   (02)593-0518
홈페이지   http://www.upandup.co.kr

출판등록신고 제25100-2023-000085호(2023년 4월 17일), ㈜한국부동산경영자연합회

값 30000 원
13360

값   30,000원
ISBN 979-11-983762-2-0

잘못 만들어진 책은 구입하신 서점에서 교환해 드립니다.